MANUAL DOS DIREITOS TRANSGÊNERO

A perspectiva jurídica da identidade de gênero de transexuais e travestis

LEANDRO REINALDO DA CUNHA

MANUAL DOS DIREITOS TRANSGÊNERO

A perspectiva jurídica da identidade de gênero de transexuais e travestis

- O autor deste livro e a editora empenharam seus melhores esforços para assegurar que as informações e os procedimentos apresentados no texto estejam em acordo com os padrões aceitos à época da publicação, *e todos os dados foram atualizados pelo autor até a data da entrega dos originais à editora.* Entretanto, tendo em conta a evolução das ciências, as atualizações legislativas, as mudanças regulamentares governamentais e o constante fluxo de novas informações sobre os temas que constam do livro, recomendamos enfaticamente que os leitores consultem sempre outras fontes fidedignas, de modo a se certificarem de que as informações contidas no texto estão corretas e de que não houve alterações nas recomendações ou na legislação regulamentadora.

- Data do fechamento do livro: 02/10/2024

- O autor e a editora se empenharam para citar adequadamente e dar o devido crédito a todos os detentores de direitos autorais de qualquer material utilizado neste livro, dispondo-se a possíveis acertos posteriores caso, inadvertida e involuntariamente, a identificação de algum deles tenha sido omitida.

- Direitos exclusivos para a língua portuguesa
  Copyright ©2025 by
  Saraiva Jur, um selo da SRV Editora Ltda.
  Uma editora integrante do GEN | Grupo Editorial Nacional
  Travessa do Ouvidor, 11
  Rio de Janeiro – RJ – 20040-040

- Atendimento ao cliente: https://www.editoradodireito.com.br/contato

- Reservados todos os direitos. É proibida a duplicação ou reprodução deste volume, no todo ou em parte, em quaisquer formas ou por quaisquer meios (eletrônico, mecânico, gravação, fotocópia, distribuição pela Internet ou outros), sem permissão, por escrito, da **SRV Editora Ltda.**

- Capa: Tiago Dela Rosa
  Diagramação: Fabricando Ideias Design Editorial

- **DADOS INTERNACIONAIS DE CATALOGAÇÃO NA PUBLICAÇÃO (CIP)
  ODILIO HILARIO MOREIRA JUNIOR – CRB-8/9949**

C972m   Cunha, Leandro Reinaldo da
Manual dos direitos transgênero – a perspectiva jurídica da identidade de gênero de transexuais e travestis / Leandro Reinaldo da Cunha. – São Paulo: Saraiva Jur, 2025.

312 p.
ISBN: 978-85-5362-052-4

1. Direito. 2. Doutrina. 3. Direitos humanos. I. Título.

	CDD 341.4
2024-2735	CDU 341.4

Índices para catálogo sistemático:
1. Direitos humanos   341.4
2. Direitos humanos   341.4

Para os meus filhos: Luiz Eduardo e Lorenzo.
Tudo por vocês. Sempre.

Agradecimentos

Agradeço a todas as pessoas que me antecederam.

A quem trilhou os caminhos pelos quais hoje posso transitar.

A quem me deu as ferramentas para que eu pudesse traçar rotas e abrir novas vias a serem percorridas por mim e por quem vier depois.

A quem me deu suporte em algum momento da vida para que eu pudesse chegar até aqui (vocês são tantos que não tenho nem mesmo como nomear).

À Bahia e à Universidade Federal da Bahia, pela acolhida e por permitir que eu prossiga na minha atividade acadêmica fazendo o que eu amo.

"Ser mulher
é muito fácil para quem já é,
mas pra quem nasce para ser João
é um sacrifício a transformação.
Insistir,
fazer surgir aquilo que não tem,
e o que tem ter que fazer sumir ou enrustir.
Je suis comme je suis!"
(Canção escrita por João Roberto Kelly para o espetáculo "Les Girls", o primeiro com travestis no Brasil.)

Prefácio

É com imensa alegria que escrevo a apresentação deste livro do Prof. Dr. Leandro Cunha. Professor da Universidade Federal da Bahia, ele tem como um de seus temas de pesquisa as transgeneridades humanas, com inúmeras obras publicadas sobre o assunto. Destaco o adjetivo "humanas" porque a todo tempo, no texto desta obra, ele ressalta que pessoas transgêneras são efetivamente pessoas. Têm personalidade jurídica, detêm direitos e obrigações, tanto quanto qualquer outro ser humano.

Esse destaque seria aparentemente desnecessário porque, em um Estado Democrático de Direito, como o brasileiro, somos todos iguais perante a lei; porém, o autor observa que a isonomia de todos no plano formal não se reflete no cotidiano das pessoas transgêneras, as quais são rotineiramente segregadas e tratadas como se não detivessem qualquer dignidade. Ao ser-lhes retirado esse atributo, perfazem um paradoxo sob a ótica kantiana: serão elas efetivamente humanas? A realidade demonstra que não são assim consideradas, pois lhes é atribuído um preço, cabendo a elas o lugar social das esquinas noturnas e pouco iluminadas onde são obrigadas a vender seu corpo por um valor aviltante. É esse o ambiente, permeado por violências, reservado às pessoas transgêneras.

É dessa realidade que desumaniza a todos que o autor nos lembra. Tanto pessoas ditas "normais", cisgêneras, quanto pessoas transgêneras, têm sua humanidade extirpada em um processo diário e repetitivo que vê estas como seres abjetos, que devem desaparecer da sociedade, em um processo higienista que toma contornos de autêntico genocídio: um genocídio trans, como acentua o Professor. As pessoas cisgêneras também são desumanizadas nesse processo, pois, ao discriminarem o outro, ao se considerarem superiores a ele, retirando-lhes toda a dignidade, elas também perdem sua humanidade: deixam de ver o outro como um igual.

É assim, com uma escrita extremamente sensível ao sofrimento silencioso das pessoas trans, que a sociedade insiste em apagar, que o Professor Leandro Cunha caminha em seu livro. De leitura fácil e pedagógica, mas altamente técnica, com um diálogo sempre presente com a dogmática civilista, o autor nos brinda com temas que normalmente não são estudados em qualquer outro texto contemporâneo sobre sexualidade e gênero. Essas características únicas seduzem o leitor, atraem-no para cada vez mais avançar nas páginas até o fim do livro. Foi o que ocorreu comigo: tive esta obra como livro de cabeceira por vários dias.

É a partir dessa forma de abordagem que destaco seu caráter inédito. É o livro jurídico mais completo sobre as transgeneridades disponível atualmente no mercado literário brasileiro. Os assuntos vislumbrados pelo Professor, como os males decorrentes do uso de silicone industrial; os procedimentos vinculados à transição de gênero; a discriminação manifestada nas múltiplas dimensões da vida; e o uso de banheiros públicos de acordo com a identidade de gênero, entre vários outros, nunca os vi abordados conjuntamente, principalmente com a utilização de conceitos de direito civil que raramente são vinculados a essas situações. Adentramos, sem perceber, em estudos sobre condições de validade do negócio jurídico, responsabilidade civil, direito das sucessões e direito de família. Tudo sem contar os tópicos sobre transgeneridade e previdência social, trabalho e educação, entre diversos outros campos. E todas essas abordagens, ressalto, dotadas de uma sensibilidade ímpar que permeia todos os parágrafos da obra.

Como mulher trans, percebi que inúmeros traumas, adversidades e perplexidades que vivencio em meu dia a dia estão descritos neste livro. Afinal, nós, pessoas transgêneras, somos eternas estrangeiras no próprio ambiente social em que vivemos. Em um universo que prima pela manutenção de uma estrita binaridade de gênero, aqueles que não estão em qualquer dos polos são rejeitados como seres anormais, abjetos e degenerados moralmente. Não nos consideram nem homens nem mulheres, ainda que tenhamos passabilidade – que é um dos temas tratados pelo Professor Leandro Cunha; portanto, somos coisificados. Nesse sentido, o texto, à semelhança da filósofa Judith Butler, nos recorda que essa falta de reconhecimento implica a mais completa desumanização das pessoas transgêneras.

O autor destaca que a transgeneridade não é opção. Não é algo que uma mera manifestação de vontade possa apartar de nosso comportamento social, pois está inscrito no mais íntimo de nosso ser. Trata-se de um elemento da nossa personalidade; é um direito indisponível, portanto. E que deveria ser respeitado por todos os membros da sociedade.

E cada um de nós é um imenso mosaico. A transgeneridade, assim como a cisgeneridade, deveria ser considerada como uma característica personalíssima da identidade, como o Professor Leandro Cunha destaca em diversas passagens do livro. Somos pessoas transgêneras da mesma forma como somos canhotos ou destros, como somos barbudos ou imberbes, como gostamos de comédia ou de drama, como preferimos estudar ciências exatas ou humanas, e como somos ruivos ou temos os cabelos negros. Por que o fato de nos situarmos fora desses polos retiraria nossa humanidade? Que diferença faz alguns sermos ambidestros, termos barba rala, gostarmos de todos os tipos de teatro, termos facilidade com exatas e com humanas, ou termos cabelos claros? Por que serviriam esses traços de justificativa para a segregação social?

É sobre uma dessas características, que deveria ser considerada como qualquer outra – a transgeneridade –, que este livro do Professor Leandro Cunha trata. E ele cumpre esse papel com toda sofisticação, coragem e maestria que lhe são peculiares. Parabenizo o autor e, desde já, os inúmeros leitores que se depararão com esta obra, extremamente necessária para todos aqueles que procuram estudar seriamente as transgeneridades.

Carla Watanabe
Estudiosa e pesquisadora do Direito. Engenheira. Única
LGBTQIAPN+ assumida de todo o segmento dos titulares de
cartório no Brasil. Orgulhosa (p)ãe da Carolina.

Apresentação

A importância de um guia sobre direitos da população trans

As narrativas sobre pessoas trans, em particular as mulheres trans e travestis, principalmente quando transmitidas por pessoas cisgêneras, mas não exclusivamente, costumam ser escritas começando pelo fim, geralmente envolvendo um crime de ódio, com requintes de violência, que resulta na sua morte. Repetir tal discurso sem contextualizar nossas condições de vida, anseios e conquistas pode alimentar um efeito colateral indesejável: o fetiche de um público sedento por lamentar corpos caídos.

A denúncia de uma realidade que deve ser superada – o assassinato de pessoas trans – não nos resume à violação, porém deveria ser acompanhada, senão antecipada, de orientações acerca de conceitos básicos sobre gênero, identidade de gênero e orientação sexual que geralmente faltam, mesmo quando há empatia dos autores, pois é comum a formação nesses conceitos baseada no senso comum.

Antenada com a necessidade de sanar essa lacuna, em 2012 disponibilizei gratuitamente, pela rede do Grupo de Pesquisas Ser-Tão, da Universidade Federal de Goiás, que generosamente cedeu espaço virtual[1], um *e-book* com foco nas pessoas com identidade de gênero transgênera, o "Orientações sobre identidade de gênero: conceitos e termos", voltado à formação técnica de formadores de opinião, que nesse mesmo ano já exigiu uma segunda edição, com atualizações.

Acredito firmemente na importância de serem desenvolvidos guias técnicos que auxiliem diferentes públicos acerca das demandas de qualquer grupo social, especialmente os historicamente discriminados.

O presente trabalho de Leandro Reinaldo da Cunha, *Manual dos direitos transgênero: a perspectiva jurídica da identidade de gênero de transexuais e travestis*, preenche com qualidade a falta de orientações sobre o campo específico do Direito em intersecção com desafios das pessoas com identidade de gênero transgênera relacionados especificamente à sua identidade de gênero (tal qual as pessoas cis, as pessoas trans não têm sua vida resumida a esta dimensão de sua diversidade, mesmo que ela seja relevante).

Valem ser destacados os capítulos sobre direito da saúde, no que tange ao acesso a tratamentos como hormonioterapia e cirurgias de transgenitalização, entretanto, a atenção do autor para com o tema da reprodução humana assistida precisa ser

---

[1] Disponível em: https://sertao.ufg.br/n/42117-orientacoes-sobre-identidade-de-genero-conceitos-e-termos.

apontada como significativa, dada a rara ou inexistente preocupação com esse aspecto em outros trabalhos especializados.

O capítulo sobre direitos da personalidade, relativo a demandas correntes, como a retificação do nome e sexo nos registros civis, também inova, por abordar alterações *post mortem* e em documentos de terceiros, em face, por exemplo, da revoltante realidade de famílias que ainda teimam em enterrar seus parentes trans desrespeitando sua identidade de gênero, em alguns casos, inclusive, ignorando certidões de nascimento retificadas.

São instigantes, e dialogam entre si, o capítulo que trata de contratos e o capítulo acerca do direito de família e relacionamentos amorosos, que irão atender homens trans, pessoas transmasculinas, mulheres trans e travestis, e pessoas não binárias, em circunstâncias comezinhas, que, entretanto, podem ser problematizadas no campo jurídico, como namoro, união estável, casamento, reconhecimento de filiação, adoção e poder familiar.

Seria exaustivo listar nesta apresentação a miríade de orientações do mais alto nível elencadas neste *Manual*, envolvendo uso de banheiros, direito eleitoral, internet, esportes, educação, trabalho, previdência, forças armadas, refúgio e asilo, e direito penal. Não conheço outra produção que tenha abrangido tantas dimensões do direito trans.

Concluo afirmando que as pontuações deste guia são imprescindíveis não apenas para operadores do Direito, dado ser o público mais preparado para lidar com a linguagem adotada e a extensão da obra, mas, igualmente, para pessoas cis e trans leigas preocupadas em aprofundar sua compreensão e atuação nesse campo.

Rio de Janeiro, 21 de julho de 2024.

Jaqueline Gomes de Jesus
Professora de Psicologia do Instituto Federal do Rio de Janeiro (IFRJ) e do Departamento de Direitos Humanos, Saúde e Diversidade Cultural da Escola Nacional de Saúde Pública Sérgio Arouca da Fundação Oswaldo Cruz (DIHS/ENSP/FIOCRUZ). Docente permanente do Programa de Pós-Graduação em Ensino de História da Universidade Federal Rural do Rio de Janeiro (PROFHISTÓRIA/UFRRJ) e do Programa de Pós-Graduação em Bioética, Ética Aplicada e Saúde Coletiva (PPGBIOS/FIOCRUZ). Doutora em Psicologia Social do Trabalho e das Organizações pela Universidade de Brasília (UnB), com pós-doutorado pela Escola Superior de Ciências Sociais da Fundação Getulio Vargas (CPDOC/FGV). Foi Presidenta da Associação Brasileira de Estudos da Trans-Homocultura – ABETH (gestão 2021-2023). Autora dos livros *Transfeminismo: teorias e práticas* e *Homofobia: identificar e prevenir*, ambos publicados pela Metanoia Editora.

Sumário

Agradecimentos VII
Prefácio XI
Apresentação XIII
Introdução 1

1. SEXUALIDADE E IDENTIDADE DE GÊNERO 3
   1.1. Identidade de gênero 6
      1.1.1. Cisgêneros 6
      1.1.2. Transgêneros 7
         1.1.2.1. Transexuais, travestis e não binários 9
         1.1.2.2. Intersexual 13
         1.1.2.3. Despatologização da condição transgênero 14
         1.1.2.4. Crianças transgênero 15

2. TRANSIÇÃO FÍSICA E SAÚDE DA PESSOA TRANSGÊNERO 17
   2.1. Procedimentos para a afirmação do gênero de pertencimento 18
      2.1.1. Hormonioterapia 20
      2.1.2. Intervenções cirúrgicas 23
      2.1.3. Passabilidade 25
   2.2. Saúde física e mental da pessoa transgênero 27

3. IDENTIDADE DE GÊNERO NA SOCIEDADE 33
   3.1. Preconceito, discriminação e vulnerabilidade 33
   3.2. Normalidade e sexualidade 40
   3.3. Estigma 45
   3.4. Intolerância 48
   3.5. Invisibilidade 50
   3.6. Interseccionalidade 51
   3.7. A "fragilidade cis" 55
   3.8. Conveniência da ignorância quanto às minorias sexuais 58
   3.9. Genocídio trans e o Estado de Coisas Inconstitucional 59
   3.10. Linguagem neutra 62

4. DIREITO À SAÚDE E DIREITO MÉDICO 65
   4.1. Direitos do paciente 65
      4.1.1. Acesso ao tratamento ou cirurgias de afirmação de gênero ... 68

	4.1.2. Demora na realização do tratamento	72
4.2.	Reprodução humana assistida	75
4.3.	Responsabilidade médica	78
	4.3.1. Erro médico	78
	4.3.2. Prontuário médico	80
	4.3.3. Objeção de consciência	81

5. DIREITOS DA PERSONALIDADE ... 83
5.1.	Alteração do nome e sexo nos documentos	84
	5.1.1. A impropriedade técnica da mudança do gênero no documento	93
	5.1.2. Alteração *post mortem* do prenome e sexo nos documentos	95
	5.1.3. O novo RG (Carteira de Identidade Nacional – CIN)	96
	5.1.4. Alteração em documentos de terceiros	98
5.2.	Imagem, honra e privacidade	99
	5.2.1. Dano à imagem e à honra	99
	5.2.2. Direito à privacidade/intimidade e ao esquecimento	101
	5.2.3. Desrespeito à identidade de gênero no sepultamento	104

6. CONTRATOS ... 107
6.1.	Fase pré-contratual	107
6.2.	Identidade de gênero no plano da validade	109
	6.2.1. Capacidade e agente capaz	109
	6.2.2. Licitude e possibilidade do objeto	110
	6.2.3. Ilicitude da motivação e simulação	111
	6.2.4. Defeito do negócio jurídico	111
6.3.	Identidade de gênero no plano da eficácia	112
	6.3.1. Condição	113
	6.3.2. Encargo	114
6.4.	Contrato de doação	114
	6.4.1. Cláusula de incomunicabilidade	114
	6.4.2. Revogação da doação	115
	6.4.3. Doações segregatórias	116

7. DIREITO DE FAMÍLIA E RELACIONAMENTOS AMOROSOS ... 117
7.1.	Parentesco e relação com os filhos	117
	7.1.1. Reconhecimento da filiação	118
	7.1.2. Adoção	119
7.2.	Direitos/deveres dos pais transgênero em relação a seus filhos	121
	7.2.1. Poder familiar ou autoridade parental	122
	7.2.2. Alienação parental	124
	7.2.3. Descumprimento do dever de cuidado ou "abandono afetivo"	125

7.3. Casamento e união estável 126
    7.3.1. Dissolução do casamento/união estável em razão da transgeneridade ... 130
        7.3.1.1. Transgeneridade desconhecida pelo cônjuge/companheiro antes de se casar/unir 130
        7.3.1.2. Transgeneridade constatada pela pessoa transgênero após o casamento 132
7.4. Relacionamentos amorosos 133
    7.4.1. Ocultação do relacionamento 133
    7.4.2. Ruptura de namoro ou noivado 135

8. DIREITO SUCESSÓRIO 137
8.1. Sucessão legítima 138
8.2. Sucessão testamentária 139
    8.2.1. Deserdação sob alegação de identidade de gênero 140
    8.2.2. Condição e encargo no testamento 142
    8.2.3. Cláusula de incomunicabilidade 144
    8.2.4. Alteração do nome do herdeiro ou legatário beneficiado em testamento ... 145
8.3. Doações e colação 145

9. O USO DE BANHEIROS E VESTIÁRIOS 148

10. DIREITO ELEITORAL E POLÍTICA 157
10.1. Nome social, nome retificado e o exercício da cidadania 158
10.2. Candidaturas transgênero e violência política 159

11. SOCIEDADE DA INFORMAÇÃO 161
11.1. Mídia 161
11.2. Remoção e adequação de informações existentes na internet 165
11.3. Viés algorítmico 167
11.4. Sexualidade e o corpo eletrônico 169

12. LEI GERAL DE PROTEÇÃO DE DADOS (LGPD) 173
12.1. Sexualidade como dado sensível 173
12.2. Acesso indireto a dados sensíveis quanto à sexualidade 175

13. ESPORTES 177
13.1. Intersexo e competições esportivas 179
13.2. Pessoas transgênero em competições esportivas 181

14. EDUCAÇÃO 184
14.1. Garantia do direito à educação para pessoas transgênero 186
14.2. Educação como meio de mitigação dos preconceitos 191

15. DIREITO DO TRABALHO 195
    15.1. Consequências para práticas discriminatórias 200
    15.2. Dever de fomento da inclusão de pessoas transgênero no mercado de trabalho 202
    15.3. Licença parental e identidade de gênero 203
    15.4. Direitos trabalhistas especiais em razão do gênero 206

16. PREVIDÊNCIA 209
    16.1. Transição e aposentadoria 211
    16.2. Transição após aposentadoria 213
    16.3. O Benefício da Prestação Continuada (BPC) para pessoas trans 216

17. FORÇAS ARMADAS 219
    17.1. Serviço militar obrigatório e pessoas transgênero 220
    17.2. Transição de gênero do militar das Forças Armadas 221

18. REFÚGIO/ASILO ÀS PESSOAS TRANS 224
    18.1. O Brasil como destino para refugiados 226
    18.2. Transgêneros do Brasil em busca de asilo no mundo 227

19. DIREITO PENAL 229
    19.1. Licitude dos atos redesignatórios 229
    19.2. Criminalização da transfobia 230
    19.3. Homicídios e a banalização das vidas transgênero 234
    19.4. *Bullying* e *cyberbullying* 239
    19.5. Falta de alteração dos documentos e alegação de falsidade ideológica 241
    19.6. Lei Maria da Penha e feminicídio 242
    19.7. "Pânico trans" (*trans panic*) como fundamento de legítima defesa 245
    19.8. Criminalidade e pessoas transgênero 247
    19.9. Estupro corretivo 250
    19.10. Adequado recolhimento no sistema prisional 251

Referências Filmográficas 263
Referências Bibliográficas 265

Introdução

A sexualidade é uma das características mais básicas da existência humana. E, ao mesmo tempo, revestida de complexidade tamanha que questões cientificamente consolidadas nessa seara ainda geram muitas discussões e acabam por se tornar um espaço de disputa.

Mesmo com toda a tecnologia e o desenvolvimento que nos colocam em um momento histórico de evolução jamais visto, ainda nos deparamos continuamente com as particularidades humanas que fazem com que o medo irracional do diferente siga tocando um lugar especial nas pessoas, fazendo-as nutrir desprezo, quando não ódio, por todo aquele que não se insere no padrão de normalidade esperado.

Nem todo o acesso ao conhecimento, propiciado pelo atual estágio da sociedade da informação, é capaz de retirar uma parcela da população das trevas de um obscurantismo que afasta do espectro da humanidade quem não se adequa perfeitamente ao que se tem como o modelo socialmente imposto.

Esse preconceito acaba desdobrando-se em discriminação e segregação, numa marginalização com impactos nefastos, que não poderiam ser sequer imaginados em um Estado Democrático de Direito, considerando suas diretrizes fundantes de respeito e proteção aos mais vulnerabilizados.

Nesse universo se inserem as pessoas transgênero.

Considerando que a sexualidade é elemento indissociável do ser humano, é evidente que a identidade de gênero terá influência nos variados campos em que a pessoa está presente, como será exposto nos capítulos que compõem esta obra. Não há a pretensão de ser exaustivo quanto à análise de cada uma das múltiplas searas pelas quais se enveredará no caminhar transversal a qual me proponho, no entanto é essencial que as questões postas sejam conhecidas e aprofundadas, especialmente ante a irrisória atenção que esses tópicos têm recebido em suas áreas específicas.

É necessário ressaltar também que, quando se dá alguma atenção aos direitos de pessoas transgênero nos trabalhos desenvolvidos, nem sempre isso ocorre com a acuidade técnica que os estudos vinculados à sexualidade exigem, acarretando conclusões equivocadas.

O ambicioso objetivo desempenhado nesta obra é o de disponibilizar aos pesquisadores, juristas, advogados, militantes, pessoas transgênero e também aos cisgêneros aliados um norte para que lutem pela prevalência dos direitos de uma parcela tão vulnerabilizada de nossa sociedade.

Como escreveu Carolina Maria de Jesus em seu diário, no longínquo 21 de julho de 1954, "o livro é a melhor invenção do homem". Que esta obra possa honrar essa premissa e contribuir para a construção de um mundo melhor.

1
Sexualidade e identidade de gênero

A sexualidade há de ser entendida como uma construção social que comporta "toda sorte de manifestação vinculada ao sexo, em concepção que se espraia desde as características físicas do indivíduo até a percepção quanto ao seu gênero e destinação de atração sexual"[1]. Trata-se de característica rotineiramente usada para indicar ou classificar as pessoas[2], sendo elemento integrante de sua existência e fazendo parte da sua história desde antes do seu nascimento.

Para entender a sexualidade, especialmente a partir de sua análise sob o viés jurídico, é preciso analisá-la segundo quatro pilares básicos, quais sejam: o sexo, o gênero, a orientação sexual e a identidade de gênero.

A adequada compreensão de cada um desses elementos é basilar para que se possa pensar na condução dos parâmetros fundamentais de uma sociedade, pois, sendo a sexualidade indissociável de todo ser humano[3], reveste-se de um caráter de componente social que impacta em todos os momentos da vida em sociedade, fator que não pode ser ignorado na constituição de um Estado Democrático de Direito.

O primeiro dos elementos componentes da sexualidade é o sexo, expressão polissêmica muitas vezes confundida com a própria compreensão da sexualidade ou com a prática do ato sexual em si.

Contudo, a concepção de sexo como alicerce da sexualidade escora-se na perspectiva biológica atrelada às pessoas, vinculada a um contexto físico ou genético, podendo ser entendido sob o parâmetro gonadal (presença de testículos ou ovários), hormonal (predominância da produção de testosterona ou estrogênio e progesterona), genético (XX ou XY), anatômico, genital, aparente ou fenótipo (pênis e bolsa escrotal ou vagina), entre outros[4], expressando, tradicionalmente, uma compreensão binária de homem/macho e mulher/fêmea.

Na prática, contudo, o que se considera num primeiro momento como sexo é o aspecto físico genital constatado pelo médico quando do nascimento da pessoa, o que é consignado em sua Declaração de Nascido Vivo (DNV) e replicado em seu Registro Civil de Nascimento (RCN), que será a base para toda a documentação da pessoa (sexo jurídico).

---

[1] CUNHA, Leandro Reinaldo da. A responsabilidade civil face à objeção ao tratamento do transgênero sob o argumento etário. *In*: ROSENVALD, Nelson; MENEZES, Joyceane Bezerra de; DADALTO, Luciana (org.). *Responsabilidade civil e Medicina*. 2. ed. Indaiatuba, SP: Editora Foco, 2021. p. 308.

[2] CUNHA, Leandro Reinaldo da. *Identidade e redesignação de gênero*: aspectos da personalidade, da família e da responsabilidade civil. 2. ed. rev. e ampl. Rio de Janeiro: Lumen Juris, 2018. p 17.

[3] CUNHA, Leandro Reinaldo da. Identidade de gênero e a responsabilidade civil do Estado pela leniência legislativa. *Revista dos Tribunais*, São Paulo: RT, n. 962 p. 37-52, 2015. p. 39.

[4] CUNHA, Leandro Reinaldo da. Op cit., p. 20.

Em linhas gerais, atualmente, para fins jurídicos, a tendência tem sido a definição do sexo lastreada em uma perspectiva de genitalização, com base no aspecto anatômico externo aferido no recém-nascido, de sorte que o ordinário, sob o prisma da binaridade posta, é que as pessoas sejam indicadas como homem/macho ou mulher/fêmea.

Ressalto que, valendo-me de uma acepção técnica, não comungo da construção atualmente estabelecida de que o sexo poderia ser definido como "masculino" ou "feminino", como consta, por exemplo, da DNV, por entender que tais expressões são relativas ao gênero[5].

Ocorre que essa visão meramente binária do sexo, constantemente reforçada por espaços segregados e competições atléticas separadas entre homens e mulheres[6], é manifestamente equivocada por ignorar toda uma gama de pessoas cujas características não se inserem perfeitamente nos preceitos ordinariamente associados ao homem/macho ou mulher/fêmea, denominadas pessoas intersexo, termo guarda-chuva que comporta mais de uma centena de condições[7].

Assim, a condição intersexo, também nomeada de diferença do desenvolvimento sexual ou distúrbio de desenvolvimento sexual (DDS) ou anomalia de diferenciação sexual (ADS), é "expressada por quem não está perfeitamente enquadrado no que se tem por homem/macho ou mulher/fêmea, seja em razão dos aspectos fenotípicos internos ou externos, seja em termos genotípicos"[8]. A pessoa intersexo, por sua vez, é aquela que apresenta uma condição genética, física ou anatômica "que não permite a clara definição entre a conceituação binária homem/mulher, seja por apresentar estrutura genital que não autoriza a sua alocação em um dos grupos, ou em face de presença de aspectos de genitália condizentes com os dois conceitos"[9].

A intersexolidade (não intersexualidade)[10], característica que define uma pessoa intersexo, atinge entre 1%[11] e 2%[12] da população mundial, com a Organização das Nações

---

[5] CUNHA, Leandro Reinaldo da; CASSETTARI, Christiano. A desnecessária exposição pública da informação quanto ao sexo nos documentos de identificação pessoal. *Migalhas*, 23 nov. 2023. Disponível em: https://www.migalhas.com.br/coluna/direito-e-sexualidade/397350/a-desnecessaria-exposicao-publica-da-informacao--quanto-ao-sexo. Acesso em: 15 jan. 2024.

[6] WESTBROOK, Laurel; SCHILT, Kristen. Doing Gender, Determining Gender: Transgender People, Gender Panics, and the Maintenance of the Sex/Gender/Sexuality System. *Gender & Society*, p. 32-57, February 2014. p. 40.

[7] SANTOS, Thais Emilia de Campos dos; ALBUQUERQUE, Céu Ramos; FREITAS, Dionne do Carmo Araújo. *150 variações intersexo*. Paraná: CRV, 2024.

[8] CUNHA, Leandro Reinaldo da; SANTOS, Thais Emilia de Campos dos; FREITAS, Dionne do Carmo Araújo. Intersexolidade e intersexualidade da pessoa intersexo: confusão e invisibilidade. *Revista Direito e Sexualidade*, Salvador, v. 4, n. 2, p. 147-165, 2023. p. 152.

[9] CUNHA, Leandro Reinaldo da. *Identidade e redesignação de gênero*: aspectos da personalidade, da família e da responsabilidade civil. 2. ed. rev. e ampl. Rio de Janeiro: Lumen Juris, 2018. p. 26-27.

[10] Abordo a distinção das expressões, pontuando ser a intersexolidade condição associada ao sexo e a intersexualidade atrelada à identidade de gênero em: CUNHA, Leandro Reinaldo da; SANTOS, Thais Emilia de Campos dos; FREITAS, Dionne do Carmo Araújo. Intersexolidade e intersexualidade da pessoa intersexo: confusão e invisibilidade. *Revista Direito e Sexualidade*, Salvador, v. 4, n. 2, p. 147-165, 2023.

[11] ERNST, Michelle M. et al. Disorders of sex development (DSD) web-based information: quality survey of DSD team websites. *Int J Pediatr Endocrinol.*, 2019.

[12] BLACKLESS, Melanie et al. How sexually dimorphic are we? Review and synthesis. *American Journal of Human Biology*, v. 12, p. 151-166, 2000.

Unidas (ONU) trabalhando com o percentual de 1,7% dos nascimentos (que seria similar ao número de pessoas ruivas no mundo)[13]. Tal realidade não é uma novidade, sendo relatada até mesmo na mitologia grega, com a figura de Hermafrodito, filho de Hermes e Afrodite, que deu origem à denominação utilizada por muito tempo e que é a mais conhecida socialmente para as pessoas intersexo, qual seja, hermafrodita.

O segundo dos pilares propostos da sexualidade é o gênero, elemento decorrente de uma elaboração sociocultural que associa determinadas características ao homem/macho (masculino) e à mulher/fêmea (feminino), vinculadas ao papel desempenhado pela pessoa na sociedade[14], podendo ser considerado, em linhas bastante superficiais, como a exteriorização da sexualidade de cada pessoa, baseada na aparência e no comportamento do indivíduo[15]. O gênero "refere-se às identidades, funções e atributos socialmente construídos de mulheres e homens e do significado social e cultural atribuído a estas diferenças biológicas"[16].

A estrutura atual associa a quem é homem características "como a força, a virilidade, a cor azul", enquanto as mulheres são ordinariamente relacionadas com "a fragilidade, a delicadeza, a utilização da cor rosa e de saia, por exemplo"[17], de forma que a quem expressa os caracteres tradicionalmente atribuídos ao homem/macho (sexo) se reconhece a designação de masculino (gênero) e a quem enverga os aspectos conferidos à mulher/fêmea (sexo) denomina-se como feminino (gênero)[18].

Importante consignar que o fato de se usar as palavras sexo e gênero como se fossem sinônimos, principalmente em documentos oficiais e normas, acaba gerando consequências tecnicamente indesejáveis[19].

Na sequência dos pilares da sexualidade, surge a orientação sexual como o "aspecto da sexualidade do indivíduo que se associa ao interesse ou atração afetivo-sexual, que não se funda em uma perspectiva de caráter volitivo"[20]. Ou, nos termos trazidos pela Corte Interamericana de Direitos Humanos (CorteIDH), seria o aspecto da sexualidade referente à atração emocional, afetiva e sexual por pessoas de um gênero diferente do seu, ou de seu próprio gênero, ou de mais de um gênero[21].

---

[13] Disponível em: https://unfe.org/system/unfe-65-Intersex_Factsheet_ENGLISH.pdf. Acesso em: 7 out. 2017.

[14] Evidente que apresento aqui uma visão manifestamente panorâmica apenas para permitir a compreensão do tema como um todo, não ignorando a amplitude e a profundidade dos estudos de gênero.

[15] JESUS, Jaqueline Gomes de. *Orientações sobre a população transgênero*: conceitos e termos. Brasília: Autor, 2012. p. 13.

[16] Opinião Consultiva n. 24/17 da Corte Interamericana de Direitos Humanos (CorteIDH), p. 16.

[17] CUNHA, Leandro Reinaldo da. A responsabilidade civil face à objeção ao tratamento do transgênero sob o argumento etário. In: ROSENVALD, Nelson; MENEZES, Joyceane Bezerra de; DADALTO, Luciana (org.). *Responsabilidade civil e Medicina*. 2. ed. Indaiatuba, SP: Editora Foco, 2021. p. 309-310.

[18] Não se ignora a existência de uma série de outras concepções de gênero que extrapolam essa percepção binária, como "não binário", "agênero", "gênero fluido", "bigênero", "trigênero" e "demigênero".

[19] CUNHA, Leandro Reinaldo da. A confusão entre sexo e gênero e seus impactos jurídicos. *Migalhas*, 22 jun. 2023. Disponível em: https://www.migalhas.com.br/coluna/direito-e-sexualidade/388613/a-confusao-entre-sexo-e-genero-e-seus-impactos-juridicos. Acesso em: 15 jan. 2024.

[20] CUNHA, Leandro Reinaldo da. Transgêneros: conquistas e perspectivas. In: LISBOA, Roberto Senise (coord.). *Direito na Sociedade da Informação V*. São Paulo: Almedina, 2020. p. 162.

[21] Opinião Consultiva n. 24/17 da Corte Interamericana de Direitos Humanos (CorteIDH), p. 18.

O entendimento atual concebe a orientação sexual segundo cinco hipóteses distintas: heterossexuais (atração direcionada a pessoa de gênero distinto), homossexuais (interesse destinado a alguém do mesmo gênero), bissexuais (atração por pessoas tanto do mesmo gênero quanto de gênero distinto), assexuais (sem a expressão de interesse sexual por qualquer dos gêneros) e pansexuais (atraem-se por pessoas independentemente de qualquer consideração quanto ao gênero), em uma visão bastante superficial.

Superada a breve apresentação dos três primeiros pilares da sexualidade, passo a discorrer de forma mais contida com relação à identidade de gênero.

1.1. Identidade de gênero

A identidade de gênero é o aspecto da sexualidade que tem por base a percepção ou pertencimento da pessoa com relação ao seu gênero, independentemente da sua constituição física ou genética[22], ou do que a sociedade pensa ou espera daquela pessoa.

Enquanto característica personalíssima que pode começar a ser percebida com frequência na infância[23], oriunda do entendimento da própria pessoa, a identidade de gênero decorre de uma autodeclaração que expressa a compreensão daquele indivíduo acerca do seu gênero, numa manifestação que não é pautada em vontade ou opção, mas sim na sua percepção particular.

Por ser característica impressa de forma indissociável em todas as pessoas, não podendo delas ser apartada, tampouco se conceber a sua existência sem que tal parâmetro da sexualidade seja considerado, configura-se como um Direito Humano na perspectiva do direito internacional[24], um direito fundamental, sob a égide do Direito Constitucional, e também um direito da personalidade segundo os critérios do Direito Civil.

Com base nessa concepção, é possível designar as pessoas segundo duas perspectivas distintas: cisgênero ou transgênero.

1.1.1. Cisgêneros

Quando a pessoa se entende pertencente ao gênero que é esperado em razão do sexo que lhe foi atribuído quando do seu nascimento, ela é descrita como cisgênero. Assim, são dessa forma considerados "aqueles indivíduos que não apresentam

---

[22] CUNHA, Leandro Reinaldo da. *Identidade e redesignação de gênero*: aspectos da personalidade, da família e da responsabilidade civil. 2. ed. rev. e ampl. Rio de Janeiro: Lumen Juris, 2018. p. 17.

[23] Disponível em: https://www.psychiatry.org/Patients-Families/Gender-Dysphoria/What-Is-Gender-Dysphoria. Acesso em: 12 jan. 2024.

[24] Em sede de Direito Internacional, muito se suscita quanto aos Princípios de Yogyakarta, contudo esses não se consolidam como um tratado ou convenção internacional, sendo entendidos como elementos de *soft law*, desprovidos de cogência, razão pela qual evito utilizá-los como fundamento do que será exposto na presente obra em razão da sua não incorporação ao ordenamento jurídico, em que pese o fato de serem utilizados de forma recorrente para fundamentar decisões em território nacional, o que faz com que autores como Paulo Iotti sustentem que tais princípios devem ser considerados, no mínimo, como costume internacional.

qualquer dissonância" da expectativa homem/macho que expressa o gênero masculino ou mulher/fêmea que performa o gênero feminino.

Quem foi entendido como homem/macho ao nascer e expressa sua sexualidade segundo os padrões socioculturais do masculino é cisgênero, assim como quem foi definido como mulher/fêmea quando do nascimento e socialmente enverga os caracteres do feminino.

Pertinente se faz aqui ponderar a figura do ipsogênero como um desdobramento dentro dessa categoria, em que se pode inserir as pessoas intersexo, às quais se atribui um dos sexos binários quando do seu nascimento e que se identifica com o gênero esperado, mas que, em face de sua condição física, não experiencia todos os privilégios garantidos às pessoas cisgênero[25].

1.1.2. Transgêneros

Se a pessoa não se entende como pertencente ao gênero que era esperado em decorrência do sexo que lhe foi atribuído quando do nascimento, ela pode ser entendida como transgênero, hipótese na qual se constata "um descompasso entre o sexo físico que lhe é atribuído quando de seu nascimento e a sua sensação de pertencimento"[26] ou "quando a identidade ou expressão de gênero de uma pessoa é diferente daquela que normalmente está associada ao sexo atribuído no nascimento"[27].

A expressão transgênero ("pessoas trans" ou "pessoas que apresentam gênero diverso") comporta uma acepção abrangente que alberga em si transexuais, travestis, intersexuais, transformistas, *crossdressers* (CD), *drag queens*, *drag kings* e os que não se identificam com qualquer gênero (não específicos, gênero fluido, não conformes, não específicos, andróginos ou *queer*[28]).

Essa incongruência ou não conformidade que caracteriza a transgeneridade não é um fenômeno da atualidade, como muitos tentam fazer crer com o objetivo de minorar a condição vivenciada por que revela tal sorte de dissonância[29]. Não são poucos os relatos mitológicos que tangenciam o tema (*O julgamento de Tirésias*[30], Venus Castina[31], Cênis/Cêneu[32], Ifis[33], Leucipo[34]), como também personalidades históricas às

---

[25] CUNHA, Leandro Reinaldo da; SANTOS, Thais Emilia de Campos dos; FREITAS, Dionne do Carmo Araújo. Intersexolidade e intersexualidade da pessoa intersexo: confusão e invisibilidade. *Revista Direito e Sexualidade*, Salvador, v. 4, n. 2, p. 147-165, 2023. p. 156.

[26] CUNHA, Leandro Reinaldo da. *Identidade e redesignação de gênero*: aspectos da personalidade, da família e da responsabilidade civil. 2. ed. rev. e ampl. Rio de Janeiro: Lumen Juris, 2018. p. 29.

[27] Opinião Consultiva n. 24/17 da Corte Interamericana de Direitos Humanos (CorteIDH), p. 17.

[28] JESUS, Jaqueline Gomes de. *Orientações sobre a população transgênero*: conceitos e termos. Brasília: Autor, 2012. p. 7.

[29] CUNHA, Leandro Reinaldo da. *Identidade e redesignação de gênero*: aspectos da personalidade, da família e da responsabilidade civil. 2. ed. rev. e ampl. Rio de Janeiro: Lumen Juris, 2018. p. 11.

[30] OVÍDIO. *The metamorphoses*. Virgínia: A. S. Kline, 2000. p. 150-151.

[31] BOLEN, Jean Shinoda. *As deusas e a mulher*: nova psicologia das mulheres. São Paulo: Paulinas, 1990. p. 323.

[32] OVÍDIO. *The metamorphoses*. Virgínia: A. S. Kline, 2000. p. 588-590.

[33] OVÍDIO. *The metamorphoses*. Virgínia: A. S. Kline, 2000. p. 479-481.

[34] Disponível em: http://www.mythologydictionary.com/leucippus-mythology.html. Acesso em: 17 ago. 2012.

quais se atribui a condição de transgênero, que vai de figuras do Império Romano (Sporus, escravo com quem Nero teria se casado[35], e o imperador romano Marco Aurélio Antonino, conhecido como Heliogábalo[36]) a um Papa (Papa João VIII[37]).

A transgeneridade, é importante que se ressalte, reside no âmbito psicológico da percepção da pessoa quanto ao seu gênero, sem relação direta com a realização de modificações no corpo visando sua adequação ao seu gênero de pertencimento, sendo premente a compreensão da sociedade e do Poder Público de que essa subjetividade há de ser respeitada. Há entre as pessoas transgênero as que não podem praticar atos visando a realização de alterações corporais, as que não desejam fazê-las e as que "não conseguem por não ser simples ou barato efetivar esse direito"[38], sem que isso as faça menos transgênero.

Aqueles transgêneros que se reconhecem como do gênero masculino, mesmo tendo sido indicados como mulheres ao nascer (FTM – *female to male*, como designado em inglês), são chamados de homens transgênero ou pessoas transmasculinas, enquanto as que se entendem do gênero feminino apesar de designadas como homens quando do nascimento são as mulheres transgênero ou pessoas transfemininas (MTF – *male to female*, em inglês)[39], prevalecendo quando da definição a palavra que se associa com o gênero que é expressado[40].

Quanto à incidência da transgeneridade na população, é assustador afirmar que, mesmo em meados dos anos 20 do século XXI, inexistem, no Brasil, dados censitários indicando a quantidade de pessoas transgênero no país, estando previstos para o último trimestre de 2024 os resultados da Pesquisa Nacional de Demografia e Saúde, que visitará 133 mil domicílios, em mais de 2,5 mil municípios de todo o país, e trará o primeiro levantamento oficial sobre o tema[41]. Apesar disso, alguns estudos realizados no Brasil e no exterior permitem que se tenha uma noção desse contingente.

Em trabalho publicado em 2021 pela Faculdade de Medicina de Botucatu – UNESP, constatou-se que cerca de 2% da população se reconhece como alguém que apresenta alguma forma de dissonância entre o gênero esperado em razão de seu nascimento e aquele a que entende pertencer, com 0,7% manifestando-se expressamente como transgênero e 1,3%, como pessoas que não se inseririam em um

---

[35] Disponível em: http://www.fordham.edu/halsall/ancient/suet-nero-rolfe.asp. Acesso em: 23 ago. 2012.
[36] LISSNER, Ivar. *Os césares*. Belo Horizonte: Itatiaia, 1964. p. 298.
[37] Disponível em: https://www.worldhistory.org/trans/pt/1-20760/papisa-joana/. Acesso em: 12 jan. 2024.
[38] BENEVIDES, Bruna G. *Dossiê assassinatos e violências contra travestis e transexuais brasileiras em 2022*. Brasília: Distrito Drag, ANTRA, 2023. p. 67.
[39] CUNHA, Leandro Reinaldo da. *Identidade e redesignação de gênero*: aspectos da personalidade, da família e da responsabilidade civil. 2. ed. rev. e ampl. Rio de Janeiro: Lumen Juris, 2018. p. 38.
[40] Transmasculinos/homens transgênero e transfemininos/mulheres transgênero não se confundem com homens transexuais ou mulheres transexuais, como será exposto a seguir.
[41] Disponível em: https://agenciabrasil.ebc.com.br/radioagencia-nacional/direitos-humanos/audio/2023-10/ibge-vai-estimar-tamanho-da-populacao-trans-e-travesti-no-brasil. Acesso em: 7 jan. 2024.

contexto de binaridade de gênero, o que, considerando a população adulta do Brasil (18 anos ou mais), alcança um número aproximado de 3 milhões de pessoas[42].

Nos Estados Unidos, levantamento realizado pelo The Williams Institute, em publicação de 2022, constatou que 0,5% da população adulta se identifica como transgênero, montante que salta para 1,4% entre jovens (13 a 17 anos)[43]. No Reino Unido também não existem dados oficiais, mas estima-se que sejam entre 200 mil e 500 mil pessoas transgênero, em uma população de cerca de 66 milhões de pessoas, com base em dados coletados em 2018[44]. Já no Canadá, esse número é de cerca de 100 mil pessoas, o que equivaleria a 0,33% da população ou, aproximadamente, 1 a cada 300 pessoas, considerando-se apenas os maiores de 15 anos[45].

A falta de números oficiais é uma característica bastante presente, o que conduz a uma invisibilidade que desemboca na falta de uma real atenção do Estado com relação às necessidades das pessoas transgênero.

1.1.2.1. Transexuais, travestis e não binários

A perfeita definição quanto a algumas das identidades transgênero ainda não se mostra consolidada, podendo-se ressaltar a confusão eventualmente existente quanto às figuras de transexuais e travestis. Em que pese a existência de quem sustente sinonímia entre os termos, não se pode olvidar que muitos ponderam quanto à distinção técnica entre as acepções das expressões.

A concepção mais clássica da transgeneridade está nos transexuais, os quais, como uma das figuras albergadas pelo conceito de transgênero, são pessoas que não se identificam com o gênero esperado em razão do sexo que lhes foi atribuído quando do seu nascimento. Nas palavras de Jaqueline Gomes de Jesus, transexual seria um "termo genérico que caracteriza a pessoa que não se identifica com o gênero que lhe foi atribuído quando de seu nascimento"[46], numa acepção que se confunde com a própria definição de transgênero.

Apesar de ser uma condição autopercebida e que reside no âmbito psicológico, a transexualidade tem conexões com aspectos físicos, já que essa pessoa não se reconhece como "dona" daquele corpo, sentindo que ele não lhe pertence, padecendo de uma inadequação físico-psicológica que a faz crer que é alguém que tem um cérebro que não se adequa àquele corpo ou um corpo que não corresponde àquele cérebro[47]. Com isso,

---

[42] SPIZZIRRI, Giancarlo et al. Proportion of people identifed as transgender and non binary gender in Brazil. *Scientific Reports*, v. 11, 2240, 2021. p. 3-5.

[43] Disponível em: https://williamsinstitute.law.ucla.edu/wp-content/uploads/Trans-Pop-Update-Jun-2022.pdf. Acesso em: 10 jan. 2024.

[44] Disponível em: https://assets.publishing.service.gov.uk/government/uploads/system/uploads/attachment_data/file/721642/GEO-LGBT-factsheet.pdf. Acesso em: 10 jan. 2024.

[45] Disponível em: https://www.cbc.ca/news/canada/calgary/census-data-trans-non-binary-statscan-1.6431928. Acesso em: 10 jan. 2024.

[46] JESUS, Jaqueline Gomes de. *Orientações sobre a população transgênero*: conceitos e termos. Brasília: Autor, 2012. p. 15.

[47] CUNHA, Leandro Reinaldo da. *Identidade e redesignação de gênero*: aspectos da personalidade, da família e da responsabilidade civil. 2. ed. rev. e ampl. Rio de Janeiro: Lumen Juris, 2018. p. 30.

trata-se de alguém que tem o desejo de ser, plenamente, alguém do gênero que entende como seu, fator que se expressa em todo o seu existir.

Pelo fato de seu corpo não ter as características associadas ao seu gênero de pertencimento, a pessoa transexual apresenta o desejo de buscar estabelecer uma correlação entre o que expressa e o que sente, o que pode se dar não só nos elementos que ostenta socialmente, mas também em seu físico. Esse intento pode culminar na realização de tratamentos e intervenções cirúrgicas, já que alguns afirmam se sentir como vítimas de um erro da natureza[48], mas isso não é obrigatório para a caracterização de sua condição, que não é definida em razão de seus aspectos físicos.

O tema é tão delicado que até mesmo a Corte Interamericana de Direitos Humanos (CorteIDH), na Opinião Consultiva n. 24/17, equivoca-se, pois assevera que pessoas transexuais "optam por uma intervenção médica – hormonal, cirúrgica ou ambas – para adaptar sua aparência físico-biológica à sua realidade psíquica, espiritual e social"[49]. Reitero que uma pessoa é transexual independentemente de ter ou não qualquer intervenção médica.

É recorrente que as pessoas transexuais sejam compreendidas segundo um parâmetro binário, ainda que este não seja obrigatório, considerando o vetor da transição de gênero desejada. Denomina-se, como já mencionado, como mulher transexual ou MTF (sigla em inglês que significa *male to female*) aquela a quem se atribuiu o sexo homem/macho (ou masculino) quando do nascimento, mas que se entende como alguém do gênero feminino, e, de outro lado, nomeia-se como homem transexual ou FTM (sigla em inglês que significa *female to male*) quem recebeu o sexo mulher/fêmea (ou feminino) quando do nascimento, mas se reconhece como do gênero masculino.

Em síntese, transexual é o transgênero que se entende como alguém de gênero diverso do que era esperado em razão do sexo que lhe foi atribuído quando do nascimento e que, em face da dimensão do incômodo experimentado em decorrência da sua dissonância físico/psicológica, possui o desejo (que não precisa se efetivar) de "alterar" o seu corpo, principalmente seus genitais, a fim de que sua compleição física possa expressar uma imagem compatível com sua percepção de gênero.

Já travesti comporta entendimento distinto. A expressão travesti foi usada inicialmente no Brasil como designativo para os homens que se vestiam de mulher nos bailes de carnaval como forma de brincadeira, encarnando traços caricatos ordinariamente atribuídos ao gênero feminino. Na sequência, passou a ser adotada para indicar aqueles que tinham tal conduta não como uma alegoria, mas como uma forma de vida e que foi, desde logo (início do século XX), associada à ideia de prostituição em razão de sua vinculação com a profissão de atriz que, à época, carregava tal pecha.

Die Transvestiten, do psicólogo alemão Magnus Hirschfeld, foi a primeira obra a usar o termo para indicar quem se veste como alguém do gênero oposto com motivações eróticas, dando os contornos iniciais para que esse vocábulo assumisse, cientificamente, uma conotação estigmatizante.

---

[48] MIZRAHI, Mauricio Luis. *Homosexualidad y transexualismo*. Buenos Aires: Astrea, 2006. p. 49.

[49] Opinião Consultiva n. 24/17 da Corte Interamericana de Direitos Humanos (CorteIDH), p. 17.

Atualmente, pode-se sustentar, com base nos aspectos que definem a travestilidade, que travestis são aquelas pessoas que se manifestam socialmente, segundo os parâmetros associados ao feminino, ainda que não tenham o intuito de ser reconhecidas como mulheres ou como mulheres transexuais.

Em que pese trabalharmos com a concepção técnica de que travestis se enquadram nas hipóteses de pessoas transgênero, é de se consignar que muitas travestis não se sentem representadas quando indicadas pelo designativo "trans", por entendê-lo como um sinônimo para transexual[50], fato que pode ser constatado em inúmeros documentos que indicam transgêneros e travestis ou trans e travestis como se aquela expressão não englobasse esta.

Muitas travestis, até mesmo como uma forma política de se posicionar, entendem que não são nem querem pertencer ao gênero masculino ou feminino, uma vez que a sua identidade de gênero é travesti, afirmando mesmo querer "ser homem e mulher ao mesmo tempo", como se vê no seguinte relato: "eu quero ser travesti. Eu tenho o biológico masculino e o social feminino. Aonde (sic) eu vou me encaixar, nas mulheres? Não porque elas têm vagina. Nos homens? Não porque o que eu tenho é só um pênis. Onde eu vou estar? Sou travesti"[51].

Outro ponto que pode ser considerado nesse contexto distintivo é, portanto, a perspectiva de que a pessoa transexual postula uma condição de alguém pertencente ao "outro" gênero, fator que não se manifesta entre as travestis. Se, de um lado, as mulheres transexuais se viam e se sentiam como mulheres, as travestis, ordinariamente, negam tal identificação[52].

Uma questão que pode ser suscitada nesse ponto também está no âmbito das adequações corporais pelas quais passam transexuais e travestis quanto a seus genitais. Alguns autores sustentam que transexuais vivenciariam uma condição de sofrimento intenso em razão de seu corpo que não revela as características físicas de acordo com o que se esperaria em razão do gênero ao qual se entendem pertencer, expressando repulsa com relação aos seus órgãos sexuais externos, fator não experienciado por travestis[53].

Essa concepção distintiva entre transexuais e travestis, vinculada à existência ou não de repulsa com relação aos órgãos sexuais, se encontra em algumas falas de pessoas transgênero, que chegam a afirmar que "as transexuais se enquadram no gênero feminino direitinho porque elas querem tirar o genital masculino; ou colocar como no caso dos transexuais femininos (sic). Eu gosto do meu genital e gostaria até de

---

[50] BARBOSA, Bruno Cesar. "Doidas e putas": usos das categorias travesti e transexual. *Sexualidad, Salud y Sociedad – Revista Latinoamericana*, n. 14, ago. 2013. p. 355.
[51] ANTUNES, Pedro Paulo Sammarco. *Travestis envelhecem?* 268 f. Dissertação (Mestrado em Gerontologia) – Pontifícia Universidade Católica de São Paulo, São Paulo, 2010. p. 153.
[52] BARBOSA, Bruno Cesar. "Doidas e putas": usos das categorias travesti e transexual. *Sexualidad, Salud y Sociedad – Revista Latinoamericana*, n. 14, ago. 2013.
[53] ARGENTIERI, Simona. Travestismo, transexualismo, transgêneros: identificação e imitação. *Jornal de Psicanálise*, São Paulo, v. 42, n. 77, dez. 2009. p. 176.

aumentar um pouco o meu!"[54]. A aceitação da genitália também é um elemento presente na definição de travesti apresentada pelo Conselho Federal de Medicina (CFM) na Resolução n. 2.265/2019 (art. 1º, § 4º).

Como transexuais tendem a buscar a construção do corpo, de modo que ele expresse o seu gênero de pertencimento, seu objetivo é um reconhecimento ou maior identificação pessoal (com alteração nas genitais); de outro lado, travestis não buscam mudanças genitais. Conforme relatos trazidos por Julieta Vartabedian, travestis, principalmente aquelas que se dedicam à prostituição, buscam "'melhorar' constantemente seus corpos [para] ficarem mais femininas (...) se sentirem bonitas e serem escolhidas pelos clientes", conferindo-lhes menor rejeição por possuir um corpo visto como desejável e, portanto, menos descartável e sujeito a ofensas, o que as humaniza e torna menos "merecedoras" de morrer[55].

Ainda que se possa sustentar que "transexuais tentam eliminar todo tipo de ambiguidade, enquanto travestis não, por isso, talvez, sofram mais preconceitos"[56], isso não significa que o elemento distintivo seja a realização ou não de intervenções cirúrgicas visando alterar o corpo.

A complexidade que permeia o entendimento das travestis é tamanha que, não poucas vezes, até mesmo no âmbito de documentos policiais e decisões judiciais, vislumbra-se a utilização da expressão não como uma identidade, mas sim como uma profissão, em sinonímia com a ideia de prostituição[57]. Isso pode ter como fundo o entendimento de que as travestis revelam um certo impulso erótico ao se vestir e se ornamentar como alguém do gênero feminino com lastro na busca de algum tipo de satisfação ou prazer sexual, o que não se tem em transexuais, que ostentam uma forma natural de se vestir com roupas do sexo oposto, já que é assim que efetivamente se entendem[58].

Assim, há quem sustente que a postura é o sinal indicativo que acaba por distinguir transexuais de travestis, já que aqueles têm "o modo de andar e de se movimentar (...) tão espontaneamente similar ao do sexo desejado que parece ter sido inscrito muito precocemente na imagem corporal, nos ossos e nos músculos", contrastando com as travestis, que agem de maneira exagerada, enfatizando "a qualidade teatral que eles exibem em sua atitude e em seus corpos"[59].

Esse distanciamento da busca de "igualar" fisicamente sua genitália com a tradicionalmente constatada em mulheres impõe às travestis um outro estigma, de que ali

---

[54] ANTUNES, Pedro Paulo Sammarco. *Travestis envelhecem?* 268 f. Dissertação (Mestrado em Gerontologia) – Pontifícia Universidade Católica de São Paulo, São Paulo, 2010. p. 153.

[55] VARTABEDIAN, Julieta. Travestis brasileiras trabalhadoras do sexo algumas notas além da heteronormatividade. *Bagoas – Estudos gays: gêneros e sexualidades*, [S.l.], v. 11, n. 17, 2018. p. 84-87.

[56] ANTUNES, Pedro Paulo Sammarco. *Travestis envelhecem?* 268 f. Dissertação (Mestrado em Gerontologia) – Pontifícia Universidade Católica de São Paulo, São Paulo, 2010. p. 154.

[57] SERRA, Vitor Siqueira. *"Pessoa afeita ao crime"*: criminalização de travestis e o discurso judicial criminal paulista. 128 f. Dissertação (Mestrado) – Faculdade de Ciências Humanas e Sociais, Universidade Estadual Paulista "Júlio de Mesquita Filho", São Paulo, 2018. p. 80.

[58] VIEIRA, Tereza Rodrigues. *Nome e sexo*: mudanças no registro civil. 2. ed. São Paulo: Atlas, 2012. p. 157-158.

[59] ARGENTIERI, Simona. Travestismo, transexualismo, transgêneros: identificação e imitação. *Jornal de Psicanálise*, São Paulo, v. 42, n. 77, p. 167-185, dez. 2009. p. 176.

está, em verdade, apenas um "homem" vestido ou se passando por "mulher", em uma afronta ainda mais descabida ao binarismo, com objetivos ilegítimos. Sua conduta seria ofensiva aos "homens 'reais', tornando seus corpos femininos, ao desejarem outros homens e ao manter sua genitalidade"[60].

Por se colocarem em um lugar "fora de qualquer inteligibilidade porque não seguem uma linearidade 'coerente' entre sexo, gênero e desejo, sua humanidade está sendo negada continuamente"[61], impondo-lhes preconceito, segregação e discriminação ainda mais potentes.

Com isso, a travestilidade assume uma perspectiva de identidade política em que se busca o reconhecimento como pessoas humanas, distanciando-se do objetivo de serem reconhecidas como mulheres[62]. Diante dessa natureza política, chega-se até mesmo a sustentar que não seria possível a delimitação do que viria a ser uma travesti, "pois como toda categoria política, se movimenta com a história", sendo uma expressão que "as une, principalmente, pelo processo de autonomia sobre seus corpos e desejos, que se reinventam e sobrevivem apesar das violências, e pelos processos sociais de marginalização que experimentam – em diferentes formas e intensidades, mas todas interpretadas como resposta à sua construção de gênero em desconformidade com as normas sociais vigentes"[63].

Em suma, de maneira singela, é possível afirmar que, ao passo que mulheres transexuais buscam o reconhecimento social e legal enquanto mulheres, por se sentirem como tal, as travestis não se entendem nem como homem nem como mulher, mas como alguém que vivencia papéis inerentes ao feminino, colocando-se como pertencentes a uma condição equivalente a um outro gênero (um terceiro) ou a um não gênero[64].

Esse sentimento de não pertencimento a nenhum dos polos da binaridade de gênero é o que sustenta outra figura que integra a transgeneridade, as pessoas que se reconhecem como "não binárias". Nesse espectro, podem surgir os que se intitulam como "agênero", "gênero fluido" ou outras denominações que expressam a não inserção plena na concepção clássica do masculino ou do feminino.

1.1.2.2. Intersexual

A intersexolidade (condição associada ao sexo) da pessoa intersexo pode dar azo a uma transgeneridade específica, denominada intersexualidade, que é a identidade de gênero de uma pessoa intersexo que não seja cisgênero ou ipsogênero.

---

[60] VARTABEDIAN, Julieta. Travestis brasileiras trabalhadoras do sexo algumas notas além da heteronormatividade. *Bagoas – Estudos gays: gêneros e sexualidades*, [S.l.], v. 11, n. 17, 2018. p. 69.

[61] VARTABEDIAN, Julieta. Travestis brasileiras trabalhadoras do sexo algumas notas além da heteronormatividade. *Bagoas – Estudos gays: gêneros e sexualidades*, [S.l.], v. 11, n. 17, 2018. p. 69.

[62] SOUSA, Tuanny Soeiro. *O nome que eu (não) sou*: retificação do nome e sexo de pessoas transexuais e travestis. Rio de Janeiro: Lumen Juris, 2016. p. 93.

[63] SERRA, Vitor Siqueira. *"Pessoa afeita ao crime"*: criminalização de travestis e o discurso judicial criminal paulista. 128 f. Dissertação (Mestrado) – Faculdade de Ciências Humanas e Sociais, Universidade Estadual Paulista "Júlio de Mesquita Filho", São Paulo, 2018. p. 17.

[64] JESUS, Jaqueline Gomes de. *Orientações sobre a população transgênero*: conceitos e termos. Brasília: Autor, 2012. p. 9.

O termo intersexual não goza de aceitação plena na comunidade intersexo, pois muitos o associam a questões vinculadas à prática sexual. Contudo, a expressão tem uma acepção técnica que não pode ser ignorada, servindo para indicar a transgeneridade de uma pessoa intersexo, em construção que se assenta na perspectiva de que a identidade de gênero do intersexo "não é fixa e pode ter uma relação direta com a conduta adotada quando da constatação de que não se tratava de alguém inserido em um dos dois pontos diametralmente opostos do homem/macho e mulher/fêmea"[65].

Intervenções cirúrgicas estéticas em crianças intersexo, visando uma adequação binária, podem culminar na criação de uma aparência genital conflitante com o gênero com o qual aquela pessoa virá a identificar-se. Trata-se de hipótese distinta da constatada em transexuais, pois se está "diante de uma situação em que há, na origem da aferição da sua identidade de gênero, um elemento a mais que não se vislumbra naqueles casos"[66].

Com isso, é possível que a condição intersexo da pessoa, aspecto da sexualidade atrelado ao sexo (*stricto sensu*) e, portanto, vinculado a características físicas ou genéticas, venha a acarretar consequências que atingem sua identidade de gênero, pois ela pode não se reconhecer como pertencente ao gênero esperado em razão da construção cirúrgica realizada em seus genitais que visava inseri-la na binaridade clássica do homem/macho ou mulher/fêmea.

1.1.2.3. Despatologização da condição transgênero

A transgeneridade, sob o ponto de vista médico, percorreu um longo caminho até chegar nos dias de hoje e ser compreendida como uma incongruência de gênero, condição relacionada à saúde sexual, conforme reconhecida atualmente pela Classificação Internacional de Doenças (CID-11). A "disforia de gênero", associada à ideia de anomalia ou doença mental, resta afastada, ao menos para a Organização Mundial da Saúde (OMS), passando a figurar meramente como uma "contínua e profunda incompatibilidade entre o sexo atribuído e o vivenciado pelo sujeito, sem que isso seja visto como uma doença"[67].

Essa "marcante e persistente falta de alinhamento entre o gênero vivenciado por um indivíduo e o sexo atribuído", como consta do item 17 da Classificação Internacional de Doenças (CID-11), é definida sob os códigos HA60 (incongruência de gênero na adolescência ou na idade adulta), HA61 (incongruência de gênero na infância) e HA62 (incongruência de gênero não especificada), a fim de que ainda possa ser indicada como uma condição que merece atenção médica, em que pese não se configurar como uma doença.

---

[65] CUNHA, Leandro Reinaldo da; SANTOS, Thais Emilia de Campos dos; FREITAS, Dionne do Carmo Araújo. Intersexolidade e intersexualidade da pessoa intersexo: confusão e invisibilidade. *Revista Direito e Sexualidade*, Salvador, v. 4, n. 2, p. 147-165, 2023. p. 155.

[66] CUNHA, Leandro Reinaldo da; SANTOS, Thais Emilia de Campos dos; FREITAS, Dionne do Carmo Araújo. Intersexolidade e intersexualidade da pessoa intersexo: confusão e invisibilidade. *Revista Direito e Sexualidade*, Salvador, v. 4, n. 2, p. 147-165, 2023. p. 155.

[67] CUNHA, Leandro Reinaldo da. *Identidade e redesignação de gênero*: aspectos da personalidade, da família e da responsabilidade civil. 2. ed. rev. e ampl. Rio de Janeiro: Lumen Juris, 2018. p. 30.

O Manual Diagnóstico e Estatístico de Transtornos Mentais (DSM-V), elaborado pela Associação Americana de Psiquiatria (*American Psychiatric Association* – APA), continua prevendo a disforia de gênero como o "sofrimento psicológico resultante da falta de congruência entre o sexo atribuído no nascimento e a identidade de gênero de uma pessoa", sob os códigos 302.6 (F64.2) e 302.85 (F64.1), asseverando ser uma situação experienciada por algumas pessoas transgênero[68]. Assim, é de se entender que o referido Manual trata da possibilidade de existência de sofrimento em decorrência da incongruência de gênero, que, portanto, não se faz presente em todas as pessoas transgênero.

A incongruência de gênero (transgeneridade) é uma condição sexual que pode ensejar a disforia de gênero, esta, sim, um transtorno experienciado pelas pessoas transgênero que apresentam dificuldades para lidar com a sua realidade, imposta por todos os elementos socioculturais que a circundam.

A busca pela despatologização, visando afastar todo o caráter estigmatizante e pejorativo que recai sobre as pessoas transgênero, é pleito antigo da comunidade que se lastreia na concepção de que essa incongruência de gênero é apenas mais uma identidade sexual que a pessoa pode apresentar, sem relação com vontade, capricho, perversão sexual ou doença debilitante[69], totalmente apartada da concepção de travestismo, com o sufixo *ismo*, que norteava, por exemplo, a edição anterior da Classificação Internacional de Doenças (CID-10).

A transgeneridade não comporta "conversões" capazes de conduzir a pessoa transgênero a uma "normalização", refutando a "vontade" que a "transformou" na "pessoa desviante" que é. Não é uma vontade manifestada que possa ser alterada, corrigida ou curada.

1.1.2.4. Crianças transgênero

Na esteira de concepções que buscam refutar a ciência com base em crenças descabidas, como a onda antivacina e teorias terraplanistas, alguns grupos têm tentado emplacar outra tese do mesmo jaez, qual seja, de que não existiriam crianças transgênero. Contudo, assim como podemos comprovar que vacinas salvam vidas e que a Terra não é plana, existem crianças transgênero.

Essa afirmação é simples e desprovida de qualquer aspecto de fundo religioso, moral ou político. Decorre de uma simples leitura dos textos médicos consolidados que versam sobre a saúde das pessoas.

A mera leitura do que consta tanto da Classificação Internacional de Doenças (CID-11) quanto do Manual Diagnóstico e Estatístico de Transtornos Mentais (DSM-V) revela que é inconteste que a identidade de gênero começa a ser expressada nos

---

[68] Disponível em: https://www.psychiatry.org/Patients-Families/Gender-Dysphoria/What-Is-Gender-Dysphoria. Acesso em: 12 jan. 2024.

[69] JESUS, Jaqueline Gomes de. *Orientações sobre a população transgênero*: conceitos e termos. Brasília: Autor, 2012. p. 7.

primeiros anos de vida de uma pessoa[70]. O Anexo III da Resolução n. 2.265/2019 do Conselho Federal de Medicina (CFM), ao discorrer sobre o acompanhamento psiquiátrico de quem apresenta incongruência de gênero, é expresso em expor que em idade próxima aos 4 anos é que a identidade de gênero normalmente costuma se estabelecer[71].

A percepção da incongruência de gênero na infância é tão evidente que a Classificação Internacional de Doenças (CID-11) estabelece o código HA60 para a incongruência de gênero na adolescência ou na idade adulta e o código HA61 para a incongruência de gênero na infância, havendo a mesma divisão no Manual Diagnóstico e Estatístico de Transtornos Mentais (DSM-V), com o código 302.6 para crianças e o código 302.85 para adolescentes e adultos.

Tais informações trazem, de forma bastante sólida e científica, que crianças podem expressar uma percepção de pertencimento quanto ao gênero que se mostre distinta daquela que seria esperada em razão do sexo que lhe foi atribuído ao nascer, sendo, portanto, uma criança transgênero.

Estudos empíricos com a população também têm demonstrado a presença de crianças transgênero na sociedade, como se deu no "Mapeamento das Pessoas Trans no Município de São Paulo", no qual se constatou entre os respondentes que "uma parcela significativa (36%) da população entrevistada considera que a percepção de que seu sexo biológico não coincidia com sua identificação de gênero se deu entre 11 e 15 anos de idade. A descoberta ocorrida nesta faixa etária é predominante entre travestis (46%) e, na sequência, mulheres trans (36%) e homem trans (30%), enquanto para as pessoas não binárias essa constatação se deu mais tarde (19%)", destacando, ainda, que "26% das pessoas respondentes consideram que a descoberta dessa não correspondência se deu ainda mais cedo, entre 6 e 10 anos de idade, enquanto para 19% este fato ocorreu mais tarde, entre 16 e 20 anos". Segundo os relatos, em 70% dos casos as pessoas deixaram de se identificar com o gênero esperado em razão do sexo a elas assinalado quando do nascimento até os 15 anos de idade[72].

Sendo indubitável a existência de crianças transgênero, é premente que se pondere como tal situação pode impactar em suas vidas, sendo um dos temas mais relevantes, nesse caso, a utilização de bloqueadores hormonais, visando impedir a puberdade[73].

---

[70] Disponível em: https://www.psychiatry.org/Patients-Families/Gender-Dysphoria/What-Is-Gender-Dysphoria. Acesso em: 12 jan. 2024.

[71] Disponível em: https://sistemas.cfm.org.br/normas/visualizar/resolucoes/BR/2019/2265. Acesso em: 17 jan. 2024.

[72] CEDEC – CENTRO DE ESTUDO DE CULTURA CONTEMPORÂNEA. *Mapeamento das pessoas trans na cidade de São Paulo: relatório de pesquisa*. São Paulo, 2021. p. 25. Disponível em https://www.prefeitura.sp.gov.br/cidade/secretarias/upload/direitos_humanos/LGBT/AnexoB_Relatorio_Final_Mapeamento_Pessoas_Trans_Fase1.pdf. Acesso em: 1º maio 2023.

[73] Tema que será analisado com maior profundidade no capítulo seguinte, ao tratar da hormonioterapia.

2
Transição física e saúde da pessoa transgênero

A saúde, entendida em seu sentido mais abrangente, é um dos elementos que gozam de maior relevância na compreensão das necessidades e direitos das pessoas transgênero, exatamente por ser um dos pontos mais frágeis de sua existência, o que torna determinante que alguns aspectos sejam ponderados.

Por ser um dos grupos sociais mais vulnerabilizados da atualidade, atingido de diversas formas, a Organização Mundial da Saúde (OMS) criou um grupo de trabalho em 2023 com a atenção direcionada a cinco eixos voltados à população transgênero: "cuidados de afirmação de gênero, incluindo uso de hormônios; capacitação de profissionais de saúde em assistência inclusiva; atenção a vítimas de violência interpessoal; políticas públicas e reconhecimento legal da autoafirmação de gênero"[1].

A saúde da pessoa transgênero está exposta de diversas formas. Sua saúde mental é continuamente atacada em razão do preconceito e da discriminação que enfrenta em nossa sociedade, padecendo, ainda, de toda a aflição sentida em razão do seu corpo, que não se mostra condizente com o esperado devido ao seu gênero de pertencimento[2]. No aspecto físico, enfrenta inúmeros percalços para conseguir acessar o sistema de saúde e realizar os tratamentos e intervenções visando sua afirmação de gênero, o que acaba ensejando uma série de processos de adoecimento.

A falta de um sistema de saúde efetivo, que tenha reais condições de compreender a complexidade que permeia a realidade da população transgênero no Brasil, traz consequências que afrontam todo o escopo humanista que alicerça o Estado Democrático de Direito estabelecido em nossa Constituição Federal.

A questão da saúde da pessoa transgênero é transpassada de maneira severa pela perspectiva econômica, pois o acesso à amplitude de cuidados necessários está intimamente atrelado ao fato de possuir ou não condições de custear esses tratamentos, mesmo que o Sistema Único de Saúde (SUS) esteja vinculado ao que se denominou Processo Transexualizador (Portaria n. 2.803/2013 do Ministério da Saúde).

Infelizmente, a estrutura disponibilizada pelo Poder Público para esse fim é de grande ineficácia, como se pode constatar com o baixo número de hospitais habilitados pelo Sistema Único de Saúde (SUS), o alcance geográfico restrito e a enorme fila de espera para a realização dos procedimentos cirúrgicos. Entre os homens transgênero que relatam o interesse por intervenções cirúrgicas (como mastectomia e histerectomia), as condições financeiras precárias e/ou a enorme fila de espera são indicados

---

[1] Disponível em: https://news.un.org/pt/story/2023/06/1816832. Acesso em: 10 jan. 2024.
[2] SPIZZIRRI, Giancarlo et al. Proportion of people identifed as transgender and non binary gender in Brazil. *Scientific Reports*, v. 11, 2240, 2021. p. 3.

como os maiores obstáculos, o que torna ainda mais patente a exclusão estrutural enfrentada pelas pessoas transgênero[3].

Na prática, mesmo com a previsão da existência de um Processo Transexualizador subvencionado pelo Sistema Único de Saúde (SUS), as pessoas transgênero no Brasil vivem situação similar àquela enfrentada em países nos quais a carência econômica é a grande causa relatada para a não realização de intervenções visando a afirmação do gênero de pertencimento por não terem um sistema de saúde gratuito[4].

Com base nesse panorama geral, me deterei ao processo de alterações físicas visando a afirmação de seu gênero de pertencimento e a questões gerais vinculadas à saúde física e psicológica da pessoa transgênero.

2.1. Procedimentos para a afirmação do gênero de pertencimento

A incompatibilidade entre o sexo assinalado quando do nascimento e o gênero de pertencimento conduz a pessoa transgênero a uma busca por adequação dos seus marcadores de gênero no sentido de que venham a expressar alguma similitude com a sua autopercepção.

Com isso, para além de passar a ostentar elementos tradicionalmente associados ao seu gênero de pertencimento (vestuário, ornamentos, acessórios, trejeitos), há também a procura por mudanças mais profundas, visando alterações corporais, o que o Sistema Único de Saúde (SUS) denomina de processo transexualizador (Portaria n. 2.803/2013 do Ministério da Saúde) e o Conselho Federal de Medicina (CFM), de afirmação de gênero (art. 1º, § 5º), compostos de tratamentos hormonais e de intervenções cirúrgicas.

Todo esse conjunto de intervenções visando a afirmação do gênero de pertencimento reveste-se de natureza terapêutica, com a possibilidade de um enorme impacto na saúde da pessoa transgênero, não havendo que se suscitar questões como mutilação ou ilicitude, como ocorria outrora[5]. Trata-se de um processo que tem por fim conferir uma compatibilização físico-psicológica capaz de produzir efeitos aptos a mitigar o sofrimento psicológico enfrentado pela pessoa transgênero.

Mesmo tendo caráter terapêutico e estando prevista entre os procedimentos atendidos pelo Sistema Único de Saúde (SUS), ainda persiste uma grande dificuldade de acesso a serviços de saúde (públicos e privados), o que culmina em automedicação[6], "com hormônios sexuais, o uso de silicone industrial, faixas peitorais, *binders*[7]

---

[3] PFEIL, Bruno; LEMOS, Kaio (orgs.). A dor e a delícia das transmasculinidades no Brasil: das invisibilidades às demandas. *Revista Estudos Transviades*, Rio de Janeiro: Instituto Internacional sobre Raça, Igualdade e Direitos Humanos, 2021. p. 73.

[4] GRANT, Jaime M. et al. *National transgender discrimination survey report on health and health care*. Washington, 2010. p. 16.

[5] CUNHA, Leandro Reinaldo da. Identidade de gênero e a licitude dos atos redesignatórios. *Revista do Curso de Direito da Universidade Metodista de São Paulo*, São Bernardo do Campo: Metodista, v. 10, 2013.

[6] O'DWYER, Brena; HEILBORN, Maria Luiza. Jovens transexuais: acesso a serviços médicos, medicina e diagnóstico. *Revista Interseções*, v. 20, n. 1, p. 196-219, jun. 2018. p. 214.

[7] Faixa utilizada por homens transgênero com o objetivo de achatar os seios.

e outros métodos para realizar mudanças corporais relacionadas aos caracteres sexuais secundários compatíveis com sua identidade de gênero, sem recomendação ou acompanhamento médico"[8].

A consolidação do entendimento de que a afirmação de gênero ou o processo transexualizador tem natureza terapêutica é relevante, pois afasta qualquer tipo de questionamento sobre uma eventual necessidade de autorização judicial para que possa se submeter a ele. Ele não encerra em si nenhuma "mudança de gênero", uma vez que esta já está estabelecida na pessoa transgênero, em seu íntimo, com os tratamentos e cirurgias surgindo apenas como desdobramentos da necessidade de se expressar socialmente segundo seu gênero de pertencimento.

Atualmente, no Brasil, a realização do tratamento hormonal e cirúrgico da pessoa transgênero está prevista, em termos jurídicos, na Portaria n. 2.803/2013 do Ministério da Saúde, que instituiu o processo transexualizador no âmbito do Sistema Único de Saúde (SUS) e que rege tais tratamentos e intervenções no serviço público. Na esfera médica, a Resolução n. 2.265/2019 do Conselho Federal de Medicina (CFM) traz os parâmetros a serem seguidos pelos profissionais daquela área, sendo certo que, apesar da natureza meramente deontológica das manifestações do Conselho Federal de Medicina (CFM), que se direcionam exclusivamente aos que se vinculam àquele conselho de classe, e, portanto, desprovidas de força cogente para a população em geral[9], acaba sendo assumida como um parâmetro a ser seguido diante da ausência de legislação sobre o tema.

Todos os atos vinculados à afirmação de gênero devem ser precedidos de manifestação expressa do consentimento do paciente, por meio do Termo de Consentimento Livre e Esclarecido (TCLE)[10], no qual se esclarecem, devidamente, todos os aspectos que envolvem os tratamentos e procedimentos médicos pelos quais passará a fim de que possa expressar, de maneira efetivamente consciente, sua vontade, ciente de todos os benefícios, consequências e riscos. A ausência de concordância precedida de Termo de Consentimento Livre e Esclarecido (TCLE) importa em responsabilização[11].

A compreensão exata da transgeneridade também é preponderante para que cessem manifestações patologizantes que associam as medidas visando a afirmação do gênero de pertencimento à "cura trans"[12]. Não há doença, nem mesmo algo a ser curado, de maneira que é necessário que se aparte das análises relativas à transgeneridade qualquer associação com uma enfermidade.

---

[8] Disponível em: https://sistemas.cfm.org.br/normas/visualizar/resolucoes/BR/2019/2265. Acesso em: 17 jan. 2024.

[9] CUNHA, Leandro Reinaldo da; DOMINGOS, Terezinha de Oliveira. Reprodução humana assistida: a Resolução 2013/13 do Conselho Federal de Medicina (CFM). *Revista de Direito Brasileira*, ano 3, v. 6, p. 273-290, set.-dez. 2013. p. 275.

[10] CUNHA, Leandro Reinaldo da. *Identidade e redesignação de gênero*: aspectos da personalidade, da família e da responsabilidade civil. 2. ed. rev. e ampl. Rio de Janeiro: Lumen Juris, 2018. p. 112.

[11] A Resolução n. 2.265/2019 do Conselho Federal de Medicina exige expressamente que o paciente seja informado sobre a possibilidade de esterilidade decorrente dos procedimentos hormonais e cirúrgicos (art. 6º, parágrafo único).

[12] COSSI, Rafael Kalaf. *Transexualismo, psicanálise e gênero*. Dissertação (Mestrado) – Instituto de Psicologia da Universidade de São Paulo, São Paulo, 2010.

Os procedimentos visam apenas tornar o corpo da pessoa transgênero fisicamente mais próximo do sexo que está associado ao seu gênero de pertencimento, a fim de que ela "se veja em uma situação de adequação físicopsicológica que poderá minorar as abissais consequências"[13] suportadas em razão da incongruência de gênero apresentada, minorando o descompasso existente entre seus caracteres físicos e seu gênero de pertencimento.

Reitera-se que a realização de atos vinculados à afirmação do gênero de pertencimento não é requisito para a caracterização da transgeneridade de quem quer que seja, tampouco terá o poder de alterar a constituição genética da pessoa. É meramente consequência de sua identidade de gênero já estabelecida, revelando uma tentativa de fazer com que seu corpo passe a expressar caracteres que se coadunam com o gênero autopercebido por aquela pessoa.

As intervenções, portanto, no máximo, alteram os aspectos físicos aparentes (atingindo o chamado sexo anatômico, genital ou fenotípico) ou internos do corpo (retirada de útero e ovário, por exemplo). Nada além. No entanto, são procedimentos cujos resultados geram um impacto considerável na qualidade de vida e saúde geral da pessoa transgênero, permitindo maior e melhor inserção social[14].

É vital que em nenhum momento se esqueça de que jamais poderá ocorrer uma redução no arcabouço de direitos de uma pessoa pelo simples fato de haver uma transformação física que acarrete em acréscimo ou retirada de uma parte do corpo, da mesma forma que se dá com quem venha a enfrentar uma paraplegia ou amputação em decorrência de acidente ou com quem faz qualquer implante corporal[15].

Feitas essas notas introdutórias, é importante que se passe à análise específica dos elementos atrelados à hormonioterapia e às intervenções cirúrgicas.

2.1.1. Hormonioterapia

A utilização de hormônios associados ao sexo de pertencimento da pessoa transgênero é normalmente o primeiro passo no sentido da afirmação de gênero que, muitas vezes ante o desconhecimento e a falta de acesso, acaba sendo realizado sem o devido acompanhamento médico, o que pode ensejar uma série de consequências para a saúde, como aumento na propensão ao desenvolvimento de diabetes e risco de infarte pelo uso de testosterona[16], bem como problemas graves de natureza óssea e oncológica[17].

---

[13] CUNHA, Leandro Reinaldo da. *Identidade e redesignação de gênero*: aspectos da personalidade, da família e da responsabilidade civil. 2. ed. rev. e ampl. Rio de Janeiro: Lumen Juris, 2018. p. 270.

[14] WORLD PROFESSIONAL ASSOCIATION FOR TRANSGENDER HEALTH. Standards of Care for the Health of Transsexual, Transgender, and Gender Nonconforming People. Disponível em: https://www.wpath.org/media/cms/Documents/SOC%20v7/SOC%20V7_English.pdf. Acesso em: 22 jan. 2024.

[15] CUNHA, Leandro Reinaldo da. *Identidade e redesignação de gênero*: aspectos da personalidade, da família e da responsabilidade civil. 2. ed. rev. e ampl. Rio de Janeiro: Lumen Juris, 2018. p. 148-149.

[16] PFEIL, Bruno; LEMOS, Kaio (orgs.). A dor e a delícia das transmasculinidades no Brasil: das invisibilidades às demandas. *Revista Estudos Transviades*, Rio de Janeiro: Instituto Internacional sobre Raça, Igualdade e Direitos Humanos, 2021. p. 69.

[17] Disponível em: https://www.pucrs.br/blog/pesquisa-alerta-sobre-saude-de-pessoas-trans/. Acesso em: 9 jan. 2024.

Dessa forma, a hormonioterapia é um tratamento a ser realizado de forma supervisionada, atendendo aos parâmetros pertinentes e considerando as características de cada pessoa transgênero.

Ao tratar do tema na Resolução n. 2.265/2019, o Conselho Federal de Medicina (CFM) estabelece um critério etário para a determinação do tratamento hormonal adequado, tendo a puberdade como um elemento crucial nessa análise. Considerando a realidade de cada pessoa transgênero, a hormonioterapia pode se dar em duas modalidades básicas: o bloqueio puberal e a terapia cruzada.

Visando impedir a consolidação hormonal vinculada ao sexo gonadal, o Conselho Federal de Medicina (CFM) prevê a possibilidade de utilização de bloqueadores hormonais em crianças e adolescentes transgênero a partir da puberdade, em tratamento "realizado exclusivamente em caráter experimental em protocolos de pesquisa, de acordo com as normas do Sistema CEP/Conep, em hospitais universitários e/ou de referência para o Sistema Único de Saúde" (art. 9º, § 2º). Com esse bloqueio puberal, que pode ser interrompido a qualquer momento "por decisão médica, do menor ou do seu responsável legal", o que se busca "é a interrupção da produção de hormônios sexuais, impedindo o desenvolvimento de caracteres sexuais secundários do sexo biológico"[18].

Considerando que a puberdade se dá dos 8 aos 13 anos de idade nas meninas e dos 9 aos 14 anos de idade nos meninos, seria esse o momento adequado para tal intervenção hormonal, que se mostra extremamente importante por ocorrer em momento em que "intensifica-se uma relação complexa estabelecida entre a criança ou adolescente púbere e seu corpo não congruente com sua identidade de gênero, podendo levar a sofrimento psíquico intenso e condutas corporais relacionadas a tentativas de esconder os caracteres sexuais biológicos visando reconhecimento e aceitação social que, muitas vezes, provocam agravos à saúde"[19].

Já a hormonioterapia cruzada (art. 10), permitida mediante manifestação expressa de concordância em Termo de Consentimento Livre e Esclarecido (TCLE)[20], só é prevista a partir dos 16 anos de idade[21] pelo Conselho Federal de Medicina (CFM) e caracteriza-se como "a forma de reposição hormonal na qual os hormônios sexuais e outras medicações hormonais são administradas ao transgênero para feminização ou masculinização, de acordo com sua identidade de gênero"[22].

Assim, a terapia busca: "a) reduzir os níveis hormonais endógenos do sexo biológico, induzindo caracteres sexuais secundários compatíveis com a identidade de

---

[18] Disponível em: https://sistemas.cfm.org.br/normas/visualizar/resolucoes/BR/2019/2265. Acesso em: 17 jan. 2024.

[19] Disponível em: https://sistemas.cfm.org.br/normas/visualizar/resolucoes/BR/2019/2265. Acesso em: 17 jan. 2024.

[20] Caso ainda não tenha completado 18 anos, faz-se necessário a anuência do adolescente e do responsável legal.

[21] Salvo quando esta for necessária para tratar doenças nos casos de "pacientes portadores de puberdade precoce ou estágio puberal Tanner II antes dos 8 anos no sexo feminino (cariótipo 46,XX) e antes dos 9 anos no sexo masculino (cariótipo 46,XY)" (art. 9º, § 3º).

[22] Disponível em: https://sistemas.cfm.org.br/normas/visualizar/resolucoes/BR/2019/2265. Acesso em: 17 jan. 2024.

gênero; b) estabelecer hormonioterapia adequada que permita níveis hormonais fisiológicos compatíveis com a identidade de gênero"[23], por meio da administração de hormônios masculinos (testosterona), "para induzir o desenvolvimento dos caracteres sexuais secundários masculinos" para os homens transgênero (FTM), e hormônios femininos "para induzir os caracteres sexuais secundários femininos" (estrogênio) e "para atenuar o crescimento dos pelos corporais e as ereções espontâneas até a realização da orquiectomia"[24] (antiandrógeno) para mulheres transgênero (MTF)[25].

Ainda que a hormonioterapia esteja prevista no denominado Processo Transexualizador pelo Sistema Único de Saúde (SUS), estabelecido pela Portaria n. 2.803/2013 do Ministério da Saúde, o regramento ali consignado apenas prevê sua possibilidade a partir dos 18 anos do paciente interessado (art. 14, § 2º, I), surgindo como um obstáculo para aqueles que não reúnam meios econômicos para custear o tratamento antes dessa idade.

Mais uma vez, a ineficiência estatal, seja na estruturação do que a Portaria n. 2.803/2013 do Ministério da Saúde denominou de processo transexualizador, seja na baixa oferta de informação e acesso às pessoas transgênero, culmina no elevado número de homens transgênero que não conseguem o hormônio pelo Sistema Único de Saúde (SUS) e que são compelidos a adquiri-los em farmácias ou obtê-los por outras vias (94,1%)[26], sendo que 55,4% dos homens transgênero[27] e 39,9% das mulheres transgênero nunca encontraram um médico para prescrever hormônios (66,3% das mulheres transgênero usam hormônios sem consultar um médico)[28].

A hormonioterapia é tratamento da maior relevância para a afirmação do gênero de pertencimento da pessoa transgênero, sendo necessário que o Poder Público revise urgentemente a previsão constante da Portaria n. 2.803/2013 do Ministério da Saúde a fim de garantir que todos os interessados tenham acesso aos medicamentos necessários e não se vejam obrigados a buscar a automedicação em razão de uma proteção insuficiente do Estado[29].

---

[23] Disponível em: https://sistemas.cfm.org.br/normas/visualizar/resolucoes/BR/2019/2265. Acesso em: 17 jan. 2024.

[24] Procedimento cirúrgico para a retirada dos testículos.

[25] Disponível em: https://sistemas.cfm.org.br/normas/visualizar/resolucoes/BR/2019/2265. Acesso em: 17 jan. 2024.

[26] PFEIL, Bruno; LEMOS, Kaio (orgs.). A dor e a delícia das transmasculinidades no Brasil: das invisibilidades às demandas. *Revista Estudos Transviades*, Rio de Janeiro: Instituto Internacional sobre Raça, Igualdade e Direitos Humanos, 2021. p. 69.

[27] Segundo Bruno Latini Pfeil e Dan Kaio Lemos, entre os homens transgênero, apenas 4,9% relataram que conseguem seu hormônio no Sistema Único de Saúde (SUS), enquanto 20,7% alegaram que não são disponibilizados pelo Sistema Único de Saúde (SUS), 47,6% afirmaram comprar em farmácia e 12,8% alegaram adquirir por outras vias (33,4% dizem não usar hormônios) (PFEIL, Bruno; LEMOS, Kaio (orgs.). A dor e a delícia das transmasculinidades no Brasil: das invisibilidades às demandas. *Revista Estudos Transviades*, Rio de Janeiro: Instituto Internacional sobre Raça, Igualdade e Direitos Humanos, 2021. p. 69).

[28] Disponível em: https://www.pucrs.br/blog/pesquisa-alerta-sobre-saude-de-pessoas-trans/. Acesso em: 9 jan. 2024.

[29] CUNHA, Leandro Reinaldo da. A responsabilidade civil face à objeção ao tratamento do transgênero sob o argumento etário. *In*: ROSENVALD, Nelson; MENEZES, Joyceane Bezerra de; DADALTO, Luciana (org.). *Responsabilidade civil e Medicina*. 2. ed. Indaiatuba, SP: Editora Foco, 2021. p. 317.

2.1.2. Intervenções cirúrgicas

Além da hormonioterapia, a afirmação de gênero pode se dar por meio de intervenções cirúrgicas visando a alteração do corpo da pessoa transgênero, com o objetivo de expressar caracteres físicos externos compatíveis com o seu gênero de pertencimento, como também a retirada de órgãos internos que não se coadunam com o gênero expressado (útero e ovários, por exemplo).

Essas intervenções visam não apenas alterações genitais (supressão do pênis, da bolsa escrotal e dos testículos, e a construção de uma neovagina ou a constituição de um neofalo) e a retirada dos seios ou implante de silicone, mas também cirurgias plásticas faciais, redução do pomo de adão, intervenção nas cordas vocais e outras que possam conferir maior identidade com os caracteres sexuais externos associados ao seu gênero de pertencimento.

Um dos pontos mais levantados contra as intervenções cirúrgicas visando a afirmação de gênero está na preocupação quanto à irreversibilidade desses atos e ao risco de arrependimento, contudo estudos recentes demonstram que a taxa de arrependimento daqueles que passaram por cirurgias de afirmação de gênero é extremamente baixa, com evidências apontando para um percentual inferior a 1%, seja quanto ao processo como um todo[30] ou apenas em casos de mastectomia[31], enquanto a média de arrependimento em cirurgias em geral é de 14,4%.

Refutada essa pseudopreocupação muitas vezes utilizada para tentar privar as pessoas transgênero do acesso às intervenções cirúrgicas para a afirmação de gênero, fica evidente que tal preconceito não pode pautar as discussões sobre a legislação, tampouco dar suporte a discursos preconceituosos escamoteados de cientificidade.

Não se pode negar que, no âmbito das intervenções cirúrgicas, tivemos uma evolução no Brasil, pois saímos de uma realidade em que eram proscritas[32], entendidas como lesão corporal, para o atual estágio, em que são reconhecidas como terapêuticas. Nem mesmo se aventa mais a existência de qualquer tipo de ofensa ao disposto no art. 13 do Código Civil, já que não são meros atos de disposição do corpo visando a diminuição permanente da integridade física, nem se constituem como condutas que contrariam os bons costumes, como assentado na IV Jornada de Direito Civil do Conselho de Justiça Federal (Enunciado n. 276)[33].

Ainda assim, existem questões a serem superadas. O preconceito que recai sobre o que se refere à identidade de gênero faz com que certos requisitos possam ser questionados. Por que implantes mamários de silicone podem ser realizados em mulheres

---

[30] BARBEE, Harry; HASSAN, Bashar; LIANG, Fan. Postoperative Regret Among Transgender and Gender-Diverse Recipients of Gender-Affirming Surgery. *JAMA Surgery*, Dec. 2023.

[31] BRUCE, Lauren et al. Long-Term Regret and Satisfaction With Decision Following Gender-Affirming Mastectomy. *JAMA Surgery*, v. 158, n. 10, p. 1070-1077, 2023.

[32] CUNHA, Leandro Reinaldo da. Identidade de gênero e a licitude dos atos redesignatórios. *Revista do Curso de Direito da Universidade Metodista de São Paulo*, São Bernardo do Campo: Metodista, v. 10, 2013.

[33] Enunciado n. 276: "O art. 13 do Código Civil, ao permitir a disposição do próprio corpo por exigência médica, autoriza as cirurgias de transgenitalização, em conformidade com os procedimentos estabelecidos pelo Conselho Federal de Medicina, e a conseqüente alteração do prenome e do sexo no Registro Civil".

cisgênero a partir dos 16 anos, mediante autorização dos pais, e pessoas transgênero são proibidas de realizar essa mesma intervenção cirúrgica?

O Conselho Federal de Medicina (CFM), na Resolução n. 2.265/2019, autoriza a realização de intervenções cirúrgicas com o objetivo de afirmação de gênero[34] apenas a partir dos 18 anos de idade (art. 11), considerando a neofaloplastia (cirurgia para a construção de um pênis) uma intervenção de caráter experimental. Já o Ministério da Saúde, na Portaria n. 2.803/2013, ao tratar do processo transexualizador no Sistema Único de Saúde (SUS), que segue remetendo a resolução já revogada há tempos do Conselho Federal de Medicina (CFM), afirma que "realizará, em caráter experimental, os procedimentos de vaginectomia e neofaloplastia[35] com implante de próteses penianas e testiculares, clitoroplastia e cirurgia de cordas vocais em pacientes em readequação para o fenótipo masculino" (art. 15)[36].

Essas cirurgias apenas serão feitas "após acompanhamento prévio mínimo de 1 (um) ano por equipe multiprofissional e interdisciplinar" (art. 11, § 1º, da Resolução n. 2.265/2019 do CFM)[37]. Contudo, se a pessoa transgênero quiser realizar tais procedimentos de forma gratuita, valendo-se do Sistema Único de Saúde (SUS), nos termos da Portaria n. 2.803/2013 do Ministério da Saúde, o referido acompanhamento multiprofissional prévio haverá de ser de, no mínimo, dois anos.

As intervenções pelo Sistema Único de Saúde (SUS), por sua vez, segundo a Portaria n. 2.803/2013 do Ministério da Saúde, só podem ser realizadas em hospitais habilitados para intervenções cirúrgicas (art. 9º), existindo apenas quatro em todo o Brasil[38], tendo, ainda, como requisito que tais procedimentos só serão iniciados a partir dos 21 anos de idade do paciente.

Assim, quem não possui recursos econômicos para arcar com os custos das intervenções cirúrgicas ou apenas queira se valer do ofertado pelo Sistema Único de Saúde (SUS) haverá de esperar três anos a mais, além de ter que passar por um acompanhamento um ano mais longo.

---

[34] Não se discorrerá aqui sobre a questão do intersexo que, enquanto condição vinculada ao sexo *strico sensu*, não se insere nas discussões sobre a identidade de gênero.

[35] A neofaloplastia em homens transgênero foi incluída na Tabela de Procedimentos, Medicamentos, Órteses, Próteses e Materiais Especiais do Sistema Único de Saúde (SUS) pela Portaria n. 3.006/2024 do Ministério da Saúde, em cumprimento ao que se determinou na Ação Civil Pública 5081241-40.2016.4.04.7100.

[36] As pessoas transgênero, no processo transexualizador, podem também realizar outras intervenções não relacionadas aos caracteres aparentes, como a histerectomia, visando a retirada de útero, trompas e ovário.

[37] O prazo era de dois anos na Resolução n. 1.955/2010 do Conselho Federal de Medicina, revogada pela Resolução n. 2.265/2019.

[38] A portaria traz apenas: Hospital de Clínicas de Porto Alegre – Universidade Federal do Rio Grande do Sul – Porto Alegre (RS); Hospital Universitário Pedro Ernesto – Universidade Estadual do Rio de Janeiro – Rio de Janeiro (RJ); Hospital de Clínicas da Faculdade de Medicina FMUSP – Fundação Faculdade de Medicina MECMPAS – São Paulo (SP); e Hospital das Clínicas da Universidade Federal de Goiás/Goiânia (GO). Contudo, desde meados de 2023, os hospitais vinculados à Empresa Brasileira de Serviços Hospitalares (Ebserh), que administra 41 hospitais universitários federais, estão credenciados para realizar tais cirurgias, como o Hospital Universitário Professor Edgard Santos (Hupes), da Universidade Federal da Bahia (UFBA).

A previsão dos 21 anos traz enorme estranheza, pois impõe um critério etário sem qualquer parâmetro, que parece ser simplesmente mais uma hipótese de replicação acrítica de informações precedentes[39], pois, quando da Resolução n. 1.482/1997, que inaugurou a atenção ao tema no Conselho Federal de Medicina (CFM), ainda estava vigente o Código Civil de 1916, que fixava a maioridade civil em 21 anos, tendo sido esse o parâmetro utilizado nessa e nas resoluções subsequentes (n. 1.652/2002 e n. 1.955/2010) do Conselho Federal de Medicina (CFM).

Entretanto, com o Código Civil de 2002, a aquisição da capacidade plena se dá aos 18 anos (art. 5º), momento em que se pode praticar todos os atos da vida civil, até mesmo se valer de tal discricionariedade para realizar intervenções de cunho terapêutico visando a afirmação de seu gênero de pertencimento, de modo que, caso o Sistema Único de Saúde (SUS) negue o acesso ao processo transexualizador sob a alegação de não ter ainda atingido os 21 anos de idade, cabe a judicialização visando compelir o Estado a realizar os procedimentos cirúrgicos requeridos[40].

Finalmente, faz-se necessário considerar a hipótese de intervenções cirúrgicas em menores de 18 anos, contrariando o previsto no Conselho Federal de Medicina (CFM).

Ainda que não se tenha o intuito de discutir os parâmetros médicos postos, é importante suscitar a necessidade de que, havendo determinação médica no sentido da realização de qualquer intervenção de cunho terapêutico, esta haverá de ocorrer. A vedação baseada meramente no critério etário há de ser questionada, até mesmo judicialmente, lastreada no princípio da igualdade, pois, se não há qualquer restritivo expresso do Conselho Federal de Medicina (CFM) limitando a realização de implantes de silicone nos seios em mulheres cisgênero a partir de 16 anos de idade mediante concordância dos pais, como mencionado anteriormente, por qual razão poderia prosperar previsão diversa para o caso de uma menina transgênero? Preconceito puro e simples?

Nota-se, portanto, que, nesse quesito das intervenções cirúrgicas, é necessária uma pronta revisão do estabelecido não só na Portaria n. 2.803/2013 do Ministério da Saúde como também na Resolução n. 2.265/2019 do Conselho Federal de Medicina (CFM) em face das manifestas inadequações que ambas apresentam.

2.1.3. Passabilidade

A passabilidade, entendida, no contexto da sexualidade, como a possibilidade de existir socialmente sem que sua transgeneridade seja constatada, identificada ou reconhecida, é concepção intimamente ligada aos tratamentos e intervenções realizados visando a afirmação do gênero de pertencimento da pessoa transgênero, já que esses procedimentos conferirão a ela maior identidade física com o seu gênero autopercebido.

---

[39] CUNHA, Leandro Reinaldo da. Direito civil pensado. A importância de não se repetir velhos dogmas de forma indiscriminada. *Revista Conversas Civilísticas*, v. 1, n. 2, p. I-IV, 2021.

[40] CUNHA, Leandro Reinaldo da. A responsabilidade civil face à objeção ao tratamento do transgênero sob o argumento etário. *In*: ROSENVALD, Nelson; MENEZES, Joyceane Bezerra de; DADALTO, Luciana (org.). *Responsabilidade civil e Medicina*. 2. ed. Indaiatuba, SP: Editora Foco, 2021. p. 320.

Longe de serem atos objetivando alguma forma de arrumar o que está errado com a pessoa transgênero, tais tratamentos e cirurgias, além de conferirem maior autoaceitação da pessoa transgênero com relação ao seu corpo, minorando angústias e aflições, trarão uma passabilidade que permitirá que ela transite tranquilamente na sociedade sem ser percebida como pessoa desviante, afastando-a dos efeitos da "anormalidade" decorrente da constatação da sua identidade de gênero[41].

Mais do que a mera busca pela transição física, a realização do atos destinados à afirmação de seu gênero de pertencimento é também uma tentativa de "se enquadrar naquele conceito ordinário de normalidade, lutando por uma inserção plena na sociedade, afastando-se da condição de pária", constituindo-se como "uma libertação, uma solução para todas as dúvidas, um retorno a uma situação normal que permita esclarecer o equívoco da própria individualidade, se reaproximar dos outros e superar o conflito moral e religioso"[42].

Essa passabilidade se constitui como um elemento essencial na sociedade atual, em que o preconceito e a discriminação tornam a existência da pessoa transgênero uma luta diária pela vida. Não ser lida socialmente como uma pessoa transgênero é um privilégio que não se concede a muitas pessoas transgênero, que não reúnem condições de se valer dos meios que lhes permitiriam "minimizar e evitar a violência e a discriminação racial, de classe, de gênero ou sexual"[43].

A violência e a transfobia que assolam as vivências transgênero decorrem da constatação de que aquela pessoa foge dos parâmetros da normalidade sexual posta e, ao conseguir evitar que sua identidade de gênero seja identificada, a pessoa transgênero consegue afastar-se um pouco do estigma que acompanha a transgeneridade.

Enquanto não mudarmos como sociedade discriminatória, preconceituosa e violenta, a busca pela passabilidade irá além dos desejos de conformação do corpo da pessoa transgênero para uma afirmação de gênero, tendo o poder de garantir sua própria existência.

O aumento da passabilidade tem reflexos tão amplos na vida de uma pessoa transgênero que, ao existir maior aceitação da sociedade quanto à presença daquela pessoa nos espaços públicos e particulares, ela é inserida em uma nova condição de existência, podendo se fazer presente onde anteriormente não era aceita, por exemplo, no mercado de trabalho formal.

Mesmo que permeado de enorme subjetividade, não se pode ignorar que, em alguma medida, a passabilidade associa-se ao conceito de beleza, que segue gozando de relevância social e que impacta de maneira ainda mais severa a vida das pessoas

---

[41] CUNHA, Leandro Reinaldo da. Além do gênero binário: repensando o direito ao reconhecimento legal de gênero. *Revista Direito e Sexualidade*, Salvador, v. 1, n. 1, p. 1-16, jan.-jun. 2020. p. 8.

[42] SERRAVALLE, Paola D'Addino; PERLINGIERI, Pietro; STANZIONE, Pasquale. *Problemi giuridici del transessualismo*. Napoli: Edizioni Scientifiche Italiane, 1981. p. 16-17: "(...) A operação de conversão é vista como a libertação, a solução de qualquer dúvida, o retorno à situação humana normal que lhe permite esclarecer o mal-entendido de sua própria individualidade, para aproximar-se dos outros, de superar o conflito moral e religioso".

[43] VARTABEDIAN, Julieta. Travestis brasileiras trabalhadoras do sexo algumas notas além da heteronormatividade. *Bagoas – Estudos gays: gêneros e sexualidades*, [S.l.], v. 11, n. 17, 2018. p. 69.

transgênero, principalmente femininas, que encontram seu sustento na prestação de serviços sexuais.

Ainda que a passabilidade adquirida não consiga retirá-las do mundo marginal no qual sua existência é permitida, a apresentação de caracteres mais afeitos ao seu gênero de pertencimento será relevante, pois muitas travestis e mulheres transexuais, para se sustentarem em seu mercado de trabalho, precisam "investir e 'melhorar' constantemente seus corpos, isto é, ficarem mais femininas para se sentirem bonitas e serem escolhidas pelos clientes"[44].

Assim, de forma ampla, a possibilidade de se submeter aos diversos tratamentos e cirurgias que possam conferir maior passabilidade reveste-se de caráter extremamente relevante, "sendo um meio de auxiliar na sua inserção social e aceitação pessoal, garantido constitucionalmente e destinado a preservar a sua higidez mental e sua dignidade humana"[45].

2.2. Saúde física e mental da pessoa transgênero

Além de todas as questões atreladas ao interesse de realização dos procedimentos visando a afirmação de gênero, que tangenciam em alguma medida os aspectos físicos da pessoa transgênero, é importante consignar que existem outros pontos de relevo em relação à sua saúde física.

As pessoas transgênero padecem de uma série de problemas de saúde oriundos de sua realidade econômica, como qualquer outra pessoa que se encontre nas mesmas condições, porém acabam sendo atingidas de forma majorada por não encontrarem nos serviços de saúde pública profissionais capacitados que possam oferecer o atendimento adequado considerando as especificidades de sua condição[46].

Contudo, tendo como foco temas característicos das pessoas transgênero, constata-se um elevado índice de automedicação, decorrente da falta de acesso a médicos especializados, e uma massiva utilização de hormônios, em dosagem nem sempre adequada, que "pode ocasionar problemas de saúde graves do ponto de vista cardíaco, ósseo e até oncológico"[47].

Há, ainda, a dificuldade de acesso a banheiro ou vestiário seguros[48], o que faz com que pessoas transgênero evitem usá-los fora de casa[49]; por causa disso, 54%

---

[44] VARTABEDIAN, Julieta. Travestis brasileiras trabalhadoras do sexo algumas notas além da heteronormatividade. *Bagoas – Estudos gays: gêneros e sexualidades*, [S.l.], v. 11, n. 17, 2018. p. 79.

[45] CUNHA, Leandro Reinaldo da. *Identidade e redesignação de gênero*: aspectos da personalidade, da família e da responsabilidade civil. 2. ed. rev. e ampl. Rio de Janeiro: Lumen Juris, 2018. p. 115.

[46] O tema será explorado com maior profundidade no Capítulo 4 (Direito à saúde e direito médico).

[47] Disponível em: https://www.pucrs.br/blog/pesquisa-alerta-sobre-saude-de-pessoas-trans/. Acesso em: 24 jan. 2024.

[48] Tema que será analisado no Capítulo 9 (O uso de banheiros e vestiários).

[49] PFEIL, Cello Latini et al. Gravidez, aborto e parentalidade nas transmasculinidades: um estudo de caso das políticas, práticas e experiências discursivas. *Revista Brasileira de Estudos da Homocultura*, v. 6, n. 19, jan.-abr. 2023. p. 23.

dessas pessoas indicam problemas como desidratação e infecção no trato urinário e nos rins[50].

Além desses problemas físicos, a saúde mental das pessoas transgênero é um ponto nevrálgico a ser considerado diante de todas as consequências decorrentes não só das angústias originárias da incompatibilidade entre seu físico e seu gênero de pertencimento, mas também dos reflexos do preconceito, discriminação e estigmas que recaem sobre elas[51]. Pessoas transgênero demonstram parâmetros de saúde mental muito mais baixos do que os apresentados por pessoas cisgênero, pontuando-se que "gênero, orientação sexual, renda, situação profissional, relações familiares e prática de esportes" são tidos como fatores de maior impacto e com maior associação com a saúde mental[52].

O próprio Conselho Federal de Medicina (CFM), na Resolução n. 2.265/2019, discorre sobre o acompanhamento psiquiátrico a ser direcionado a crianças pré-púberes, crianças púberes, adolescentes e adultos, preocupado com a vulnerabilidade psíquica e social intensa que atinge pessoas transgênero[53]. Ressalta-se, mais uma vez, que o objetivo desses acompanhamentos não é qualquer tipo de "cura trans", surgindo apenas como um auxílio para que a pessoa possa lidar com o sofrimento que eventualmente sinta em razão de sua transgeneridade.

O sofrimento relacionado ao corpo atingiu 84% dos respondentes de pesquisa realizada no Distrito Federal, dos quais 94,4% afirmaram ter interesse em apoio especializado a fim de superar seus problemas e dificuldades[54]. Segundo a Faculdade de Medicina de Botucatu – Unesp, 85% dos homens transgênero e 50% das mulheres transgênero atestam ter sofrido com a sensação de que seus corpos não estavam em congruência com a forma como se sentiam[55].

A falta de aceitação social também influencia na vida das pessoas transgênero quando o tema é propensão ao abuso de utilização de drogas lícitas e ilícitas, com maior incidência entre os homens transgênero do que entre as mulheres transgênero[56].

Contudo, os dados mais assustadores realmente estão atrelados ao volume de suicídios, ou, como prefere a Rede Trans Brasil, de pessoas que são suicidadas, vítimas de "mortes sociais, pois são decorrentes da discriminação, da falta de aceitação e da

---

[50] HERMAN, Jody L. Gendered restrooms and minority stress: the public regulation of gender and its impact on transgender people's lives. *Journal of Public Management & Social Policy*, v. 19, n. 1, 2013. p. 75.

[51] SPIZZIRRI, Giancarlo et al. Proportion of people identifed as transgender and non binary gender in Brazil. *Scientific Reports*, v. 11, 2240, 2021. p. 3.

[52] Disponível em: https://www.jota.info/tributos-e-empresas/saude/indice-avalia-saude-mental-do-brasileiro-mulheres-trans-e-desempregados-pontuam-menos-04082023. Acesso em: 13 jan. 2024.

[53] Disponível em: https://sistemas.cfm.org.br/normas/visualizar/resolucoes/BR/2019/2265. Acesso em: 17 jan. 2024.

[54] CORRÊA, Fábio Henrique Mendonça et al. Pensamento suicida entre a população transgênero: um estudo epidemiológico. *Jornal Brasileiro de Psiquiatria*, v. 69, n. 1, jan.-mar. 2020. p. 15.

[55] SPIZZIRRI, Giancarlo et al. Proportion of people identifed as transgender and non binary gender in Brazil. *Scientific Reports*, v. 11, 2240, 2021. p. 6.

[56] CORRÊA, Fábio Henrique Mendonça et al. Pensamento suicida entre a população transgênero: um estudo epidemiológico. *Jornal Brasileiro de Psiquiatria*, v. 69, n. 1, jan.-mar. 2020. p. 14.

exclusão social em todas as esferas da sociedade"[57]. O entendimento médico é de que "há uma conexão direta entre suicídio e saúde mental precária"[58].

Nos inúmeros casos de suicídio com os quais a Comissão Interamericana de Direitos Humanos (CIDH) se deparou, constata-se que a falta de aceitação pela família e pela sociedade foi determinante[59].

Em trabalho realizado na América do Norte em 2010 (National Transgender Discrimination Survey Report on Health and Health Care), verificou-se que 41% das pessoas transgênero já tentaram o suicídio, enquanto esse percentual é de apenas 1,6% entre as pessoas cisgênero[60].

Em levantamento similar realizado no Chile e publicado em 2017, esse número salta para 56%, sendo que, das pessoas transgênero que já tentaram se suicidar ao menos uma vez, 84% o fizeram antes dos 18 anos[61].

Uma pesquisa publicada em 2018, realizada com a população da Suécia, indicou que 37% dos respondentes reportaram ter considerado seriamente o suicídio nos 12 meses anteriores à pesquisa e 32% efetivamente tentaram o suicídio nesse período, sendo o risco 7,5 vezes maior que uma pessoa transgênero tente o suicídio em comparação com uma pessoa cisgênero[62].

A idade da pessoa transgênero que apresenta pensamentos suicidas também é um dado relevante a ser considerado. Segundo pesquisa realizada no Brasil, eles estão presentes em 79,2% das pessoas transgênero com menos de 20 anos, em 88,7% das que têm entre 21 e 25 anos e em 71,8% das pessoas entre 26 e 30 anos[63]. No Chile, quando se analisa menores de 18 anos, o percentual é de 84%, enquanto a média geral é de 56%[64].

Inúmeros estudos mostram, ainda, ao menos uma tentativa de suicídio ao longo da vida de pessoas transgênero, sendo que a primeira delas ocorre entre 17 e 21 anos[65].

---

[57] ARAÚJO, Tathiane Aquino; NOGUEIRA, Sayonara Naider Bonfim; CABRAL, Euclides Afonso. *Registro Nacional de Assassinatos e Violações de Direitos Humanos das Pessoas Trans no Brasil em 2022*. Série Publicações Rede Trans Brasil. 7. ed. Aracaju: Rede Trans Brasil; Uberlândia: IBTE, 2023. p. 26.

[58] CORRÊA, Fábio Henrique Mendonça et al. Pensamento suicida entre a população transgênero: um estudo epidemiológico. *Jornal Brasileiro de Psiquiatria*, v. 69, n. 1, jan.-mar. 2020. p. 14.

[59] IACHR. *An overview of violence against LGBTI persons. A registry documenting acts of violence between January 1, 2013 and March 31, 2014*. Washington, D.C., December 17, 2014. p. 5. (Tradução do autor) Disponível em: https://www.oas.org/en/iachr/lgtbi/docs/Annex-Registry-Violence-LGBTI.pdf. Acesso em: 23 nov. 2023.

[60] GRANT, Jaime M. et al. *National transgender discrimination survey report on health and health care*. Washington, 2010. p. 14.

[61] Resumen Ejecutivo Encuesta-T 2017, p. 23-24.

[62] ZELUF, Galit et al. Targeted Victimization and Suicidality Among Trans People: A Web-Based Survey. *LGBT Health*, 5(3), Apr. 2018. p. 184.

[63] CORRÊA, Fábio Henrique Mendonça et al. Pensamento suicida entre a população transgênero: um estudo epidemiológico. *Jornal Brasileiro de Psiquiatria*, v. 69, n. 1, jan.-mar. 2020. p. 16.

[64] Resumen Ejecutivo Encuesta-T 2017, p. 23-24.

[65] CORRÊA, Fábio Henrique Mendonça et al. Pensamento suicida entre a população transgênero: um estudo epidemiológico. *Jornal Brasileiro de Psiquiatria*, v. 69, n. 1, jan.-mar. 2020. p. 19.

Quanto ao sexo de pertencimento, os dados coletados no Brasil, mais especificamente no Distrito Federal, revelam maior taxa de pensamentos suicidas entre aqueles que tiveram como sexo assinalado no nascimento o "feminino" (80,5% dos respondentes), percentual que alcançou 64,2% entre os indicados como homens ao nascer[66].

Com o objetivo de traçar outros recortes sociais que incidem sobre os suicídios de pessoas transgênero, a National Transgender Discrimination Survey Report on Health and Health Care traz informações importantes. Segundo um recorte racial, a incidência da tentativa de suicídio está abaixo da média de 41% apenas entre as pessoas brancas (38%) e asiáticas (39%), sendo de 44% entre latinos, 45% entre afro-americanos, 54% entre pessoas multirraciais e 56% entre nativos americanos[67]. No Brasil, 83,3% das pessoas transgênero autodeclaradas negras e 100% das indígenas que responderam à pesquisa realizada no Distrito Federal manifestaram que têm pensamentos suicidas[68].

Os motivos que suportam tão elevado índice de suicídios "tendem a ser determinados por um ambiente homofóbico e transfóbico, vários antecedentes da má saúde mental e fatores como o desemprego e dívidas, no contexto de um prolongado declínio econômico"[69]. Outros estudos indicam discriminação, preconceito, abandono familiar e baixa aceitação nesse ambiente, além das escassas oportunidades de trabalho, depressão e abuso de substâncias ilícitas, violência e falta de políticas públicas como fatores principais[70], bem como tratamento ofensivo e violência[71].

A National Transgender Discrimination Survey Report on Health and Health Care traz a falta de emprego formal como elemento relevante, uma vez que o percentual de pessoas que estavam empregadas era de 37%, elevando-se para 51% entre os desempregados, 55% entre os que perderam seus empregos em razão de preconceito e 60% entre os que trabalham na economia informal ou "de rua"[72]. Revelou, ainda, que um dos ambientes mais impactantes para aqueles que tentaram o suicídio foi o escolar, com 51% dos respondentes afirmando terem sido intimidados, assediados, agredidos ou expulsos por serem transgênero, montante bastante acima da média geral de 41%. Contudo, a conduta dos professores mostrou-se um quesito marcante, visto que a taxa aumenta drasticamente quando são eles os agentes das agressões, com um percentual de 59% quando eles praticaram os atos de intimidação, 76% quando

---

[66] CORRÊA, Fábio Henrique Mendonça et al. Pensamento suicida entre a população transgênero: um estudo epidemiológico. *Jornal Brasileiro de Psiquiatria*, v. 69, n. 1, jan.-mar. 2020. p. 17.

[67] GRANT, Jaime M. et al. *National transgender discrimination survey report on health and health care*. Washington, 2010. p. 15.

[68] CORRÊA, Fábio Henrique Mendonça et al. Pensamento suicida entre a população transgênero: um estudo epidemiológico. *Jornal Brasileiro de Psiquiatria*, v. 69, n. 1, jan.-mar. 2020. p. 16.

[69] CORRÊA, Fábio Henrique Mendonça et al. Pensamento suicida entre a população transgênero: um estudo epidemiológico. *Jornal Brasileiro de Psiquiatria*, v. 69, n. 1, jan.-mar. 2020. p. 14.

[70] VERAS GOMES, Hiago et al. Suicídio e população trans: uma revisão de escopo. *Ciencias Psicológicas*, Montevideo, v. 16, n. 1, 2022. p. 1.

[71] ZELUF, Galit et al. Targeted Victimization and Suicidality Among Trans People: A Web-Based Survey. *LGBT Health*, 5(3), Apr. 2018. p. 184.

[72] GRANT, Jaime M. et al. *National transgender discrimination survey report on health and health care*. Washington, 2010. p. 15.

foram os agressores (fisicamente) e 69% quando cometeram atos de abuso sexual contra as pessoas transgênero[73].

Os números da National Transgender Discrimination Survey Report on Health and Health Care mostram, ainda, que aqueles que sobreviveram à violência por serem pessoas transgênero apresentaram um risco mais elevado de suicídio, alçando 61%, quando sobreviventes de agressão física, e 65%, nos casos de abusos sexuais[74]. Não se reconhecer com seu visual (44%), ocultar sua condição de transgênero (44%) e não ter todos os documentos com sua identidade de gênero reconhecida[75] são fatores que também elevam a taxa de suicídio para valores acima da média de 41%.

Aspectos econômicos também representam grande relevância no que se refere às pessoas transgênero que tentam o suicídio, segundo a National Transgender Discrimination Survey Report on Health and Health Care. A relação educação e renda está associada ao aumento da taxa de suicídio, com a constatação de que aqueles que recebiam até US$ 10.000,00 (dez mil dólares) anuais apresentavam um percentual mais elevado de tentativa (54%), reduzindo consideravelmente em relação àqueles que recebiam mais de US$ 100.000,00 (cem mil dólares) anuais (26%), mas sempre se mantendo absurdamente acima do constatado entre pessoas cisgênero (1,6%)[76]. O grau de escolaridade é outro marcador preponderante, uma vez que a taxa entre os que não completaram o nível superior é de 48%, sendo quase a mesma (49%) entre aqueles que completaram o ensino médio, passando a 33% entre os que concluíram a universidade e 31% entre os que possuíam alguma pós-graduação[77].

No Brasil, como era de se esperar, ante toda a invisibilidade que permeia a existência transgênero, não existem dados oficiais sobre o número de suicídios, restando-nos, novamente, recorrer às informações obtidas por organizações que monitoram as mazelas que atingem esse grupo social e estudos acadêmicos.

Ressalvada sempre a subnotificação, segundo a Rede Trans Brasil, foram 15 casos de suicídio divulgados em redes sociais em 2022, dos quais 33,3% não tiveram a identificação da idade das pessoas, mas, nos demais casos, 6,7% tinham menos de 17 anos (o mesmo percentual daqueles entre 26 e 35 anos), 13,3%, entre 36 e 45 anos, e 40%, entre 18 e 25 anos. Quanto à etnia, 20% das pessoas eram brancas, 60% negras (13,3% pretas e 46,7% pardas), além de 20% não identificadas com esse marcador[78].

---

[73] GRANT, Jaime M. et al. *National transgender discrimination survey report on health and health care*. Washington, 2010. p. 16.

[74] GRANT, Jaime M. et al. *National transgender discrimination survey report on health and health care*. Washington, 2010. p. 16.

[75] GRANT, Jaime M. et al. *National transgender discrimination survey report on health and health care*. Washington, 2010. p. 15-16.

[76] GRANT, Jaime M. et al. *National transgender discrimination survey report on health and health care*. Washington, 2010. p. 16.

[77] GRANT, Jaime M. et al. *National transgender discrimination survey report on health and health care*. Washington, 2010. p. 16.

[78] ARAÚJO, Tathiane Aquino; NOGUEIRA, Sayonara Naider Bonfim; CABRAL, Euclides Afonso. *Registro Nacional de Assassinatos e Violações de Direitos Humanos das Pessoas Trans no Brasil em 2022*. Série Publicações Rede Trans Brasil. 7. ed. Aracaju: Rede Trans Brasil; Uberlândia: IBTE, 2023. p. 26-28.

Já a Associação Nacional de Travestis e Transexuais (Antra) constatou 20 casos em 2022, dos quais 6 vítimas eram homens transexuais ou transmasculinos, 13 eram travestis ou mulheres transexuais e apenas 1 vítima era pessoa não binária, afirmando, ainda, que, apesar de haver maior quantidade de travestis e mulheres transexuais, são os homens transexuais e transmasculinos que mais apresentam ideações ou tentativas[79].

Considerando o elevado índice de suicídios e tentativas constatados em pesquisas nacionais e internacionais, faz-se premente o desenvolvimento de estudos que tenham como foco a elaboração de políticas públicas visando proporcionar uma qualidade de vida mais digna para as pessoas transgênero[80]. É evidente que "todo o processo de exclusão social, a desigualdade econômica, a ausência de políticas de proteção social e segurança pública que impactam diretamente nas identidades de gênero e suas interseccionalidades"[81] trazem consequências severas à realidade social que atinge as pessoas transgênero.

A inércia do Poder Público, com sua clássica leniência legislativa[82] no que diz respeito à proteção dos interesses e necessidades das pessoas transgênero, está matando esse grupo vulnerabilizado, devendo o Estado ser responsabilizado pelos danos individuais, coletivos e sociais por ele causados ante sua omissão, sem que possa vir a afirmar que desconhece a realidade daqueles que vivenciam a transgeneridade, haja vista a existência de inúmeras manifestações estatais reconhecendo a realidade dessa população em específico.

---

[79] BENEVIDES, Bruna G. *Dossiê assassinatos e violências contra travestis e transexuais brasileiras em 2022*. Brasília: Distrito Drag, ANTRA, 2023. p. 80.

[80] VERAS GOMES, Hiago et al. Suicídio e população trans: uma revisão de escopo. *Ciencias Psicológicas*, Montevideo, v. 16, n. 1, 2022. p. 1.

[81] ARAÚJO, Tathiane Aquino; NOGUEIRA, Sayonara Naider Bonfim; CABRAL, Euclides Afonso. *Registro Nacional de Assassinatos e Violações de Direitos Humanos das Pessoas Trans no Brasil em 2022*. Série Publicações Rede Trans Brasil. 7. ed. Aracaju: Rede Trans Brasil; Uberlândia: IBTE, 2023. p. 29.

[82] CUNHA, Leandro Reinaldo da. Identidade de gênero e a responsabilidade civil do Estado pela leniência legislativa. *Revista dos Tribunais*, São Paulo: RT, n. 962 p. 37-52, 2015.

Identidade de gênero na sociedade

A realidade enfrentada pelas pessoas transgênero na sociedade atual é marcada de forma indissociável por um desconhecimento que conduz para o preconceito e a discriminação.

O fato de estarem apartadas do conceito de normalidade posto quanto à sexualidade tem sérias consequências que podem ser facilmente constatadas com um olhar atento à vivência das pessoas transgênero. Por vezes, bastaria apenas não virar o rosto para ver as mazelas enfrentadas, porém é muito mais cômodo ignorar uma situação que não está diretamente vinculada à sua própria vida.

Essa conduta desconsidera o fato de que, para se atingir uma sociedade que cumpra com os critérios mais básicos de um Estado Democrático de Direito, é necessário que todas as pessoas tenham direito a uma vida pautada pelos parâmetros mais elementares da dignidade da pessoa humana.

Nesse contexto, é importante que algumas ponderações sejam realizadas para melhor compreensão do atual estado da arte enfrentado pelas pessoas transgênero em nossa sociedade.

3.1. Preconceito, discriminação e vulnerabilidade

A vulnerabilidade é uma das características mais presentes no cotidiano das pessoas transgênero em face de toda a discriminação que acompanha aqueles que não estão inseridos nos moldes determinados pelos parâmetros da cisgeneridade prevalente em nossa sociedade.

O cerne da vulnerabilidade que atinge pessoas transgênero reside no preconceito e na discriminação que recaem sobre elas, entendendo-se como preconceito "as percepções mentais negativas em face de indivíduos e de grupos socialmente inferiorizados, bem como as representações sociais conectadas a tais percepções", e como discriminação "a materialização, no plano concreto das relações sociais, de atitudes arbitrárias, comissivas ou omissivas, relacionadas ao preconceito, que produzem violação de direitos dos indivíduos e dos grupos"[1].

A situação é tão delicada que a Human Rights Campaign, maior grupo de defesa e de lobby dos direitos civis LGBT nos Estados Unidos, chegou a declarar estado de emergência LGBTQ naquele país[2]. Essa triste realidade pode ser aferida em dados

---

[1] RIOS, Roger Raupp. O conceito de homofobia na perspectiva dos direitos humanos e no contexto dos estudos sobre preconceito e discriminação. In: RIOS, Roger Raupp (org.). *Em defesa dos direitos sexuais*. Porto Alegre: Livraria do Advogado, 2007. p. 113.

[2] Disponível em: https://www.reuters.com/world/us/human-rights-campaign-declares-lgbtq-state-emergency-us-2023-06-06/. Acesso em: 10 jan. 2024.

bastante sólidos e aterradores, alguns dos quais merecerão atenção mais aprofundada no decorrer desta obra.

A violência é uma constante na vida das pessoas transgênero[3], como se pode constatar por meio dos dados trazidos pelo "Censo Trans", realizado pela Rede Trans Brasil, que revelam que, entre as mulheres transexuais e travestis que participaram do levantamento realizado, 85,1% afirmam ter sofrido violência verbal, 77,8% foram vitimadas por violência física e 72,1% dizem ter sido sexualmente violentadas, além de 67,7% relatarem ter sido agredidas pela polícia[4], ostentando, o Brasil, a vexatória condição de país que mais mata pessoas transgênero no mundo.

Segundo a TGEU Trans Murder Monitoring – TMM, estudo realizado pela Transrespct versus Transphobia Wordwild[5], mais de 40% do total de homicídios de pessoas transgênero no mundo entre 2008 e 2021 ocorreram no Brasil, um total de 1.645 pessoas. Dados apresentados em 2023 afirmam que foram 321 casos de homicídios reportados contra pessoas transgênero entre 1º de outubro de 2022 e 30 de setembro de 2023 (contra os 327 do período anterior), com 31% deles tendo ocorrido no Brasil[6].

Em números globais, a TGEU Trans Murder Monitoring – TMM afirma que a maior parte das vítimas transgênero de homicídios têm entre 19 e 25 anos, alcançando 77% dos casos quando a idade máxima é elevada aos 40 anos[7]. Pelos dados da Rede Trans Brasil, em 2022, dos 100 casos monitorados, 29 não traziam a idade das vítimas, porém, nos que constavam essa informação, constatou-se que em 35,5% deles as vítimas eram pessoas entre 18 e 25 anos e em 43,7% elas tinham entre 26 e 35 anos, totalizando quase 80%, se considerada a faixa etária de 18 a 35 anos[8].

Ainda segundo esse levantamento da Transgender Europe (TGEU), 48% das pessoas transgênero vítimas de homicídio eram conhecidas como "trabalhadoras sexuais", número que se eleva para 78% quando se analisam apenas os dados da Europa[9].

Sempre atento ao rigor teórico e à responsabilidade científica, pode-se afirmar que a média de idade em que pessoas transgênero são vítimas de homicídio é 35 anos[10], com base em informações majoritariamente extraídas de dados não oficiais (75% da mídia e o restante de fontes complementares, como relatos de testemunhas e/ou de grupos

---

[3] O tema será analisado de forma mais aprofundada no Capítulo 19 (Direito Penal).
[4] SOUZA, Dediane; ARAÚJO, Tathiane (orgs.). *Reflexões sobre os dados do Censo Trans*. Rede Trans. p. 44-46. Disponível em: https://storage.googleapis.com/wzukusers/user-31335485/documents/1522a23d2de24794adee-6101db162ce8/REDE-TRANS_Censo-Trans-2020-pub-web.pdf. Acesso em: 26 nov. 2023.
[5] Disponível em: https://transrespect.org/en/trans-murder-monitoring/. Acesso em: 23 nov. 2023.
[6] Disponível em: https://transrespect.org/en/trans-murder-monitoring-2023/. Acesso em: 23 nov. 2023.
[7] Disponível em: https://transrespect.org/en/trans-murder-monitoring/. Acesso em: 23 nov. 2023.
[8] ARAÚJO, Tathiane Aquino; NOGUEIRA, Sayonara Naider Bonfim; CABRAL, Euclides Afonso. *Registro Nacional de Assassinatos e Violações de Direitos Humanos das Pessoas Trans no Brasil em 2022*. Série Publicações Rede Trans Brasil. 7. ed. Aracaju: Rede Trans Brasil; Uberlândia: IBTE, 2023. p. 18.
[9] Disponível em: https://transrespect.org/en/trans-murder-monitoring-2023/. Acesso em: 23 nov. 2023.
[10] A expectativa de vida de uma pessoa transgênero não é 35 anos, como será explicado a seguir.

específicos)[11]. A invisibilidade que recai sobre a existência transgênero, expressa na inexistência de estatísticas oficiais, permite apenas uma visão superficial do tema.

Mesmo com toda a carência de informações governamentais e com a ausência de interesse político em realizar levantamentos sólidos, os dados obtidos ante o esforço de grupos que dedicam sua atenção à questão transgênero já trazem, claramente, uma realidade preocupante.

A escolha do Poder Público de utilizar formulários nos quais não conste um campo destinado à indicação da identidade de gênero, como se dá em boletins de ocorrência, por exemplo, respalda uma subnotificação baseada no apagamento das pessoas transgênero para as estatísticas oficiais. Assim, a contabilização dos homicídios se dá majoritariamente com base nos relatos de familiares e amigos de que aquela vítima era uma pessoa transgênero, de modo que o apresentado não expressa todo o contingente de violências perpetradas, diante das limitações para a obtenção de dados, bem como da inexistência de informações consolidadas coletadas pelo Estado[12].

Até mesmo as parcas conquistas obtidas pelas pessoas transgênero acabam impactando nas subnotificações, como é o caso da possibilidade de alteração de nome e sexo nos documentos de forma administrativa[13], que, desde 2018, com a decisão do Supremo Tribunal Federal (STF) e posterior regulamentação no Provimento n. 73 do Conselho Nacional de Justiça (CNJ), fez com que muitas mortes violentas de pessoas transgênero fossem registradas como se fossem de pessoas cisgênero[14].

A subnotificação é uma realidade com números bastante consideráveis quando se tem sob lume as informações apresentadas pelo Centro de Documentación y Situación Trans de América Latina y el Caribe (CeDoSTALC), que revela que, em 52% dos casos, as vítimas de violência não procuram as dependências da justiça, sob os argumentos de: "medo de ser alvo de zombarias nas dependências da polícia; medo de retaliação; falta de informação sobre os canais disponíveis para fazer denúncias; ter sofrido assédio ou intimidação no passado ao tentar fazer uma denúncia; após apresentar denúncias ou apoiar um colega em uma denúncia, o caso é 'esquecido' sem acompanhamento ou condenação dos agressores"[15].

Essa preocupação com a baixa visibilidade dos casos que afetam pessoas transgênero é apontada pelo TGEU Trans Murder Monitoring – TMM, que assevera expressamente que os números coletados são apenas um pequeno vislumbre da realidade, com a maioria dos casos ainda subnotificados e recebendo pouca atenção. Relata, ainda,

---

[11] BENEVIDES, Bruna G. *Dossiê assassinatos e violências contra travestis e transexuais brasileiras em 2022*. Brasília: Distrito Drag, ANTRA, 2023. p. 49.

[12] ARAÚJO, Tathiane Aquino; NOGUEIRA, Sayonara Naider Bonfim; CABRAL, Euclides Afonso. *Registro Nacional de Assassinatos e Violações de Direitos Humanos das Pessoas Trans no Brasil em 2022*. Série Publicações Rede Trans Brasil. 7. ed. Aracaju: Rede Trans Brasil; Uberlândia: IBTE, 2023. p. 10.

[13] O presente tema será objeto de atenção especial no Capítulo 5 (Direitos da personalidade).

[14] ARAÚJO, Tathiane Aquino; NOGUEIRA, Sayonara Naider Bonfim; CABRAL, Euclides Afonso. *Registro Nacional de Assassinatos e Violações de Direitos Humanos das Pessoas Trans no Brasil em 2022*. Série Publicações Rede Trans Brasil. 7. ed. Aracaju: Rede Trans Brasil; Uberlândia: IBTE, 2023. p. 13.

[15] Disponível em: http://redlactrans.org.ar/site/wp-content/uploads/2023/03/PERSEGUIDES-EN-DEMOCRACIA-CEDOSTALC-2022.pdf. Acesso em: 6 jan. 2024. (Tradução livre do autor)

que nem todos os casos são efetivamente reportados, pois a informação quanto à identidade de gênero não é indicada quando da morte, e que os elevados números da América Latina e Caribe são decorrentes de um sistema consolidado de monitoramento, majoritariamente realizado por organizações LGBTI e uma sólida rede de contatos[16].

Porém, mesmo com toda a dificuldade existente e considerando apenas o que é noticiado na mídia ou relatado de maneira direta, tem-se no Brasil números catastróficos, que fazem do País o detentor de um dos recordes mais vergonhosos do mundo no que tange às pessoas transgênero.

Ainda que tenhamos essa realidade terrível, é importante esclarecer que uma afirmação que tem sido recorrentemente repetida não possui respaldo científico. Mesmo que se possa afirmar que as pessoas transgênero "que vivem até a velhice, podem ser consideradas verdadeiras sobreviventes"[17], no Brasil não é possível pontificar que a expectativa de vida delas seja de 35 anos[18], como se constata em textos publicados pela Associação Nacional de Travestis e Transexuais (Antra)[19] e em notícias do Senado Federal[20].

Como mais um reflexo da invisibilidade que acompanha as minorias sexuais, não existem dados estatísticos oficiais sobre a expectativa de vida de pessoas transgênero, como expressamente afirmado pelo Instituto Brasileiro de Geografia e Estatística (IBGE)[21].

Essa informação quanto à expectativa de vida de 35 anos é atribuída, pela Associação Nacional de Travestis e Transexuais (Antra), a Pedro Paulo Sammarco Antunes, inicialmente no "Dossiê dos assassinatos e da violência contra travestis e transexuais brasileiras em 2020"[22], em texto que não traz as referências bibliográficas, mas que se refere a um trabalho do autor publicado em 2013. Consta desse texto que, "Apesar de não haver estudos sistemáticos sobre a expectativa de vida das travestis e transexuais femininas, Antunes (2013) afirma que a expectativa de vida desta população seja de 35 anos de idade, enquanto a da população brasileira em geral, é de 74,9 anos (IBGE 2013)"[23].

A obra referida é *Travestis envelhecem?*, fruto da dissertação defendida por Pedro Paulo Sammarco Antunes no Programa de Pós-Graduação em Gerontologia na

---

[16] Disponível em: https://transrespect.org/en/trans-murder-monitoring-2023/. Acesso em: 23 nov. 2023.

[17] ANTUNES, Pedro Paulo Sammarco; MERCADANTE, Elisabeth Frohlich. Travestis, envelhecimento e velhice. *Revista Kairós-Gerontologia*, [S.l.], v. 14, Especial10, p. 109-132, 2012. p. 109.

[18] Esse esclarecimento foi apresentado por mim, ainda que de forma superficial, em texto publicado no editorial da *Revista Direito e Sexualidade*, v. 4, n. 2, 2023.

[19] BENEVIDES, Bruna G. *Dossiê assassinatos e violências contra travestis e transexuais brasileiras em 2022*. Brasília: Distrito Drag, ANTRA, 2023. p. 34.

[20] Disponível em: https://www12.senado.leg.br/noticias/especiais/especial-cidadania/expectativa-de-vida-de-transexuais-e-de-35-anos-metade-da-media-nacional. Acesso em: 6 jun. 2023. A versão atual do texto já informa que a matéria foi atualizada para corrigir informação relativa à expectativa de vida.

[21] Disponível em: https://www.guiagaysaopaulo.com.br/noticias/cidadania/ibge-e-estudioso-negam-ter-afirmado-que-trans-vivem-ate-35-anos. Acesso em: 23 nov. 2023.

[22] BENEVIDES, Bruna G.; NOGUEIRA, Sayonara Naider Bonfim. *Dossiê dos assassinatos e da violência contra travestis e transexuais brasileiras em 2020*. São Paulo: Expressão Popular, ANTRA, IBTE, 2021. p. 42.

[23] BENEVIDES, Bruna G.; NOGUEIRA, Sayonara Naider Bonfim. *Dossiê dos assassinatos e da violência contra travestis e transexuais brasileiras em 2020*. São Paulo: Expressão Popular, ANTRA, IBTE, 2021. p. 42.

Pontifícia Universidade Católica de São Paulo (PUC-SP). Contudo, não há na obra, e tampouco na dissertação, a afirmação de que seria essa a expectativa de vida das pessoas transgênero. O que existe, como afirma o autor[24], é a fala de uma das entrevistadas, que afirma que "não há travestis com sessenta anos! Com cinquenta, você encontra uma ou outra... Uma travesti na ativa com trinta e oito ou quarenta anos você não encontra mais. Quando chegam acima dos cinquenta anos elas próprias se ocultam e somem completamente"[25].

Em outra passagem, uma das entrevistadas diz que é possível contar nos dedos o número de travestis que têm mais de 70 anos[26]. O mais próximo que se encontra no texto sobre a expectativa de vida é uma afirmação dessa mesma entrevistada: "Faz um tempo, chegou uma menina muito jovem aqui na região e disse que morreria aos trinta e seis anos"[27].

Além de não haver a afirmação no trabalho de Pedro Paulo Sammarco Antunes acerca da expectativa de vida das pessoas transgênero, a forma como a informação tem sido veiculada traz, ainda, outro equívoco, que é a generalização, quando o mais próximo da verdade do que foi dito está associado apenas a travestis e transexuais femininas, o que difere de pessoas transgênero, concepção que incluiria também homens transgênero.

O cálculo da expectativa de vida passa, necessariamente, pela existência de indicadores sobre aquela população específica nos levantamentos do "Censo, certidões de óbito, sistemas governamentais (como os do Ministério da Saúde)", no entanto, em face da tremenda invisibilidade que acompanha a existência transgênero, tais dados não são coletados[28]. Como bem reconhece a Rede Trans Brasil, 35 anos não revelam "uma expectativa de vida, mas uma média da idade das pessoas trans vitimadas" por homicídio[29].

O dado que efetivamente existe, como já mencionado, é o de que aproximadamente 80% das pessoas transgênero assassinadas tinham 35 anos ou menos[30], ou que "a média de pessoas trans assassinadas entre a idade mínima catalogada (13 anos) até

---

[24] Disponível em: https://www.guiagaysaopaulo.com.br/noticias/cidadania/ibge-e-estudioso-negam-ter-afirmado-que-trans-vivem-ate-35-anos. Acesso em: 23 nov. 2023.
[25] ANTUNES, Pedro Paulo Sammarco. *Travestis envelhecem?* 268 f. Dissertação (Mestrado em Gerontologia) – Pontifícia Universidade Católica de São Paulo, São Paulo, 2010. p. 140.
[26] ANTUNES, Pedro Paulo Sammarco. *Travestis envelhecem?* 268 f. Dissertação (Mestrado em Gerontologia) – Pontifícia Universidade Católica de São Paulo, São Paulo, 2010. p. 163.
[27] ANTUNES, Pedro Paulo Sammarco. *Travestis envelhecem?* 268 f. Dissertação (Mestrado em Gerontologia) – Pontifícia Universidade Católica de São Paulo, São Paulo, 2010. p. 147.
[28] GARCIA, Bruno Erbisti. É impossível estimar a expectativa de vida da população trans, professor explica. *Quem? Números*, 30 abr. 2019. Disponível em: https://naomatouhoje.wordpress.com/2019/04/30/expectativa/. Acesso em: 25 nov. 2023.
[29] ARAÚJO, Tathiane Aquino; NOGUEIRA, Sayonara Naider Bonfim; CABRAL, Euclides Afonso. *Registro Nacional de Assassinatos e Violações de Direitos Humanos das Pessoas Trans no Brasil em 2022*. Série Publicações Rede Trans Brasil. 7. ed. Aracaju: Rede Trans Brasil; Uberlândia: IBTE, 2023. p. 19.
[30] IACHR. *An overview of violence against LGBTI persons. A registry documenting acts of violence between January 1, 2013 and March 31, 2014*. Washington, D.C., December 17, 2014. (Tradução do autor) Disponível em: https://www.oas.org/en/iachr/lgtbi/docs/Annex-Registry-Violence-LGBTI.pdf. Acesso em: 23 nov. 2023.

os 35 anos, entre 2017 e 2022", foi de 80%[31]. Assim, o que se tem, em termos técnicos, é que, considerando os homicídios que atingem pessoas transgênero no Brasil, essas vítimas morrem, em média, aos 35 anos, não se podendo confundir a média de idade de quem faleceu com a expectativa de vida do grupo como um todo.

No entanto, ainda que não seja possível falar em expectativa de vida, há a constatação de que a população transgênero como um todo se concentra em uma faixa etária mais baixa. Segundo o "Mapeamento das Pessoas Trans no Município de São Paulo", realizado pelo Centro de Estudos de Cultura Contemporânea (Cedec), a população transgênero da cidade de São Paulo é bastante jovem, com 70% dos entrevistados tendo entre 16 e 35 anos[32].

Estudo realizado nos Estados Unidos, especificamente na região de Washington DC, teve como amostra 37% de respondentes entre 18 e 24 anos; 32% entre 25 e 34 anos; 16% entre 35 e 44 anos; 9% entre 45 e 54 anos; 5% entre 55 e 64 anos e apenas 1% com 65 anos ou mais[33]. Em outro levantamento, feito no Brasil (Distrito Federal), com o objetivo de analisar a incidência de tentativas de suicídio, constatou-se que 24,7% dos respondentes relataram ter menos de 20 anos; 32% entre 21 e 25 anos; 20,1% entre 26 e 30 anos; 8,2% entre 31 e 35 anos; 5,7% entre 36 e 40 anos; 5,2% entre 41 e 45 anos; 1,5% entre 46 e 50 anos e 2,6% com mais de 51 anos[34].

Ainda quanto à questão da idade média das pessoas transgênero em tentativa de suicídio, um dado interessante foi constatado em pesquisa recente realizada por pesquisadores da Faculdade de Medicina de Botucatu – Unesp, em que se aferiu que a média de idade para pessoas transgênero é de 32,9 anos (com um desvio padrão de 13,5), enquanto pessoas cisgênero apresentam uma idade média de 42,2 anos (com um desvio padrão de 15,9)[35].

Em que pesem todos esses dados que expressam repulsa, existem elementos que indicam um enorme interesse nas pessoas transgênero e que se associam à estigmatização clássica da sexualização, no sentido da prática de atos sexuais.

Segundo o site Pornhub, um dos maiores destinados a vídeos eróticos do mundo, no ano de 2022 a procura pela categoria "transgender" cresceu 75% mundialmente, sendo a 1ª colocada no Brasil (único lugar em que isso ocorre) e a 7ª mais popular no planeta[36]. Em 2023, "transgender" passou a ser o 3º mais pesquisado, mas ainda é um

---

[31] BENEVIDES, Bruna G. *Dossiê assassinatos e violências contra travestis e transexuais brasileiras em 2022*. Brasília: Distrito Drag, ANTRA, 2023. p. 34.

[32] CEDEC – CENTRO DE ESTUDO DE CULTURA CONTEMPORÂNEA. *Mapeamento das pessoas trans na cidade de São Paulo: relatório de pesquisa*. São Paulo, 2021. p. 22. Disponível em https://www.prefeitura.sp.gov.br/cidade/secretarias/upload/direitos_humanos/LGBT/AnexoB_Relatorio_Final_Mapeamento_Pessoas_Trans_Fase1.pdf. Acesso em: 1º maio 2023.

[33] HERMAN, Jody L. Gendered restrooms and minority stress: the public regulation of gender and its impact on transgender people's lives. *Journal of Public Management & Social Policy*, v. 19, n. 1, 2013. p. 68 (tradução livre do autor).

[34] CORRÊA, Fábio Henrique Mendonça et al. Pensamento suicida entre a população transgênero: um estudo epidemiológico. *Jornal Brasileiro de Psiquiatria*, v. 69, n. 1, jan.-mar. 2020. p. 15.

[35] SPIZZIRRI, Giancarlo et al. Proportion of people identifed as transgender and non binary gender in Brazil. *Scientific Reports*, v. 11, 2240, 2021. p. 3.

[36] Disponível em: https://www.pornhub.com/insights/2022-year-in-review. Acesso em: 23 nov. 2023.

número 68% maior em comparação com o resto do mundo, tendo o termo "transgender surprise" um aumento de 490% nas pesquisas, o maior de todos[37].

Outro fator extremamente preocupante a revelar a vulnerabilidade da população transgênero é a incidência de suicídios que a atinge[38], conforme exposto anteriormente, merecendo destaque a distinção entre os números constatados entre pessoas cisgênero e pessoas transgênero, fato que reforça a vulnerabilidade experienciada por essa minoria sexual.

Há, ainda, na vulnerabilidade que atinge a população transgênero, um aspecto que a torna ainda mais nefasta, vinculado ao fato de que, em larga medida, essas pessoas não encontram na família uma rede de apoio para enfrentar todas as agruras que recaem sobre elas. Enquanto para grande parcela da população o seio familiar é o porto seguro onde encontra amor e carinho para enfrentar os obstáculos da vida, as pessoas transgênero normalmente não gozam dessa prerrogativa.

Segundo estimativa da Associação Nacional de Travestis e Transexuais (Antra), as meninas transgênero são expulsas de casa, em média, aos 13 anos de idade, quando expressam sua identidade de gênero transgênero[39]. E o destino dessas meninas normalmente é a rua, mais especificamente aqueles espaços delimitados nas cidades médias e grandes para pessoas como elas, onde normalmente acabam sendo iniciadas na prostituição, diante do total desamparo que acabam por enfrentar. As ruas e a prostituição constituem-se em "um dos poucos âmbitos onde as variantes sexuais e de gênero são aceitas e as travestis, diferentemente do que ocorre nos espaços heteronormativos como a família ou a escola, podem ser elas mesmas e não esconder o que são ou fazem"[40].

Esses espaços circunscritos, nos quais sua existência é permitida ou suportada, são simbólica e materialmente "demarcados, como também são os seus corpos", nos quais "se constroem complexas redes de relações de poder, e os processos de marginalização as inserem em mercados direta ou indiretamente criminalizados"[41], o que mais uma vez influencia a consolidação da vulnerabilidade.

O "Censo Trans", realizado pela Rede Trans Brasil, indica que 71,7% das mulheres transexuais e travestis que responderam à pesquisa afirmaram terem sido excluídas da família[42].

Já os dados coletados pelo "Mapeamento das Pessoas Trans no Município de São Paulo", realizado pelo Centro de Estudos de Cultura Contemporânea (Cedec),

---

[37] Disponível em: https://www.pornhub.com/insights/2023-year-in-review#brazil. Acesso em: 7 jan. 2024.
[38] Tema apreciado com maior profundidade no Capítulo 2 (Transição física e saúde da pessoa transgênero).
[39] BENEVIDES, Bruna G. *Dossiê assassinatos e violências contra travestis e transexuais brasileiras em 2022*. Brasília: Distrito Drag, ANTRA, 2023. p. 39.
[40] VARTABEDIAN, Julieta. Travestis brasileiras trabalhadoras do sexo algumas notas além da heteronormatividade. *Bagoas – Estudos gays: gêneros e sexualidades*, [S.l.], v. 11, n. 17, 2018. p. 69.
[41] SERRA, Vitor Siqueira. *"Pessoa afeita ao crime": criminalização de travestis e o discurso judicial criminal paulista*. 128 f. Dissertação (Mestrado) – Faculdade de Ciências Humanas e Sociais, Universidade Estadual Paulista "Júlio de Mesquita Filho", São Paulo, 2018. p. 75.
[42] SOUZA, Dediane; ARAÚJO, Tathiane (orgs.). *Reflexões sobre os dados do Censo Trans*. Rede Trans. p. 45. Disponível em: https://storage.googleapis.com/wzukusers/user-31335485/documents/1522a23d2de24794adee-6101db162ce8/REDE-TRANS_Censo-Trans-2020-pub-web.pdf. Acesso em: 26 nov. 2023.

constataram que "a faixa etária entre 16 e 20 anos se destaca como a fase de saída do ambiente familiar por parte de 49% das pessoas trans entrevistadas. Quando se considera as categorias em separado, os índices assim se distribuem: pessoas não binárias (57%); homens trans (53%); mulheres trans (49%) e travestis (42%)", tendo como motivação a "percepção de que a pessoa não tem ou não terá aceitação, no núcleo familiar, caso se identifique com um gênero diferente ao de seu nascimento", o que revela que tal saída se dá antes do "momento da consciência da disforia de gênero, o que para 70% das pessoas participantes da pesquisa, como já dito, se deu no período anterior até os 15 anos"[43].

Explorando mais a questão, do grupo entrevistado, 52% declararam ter saído de casa por vontade própria, sendo essa a resposta dada por 61% dos homens transexuais, 52% de pessoas não binárias, 51% de mulheres transexuais e 47% de travestis. Sendo o motivo da saída expulsão de casa, "a predominância se dá em relação a travestis (24%) e, na sequência, as mulheres trans (16%), as pessoas não binárias (13%) e os homens trans (9%)", e, considerando os "desentendimentos familiares, o índice corresponde a 30% das respostas das pessoas entrevistadas", com percentuais "bastante aproximados entre as pessoas não binárias (33%); mulheres trans (31%); travestis (30%) e homens trans (28%)"[44].

Essa exclusão do ambiente familiar se reflete também na baixa escolaridade, outro traço bastante marcante das vivências transgênero[45] e constatado, por exemplo, no estudo realizado pela Faculdade de Medicina de Botucatu – Unesp. Dos dados ali coletados, tem-se que, enquanto a presença de cisgêneros no ensino superior foi de 12,9%, entre as pessoas declaradas transgênero foi de 3,7%[46], o que se reflete também na classe social a que pertencem essas pessoas, sendo 17,3% nas classes A/B, 38,1% na classe C e 44,6% nas classes D/E, enquanto os números encontrados para a população cisgênero foram de 24,1%, 48,2% e 27,7%, respectivamente.

Todos esses elementos revelam, ainda que superficialmente, o preconceito e a discriminação que recaem sobre as pessoas transgênero, bem como o tamanho da vulnerabilidade que permeia suas existências.

3.2. Normalidade e sexualidade

Os arrimos que sustentam a nossa sociedade impõem a existência de uma dicotomia delicada entre aqueles que são entendidos como normais e os que são taxados

---

[43] CEDEC – CENTRO DE ESTUDO DE CULTURA CONTEMPORÂNEA. *Mapeamento das pessoas trans na cidade de São Paulo: relatório de pesquisa.* São Paulo, 2021. p. 26. Disponível em https://www.prefeitura.sp.gov.br/cidade/secretarias/upload/direitos_humanos/LGBT/AnexoB_Relatorio_Final_Mapeamento_Pessoas_Trans_Fase1.pdf. Acesso em: 1º maio 2023.

[44] CEDEC – CENTRO DE ESTUDO DE CULTURA CONTEMPORÂNEA. *Mapeamento das pessoas trans na cidade de São Paulo: relatório de pesquisa.* São Paulo, 2021. p. 26. Disponível em https://www.prefeitura.sp.gov.br/cidade/secretarias/upload/direitos_humanos/LGBT/AnexoB_Relatorio_Final_Mapeamento_Pessoas_Trans_Fase1.pdf. Acesso em: 1º maio 2023.

[45] Tema que será abordado com maior profundidade no Capítulo 14 (Educação).

[46] SPIZZIRRI, Giancarlo et al. Proportion of people identifed as transgender and non binary gender in Brazil. *Scientific Reports*, v. 11, 2240, 2021. p. 4.

como anormais, fator que merece especial atenção quando se tem a sexualidade como pano de fundo. Existe uma equivocada concepção social de que todo aquele que não se enquadra no preceito da normalidade não é merecedor da proteção ordinariamente garantida a todos[47], o que se deve essencialmente a uma carência de letramento democrático que conduz a um entendimento de que apenas os interesses da maioria ou dos vencedores são merecedores de proteção legal.

Ainda que seja pressuposto essencial de um Estado Democrático de Direito a proteção de todos, o que inclui as minorias, ordinariamente compostas dos tidos como "não normais" ou "anormais", a condição de alguém que não se insere nos parâmetros da normalidade posta é fator a ser considerado. Mesmo que seja óbvio que a construção do conceito de normalidade apenas se estabelece a partir do instante em que se decide o que será tido como anormal, existe uma diretriz velada (por vezes até mesmo manifesta) de extirpar da sociedade tudo aquilo que não se enquadre perfeitamente nos limites estabelecidos.

Em um diálogo incompreensível, vivemos em uma sociedade que permite que os diferentes vivam apenas caso se adequem aos parâmetros fixados por aqueles que se sentem como normais. Apenas a conversão à normalidade seria autorizada aos diferentes, jamais a sua manutenção respeitando suas características individualizadoras, sendo-lhes outorgado o direito à vida desde que se transformem naquilo que é a maioria[48].

Ainda que haja a previsão de uma igualdade, é facilmente aferível que aquele que é diferente do esperado enfrenta percalços em sua vida cotidiana que se mostram impensáveis para os que são considerados como normais[49]. Normalidade vincula-se a poder, que, exercido pela maioria, através do Estado, recorrentemente labora para firmar restrições a todo aquele que se revele divergente, principalmente quando essa dissonância com o padrão se assenta na sexualidade[50].

Essa visão turva que propaga uma proposta de submissão e aniquilamento dos grupos minoritários ou vencidos atinge a centralidade das vivências que, no contexto da sexualidade, não se inserem na cis-heteronormatividade compulsória que rege nossa sociedade. A estruturação social imposta faz com que exista uma naturalização da sexualidade como um todo a ponto de se conceber como sendo errado, equivocado, indevido e até mesmo doentio tudo o que se distanciar do referencial cisgênero e heterossexual[51].

Figurar entre as minorias sexuais jamais pode ser considerado como permissivo para a supressão de direitos e garantias fundamentais constitucionalmente previstas. Em verdade, a constatação da existência de grupos minoritários exige redobrada atenção

---

[47] CUNHA, Leandro Reinaldo da. *Identidade e redesignação de gênero*: aspectos da personalidade, da família e da responsabilidade civil. 2. ed. rev. e ampl. Rio de Janeiro: Lumen Juris, 2018. p. 1.

[48] JAULIN, Robert. *La paz blanca*. Buenos Aires: Editorial Tiempo Contemporaneo, 1973. p. 13.

[49] GARCÍA DE SOLAVAGIONE, Alicia. *Transexualismo*: analisis jurídico y soluciones registrales. Córdoba: Avocatus, 2008. p. 146.

[50] FOUCAULT, Michel. *História da sexualidade 1*: a vontade de saber. 13. ed. Rio de Janeiro: Graal, 1999. p. 81.

[51] GONÇALVES JÚNIOR, Sara Wagner Pimenta. A travesti, o vaticano e a sala de aula. *SOMANLU: Revista de Estudos Amazônicos – UFAM*, ano 19, n. 1, ago.-dez. 2019. p. 116.

para evitar que deliberações dos majoritários venham a violar tais direitos, ainda que essa não seja a conduta ordinariamente adotada em território nacional no que tange às minorias sexuais. O reconhecimento como minoritário há de servir para a criação de uma rede especial de proteção, não para aprofundar ou fomentar a segregação[52], tampouco servir como causa a "lhe confisca[r] a garantia dos direitos fundamentais previstos constitucionalmente", nem mesmo a respaldar sua marginalização[53].

Quem assume o papel de maioria não pode pressupor que apenas a sua vontade seja relevante, uma vez que o regime democrático não se resume a atender aos seus anseios, visto que a preservação dos direitos dos vencidos é núcleo fundamental da vida democrática[54].

O fato é que o conceito de maioria está intimamente associado ao de normal, universal, referência, padrão ou outra expressão similar, o que, automaticamente, faz com que o diferente, diverso ou anormal seja firmado segundo seus parâmetros, fazendo com que tudo o que se distancia desse "ideal" seja considerado inapropriado e passível de exclusão e discriminação[55]. A compreensão de normalidade afasta a pessoa da percepção de que ela também apresenta características e marcadores que apenas percebe nos outros. O "normal" acredita que não tem raça, sexo, gênero, orientação sexual, identidade de gênero ou qualquer outra característica, já que se vê tão somente como pessoa. Apenas quem não é "normal" é que apresenta, segundo sua perspectiva, tais marcadores.

Em linhas gerais, a normalidade é associada ao paradigma clássico de que o sujeito de direito é apenas aquele do gênero masculino, branco, europeu, cristão, heterossexual e cisgênero, sendo ele o destinatário de todas as prerrogativas legais por encerrar em si a condição de "normal". A sexualidade está, portanto, na base do estabelecimento da normalidade[56], sendo considerado normal o homem, masculino, heterossexual e cisgênero, e tido como anormal tudo o que se afasta desse padrão.

Contudo, para a existência de um estado democrático da sexualidade, é necessário superar essa percepção que priva dos direitos constitucionais todo sujeito que não se enquadra na ideia tida como universal e abstrata, que se mostra(va) tão excludente[57].

É inconcebível que tenhamos como premissa fundamental uma Constituição Federal que coloca a pessoa como o ponto central do ordenamento jurídico e sejamos uma sociedade que segue tendo a sexualidade, elemento essencial da personalidade, como fonte de discriminação e estigmatização, especialmente em se tratando de

---

[52] CUNHA, Leandro Reinaldo da. *Identidade e redesignação de gênero*: aspectos da personalidade, da família e da responsabilidade civil. 2. ed. rev. e ampl. Rio de Janeiro: Lumen Juris, 2018. p. 60-61.

[53] CUNHA, Leandro Reinaldo da. Genocídio trans: a culpa é de quem? *Revista Direito e Sexualidade*, Salvador, v. 3, n. 1, p. I-IV, 2022. p. II.

[54] RIOS, Roger Raupp. Notas para o desenvolvimento de um direito democrático da sexualidade. *In*: RIOS, Roger Raupp (org.). *Em defesa dos direitos sexuais*. Porto Alegre: Livraria do Advogado, 2007. p. 34.

[55] BENTO, Cida. *O pacto da branquitude*. São Paulo: Companhia das Letras, 2022. p. 106.

[56] CUNHA, Leandro Reinaldo da. *Identidade e redesignação de gênero*: aspectos da personalidade, da família e da responsabilidade civil. 2. ed. rev. e ampl. Rio de Janeiro: Lumen Juris, 2018. p. 10.

[57] RIOS, Roger Raupp. Notas para o desenvolvimento de um direito democrático da sexualidade. *In*: RIOS, Roger Raupp (org.). *Em defesa dos direitos sexuais*. Porto Alegre: Livraria do Advogado, 2007. p. 21.

uma sociedade estatuída como democrática[58]. A expressão de uma sexualidade dissonante segue sendo fator capaz de atingir a valia do indivíduo perante os demais[59], vedar acessos e privar de direitos, o que conflita com toda a principiologia que rege o texto constitucional.

No entanto, ainda somos o País em que a realidade social e cultural sustenta chavões como o de que "menino veste azul e menina veste rosa"[60], criando toda uma teia de significados que estarão associados àquela pessoa, que se iniciam antes mesmo de ela nascer, com o seu enxoval. Não estar adequado a tais padrões conduz à anormalidade com todos os seus desdobramentos, como a absurda privação ao acesso igualitário de direitos e benefícios sociais, políticos e econômicos, ou ao reconhecimento da dignidade[61].

Em sede de identidade de gênero, a normalidade está no cisgênero, que apresenta uma percepção de gênero que se coaduna exatamente com o que era esperado em razão do sexo que lhe foi atribuído ao nascer. Já aquele que revela dissonância entre o sexo indicado quando do nascimento e a sua compreensão pessoal de pertencimento quanto ao gênero é o anormal[62]. A transgeneridade carrega consigo todo o arcabouço discriminatório da anormalidade, figurando na base da estratificação sexual ao lado de outros excluídos[63].

A construção de uma normalidade quanto à sexualidade é a responsável pela elaboração da concepção de que os corpos das pessoas transgênero precisam ser normalizados, fruto da patologização da condição apresentada por aqueles que não se reconhecem como pertencentes ao gênero esperado em razão do sexo que lhes foi atribuído quando do seu nascimento.

Normalidade também está intimamente conectada com moralidade, o que tem reflexos indissociáveis com a outorga ou não de direitos. A despeito de direito e moral "serem duas esferas da razão prática, [que] não se confundem totalmente, nem pelos potenciais objetos com que lidam, nem pelos meios de que se valem para resolver os impasses da ação"[64], aos imorais, por estarem inseridos entre os anormais, não se

---

[58] LAFUENTE, José Díaz. El derecho de la igualdad y la no discriminación por motivos de orientación sexual e identidad de género. *In*: LÓPEZ, Víctor Cuesta; VEJA, Dulce M. Santana (dir.). *Estado de derecho y discriminación por razón de género, orientación e identidad sexual*. Pamplona: Thomson Reuters Arazandi, 2014.

[59] SEFFNER, Fernando. Identidade de gênero, orientação sexual e vulnerabilidade social. *In*: VENTURI, Gustavo; BOKANY, Vilma (coord.). *Diversidade sexual e homofobia no Brasil*. São Paulo: Perseu Abramo, 2011. p. 48.

[60] TVT. *Damares vai ao Senado e defende escola sem partido e ensino a distância*. 2020. Disponível em: https://www.tvt.org.br/damares-defende-escola-sem-partido-e-ensino-a-distancia/.

[61] RIOS, Roger Raupp. O conceito de homofobia na perspectiva dos direitos humanos e no contexto dos estudos sobre preconceito e discriminação. *In*: RIOS, Roger Raupp (org.). *Em defesa dos direitos sexuais*. Porto Alegre: Livraria do Advogado, 2007. p. 121.

[62] CUNHA, Leandro Reinaldo da. *Identidade e redesignação de gênero*: aspectos da personalidade, da família e da responsabilidade civil. 2. ed. rev. e ampl. Rio de Janeiro: Lumen Juris, 2018. p. 11.

[63] ANTUNES, Pedro Paulo Sammarco; MERCADANTE, Elisabeth Frohlich. Travestis, envelhecimento e velhice. *Revista Kairós-Gerontologia*, [*S.l.*], v. 14, Especial10, p. 109-132, 2012. p. 113.

[64] LOPES, José Reinaldo de Lima. Liberdade e direitos sexuais: o problema a partir da moral moderna. *In*: RIOS, Roger Raupp (org.). *Em defesa dos direitos sexuais*. Porto Alegre: Livraria do Advogado, 2007. p. 42.

confere o mesmo conjunto de diretrizes protetivas garantido aos que atuam em consonância com a moralidade vigente.

Coligada à utilização da moral como parâmetro restritivo de acesso a direitos fundamentais por aqueles que não se inserem nos parâmetros norteadores de uma "normalidade" sexual, surge também a premissa da proteção dos bons costumes, muitas vezes trazida como fundamentação a permitir que fatos sociais juridicamente regrados sejam tratados como "casos onde a lacuna jurídica autorizasse ao magistrado a buscar fontes secundárias para a aplicação do direito no caso concreto"[65].

A compreensão da normalidade ou da anormalidade, no que concerne à identidade de gênero, não pode também ignorar que sua definição não se respalda na volitividade da pessoa, sendo ainda mais indevido se ponderar a existência de um conceito de anormalidade excludente lastreado em um aspecto que se encontra fora do campo de controle da pessoa, mormente como parâmetro restritivo de direitos[66]. Não se trata de uma escolha, já que ninguém opta por ser transgênero, estando a pessoa totalmente apartada de responsabilidade, vontade ou liberalidade em razão de sua identidade de gênero[67].

Para além dos aspectos meramente sociais, é vital se compreender que a premissa da normalidade pauta a atividade jurisdicional legislativa, que passa a laborar exclusivamente segundo os parâmetros do ser universal constituído a partir da figura do normal, fomentando a percepção de que o que não se inserir na cisgeneridade há de ser tido como anormal[68], colocando o padrão de origem patriarcal da sexualidade como pilar do poder jurídico[69], institucionalizando a discriminação e a intolerância ao excluir da concepção legislativa, ainda que de forma não expressa, as pessoas transgênero.

Em termos práticos, "aqueles que são lidos segundo os parâmetros integrantes do que se tem como certo ou ordinário são tidos como aceitos e considerados normais, conseguindo sua inserção no meio social do direito, da política e da cultura enquanto os descritos como estranhos ou abjetos são relegados à margem da sociedade e a uma condição de segregação e invisibilidade, sendo merecedores de baixa atenção e, portanto, pouca proteção"[70].

Tais ponderações revelam a necessidade de que a construção do conceito de anormalidade que recai sobre as pessoas transgênero seja afastada, o que depende de um enorme esforço no sentido de apartar as pessoas de conceitos equivocadamente consolidados.

---

[65] LOREA, Roberto Arriada. A influência religiosa no enfrentamento jurídico de questões ligada à cidadania sexual: análise de um acórdão do Tribunal de Justiça do RS. *In:* RIOS, Roger Raupp (org.). *Em defesa dos direitos sexuais.* Porto Alegre: Livraria do Advogado, 2007. p. 170.

[66] CUNHA, Leandro Reinaldo da. *Identidade e redesignação de gênero:* aspectos da personalidade, da família e da responsabilidade civil. 2. ed. rev. e ampl. Rio de Janeiro: Lumen Juris, 2018. p. 15.

[67] CAMPOS, Gérman J. Bidart *apud* GARCÍA DE SOLAVAGIONE, Alicia. *Transexualismo:* analisis jurídico y soluciones registrales. Córdoba: Avocatus, 2008. p. 60.

[68] ARAUJO, Luiz Alberto David. *A proteção constitucional do transexual.* São Paulo: Saraiva, 2000. p. 37.

[69] BORRILLO, Daniel. O sexo e o direito: a lógica binária dos gêneros e a matriz heterossexual da lei. *Meritum – Revista de Direito da Universidade Fumec,* Belo Horizonte: Universidade Fumec, v. 5, n. 2, jul.-dez. 2010. p. 296.

[70] CHAVES, Débora Caroline Pereira. *Afinal, quem sou eu para o direito?* Reflexões sobre a tutela do transgênero no Brasil. Rio de Janeiro: Lumen Juris, 2017. p. 222.

3.3. Estigma

A figura das pessoas transgênero é extremamente estigmatizada em nossa sociedade. Seus caracteres identificadores físicos e documentais são marcas que seguem sendo percebidas socialmente como sinais geradores de repulsa, como as marcas (feitas a ferro quente ou cortes) que na antiguidade serviam para indicar que os demais deveriam se afastar das pessoas consideradas desprezíveis, como os escravos, os criminosos e os traidores.

Essas marcas, uma vez constituídas e estabilizadas, servem como um indicativo de que aquela pessoa é "merecedora" de discriminação, sendo cabível e admissível que ela seja diminuída, menosprezada, ofendida ou atacada, uma vez que esse sinal que ela carrega é o signo que carrega consigo algo abominável e abjeto. Outro fator associado ao estigma está em um viés de poder que traz em si uma confirmação da normalidade dos que gozam das prerrogativas de figurarem entre os considerados como integrantes do que se tem por padrão[71].

A visão estigmatizada ordinariamente apresentada pela sociedade é de que transgêneros são pessoas "abjetas, ininteligíveis, não humanas e desviantes da norma de gênero que regula as relações sociais"[72], ainda que os motivos que levam a tais assertivas não configurem, por si só, nada que possa ser efetivamente considerado desonroso[73].

O estigma se assenta no campo da frustração de uma expectativa, constatada quando as pessoas não atendem a uma preconcepção estabelecida, que culmina em uma visão negativa que faz com que sejam tratadas "como menos humanas, como se não pudessem habitar outro lugar que não as margens da vida em sociedade. Como se estar naquelas situações de miséria e violência fosse seu destino"[74].

A compreensão do estigma[75] repousa na concessão de um "atributo profundamente depreciativo" fundado na dissonância entre o que se tem e o que era esperado, consolidando-se na expressão de uma "característica diferente da que havíamos previsto", que inferioriza aquele que não se insere no padrão esperado e que traz como consequência a exclusão de alguém que "poderia ter sido facilmente recebido na

---

[71] GOFFMAN, Erving. *Stigma* – Notes on the Management of Spoiled Identity. Englewood Cliffs, New Jersey: Prentice-Hall, 1963. p. 6.

[72] ANTUNES, Pedro Paulo Sammarco. *Travestis envelhecem?* 268 f. Dissertação (Mestrado em Gerontologia) – Pontifícia Universidade Católica de São Paulo, São Paulo, 2010. p. 137.

[73] GOFFMAN, Erving. *Stigma* – Notes on the Management of Spoiled Identity. Englewood Cliffs, New Jersey: Prentice-Hall, 1963. p. 6.

[74] SERRA, Vitor Siqueira. *"Pessoa afeita ao crime": criminalização de travestis e o discurso judicial criminal paulista.* 128 f. Dissertação (Mestrado) – Faculdade de Ciências Humanas e Sociais, Universidade Estadual Paulista "Júlio de Mesquita Filho", São Paulo, 2018. p. 19.

[75] Erving Goffman, ao discorrer sobre o estigma, menciona três hipóteses distintas: (i) as abominações do corpo, associadas a deformidades físicas; (ii) "as culpas de caráter individual, percebidas como vontade fraca, paixões tirânicas ou não naturais, crenças falsas e rígidas, desonestidade, sendo essas inferidas a partir de relatos conhecidos de, por exemplo, distúrbio mental, prisão, vício, alcoolismo, homossexualismo, desemprego, tentativas de suicídio e comportamento político radical"; e (iii) "estigmas tribais de raça, nação e religião, que podem ser transmitidos através de linhagem e contaminar por igual todos os membros de uma família" (GOFFMAN, Erving. *Stigma* – Notes on the Management of Spoiled Identity. Englewood Cliffs, New Jersey: Prentice-Hall, 1963. p. 7).

relação social quotidiana" pelo simples fato de ter frustrado essa expectativa, ignorando-se todos os demais atributos que possa ter[76].

Ao subverter as normas tradicionais vinculadas à relação entre sexo e gênero, refutando a binaridade e a imutabilidade, as pessoas transgênero são vistas com o estigma da "anormalidade", carregando-o em seus próprios corpos "por desobedecerem as normas de gênero"[77]. Por se afastarem da normalidade, têm suas existências reduzidas a uma condição marginalizada, não sendo consideradas nem "homens de verdade" nem "mulheres de verdade", o que faz com que tenham que provar, de maneira constante, que o que relatam quanto a sua sexualidade é efetivo e verdadeiro, algo que não se impõe às pessoas cisgênero.

A identidade de gênero transgênero não precisa estar vinculada com a dor, a tristeza, a repulsa ou o ódio que o estigma traz. Tal associação representa mais as mazelas da sociedade do que as pessoas transgênero, que apenas estão vivendo segundo os parâmetros que as caracterizam. É a sociedade que precisa de ajustes, não as pessoas transgênero.

Outro estigma que recai sobre pessoas transgênero é a sua redução a indivíduos extremamente violentos, desonestos e desumanizados, degenerados que apenas buscam acesso a espaços específicos para satisfazer seus desejos de predadores sexuais[78], o que é de uma ignorância atroz, pois parte do tolo pressuposto de que perpetradores de condutas criminosas necessitam de acesso autorizado a determinados lugares para agir[79].

Se, eventualmente, existem pessoas que tentam se valer de uma falsa alegação de transgeneridade para obtenção de fins ilícitos, tal pecha não pode recair sobre as pessoas transgênero, exatamente pelo fato de que quem age assim não é, em verdade, uma pessoa transgênero. Esse sujeito deve ser adequadamente punido, sem que isso enseje a majoração e perpetuação do estigma que atinge essa minoria sexual.

Especificamente quanto às travestis, há a incidência de outro estigma, que passa a fazer parte de quem elas são, independentemente de seus atos. Por serem compelidas a uma vida marginalizada, normalmente nas ruas (um dos poucos espaços em que sua existência se faz suportada), a necessidade de estabelecerem redes de proteção para se manterem vivas as leva a construir relacionamentos com pessoas envolvidas em atividades ilícitas, o que acaba por imprimir nelas essa mesma característica, atribuindo-lhes também o rótulo de criminosas, independentemente do cometimento de

---

[76] GOFFMAN, Erving. *Stigma* – Notes on the Management of Spoiled Identity. Englewood Cliffs, New Jersey: Prentice-Hall, 1963. p. 7-8.

[77] SOUSA, Tuanny Soeiro. *O nome que eu (não) sou*: retificação do nome e sexo de pessoas transexuais e travestis. Rio de Janeiro: Lumen Juris, 2016. p. 86-87.

[78] BENEVIDES, Bruna G. A autodeclaração de gênero de mulheres trans expõe mulheres cis a predadores sexuais? *Medium*, 28 fev. 2021. Disponível em: https://brunabenevidex.medium.com/a-autodeclara%C3%A7%C3%A3o-de-g%C3%AAnero-de-mulheres-trans-exp%C3%B5e-mulheres-cis-a-predadores-sexuais-11b27e1ff85e. Acesso em: 8 jan. 2024.

[79] Essa questão é tratada com maior profundidade no Capítulo 19 (Direito Penal), item 19.8.

qualquer crime. Trata-se de uma prática denominada de sujeição criminal, que confere a elas uma mácula da qual dificilmente conseguirão se desvincular, por se ter por inverossímil essa sua vontade de se afastar de tal associação, a qual exigiria quase que um processo de "despossessão" religiosa[80].

Essa vertente do estigma que recai sobre as pessoas transgênero conduz a um modelo de atuação das autoridades policiais que as leva a pressupor, de maneira "incoerente e/ou fictícia", que a transgeneridade estaria associada ao "uso/tráfico de drogas, ou outras atividades ilegais, como roubo ou extorsão, que reforça e perpetua estigmas contra a população trans, especialmente contra as travestis e mulheres transexuais negras e periféricas, alimentando, deste modo, o sistema prisional e suas lógicas de encarceramento"[81].

O sistema prisional[82] também tem influência no estabelecimento desses estigmas, com a prática de direcionar as pessoas transgênero para o cumprimento da pena no chamado "seguro", sob o argumento de que isso seria para sua própria segurança, o contribui com a estigmatização, pois, em razão disso, acabam ficando no mesmo lugar em que estão os estupradores, o que traz uma identificação indevida com reflexos nefastos[83].

Em conclusão, o estigma que recai sobre as pessoas desviantes é tamanho que a mera percepção ou aparência de que aquela pessoa não está inserida nos parâmetros da normalidade posta basta para que ela venha a ser vítima de ataques transfóbicos, fato relatado pelo Alto Comissariado das Nações Unidas para Direitos Humanos[84] e constatado em casos recorrentemente expostos na mídia[85].

Considerando todo esse contexto, é essencial a participação daqueles que não compartilham do estigma (o "normal") e dos chamados "informados" (os que apresentam alguma afinidade com a categoria estigmatizada – parentes, amigos ou pessoas com algum relacionamento profissional), a fim de levar conhecimento sobre a questão objeto do estigma, bem como para a sua mitigação[86].

---

[80] MISSE, Michel. Crime, sujeito e sujeição criminal: aspectos de uma contribuição analítica sobre a categoria "bandido". *Lua Nova*, São Paulo, [s.v.], n. 79, p. 15-38, 2010. p. 22-23 *apud* SERRA, Vitor Siqueira. *"Pessoa afeita ao crime"*: criminalização de travestis e o discurso judicial criminal paulista. 128 f. Dissertação (Mestrado) – Faculdade de Ciências Humanas e Sociais, Universidade Estadual Paulista "Júlio de Mesquita Filho", São Paulo, 2018. p. 75-77.

[81] BENEVIDES, Bruna G. *Dossiê trans Brasil*: um olhar acerca do perfil de travestis e mulheres transexuais no sistema prisional. Brasília: Distrito Drag, ANTRA, 2022. p. 15.

[82] Tema apreciado com profundidade no Capítulo 19 (Direito Penal), item 19.10.

[83] BENEVIDES, Bruna G. *Dossiê trans Brasil*: um olhar acerca do perfil de travestis e mulheres transexuais no sistema prisional. Brasília: Distrito Drag, ANTRA, 2022. p. 45.

[84] IACHR. *An overview of violence against LGBTI persons. A registry documenting acts of violence between January 1, 2013 and March 31, 2014*. Washington, D.C., December 17, 2014. p. 3. (Tradução do autor) Disponível em: https://www.oas.org/en/iachr/lgtbi/docs/Annex-Registry-Violence-LGBTI.pdf. Acesso em: 23 nov. 2023.

[85] Disponível em: https://g1.globo.com/pe/pernambuco/noticia/2023/12/28/homem-que-agrediu-mulher-em-restaurante-por-pensar-que-ela-e-trans-e-preso-apos-prestar-depoimento.ghtml. Acesso em: 5 jan. 2024.

[86] ASSENSIO, Cibele Barbalho; SOARES, Roberta. Estigma – Erving Goffman. *Enciclopédia de Antropologia*. São Paulo: Universidade de São Paulo, Departamento de Antropologia, 2022. Disponível em: https://ea.fflch.usp.br/conceito/estigma-erving-goffman. Acesso em: 15 maio 2024.

3.4. Intolerância

Na esteira da anormalidade e do estigma que acompanham a transgeneridade está a intolerância, manifestada por meio do desprezo da maioria em face dessa minoria sexual[87], em total afronta à premissa de respeito às diferenças preconizada na Constituição Federal, que não admite, com base nos parâmetros elementares de um Estado Democrático de Direito, que se labore com fulcro no aniquilamento das vontades, valores e ideias dos grupos minoritários[88], desde que lícitos.

Partindo da desaprovação das crenças e convicções alheias e do desejo de privar que os outros vivam a seu modo[89], o intolerante recusa-se "a admitir maneiras de pensar e agir diversas das suas próprias", por não as ter como corretas ou válidas[90]. Já o tolerante cede e concorda que possa existir algo dissonante de suas concepções, como se, dentro da estrutura de poder vigente, sua manifestação fosse necessária para tanto[91].

Contudo, a adequada acepção da tolerância pressupõe que aquele que está a exercê-la esteja suportando algum ônus em razão da aceitação daquilo de que discorda, o que, de fato, não ocorre quando estamos diante de pessoas transgênero. A existência da transgeneridade socialmente, bem como a garantia dos direitos fundamentais às pessoas transgênero, não importa em qualquer tipo de encargo, prejuízo ou atentado contra quem é cisgênero, de sorte que falar em tolerância se revela como uma manifesta impropriedade.

A superioridade autodeclarada pela maioria faz com que se entenda atingida pela diversidade sexual a ponto de alguns expressarem sua tolerância quanto às minorias sexuais, como se a presença desses dissidentes os atingisse pessoalmente. A "aceitação" da existência social das pessoas transgênero é apresentada como se fosse uma virtude, como se não se tratasse de uma obrigação respeitar os demais cidadãos, exatamente como preconizado no preâmbulo da Constituição Federal[92].

Para evitar essa discrepância, é imperioso que se pare de nominar a questão como tolerância. Trata-se, em verdade, do cumprimento do dever de respeito ao diferente, no espectro de uma imposição legal (que é) e não como se fosse uma benesse concedida pela maioria[93]. É essencial que prevaleça o respeito individual de toda e qualquer

---

[87] CUNHA, Leandro Reinaldo da. *Identidade e redesignação de gênero*: aspectos da personalidade, da família e da responsabilidade civil. 2. ed. rev. e ampl. Rio de Janeiro: Lumen Juris, 2018. p. 13.

[88] ARAUJO, Luiz Alberto David. *A proteção constitucional do transexual*. São Paulo: Saraiva, 2000. p. 6-7.

[89] LOREA, Roberto Arriada. Intolerância religiosa e casamento gay. In: DIAS, Maria Berenice (coord.). *Diversidade sexual e direito homoafetivo*. São Paulo: RT, 2011. p. 37.

[90] VECCHIATTI, Paulo Roberto Iotti. Constitucionalidade da classificação da homofobia como racismo. In: DIAS, Maria Berenice (coord.). *Diversidade sexual e direito homoafetivo*. São Paulo: RT, 2011. p. 512.

[91] PRADO, Marco Aurélio Máximo; JUNQUEIRA, Rogério Diniz. Homofobia, hierarquização e humilhação social. In: VENTURI, Gustavo; BOKANY, Vilma (coord.). *Diversidade sexual e homofobia no Brasil*. São Paulo: Editora Perseu Abramo, 2011. p. 68.

[92] CUNHA, Leandro Reinaldo da. *Identidade e redesignação de gênero*: aspectos da personalidade, da família e da responsabilidade civil. 2. ed. rev. e ampl. Rio de Janeiro: Lumen Juris, 2018. p. 14.

[93] CUNHA, Leandro Reinaldo da. Não é tolerância. É respeito. *Migalhas*, 13 jul. 2023. Disponível em: https://www.migalhas.com.br/coluna/direito-e-sexualidade/389870/nao-e-tolerancia-e-respeito. Acesso em: 15 jan. 2024.

pessoa de ser quem ela é, especialmente quando isso não acarreta qualquer tipo de dano a terceiros[94], tampouco cabendo ao Estado intervir em relação a aspectos pessoais que não interferem nos direitos alheios[95].

Respeitar o outro não encerra em si a ideia de "um gesto humanitário, expressão de gentileza, delicadeza ou magnanimidade", não revelando qualquer benevolência ou superioridade moral, ainda que, ao cumprir os preceitos legalmente estabelecidos, esteja agindo de maneira distinta do que tem feito a maioria[96].

A mistura do que seja tolerância com respeito faz-se prejudicial à proteção das minorias sexuais, que dependeriam, sob tal parâmetro, da concordância ou aceitação dos demais para poder existir, como se os tidos como normais ou maioria fossem "detentores de uma característica divina de definir o que é o certo ou errado para toda a coletividade, tentando até mesmo impor seus conceitos aos outros, numa eterna batalha pelo convencimento"[97].

Tratar dever de respeito como tolerância, como se fossem sinônimos, além de uma impropriedade técnica, caracteriza-se como um desserviço a uma análise responsável do tema, fomentando ainda mais a presunção de superioridade do "tolerante", que segue considerando as pessoas transgênero como inferiores, que precisam de sua concordância para que possam existir e serem merecedoras dos direitos fundamentais[98].

É premissa indissociável da vida em sociedade e das benesses daí decorrentes a necessidade de se conviver com as diferenças[99], sendo o medo do diferente ensejador de intolerância. A convivência com o diferente de forma harmoniosa, sem preconceitos, lastreada no respeito, fará com que a diferença não mais seja vista como estranha ou ameaçadora[100], permitindo o estabelecimento de uma sociedade mais digna.

É fato que a efetiva existência de respeito aos grupos sexualmente vulnerabilizados, nos quais se inserem as pessoas transgênero, há de ser considerada como um dos critérios mais efetivos para a verificação de civilidade e atenção aos ditames de um Estado Democrático de Direito de uma nação[101].

---

[94] GARCÍA DE SOLAVAGIONE, Alicia. *Transexualismo*: analisis jurídico y soluciones registrales. Córdoba: Avocatus, 2008. p. 199.
[95] RODOTÀ, Stefano. A antropologia do *homo dignus*. Trad. Maria Celina Bodin de Moraes. *Civilistica.com*, Rio de Janeiro, ano 6, n. 2, jan.-mar. 2017. p. 14.
[96] PRADO, Marco Aurélio Máximo; JUNQUEIRA, Rogério Diniz. Homofobia, hierarquização e humilhação social. *In:* VENTURI, Gustavo; BOKANY, Vilma (coord.). *Diversidade sexual e homofobia no Brasil*. São Paulo: Editora Perseu Abramo, 2011. p. 68.
[97] CUNHA, Leandro Reinaldo da. *Identidade e redesignação de gênero*: aspectos da personalidade, da família e da responsabilidade civil. 2. ed. rev. e ampl. Rio de Janeiro: Lumen Juris, 2018. p. 15.
[98] CUNHA, Leandro Reinaldo da. Não é tolerância. É respeito. *Migalhas*, 13 jul. 2023. Disponível em: https://www.migalhas.com.br/coluna/direito-e-sexualidade/389870/nao-e-tolerancia-e-respeito. Acesso em: 15 jan. 2024.
[99] VECCHIATTI, Paulo Roberto Iotti. Constitucionalidade da classificação da homofobia como racismo. *In:* DIAS, Maria Berenice (coord.). *Diversidade sexual e direito homoafetivo*. São Paulo: RT, 2011. p. 512.
[100] ROCHA, Maria Elizabeth Guimarães Teixeira. A união homossexual à luz dos princípios constitucionais. *In:* DIAS, Maria Berenice (coord.). *Diversidade sexual e direito homoafetivo*. São Paulo: RT, 2011. p. 169.
[101] CUNHA, Leandro Reinaldo da. *Identidade e redesignação de gênero*: aspectos da personalidade, da família e da responsabilidade civil. 2. ed. rev. e ampl. Rio de Janeiro: Lumen Juris, 2018. p. 15.

3.5. Invisibilidade

Negar a existência das pessoas transgênero ou diminuir sua relevância, tornando-as invisíveis, é uma das falácias utilizadas de forma mais recorrente pelos detratores das lutas pelo reconhecimento dos direitos de quem não se enquadra na cisgeneridade. É inquestionável que pessoas transgênero existem e estão presentes em nossa sociedade. Contudo, a invisibilização dessas pessoas é tamanha que, mesmo em meados dos anos 20 do século XXI, ainda não há no Brasil dados censitários que permitam compreender a exata extensão do universo transgênero, tendo o Instituto Brasileiro de Geografia e Estatística (IBGE) noticiado em 15 de novembro de 2023 que irá estimar pela primeira vez o tamanho da população transgênero no Brasil[102].

A ausência de dados oficiais fomenta essa percepção de inexistência das pessoas transgênero, institucionalizando a invisibilização. Esse apagamento pode ser aferido, por exemplo, quando se analisam a incidência de homicídios praticados contra pessoas transgênero e a subnotificação, bastando considerar a constatação da Associação Nacional de Travestis e Transexuais (Antra) de que, em 2022, em cinco casos não se respeitou ou reportou "corretamente a identidade de gênero das vítimas, tratando-as como 'homens' ou 'homossexuais' nas notícias, restando para a equipe de pesquisa buscar mais informações a fim de identificar e confirmar a forma com que as vítimas se reconheciam"[103].

Essa total falta de dados institucionais sobre a população transgênero conduz à percepção da existência de uma transfobia institucional, já que "não existe um órgão governamental na área da segurança pública, sistema de saúde ou Ministério/Secretaria voltados aos Direitos Humanos, até 2022, que fizesse este tipo de levantamento", restando evidente o "desinteresse de se criar ferramentas para este monitoramento"[104].

Não se ignora também que em alguns momentos, exatamente em razão de todo o risco que vivenciam em seu dia a dia, as pessoas transgênero acabam se ocultando justamente com o fim de garantir sua segurança. No entanto, isso não pode conduzir ao apagamento de sua existência para o Estado, mormente ao se considerar que essa conduta apenas se dá em decorrência da ineficiência do Poder Público em garantir sua possibilidade de viver em sociedade, assim como qualquer outra pessoa.

A opção "por passar pelo processo de transgenitalização de forma silenciosa e isolada", com o fim de "evitar que a rejeição familiar e social seja exacerbada e violenta"[105], não pode ser tomada como escusa pelo Estado para tentar se eximir de suas responsabilidades.

---

[102] Disponível em: https://agenciabrasil.ebc.com.br/radioagencia-nacional/direitos-humanos/audio/2023-10/ibge-vai-estimar-tamanho-da-populacao-trans-e-travesti-no-brasil. Acesso em: 7 jan. 2024.
[103] BENEVIDES, Bruna G. *Dossiê assassinatos e violências contra travestis e transexuais brasileiras em 2022*. Brasília: Distrito Drag, ANTRA, 2023. p. 50.
[104] ARAÚJO, Tathiane Aquino; NOGUEIRA, Sayonara Naider Bonfim; CABRAL, Euclides Afonso. *Registro Nacional de Assassinatos e Violações de Direitos Humanos das Pessoas Trans no Brasil em 2022*. Série Publicações Rede Trans Brasil. 7. ed. Aracaju: Rede Trans Brasil; Uberlândia: IBTE, 2023. p. 10.
[105] CHAVES, Débora Caroline Pereira. *Afinal, quem sou eu para o direito?* Reflexões sobre a tutela do transgênero no Brasil. Rio de Janeiro: Lumen Juris, 2017. p. 219.

Essa invisibilidade levou o Ministério Público Federal a ajuizar ação civil pública em face do IBGE (Processo 1002268-94.2022.4.01.3000), a fim de exigir que o Censo 2022 também fizesse o levantamento de pessoas transgênero. Infelizmente o pedido não foi atendido, tendo o censo transcorrido sem qualquer coleta de dados acerca da identidade de gênero da população[106].

Quem não existe, ao menos nos dados oficiais, não é considerado no momento da elaboração de legislação ou de políticas públicas. Por essa razão, a invisibilização das pessoas transgênero tem efeitos tão deletérios, sendo de se consignar que a falta de dados relativos à homotransfobia já foi fundamento para que a Corte Interamericana de Direitos Humanos (CorteIDH) condenasse o Peru, no caso *Azul Rojas v. Peru*, de 2020, determinando que dados fossem aferidos a fim de que tais condutas viessem a ser efetivamente reprimidas, bem como para dar respaldo à elaboração de políticas públicas.

Importante pontuar, por fim, que essa invisibilização atinge de forma ainda mais severa os homens transgênero ou pessoas transmasculinas, que, diante das características que lhes são inerentes, acabam sendo ainda menos notados no contexto social, estando em uma condição de apagamento mais profundo em relação ao que é experimentado pelas mulheres transgênero[107].

Desconsiderar a existência de uma minoria sexual é conduta frontalmente atentatória aos preceitos balizadores de um Estado Democrático de Direito, não podendo o Poder Público restar incólume, cabendo-lhe não só fazer cessar suas práticas invisibilizadoras, mas também responsabilizar-se por todos os danos individuais e sociais causados.

3.6. Interseccionalidade

Como é natural a toda pessoa, pessoas transgênero também sofrem com a sobreposição de elementos que acabam por tornar sua vulnerabilidade ainda mais elevada. Evidente que "na intersecção da identidade transgênero com marcadores de sexualidade, raça, classe econômica, entre outros, percebemos o surgimento de dinâmicas sistêmicas de opressão que reiteradamente posicionam pessoas trans à margem em cidadania"[108].

Não há como negar que outros marcadores sociais, quando sobrepostos com a identidade de gênero, têm o poder de tornar a existência daquela pessoa ainda mais exposta às mazelas de uma sociedade amplamente preconceituosa como a nossa.

A crença da democracia racial que tanto mal causou às lutas da população negra, como exposto com maestria por Abdias do Nascimento[109], tem o seu "correlato"

---

[106] BENEVIDES, Bruna G. *Dossiê assassinatos e violências contra travestis e transexuais brasileiras em 2022*. Brasília: Distrito Drag, ANTRA, 2023. p. 12.

[107] IACHR. *An overview of violence against LGBTI persons. A registry documenting acts of violence between January 1, 2013 and March 31, 2014*. Washington, D.C., December 17, 2014. p. 4. (Tradução do autor) Disponível em: https://www.oas.org/en/iachr/lgtbi/docs/Annex-Registry-Violence-LGBTI.pdf. Acesso em: 23 nov. 2023.

[108] ARAÚJO, Tathiane Aquino; NOGUEIRA, Sayonara Naider Bonfim; CABRAL, Euclides Afonso. *Registro Nacional de Assassinatos e Violações de Direitos Humanos das Pessoas Trans no Brasil em 2022*. Série Publicações Rede Trans Brasil. 7. ed. Aracaju: Rede Trans Brasil; Uberlândia: IBTE, 2023. p. 50.

[109] NASCIMENTO, Abdias do. *O genocídio do negro brasileiro*. Rio de Janeiro: Paz e Terra, 1978.

quando falamos da sexualidade, diante da existência de uma pseudoliberdade sexual no Brasil, mundialmente conhecido pelo Carnaval e sua sensualidade, que, em verdade, está mais para objetificação e promoção da exploração sexual.

O que de fato se constata é uma série de preconceitos que se sobrepõem, com a "associação simultânea de múltiplas dinâmicas discriminatórias na realidade concreta de indivíduos e grupos"[110].

É impossível imaginar a pessoa sem todos os seus caracteres identificadores, ainda mais quando nos detemos a discorrer sobre a transgeneridade, impondo-se a necessidade de se pensar interseccionalmente, que seria "exatamente não 'seccionar' a corporalidade em seus marcadores, mas compreender a unicidade que eles produzem e o lugar social que esta ocupa, seja de violência, seja de privilégio", o que viabiliza que se possa "denunciar as desigualdades sociorraciais e de gênero que existem na sociedade brasileira e em outras sociedades que se formaram a partir de uma estrutura colonial calcada no racismo, nas dominações de classe, gênero e sexualidade"[111].

Os poucos dados existentes sobre a população transgênero no Brasil indicam que a sobreposição de camadas distintas de vulnerabilidade tem grande impacto. Estudo realizado no Distrito Federal indica que, entre a população transgênero, cerca de 60% das pessoas que tentaram o suicídio eram negras/pardas (12,7% declararam-se negras e 47,4%, pardas), 35,1%, brancas, 3,1%, amarelas, e 1%, indígenas, mesmo percentual dos que não responderam[112]. Pesquisa feita em 2010, nos Estados Unidos (National Transgender Discrimination Survey Report on Health and Health Care), revela que os números relativos a "não brancos" se mostraram sempre superiores à média, salvo quanto a asiáticos[113].

Quando se considera as pessoas transgênero vítimas de homicídio, o TGEU Trans Murder Monitoring – TMM, estudo realizado pela Transrespct versus Transphobia Wordwild, constatou que, das 321 pessoas transgênero e de gênero diverso mortas, 80% eram negras ou racializadas, 48% estavam vinculadas a atividades laborativas associadas ao sexo, 94% eram mulheres transgênero, migrantes ou refugiadas na Europa, 28% foram mortas nas ruas e 26%, em suas residências[114]. Segundo a Rede Trans Brasil, dos casos notificados em que constava o marcador raça/etnia, 77,8% das vítimas eram pessoas racializadas, o que inclui pessoas pardas e negras[115].

---

[110] RIOS, Roger Raupp. O conceito de homofobia na perspectiva dos direitos humanos e no contexto dos estudos sobre preconceito e discriminação. In: RIOS, Roger Raupp (org.). *Em defesa dos direitos sexuais*. Porto Alegre: Livraria do Advogado, 2007. p. 117.

[111] PFEIL, Bruno; LEMOS, Kaio (orgs.). A dor e a delícia das transmasculinidades no Brasil: das invisibilidades às demandas. *Revista Estudos Transviades*, Rio de Janeiro: Instituto Internacional sobre Raça, Igualdade e Direitos Humanos, 2021. p. 42.

[112] CORRÊA, Fábio Henrique Mendonça et al. Pensamento suicida entre a população transgênero: um estudo epidemiológico. *Jornal Brasileiro de Psiquiatria*, v. 69, n. 1, jan.-mar. 2020. p. 15.

[113] GRANT, Jaime M. et al. *National transgender discrimination survey report on health and health care*. Washington, 2010. p. 15.

[114] Disponível em: https://transrespect.org/en/trans-murder-monitoring-2023/. Acesso em: 23 nov. 2023.

[115] ARAÚJO, Tathiane Aquino; NOGUEIRA, Sayonara Naider Bonfim; CABRAL, Euclides Afonso. *Registro Nacional de Assassinatos e Violações de Direitos Humanos das Pessoas Trans no Brasil em 2022*. Série Publicações Rede Trans Brasil. 7. ed. Aracaju: Rede Trans Brasil; Uberlândia: IBTE, 2023. p. 20.

Os dados mostram que a população transgênero negra é a que apresenta maiores chances de ser assassinada[116], ao mesmo tempo que as travestis e mulheres transexuais, que ostentam aspectos atrelados ao gênero feminino, têm até 38 vezes mais chances de serem assassinadas, especialmente em espaço público, do que uma pessoa transgênero que se expresse de forma masculina ou não binária[117].

A sobreposição de vulnerabilidades acaba sendo ressaltada ao se verificar "que existe um perfil prioritário que tem sido vitimado pela violência transfóbica e o assassinato, que é a travesti ou mulher trans, negra, pobre, periférica, que é percebida dentro de uma estética travesti socialmente construída e, principalmente, profissionais do sexo que atuam na prostituição nas ruas"[118]. Em sua massiva maioria, as pessoas transgênero vítimas de homicídio em 2022 eram trabalhadoras sexuais[119].

Pesquisas realizadas em São Francisco, nos Estados Unidos, demonstraram que "os respondentes enfrentaram problemas de maneira diferente e em taxas diferentes com base em raça e etnia, identidade de gênero e renda", sendo que pessoas negras "relataram problemas no uso de banheiros em uma taxa muito mais alta do que os respondentes brancos" e "pessoas que estavam em transição de feminino para masculino relataram problemas em uma taxa muito mais alta do que pessoas que estavam em transição de masculino para feminino"[120].

A condição econômica é outro fator a aprofundar a vulnerabilidade dentro dessa perspectiva interseccional que não pode ser afastada de qualquer análise que envolva as pessoas transgênero. A saída de casa em tenra idade (aos 13 anos, em média[121]), a elevada evasão escolar e a baixa escolaridade[122], a insignificante inserção no mercado de trabalho formal[123] constituem uma composição que conduz quase que obrigatoriamente a uma vida de baixa renda e plena de dificuldades econômicas. Na Califórnia, segundo dados coletados em 2015, o percentual geral da população que vivia em condições de pobreza era de 12%, enquanto que entre as pessoas transgênero esse percentual alcançava 33%[124].

---

[116] BENEVIDES, Bruna G. *Dossiê assassinatos e violências contra travestis e transexuais brasileiras em 2022*. Brasília: Distrito Drag, ANTRA, 2023. p. 43-44.

[117] BENEVIDES, Bruna G. *Dossiê assassinatos e violências contra travestis e transexuais brasileiras em 2022*. Brasília: Distrito Drag, ANTRA, 2023. p. 44-45.

[118] BENEVIDES, Bruna G. *Dossiê assassinatos e violências contra travestis e transexuais brasileiras em 2022*. Brasília: Distrito Drag, ANTRA, 2023. p. 45-46.

[119] ARAÚJO, Tathiane Aquino; NOGUEIRA, Sayonara Naider Bonfim; CABRAL, Euclides Afonso. *Registro Nacional de Assassinatos e Violações de Direitos Humanos das Pessoas Trans no Brasil em 2022*. Série Publicações Rede Trans Brasil. 7. ed. Aracaju: Rede Trans Brasil; Uberlândia: IBTE, 2023. p. 20.

[120] HERMAN, Jody L. Gendered restrooms and minority stress: the public regulation of gender and its impact on transgender people's lives. *Journal of Public Management & Social Policy*, v. 19, n. 1, 2013. p. 68 (tradução livre do autor).

[121] BENEVIDES, Bruna G. *Dossiê assassinatos e violências contra travestis e transexuais brasileiras em 2022*. Brasília: Distrito Drag, ANTRA, 2023. p. 39.

[122] Disponível em: https://antrabrasil.files.wordpress.com/2022/01/dossieantra2022-web.pdf.

[123] Disponível em: https://antrabrasil.org/2019/11/21/antra-representa-o-brasil-em-audiencia-na-cidh/. Acesso em: 17 jun. 2022.

[124] Disponível em: https://sf.gov/news/san-francisco-launches-new-guaranteed-income-program-trans-community. Acesso em: 8 nov. 2023.

A falta de dinheiro impacta de forma ainda mais severa as pessoas transgênero do que a população em geral, pois impõe a elas a necessidade de, por exemplo, apenas contar com a boa vontade do Estado em fazer cumprir a regra que ele mesmo impôs de realizar o processo transexualizador pelo Sistema Único de Saúde (SUS). A população como um todo, por óbvio, depende do serviço público de saúde, porém isso ocorre apenas quando vem a padecer de alguma doença; já a pessoa transgênero necessita do processo transexualizador de forma pronta, mesmo não padecendo de qualquer enfermidade.

Não ter recursos econômicos, além de inviabilizar que se atinja uma passabilidade que lhe permita uma vida em sociedade em parâmetros mais próximos daqueles que são experienciados pelas pessoas cisgênero, ainda acaba sendo um obstáculo para que se consiga realizar a retificação de seus documentos, uma vez que nem mesmo o procedimento administrativo regulamentado atualmente pelo Provimento n. 149/2023 do Conselho Nacional de Justiça (CNJ) é totalmente gratuito[125].

Em países em que não há previsão expressa de subvenção estatal para a realização de processo transexualizador, como nos Estados Unidos, nota-se o impacto econômico de maneira escancarada, sendo que 54% dos respondentes de uma pesquisa relataram que gostariam de realizar algum (ou mais de um) tratamento ou procedimento médico, mas 63% alegaram não reunir condições econômicas para tanto, sendo que 85% afirmaram que "teriam mais probabilidade de obter os tratamentos médicos ou procedimentos que desejam se tivessem um seguro que os cobrisse"[126].

Questões como a pobreza menstrual ajudam a revelar como a interseccionalidade atinge de forma bastante específica as pessoas transgênero, pois aqui pode-se apreciar a presença da vulnerabilidade decorrente da identidade de gênero agregada com o feminino e o aspecto econômico. Homens transgênero, apesar de serem entendidos como homens e inseridos no contexto do masculino, podem seguir tendo aparelho reprodutor feminino e, consequentemente, menstruar, o que os coloca como interessados no acesso aos benefícios estabelecidos visando mitigar a pobreza menstrual.

Uma tentativa de ser includente e garantir o acesso efetivo a absorventes aos homens transgênero gerou uma celeuma em face da utilização da expressão "pessoas que menstruam"[127], que foi equivocadamente tomada como tentativa de substituir a expressão "mulheres", reduzindo-as a quem menstrua.

Evidentemente que, ao se valer da expressão "pessoas que menstruam", não se está buscando qualquer tipo de exclusão da expressão mulher, como suscitado por algumas feministas e mulheres cisgênero[128], mas apenas garantir a inclusão de todas as

---

[125] Tema que será abordado com maior profundidade no Capítulo 5 (Direitos da personalidade).
[126] HERMAN, Jody L. Gendered restrooms and minority stress: the public regulation of gender and its impact on transgender people's lives. *Journal of Public Management & Social Policy*, v. 19, n. 1, 2013. p. 74.
[127] Disponível em: https://www.migalhas.com.br/depeso/378219/sobre-o-direito-a-saude-das-pessoas-que-menstruam. Acesso em: 10 jan. 2024.
[128] PEÇANHA, Leonardo Morjan Britto; JESUS, Jaqueline Gomes de; MONTEIRO, Anne Alencar. Transfeminismo das transmasculinidades: diálogos sobre direitos sexuais e reprodutivos de homens trans brasileiros. *Revista Brasileira de Estudos da Homocultura*, v. 6, n. 19, jan.-abr. 2023.

pessoas que efetivamente menstruam e que, portanto, precisam de absorventes. Claramente a questão não recai sobre sexo binário ou gênero, mas, sim, sobre algo bem mais prosaico: quem menstrua precisa de absorvente.

A menstruação não decorre do fato de ter sido a pessoa designada como mulher ao nascer ou de se identificar como tal, tampouco está vinculada ao gênero expressado pela pessoa. Em verdade, decorre de uma situação natural apresentada por aquele corpo que produz óvulos e tem um ciclo menstrual.

Com isso, a falta de dinheiro que leva as mulheres cisgênero à pobreza menstrual ganha contornos ainda mais delicados quando se trata de um homem transgênero que, ordinariamente, não encontra guarida nas normas criadas visando garantir o acesso a absorventes, o que tem levado à apresentação de inúmeros pleitos visando a inclusão expressa deles entre os beneficiários das leis que buscam resolver a questão[129].

Até mesmo no que se refere à utilização do banheiro segundo a identidade de gênero[130], a interseccionalidade se faz presente, uma vez que "grupos de renda mais baixa relataram mais problemas com banheiros do que grupos de renda mais alta", o que sugere que "a discriminação com base em raça e etnia, classe e gênero está entrelaçada e pode agravar as experiências de preconceito em espaços segregados por gênero"[131].

A preocupação com a vulnerabilidade econômica que acompanha a maioria das pessoas transgênero já se mostra um elemento relevante em outros países, como se pode constatar no caso ocorrido na Argentina, em que 18 mulheres transgênero foram absolvidas da acusação de comercializar drogas em razão de seu manifesto estado de vulnerabilidade[132].

Assim, a sobreposição de condições associadas à vulnerabilidade acaba por majorar o preconceito, a segregação, a discriminação e os riscos experienciados pelas pessoas transgênero. Se, "além" de transgênero, a pessoa apresentar marcadores como: ser do gênero feminino, negra, pobre, prostituta ou possuir qualquer outro aspecto tido como minoritário, estará ainda mais exposta, especialmente se apresentar baixa passabilidade.

3.7. A "fragilidade cis"

A presunção de supremacia das maiorias, especialmente no que tange à sexualidade, faz com que essas pessoas se sintam detentoras de um poder que lhes conferiria até mesmo a prerrogativa de "permitir" que as minorias existam. Contudo, tal atitude "magnânima" apresenta em si uma hipocrisia possível de ser constatada na contínua

---

[129] Apenas a título de exemplo, indica-se o caso em que a Prefeitura de Marília, interior de São Paulo, foi compelida a incluir homens transgênero na legislação que garante a oferta de absorventes (TJSP, Processo 2031023-27.2023.8.26.0000).

[130] Tema que será abordado com maior profundidade no Capítulo 9 (O uso de banheiros e vestiários).

[131] HERMAN, Jody L. Gendered restrooms and minority stress: the public regulation of gender and its impact on transgender people's lives. *Journal of Public Management & Social Policy*, v. 19, n. 1, 2013. p. 79 (tradução livre do autor).

[132] Disponível em: https://www.pagina12.com.ar/439642-absuelven-a-18-mujeres-trans-acusadas-de-comercializar-droga?ampOptimize=1. Acesso em: 26 nov. 2023.

busca para que essa minoria sexual se converta, venha a se inserir nos parâmetros da normalidade e passe a comungar dos mesmos "valores" professados pela maioria. Prevalece a ideia de que a maioria outorga o direito de vida ao próximo desde que venha a se tornar aquilo que ela é, fato que ignora que privar essa outra pessoa de ser ela mesma culminaria na sua morte[133].

Com base nessa presunção de que apenas os seus interesses e necessidades são relevantes, as maiorias sexuais sentem-se atacadas toda vez que se consegue garantir aos grupos minoritários em razão da sexualidade o acesso aos direitos elementares a todos assegurados[134]. E a reação a essas conquistas obtidas pelas pessoas transgênero pode caracterizar o que se denomina de "fragilidade cis" (*cis fragility*), compreendida como "uma tendência a adotar posturas defensivas e de negação direta, minimizando preocupações caras às comunidades transgênero, enfatizando, ao mesmo tempo, suas boas intenções"[135].

Pelo fato de se considerarem pessoas "normais" ou "universais", assumem a ideia de que os direitos devem ser a elas garantidos e, assim, estariam resguardados a todos. Nesse lugar estão as pessoas cisgênero, que nem sempre conseguem visualizar a gama de privilégios que possuem, acreditando-se "neutras", o que as faz refutar a necessidade de considerar como relevantes características diversas das suas quando da tomada de decisão, já que não se entendem como dominantes nem mesmo detentoras de privilégios[136], mas tão somente como merecedoras de tudo o que possuem graças aos seus próprios méritos.

A crença das pessoas cisgênero de que os direitos já se mostram resguardados por serem franqueados amplamente a elas gera distorções como a de que as parcas conquistas alcançadas pelas pessoas transgênero seriam uma ofensa à sua cisgeneridade, colocando em risco sua masculinidade ou feminilidade, havendo até mesmo a criação de uma narrativa de que esse acesso aos direitos garantidos a todos de forma geral, quando resguardados às minorias, estaria configurando um preconceito contra homens, heterossexuais e cisgêneros, figura similar à do racismo reverso, como se fosse possível que as minorias tivessem condições de impor algum tipo de opressão contra essas maiorias[137].

A fragilidade cis repousa suas raízes nesse universo de um medo que acaba sendo incutido na cabeça das pessoas cisgênero de que sua posição hegemônica estaria em risco.

---

[133] JAULIN, Robert. *La paz blanca*. Buenos Aires: Editorial Tiempo Contemporaneo, 1973. p. 13.

[134] CUNHA, Leandro Reinaldo da. Não é tolerância. É respeito. *Migalhas*, 13 jul. 2023. Disponível em: https://www.migalhas.com.br/coluna/direito-e-sexualidade/389870/nao-e-tolerancia-e-respeito. Acesso em: 15 jan. 2024.

[135] STREED JR., Carl G.; PERLSON, Jacob E.; ABRAMS, Matthew P.; LETT, Elle. On, With, By—Advancing Transgender Health Research and Clinical Practice. *Health Equity*, 7:1. p. 161.

[136] GALARNEAU, Charlene. Structural Racism, White Fragility, and Ventilator Rationing Policies. *The Hastings Center*, 20 abr. 2020. Disponível em: https://www.thehastingscenter.org/structural-racism-white-fragility-and-ventilator-rationing-policies/. Acesso em: 24 abr. 2020.

[137] CUNHA, Leandro Reinaldo da. Não é tolerância. É respeito. *Migalhas*, 13 jul. 2023. Disponível em: https://www.migalhas.com.br/coluna/direito-e-sexualidade/389870/nao-e-tolerancia-e-respeito. Acesso em: 15 jan. 2024.

No âmbito da sexualidade, a posição de privilégios do masculino e a fragilidade daí decorrente apresentam-se nos estudos sobre a "fragilidade masculina" (*masculine fragility*), com desdobramentos que vão além do medo, agregando também uma repulsa e uma tentativa de defesa capaz de resultar em "uma combinação potente, formidável e tóxica dentro da frágil autoimagem masculina"[138].

Contudo, a fragilidade cisgênero apresenta laços mais próximos à fragilidade branca, segundo a perspectiva do racismo em razão da "cor"[139], diante da marginalização que acompanha as pessoas transgênero em contexto similar ao experienciado pelas pessoas negras, revelando uma fragilidade com contornos similares ao apresentado pela branquitude[140], que reage de maneira defensiva, expressando condutas repletas de raiva e medo[141] diante das conquistas da população negra.

A fragilidade cisgênero expressa-se em condutas e opiniões refratárias às pautas que visam a proteção dos direitos fundamentais das pessoas transgênero, bem como na repulsa à presença de tais pessoas nos espaços tradicionalmente destinados aos "normais", reflexo de sua compreensão de mundo distorcida de que "a essas pessoas apenas seria conferida a presença em espaços ocultos ou de perversão"[142].

Trata-se de uma percepção tão enviesada que chega a culminar em um novo estigma social de que os marginalizados estariam buscando ou mesmo se transformando em detentores de "superdireitos". A luta pelo acesso aos direitos ordinariamente garantidos a todos é necessária para as pessoas transgênero, uma vez que tais direitos não lhes são, na prática, resguardados, sendo preciso que se busque sua efetivação.

No entanto, as maiorias têm visto nessa busca pela materialização da igualdade um excesso ou abuso, fato que tem lhes deixado em polvorosa e colocado em alerta toda a sua fragilidade cis. Todo e qualquer direito que seja direcionado a alguém que não ela gera um gatilho de que seria uma injustiça, já que é ela a pessoa normal a quem todo direito há de ser destinado.

A mesma "fragilidade branca" refletida em muitas manifestações contrárias às políticas de cotas em favor de pessoas negras encontra seu correlato na fragilidade cisgênero, quando há oposição à mesma política pública em favor de pessoas transgênero. Um direito que a maioria entende que poderia ser gozado por ela e que é direcionado em favor de uma minoria faz com que ela se sinta minorada, ignorando solenemente, em razão desse medo de perder sua posição, os verdadeiros parâmetros que sustentam tais ações afirmativas e o princípio da igualdade.

Uma das armas tradicionais das maiorias, quando se sentem ameaçadas, é a construção de um cenário que venha a criar pânico, normalmente fundado em alegações de

---

[138] WATKINS JR., Clifton Edward; BLAZINA, Christopher. On Fear and Loathing in the Fragile Masculine Self. *International Journal of Men's Health*, v. 9, n. 3, p. 211-220, 2010. p. 213.

[139] DIANGELO, Robin. *Não basta não ser racista*: sejamos antirracistas. São Paulo: Faro Editorial, 2020.

[140] OASTER, Zachariah Graydon. *Cisgender Fragility*. Master's Theses, 2019. p. 9.

[141] BENTO, Cida. *O pacto da branquitude*. São Paulo: Companhia das Letras, 2022. p. 112.

[142] CUNHA, Leandro Reinaldo da. Não é tolerância. É respeito. *Migalhas*, 13 jul. 2023. Disponível em: https://www.migalhas.com.br/coluna/direito-e-sexualidade/389870/nao-e-tolerancia-e-respeito. Acesso em: 15 jan. 2024.

que o "crescimento" de direitos às pessoas transgênero desaguaria, por exemplo, na destruição da família, na ideologização da escola e no desvirtuamento das crianças, valendo-se do pânico moral como uma estratégia de controle[143], chegando até mesmo a contar "com o apoio de pessoas muito influentes para fazer esse conteúdo chegar a mais usuários através do pânico e do medo, como, por exemplo, ao tentar afirmar de que avançar nos direitos trans colocaria os direitos das mulheres cisgêneros em risco"[144].

O medo de ver o seu reinado de privilégios ruir pelo simples fato de que os "não privilegiados" não mais permaneceriam em uma condição de subalternidade atinge as maiorias de maneira tamanha que faz com que se oponham à possibilidade de que pessoas transgênero tenham acesso aos direitos fundamentais. É inadmissível que o receio de que outros também desfrutem de tudo o que um Estado Democrático de Direito há de proporcionar possa sustentar sua refração às batalhas em busca do mero respeito à identidade de gênero.

Essa fragilidade cisgênero deve ser tratada como uma falha por aqueles que a apresentam, jamais podendo ser normalizada e considerada como uma consequência admissível, especialmente ao se entender os nefastos reflexos que geram para a própria existência das pessoas transgênero.

3.8. Conveniência da ignorância quanto às minorias sexuais

As maiorias repousam tranquilamente em uma conveniente cama de ignorância no que se refere à realidade vivenciada pelas pessoas transgênero, fato que se mostra como uma das maiores forças motrizes para a perpetuação do preconceito e discriminação que incidem sobre esse grupo vulnerabilizado.

O momento atual da sociedade, com todos os acessos possibilitados pelo estágio tecnológico em que se vive nos dias de hoje, não admite que se possa considerar como plausível que alguém venha a alegar que desconhece o que seja identidade de gênero, pessoas transgênero ou qualquer outro elemento vinculado à sexualidade. Qualquer argumento nesse sentido revela, em verdade, apenas a falta de interesse e o menosprezo pela existência dos chamados "outros".

Essa ignorância deliberada e conveniente, que aprofunda os efeitos do preconceito sofrido pelas pessoas transgênero, não pode mais ser admitida como escusa válida, já que a possibilidade de se chegar às informações necessárias está nas mãos da maioria da população, que não pode se valer de uma conduta omissiva com o fim de manter suas práticas discriminatórias[145].

A perpetuação de comportamentos e manifestações discriminatórias contra pessoas transgênero lastreadas na ignorância ou no desconhecimento dos aspectos básicos

---

[143] GONÇALVES JÚNIOR, Sara Wagner Pimenta. A travesti, o vaticano e a sala de aula. *SOMANLU: Revista de Estudos Amazônicos – UFAM*, ano 19, n. 1, ago.-dez. 2019. p. 118-121.

[144] BENEVIDES, Bruna G. *Dossiê assassinatos e violências contra travestis e transexuais brasileiras em 2022*. Brasília: Distrito Drag, ANTRA, 2023. p. 90.

[145] CUNHA, Leandro Reinaldo da. O respeito como parâmetro elementar para a dignidade da comunidade LGBTIANP+. *Migalhas*, 18 maio 2023. Disponível em: https://www.migalhas.com.br/coluna/direito-e-sexualidade/386652/respeito-como-parametro-para-a-dignidade-da-comunidade-lgbtianp. Acesso em: 15 jan. 2024.

que envolvem a questão da identidade de gênero é inadmissível. Não se espera, por óbvio, que as pessoas tenham um profundo conhecimento sobre o tema, mas é inaceitável que sigam repetindo argumentos que já se mostram solidamente refutados, mormente quando o fazem de forma a ampliar a segregação contra aqueles que não se inserem na cisgeneridade.

É inconcebível que se tenha como inocentes e desprovidas de consequências afirmativas de que pessoas transgênero "escolhem" sua identidade de gênero ou "optam" por não se reconhecer com o gênero que era esperado em razão do sexo que lhe foi atribuído quando do nascimento. Repetir tais assertivas é que se revela como uma escolha, seja pela ignorância ou pela discriminação deliberada, a qual não pode restar incólume.

A possibilidade de difusão da "voz" de cada pessoa pelas redes sociais e todo o universo virtual tem como consequência a imposição de que as pessoas sejam responsáveis com o poder que a tecnologia oferta. A internet proporciona às pessoas a ampla manifestação sobre os mais variados temas, mas não a obrigatoriedade, de sorte que não se franqueia a ninguém o direito de "falar" qualquer coisa. A leviandade há de ser apenada com a devida responsabilização.

Ser ignorante, ante todos os acessos atualmente disponíveis, pode ser caracterizado como uma opção, e manifestações desprovidas de base não estão respaldadas pela liberdade de expressão. Expor um pensamento contra preceitos cientificamente consolidados não é exercitar a liberdade de expressão, mas, sim, escolher a perpetuação de concepções já solidamente refutadas com o objetivo de discriminar.

3.9. Genocídio trans[146] e o Estado de Coisas Inconstitucional

Todos os percalços e obstáculos impostos à vivência das pessoas transgênero apresentam-se tão severos que permitem que se assevere que, atualmente, estamos assistindo a um período de materialização do genocídio da população transgênero. Um extermínio institucionalizado.

Ciente do peso dessa assertiva, é importante que se compreenda que o genocídio é entendido como "um processo de cunho destrutivo baseado na identificação de um inimigo, a formulação de um objetivo de destruição e o desenvolvimento de meios para a sua consecução, efetivando-se como uma guerra face a um determinado grupo social civil, perpetrado por organizações de poder armado contra grupos sociais desarmados"[147].

Existe a necessidade de que se constate a presença de um intento de destruição que transpassa sua mera aniquilação física, buscando também a consecução de formas que visem impedir que aquele determinado grupo consiga socializar-se, integrar-se socialmente ou mesmo reproduzir sua cultura[148]. Uma singela análise de dados é capaz

---

[146] Essa perspectiva começou a ser desenvolvida no texto Genocídio trans: a culpa é de quem? *Revista Direito e Sexualidade*, Salvador, v. 3, n. 1, p. I-IV, 2022.

[147] CUNHA, Leandro Reinaldo da. Genocídio trans: a culpa é de quem? *Revista Direito e Sexualidade*, Salvador, v. 3, n. 1, p. I-IV, 2022. p. I.

[148] MINUCI, Geraldo. *Doutrinas Essenciais de Direitos Humanos*, v. 6, ago. 2011. p. 646.

de revelar que as pessoas transgênero estão enquadradas em uma situação com essas características.

Reitera-se que a situação fática é alarmante, como revelam os seguintes dados: (a) o Brasil é o país que mais mata pessoas transgênero no mundo[149], com cerca de 80% das mortes ocorrendo até os 35 anos de idade[150]; (b) mulheres transexuais e travestis saem de casa, em média, aos 13 anos[151]; (c) pessoas transgênero apresentam elevadíssimos índices de tentativa de suicídio (41% nos EUA[152] e 56% no Chile[153]), muito superiores aos constatados entre as pessoas cisgênero (1,6%); (d) pessoas transgênero apresentam alto nível de evasão escolar (apenas 0,02% das pessoas transgênero chegam à universidade, com 72% sem ensino médio e 56% sem ensino fundamental[154]); (e) é insignificante sua inserção no mercado de trabalho formal (4% da população transgênero feminina possuem empregos formais, 6% estão vinculadas a atividades informais e subempregos, e 90% das travestis e mulheres transexuais dedicam-se à prostituição como fonte primária de renda[155]).

Esses são dados extremamente preocupantes e de conhecimento do Poder Público, que quase nada faz para enfrentar essa realidade. Note-se que, ainda que exista a previsão de que o Sistema Único de Saúde (SUS) realizará de maneira gratuita o processo transexualizador, o Ministério da Saúde tem apenas quatro hospitais credenciados para a realização dos atos cirúrgicos, nos termos postos pela Portaria n. 2.803/2013, o que enseja uma espera que pode chegar a quase 20 anos[156], reflexo claro de uma ineficiência que mata, além de revelar contornos de tortura[157].

Não garantir acesso efetivo à saúde para as pessoas transgênero, com uma proteção ineficiente, que faz com que não consigam de fato valer-se da previsão de acesso às intervenções cirúrgicas do processo transexualizador, impedindo que alcancem um estado de maior aceitação com seu corpo e passabilidade, amplia a segregação e conduz "a uma destruição daquela pessoa que não consegue acesso nem mesmo ao mínimo para a sua existência que é o acesso à saúde"[158].

---

[149] Disponível em: https://transrespect.org/en/trans-murder-monitoring/. Acesso em: 23 nov. 2023.

[150] IACHR. *An overview of violence against LGBTI persons. A registry documenting acts of violence between January 1, 2013 and March 31, 2014*. Washington, D.C., December 17, 2014. (Tradução do autor) Disponível em: https://www.oas.org/en/iachr/lgtbi/docs/Annex-Registry-Violence-LGBTI.pdf. Acesso em: 23 nov. 2023.

[151] BENEVIDES, Bruna G. *Dossiê assassinatos e violências contra travestis e transexuais brasileiras em 2022*. Brasília: Distrito Drag, ANTRA, 2023. p. 39.

[152] GRANT, Jaime M. et al. *National transgender discrimination survey report on health and health care*. Washington, 2010. p. 16.

[153] Resumen Ejecutivo Encuesta-T 2017.

[154] Disponível em: https://antrabrasil.files.wordpress.com/2022/01/dossieantra2022-web.pdf.

[155] Disponível em: https://antrabrasil.org/2019/11/21/antra-representa-o-brasil-em-audiencia-na-cidh/. Acesso em: 17 jun. 2022.

[156] Disponível em: https://g1.globo.com/sp/sao-paulo/noticia/2020/09/26/espera-por-cirurgia-de-redesignacao-sexual-pode-levar-ate-18-anos-na-rede-publica-diz-defensoria-publica-de-sp.ghtml. Acesso em: 17 jun. 2022.

[157] CUNHA, Leandro Reinaldo da. *Identidade e redesignação de gênero*: aspectos da personalidade, da família e da responsabilidade civil. 2. ed. rev. e ampl. Rio de Janeiro: Lumen Juris, 2018. p. 83.

[158] CUNHA, Leandro Reinaldo da. Genocídio trans: a culpa é de quem? *Revista Direito e Sexualidade*, Salvador, v. 3, n. 1, p. I-IV, 2022. p. IV.

Segundo a Convenção para a Prevenção e Repressão do Crime de Genocídio (art. II), a configuração do genocídio pressupõe atos praticados com o fim de destruir, no todo ou em parte, um grupo nacional, étnico, racial ou religioso. Como exemplos dessa conduta, indica (a) o assassinato de membros do grupo; (b) o dano grave à integridade física e mental de membros do grupo; e (c) a submissão deliberada do grupo a condições de existência que lhe ocasionem a destruição física total ou parcial, entre outros. A realidade experienciada pelas pessoas transgênero no Brasil se enquadra nesses requisitos.

A extrema vulnerabilidade em que se encontra a população transgênero em território nacional é reconhecida pelo Supremo Tribunal Federal (STF) no julgamento da ADO 26, que, compreendendo a raça como um conceito social, considerou as penas atinentes ao racismo e demais crimes correlatos também aplicáveis às discriminações e ofensas praticadas que tiverem por lastro a identidade de gênero[159]. O apagamento das identidades que se colocam à margem do padrão posto, agregado a uma banalização das mortes e a agressões sofridas pelas pessoas transgênero, nos insere em um contexto de "genocídio trans"[160].

Todos esses gravames impostos à população transgênero não restam totalmente ignorados pelo Poder Público, havendo algumas poucas medidas que impõem a ativação do Legislativo a atuar visando ao menos a mitigação do terrível quadro que se tem como estabelecido, como foi o caso da CPI da Violência Contra Trans e Travestis ocorrida em São Paulo em 2022, que teve seu relatório final aprovado com a indicação de 189 recomendações a 33 instituições (públicas e privadas), trazendo iniciativas visando o combate à transfobia institucional[161].

A condição de desviantes leva as pessoas transgênero a uma situação de abandono tamanha que admite tranquilamente a utilização de expressões como "genocídio trans" ou necropolítica, especialmente considerando que a indesejabilidade que recai sobre tais corpos faz com que sejam relegados e deixados para morrer[162].

O que se vislumbra é que há, claramente, uma conduta do Estado que, com traços eugenistas, busca deixar que as pessoas transgênero venham a ser eliminadas pouco a pouco até que sejam totalmente extirpadas da sociedade, seja pela proibição da sua presença nos espaços sociais, seja pela inação em busca de resguardar sua integridade física[163].

É evidente que estamos inseridos, no que tange às pessoas transgênero, em uma situação de Estado de Coisas Inconstitucional, ainda não reconhecida formalmente,

---

[159] O tema será desenvolvido com mais profundidade no Capítulo 19 (Direito Penal), item 19.2.
[160] PODESTÀ, Lucas Lima de. Ensaio sobre o conceito de transfobia. *Periódicus*, Salvador, v. 1, n. 11, maio-out. 2019. p. 369.
[161] Disponível em: https://www.saopaulo.sp.leg.br/blog/com-189-recomendacoes-relatorio-final-da-cpi-da-violencia-contra-trans-e-travestis-e-aprovado/. Acesso em: 5 jan. 2024.
[162] VARTABEDIAN, Julieta. Travestis brasileiras trabalhadoras do sexo algumas notas além da heteronormatividade. *Bagoas – Estudos gays: gêneros e sexualidades*, [S.l.], v. 11, n. 17, 2018. p. 69.
[163] BENEVIDES, Bruna G. *Dossiê assassinatos e violências contra travestis e transexuais brasileiras em 2022*. Brasília: Distrito Drag, ANTRA, 2023. p. 93.

ante a existência de um conjunto de violações generalizadas, contínuas e sistemáticas de direitos fundamentais que restam, na prática, não enfrentadas pelo Poder Público, que, ciente de tal situação, queda-se silente, repousando tranquilamente no conforto da leniência legislativa[164] que caracteriza o nosso Estado Esquizofrênico[165].

3.10. Linguagem neutra[166]

A tradicional oposição a tudo que se associa à proteção dos interesses das pessoas transgênero faz com que uma grande quantidade de pessoas passe a assumir a posição de ferrenhos protetores da língua portuguesa quando se postula pela possibilidade de utilização de uma linguagem neutra de gênero. Ainda que na prática tais indivíduos não prezem pela utilização da forma mais escorreita dos preceitos que regem nossa gramática, a mera hipótese de uma prática que reduza a segregação é vista como um ataque.

Afastar o binarismo clássico que existe na língua portuguesa com a utilização de palavras que não expressem um gênero específico, segundo os opositores da linguagem neutra de gênero, não seria viável, já que esta se basearia em vocábulos que não fazem parte do nosso dicionário.

O fato de, vergonhosamente, sermos um país que apresenta um desempenho pífio em avaliações internacionais como o Programa Internacional de Avaliação de Estudantes (PISA), continuamente com índices de qualidade em Leitura, Matemática e Ciências abaixo da média apresentada por países da Organização para a Cooperação e Desenvolvimento Econômico (OCDE)[167], não gera tanta indignação na população e nos políticos quanto a linguagem neutra de gênero. Contudo, a simples proposta de que se utilizem expressões como "ile", "elu", "todes", "todxs", "menines" ou similares, visando não ampliar a segregação, constituiria, para os detratores da linguagem neutra de gênero, uma ofensa sem precedentes à "última flor do Lácio", a qual precisaria de robusta proteção[168].

Assim, sob o argumento de que a língua portuguesa não comporta tal construção, agregado à necessidade de proteger as crianças de aprender palavras que não existem, tenta-se conferir um ar de tecnicidade às objeções à utilização da linguagem neutra de gênero.

No entanto, já se encontram plenamente incorporadas ao nosso cotidiano termos estrangeiros como "*job* para se referir a um trabalho, *date* para um encontro ou *call* para uma ligação", ou mesmo "verbos (*printar, shipar, logar, twittar, skipar*), expressões (*meme, emoji, Bitcoin*) e atribuição de novos significados a palavras já existentes na

---

[164] CUNHA, Leandro Reinaldo da. Identidade de gênero e a responsabilidade civil do Estado pela leniência legislativa. *Revista dos Tribunais*, São Paulo: RT, n. 962 p. 37-52, 2015.

[165] CUNHA, Leandro Reinaldo da. *Identidade e redesignação de gênero*: aspectos da personalidade, da família e da responsabilidade civil. 2. ed. rev. e ampl. Rio de Janeiro: Lumen Juris, 2018. p. 17.

[166] Tema desenvolvido inicialmente em Linguagem neutra: ofensa à língua portuguesa ou preconceito velado? *Revista Direito e Sexualidade*, v. 2, n. 2, p. I-III, 2021.

[167] Disponível em: https://www.oecd.org/pisa/publications/PISA2018_CN_BRA.pdf. Acesso em: 13 dez. 2021.

[168] CUNHA, Leandro Reinaldo da. Linguagem neutra: ofensa à língua portuguesa ou preconceito velado? *Revista Direito e Sexualidade*, v. 2, n. 2, p. I-III, 2021. p. I.

língua portuguesa (baixar, avatar, viral)"[169]. Essas hipóteses não caracterizam risco ou dano à língua portuguesa, mas expressões que busquem maior inclusão de grupos vulnerabilizados seriam perigosas e haveriam de ser extirpadas? Estamos diante de uma situação de indignação de conveniência?

Toda a dinamicidade que alimenta as línguas faladas não pode ser impedida por meio de imposição, sendo a linguagem permeada por toda a plasticidade conferida por aspectos culturais e sociais, que faz com que seja "impossível barrar a inserção na língua portuguesa de expressões novas"[170].

A repulsa a tudo o que se mostre de interesse das minorias sexuais é tão grande que, nos últimos tempos, têm surgido inúmeras proposições legislativas com o objetivo de vedar a utilização de variações gramaticais para além do gênero masculino e feminino[171], uma preocupação com a língua portuguesa que não se vê ante os inúmeros anglicismos já incorporados, revelando que, claramente, "seus motivos fundantes não são meramente linguísticos"[172].

As expressões culturais são repletas de ofensas ao padrão culto, porém isso não é o bastante para uma cruzada visando impor que todas as canções apenas possam ser veiculadas depois de passarem por uma verificação prévia de adequação e correção. Que fique claro que não se propõe nada desse jaez, mas que tal situação é um indicativo de que a preocupação com relação ao fato de crianças aprenderem errado ou descobrirem palavras que não existem é seletiva.

A imensa maioria da população brasileira não se expressa em perfeita consonância com os rigores formais da língua culta, não existindo sequer uma unidade linguística em território nacional ou mesmo entre os países lusófonos.

O objetivo da proposição da utilização da linguagem neutra de gênero, como já aduzido, é ser inclusivo, permitindo que aquelas pessoas que não se sentem contempladas com as perspectivas clássicas de gênero sejam atendidas. E se isso puder fazer com que pessoas extremamente vulnerabilizadas possam se sentir menos segregadas, já é razão bastante para que a linguagem neutra de gênero não seja proibida.

É relevante constatar que a luta não é pela obrigatoriedade de se acolher a linguagem neutra de gênero, mas tão somente para que não seja proibida. Sua utilização não inviabiliza a comunicação das pessoas e tem o "condão de tornar a sociedade melhor e mais cidadã para um grupo vulnerabilizado", conferindo respeito à sua dignidade e cidadania, sem que isso acarrete qualquer tipo de perda ou sacrifício aos demais[173].

---

[169] CUNHA, Leandro Reinaldo da. Linguagem neutra: ofensa à língua portuguesa ou preconceito velado? *Revista Direito e Sexualidade*, v. 2, n. 2, p. I-III, 2021. p. III.

[170] CUNHA, Leandro Reinaldo da. Linguagem neutra: ofensa à língua portuguesa ou preconceito velado? *Revista Direito e Sexualidade*, v. 2, n. 2, p. I-III, 2021. p. II.

[171] Disponível em: https://www.adiadorim.org/post/brasil-tem-34-projetos-de-lei-estadual-para-impedir-uso-da-linguagem-neutra. Acesso em: 13 dez. 2023.

[172] CUNHA, Leandro Reinaldo da. Linguagem neutra: ofensa à língua portuguesa ou preconceito velado? *Revista Direito e Sexualidade*, v. 2, n. 2, p. I-III, 2021. p. II.

[173] CUNHA, Leandro Reinaldo da. Linguagem neutra: ofensa à língua portuguesa ou preconceito velado? *Revista Direito e Sexualidade*, v. 2, n. 2, p. I-III, 2021. p. III.

Evidencia-se que estamos diante de uma clara situação em que o preconceito se camufla de tecnicidade e proteção da língua portuguesa. Apenas mais uma forma de impor o apagamento das pessoas transgênero, marginalizando-as ainda mais e impondo-lhes até mesmo a impossibilidade de não serem segregadas na forma como as pessoas se expressam. Dadas as devidas proporções, tem-se aqui um correlato ao que se deu com a população negra no Brasil, que levou Lélia Gonzalez a pugnar por um "pretuguês" e que me leva a questionar acerca de um "neutroguês"[174].

Tamanha contrariedade à utilização da linguagem neutra de gênero parece ser mais uma manifestação da fragilidade cisgênero, que teme que o simples fato de se respeitar a dignidade da pessoa transgênero possa colocar em risco sua própria existência. O pavor de que as minorias sejam aceitas cria até mesmo a crença de que a maioria estaria em risco pelo simples fato de se permitir a utilização de expressões que se mostram mais includentes, em mais uma aplicação do que denomino de medo da magia[175].

Os rótulos de gênero na prática são utilizados como uma forma de exclusão e o seu afastamento pode ensejar uma redução dos danos perpetrados contra as pessoas transgênero por não se enquadrarem no padrão posto, sem que isso importe em um apagamento do masculino e do feminino, mas sim conferindo maior amplitude às expressões como forma de acolher também quem não está nesses polos[176].

---

[174] CUNHA, Leandro Reinaldo da. Linguagem neutra: ofensa à língua portuguesa ou preconceito velado? *Revista Direito e Sexualidade*, v. 2, n. 2, p. I-III, 2021. p. III.

[175] CUNHA, Leandro Reinaldo da. Sexualidade e o medo da magia. *Revista Direito e Sexualidade*, v. 2, p. I-IV, 2021.

[176] BENEVIDES, Bruna G. *Dossiê assassinatos e violências contra travestis e transexuais brasileiras em 2022*. Brasília: Distrito Drag, ANTRA, 2023. p. 95.

4
Direito à saúde e direito médico

Mesmo já tendo trazido algumas ponderações acerca da saúde das pessoas transgênero, é necessário discorrer agora sobre o direito à saúde e o direito médico, apreciados sob o prisma das necessidades e interesses dessa minoria sexual em específico.

Calcada em uma perspectiva binária, a concepção do direito à saúde mostra-se comprometida, com as pessoas transgênero encontrando inúmeras dificuldades no acesso à saúde básica diante da ignorância demonstrada por certos profissionais da saúde e mesmo do Estado ao não vislumbrar situações elementares inerentes à transgeneridade.

Essa visão restrita e apartada de preceitos científicos básicos exige que se ressalte que o que define se uma pessoa precisa desse ou daquele atendimento médico não é seu gênero ou o sexo que se encontra consignado em seus documentos, mas sim sua realidade fática.

A vivência das pessoas transgênero mostra que a relação estabelecida entre o profissional da área médica e o paciente ainda sofre com inúmeras condutas inadequadas e que merecem nossa atenção.

4.1. Direitos do paciente

Uma das facetas mais importantes do direito à saúde aloca-se na atenção aos direitos dos pacientes e, sendo estes pessoas transgênero, faz-se premente a apreciação focada nas necessidades específicas desse grupo que tradicionalmente sofre com o serviço ofertado tanto na rede pública quanto na rede particular.

A inércia do Estado já foi objeto de Mandado de Injunção (MI 4.733) no qual o Supremo Tribunal Federal (STF) asseverou que compete ao Estado o dever de reconhecer e proteger a identidade de gênero. Na ADPF 787, o Supremo Tribunal Federal (STF), em liminar dada pelo Ministro Gilmar Mendes, determinou que o Ministério da Saúde adequasse o sistema de informação do Sistema Único de Saúde (SUS), em 30 dias, para permitir o agendamento de exames e consultas sem que a indicação do sexo constante nos documentos fosse um obstáculo ao acesso de pessoas transgênero a determinadas especialidades médicas.

Em junho de 2024, quando do julgamento de mérito da ADPF 787, o Supremo Tribunal Federal (STF) reiterou ser dever do Ministério da Saúde realizar toda a atualização necessária nos sistemas do SUS a fim de viabilizar o acesso pleno das pessoas transgênero a atendimentos médicos, uma vez que se trata de uma questão de saúde pública, não cabendo a imposição de obstáculos ao acesso a políticas públicas, já que isso, além de colocar em risco a efetividade dessas medidas, ainda pode "causar constrangimento, discriminação e sofrimento à pessoa trans".

Ainda no âmbito da saúde, em dezembro de 2023, determinou-se à União o prazo de 90 dias para incluir nos novos cartões e carteiras digitais de vacinação campo destinado ao nome social, para atender às necessidades de pessoas transgênero, bem como assegurar a retificação de carteiras e/ou comprovantes de vacinação[1].

Esses casos indicam algumas das situações que atingem as pessoas transgênero com relação aos aspectos vinculados à saúde, que acabam ensejando em judicialização com o fim de conseguir a efetivação do direito à saúde. Como já mencionado, muitos desses obstáculos decorrem essencialmente de um desconhecimento básico acerca dos elementos vinculados à sexualidade, que culmina em vedações de acesso simplesmente por se priorizar certas formalidades em detrimento de aspectos científicos e fáticos.

Boa parte dos problemas deixaria de existir se simplesmente fosse conferido o devido valor às informações formalmente consignadas em documentos e caso se passasse a analisar a efetiva necessidade apresentada por aquela pessoa que acorre ao serviço de saúde. É absolutamente irrelevante se o sexo indicado em seus documentos indica que aquela pessoa é um homem ou uma mulher, ou se o gênero expressado é masculino ou feminino, quando se constata a existência de uma necessidade médica.

Obviamente, o fato constatado *in loco* há de se sobrepor a qualquer dado constante de documentos de identificação. Se uma pessoa apresenta um problema no útero, há de receber o tratamento adequado, pouco importando seu sexo, gênero, orientação sexual ou identidade de gênero, o que haveria de ser o básico, principalmente em se tratando da classe médica que, por sua formação, teria de estar mais afeita a esse raciocínio elementar, mas que segue apresentando um elevado grau de desconhecimento sobre questões relativas à sexualidade.

Os profissionais da área médica, em sua larga maioria, não têm o conhecimento necessário das características específicas que incidem sobre os corpos das pessoas transgênero, como revela a necessidade manifestada pela Prefeitura do Município de São Paulo ao elaborar um protocolo instruindo os profissionais da área médica a como proceder[2]. Tal fato também foi constatado na National Transgender Discrimination Survey, pesquisa realizada em 2010 nos Estados Unidos, em que metade dos respondentes relatou que precisou ensinar aos profissionais de saúde, até mesmo médicos, sobre algum aspecto de suas necessidades de saúde, sendo normal se deparar com a ignorância quanto a questões básicas sobre a saúde de pessoas transgênero[3]. Essa ignorância, na verdade, para fins jurídicos, acaba se revestindo de contornos de ilicitude.

Privar a pessoa transgênero de atendimento em razão de entender que "homens não precisam" de um dado cuidado de saúde, por exemplo, ignorando que essa pessoa tenha efetivamente uma patologia que necessita de tratamento é imperícia, ignorância

---

[1] Disponível em: https://www.conjur.com.br/2023-dez-21/uniao-tera-de-incluir-nome-social-em-cartoes-digitais-de-vacinacao/. Acesso em: 8 jan. 2024.

[2] Disponível em: https://www.prefeitura.sp.gov.br/cidade/secretarias/upload/saude/Protocolo_Trans_Travesti_Viv_variab_genero_2a_ed2023.pdf. Acesso em: 9 jan. 2024.

[3] GRANT, Jaime M. et al. *National transgender discrimination survey report on health and health care*. Washington, 2010. p. 10 (tradução livre do autor).

deliberada que pode recair em transfobia, ensejando consequências na esfera da responsabilidade civil e também da penal.

A restrição de acesso a determinados tratamentos ou exames pela simples indicação documental de que se trata de um "sexo incompatível" expressa o tamanho do despreparo e das ofensas enfrentadas pelas pessoas transgênero quando buscam cuidados médicos. Um homem transgênero pode precisar de cuidados ginecológicos, de atenção com relação a menopausa, gravidez, aborto e doenças específicas (câncer de mama, ovário, útero), bem como da garantia ao direito ao aleitamento ou ao acesso a absorventes[4], independentemente do sexo que conste em seus documentos. Da mesma forma se pode asseverar com relação ao atendimento de urologistas para mulheres transgênero.

Nesse contexto, a gravidez de pessoas transgênero acaba encerrando um quadro dos mais delicados, pois afronta a ideia tradicionalmente posta de que apenas o feminino pode gestar e dar à luz uma criança. Porém, a gestação está vinculada à existência de órgãos que permitam que, fisiologicamente, ela ocorra, e não a um sexo ou gênero. Quem tem útero pode gestar, quem não tem não pode, e isso não é uma questão de sexo ou gênero.

Assim, se um homem transgênero tem útero, ele reúne, a princípio, os requisitos técnicos para gestar. Apesar de viável, tal situação gera um espanto que culmina em superexposição, questionamentos ("por que engravidou se quer ser homem?"), esperança de retorno ao "natural" ("se engravidou deve estar querendo voltar a ser mulher") e uma culpabilização social baseada no entendimento de que, por ser alguém do gênero masculino, não desejava engravidar ou estava à procura de um aborto ao dirigir-se para os serviços de atendimento médico em busca de pré-natal[5]. E ainda acabam sendo vítimas de violência obstétrica[6], vulnerabilizados duplamente nos serviços de saúde, pela transfobia e por estarem em situação de parto[7].

Quando do aborto, os homens transgênero sofrem o estigma do próprio aborto cumulado com o associado à sua transgeneridade[8], sendo situação tão invisibilizada que chega a ser considerada como um ponto cego dentro das questões jurídicas que envolvem os direitos das pessoas transgênero masculinas[9].

---

[4] PFEIL, Cello Latini et al. Gravidez, aborto e parentalidade nas transmasculinidades: um estudo de caso das políticas, práticas e experiências discursivas. *Revista Brasileira de Estudos da Homocultura*, v. 6, n. 19, jan.-abr. 2023.

[5] PFEIL, Cello Latini; PFEIL, Bruno Latini. Em defesa de parentalidades transmasculinas: uma crítica transviada ao [cis]feminismo. *Revista Brasileira de Estudos da Homocultura*, v. 6, n. 19, jan.-abr. 2023. p. 59.

[6] PFEIL, Cello Latini; PFEIL, Bruno Latini. Em defesa de parentalidades transmasculinas: uma crítica transviada ao [cis]feminismo. *Revista Brasileira de Estudos da Homocultura*, v. 6, n. 19, jan.-abr. 2023. p. 59.

[7] YOSHIOKA, Anara Rebeca Ciscoto; OLIVEIRA, José Sebastião de. Violência obstétrica e a vulnerabilidade dos homens trans diante de seus direitos de personalidade nos serviços de saúde do Brasil. *Observatório de La Economía Latinoamericana*, [S.l.], v. 21, n. 12, p. 26626-26655, 2023.

[8] PFEIL, Cello Latini; PFEIL, Bruno Latini. Em defesa de parentalidades transmasculinas: uma crítica transviada ao [cis]feminismo. *Revista Brasileira de Estudos da Homocultura*, v. 6, n. 19, jan.-abr. 2023. p. 59.

[9] Constam das respostas afirmações como: "Aborto é assassinato de bebês dentro do próprio ventre, homens não tem ventre, portanto um homem não pode abortar", "Pois o homem, referente ao sexo masculino não comete

O desrespeito aos direitos dos pacientes enseja no dever de indenizar pelos danos sofridos, tanto no âmbito patrimonial quanto no extrapatrimonial, e, nesse aspecto, é importante se considerar não só o dano moral, mas também o dano existencial ou ao projeto de vida, e até mesmo a perda de uma chance[10].

Contudo, infelizmente, na seara jurídica a compreensão mínima dos elementos da sexualidade está a anos-luz de distância do minimamente necessário, o que pode ser constatado da constante miscelânea feita por magistrados em seus julgamentos que tangenciam o tema na primeira instância, nos Tribunais de Justiça e nos tribunais superiores.

4.1.1. Acesso ao tratamento ou cirurgias de afirmação de gênero

Nos termos trazidos anteriormente, todo o procedimento médico visando a transição física da pessoa transgênero, com o objetivo de afirmar seu gênero de pertencimento, pode se dar tanto no âmbito do Sistema Único de Saúde (SUS) quanto em clínicas e hospitais particulares, conforme a Resolução n. 2.265/2019 do Conselho Federal de Medicina (CFM) e a Portaria n. 2.803/2013 do Ministério da Saúde.

O Conselho Federal de Medicina (CFM) estabelece que há de se garantir à pessoa transgênero atenção integral à saúde, que lhe permita "o acesso, sem qualquer tipo de discriminação, às atenções básica, especializada e de urgência e emergência" (art. 2º), o que envolve "acolhimento, acompanhamento, procedimentos clínicos, cirúrgicos e pós-cirúrgicos" (art. 3º), vindo o Ministério da Saúde a garantir o acesso aos tratamentos hormonais e intervenções cirúrgicas visando a afirmação do gênero de pertencimento de maneira gratuita pelo Sistema Único de Saúde (SUS), nos termos da Portaria n. 2.803/2013 do Ministério da Saúde.

Ainda assim, estamos longe de garantir o efetivo acesso a tal direito às pessoas transgênero, especialmente na esfera do Sistema Único de Saúde (SUS), ante a baixa quantidade de hospitais habilitados para a realização das intervenções cirúrgicas e da pouca abrangência territorial, mostrando-se muito aquém do necessário para atender a vastidão continental do Brasil, culminando em uma fila de espera de uma década[11].

A falha na prestação do que o Sistema Único de Saúde (SUS) denomina de processo transexualizador revela uma atroz sobreposição de violências, pois, além da total falta de cuidado com as pessoas transgênero, ainda impõe um gravame econômico que afasta aquelas que não possuem recursos do acesso à afirmação de gênero, num *blend* de ofensas que inclui transfobia e aporofobia.

Mesmo com a previsão de atendimento pelo Sistema Único de Saúde (SUS), 64,2% das pessoas transgênero que desejam realizar intervenções cirúrgicas para a afirmação

---

aborto, pois não são compostos por um sistema apto para gerar outra vida" (OLIVEIRA JÚNIOR, Helio Fernando de; DREHMER Anna Paula. Homens trans e pessoas transmasculinas frente ao aborto legal: um ponto cego na formação jurídica? *Revista Brasileira de Estudos da Homocultura*, v. 6, n. 19, jan.-abr. 2023. p. 80).

[10] CUNHA, Leandro Reinaldo da. *Identidade e redesignação de gênero*: aspectos da personalidade, da família e da responsabilidade civil. 2. ed. rev. e ampl. Rio de Janeiro: Lumen Juris, 2018. p. 276.

[11] Disponível em: http://agenciabrasil.ebc.com.br/direitos-humanos/noticia/2017-04/fila-de-espera-para-mudanca-de-sexo-em-ambulatorio-no-nordeste. Acesso em: 17 jan. 2024.

de gênero indicam a falta de dinheiro como obstáculo. E essa ineficiência do Poder Público acaba por pressionar a pessoa transgênero a buscar meios, mesmo com todas as dificuldades de inserção no mercado de trabalho formal, para conseguir arcar com as elevadas despesas das intervenções na rede particular (quando não recorrem ao mercado clandestino, colocando em risco sua vida).

A espera pelo acesso gratuito ao Sistema Único de Saúde (SUS) se mostra mais onerosa do que o montante de dinheiro que terá que desembolsar para realizar os atos de afirmação de gênero na rede particular (estimados entre R$ 70.000,00, para mulheres transgênero, e R$ 100.000,00, para homens transgênero em 2023)[12]. O Estado age de forma irresponsável ao falsamente garantir o acesso ao processo transexualizador, pois, a cada instante que passa sem que a pessoa transgênero receba os tratamentos e realize as cirurgias necessárias, amplia-se o risco de que ela venha a ceifar a própria vida, como mostram os dados relativos aos índices de suicídio e homicídios, conforme abordado anteriormente.

Ou talvez seja exatamente esse o objetivo. Não implementar de forma eficaz o processo transexualizador no Sistema Único de Saúde (SUS) fará com que a quantidade de pessoas transgênero venha a diminuir em razão do elevado número de suicídios e homicídios, e, com isso, consegue-se a eugenia desejada contra os desviantes, consolidando o genocídio trans[13].

Quem tem urgência não pode esperar. Não há como se pedir paciência ou que aguarde. A não solução de maneira imediata pode ensejar o fim da necessidade.

A maioria das mulheres transgênero (76,8%) que fez procedimentos médicos os realizou em clínicas privadas (apenas 18,6% em clínicas públicas)[14], ainda que 96,1% da amostragem analisada pelo "Censo Trans" realizado pela Rede Trans Brasil atestem se valer da rede pública quando precisam ir ao médico[15].

A proteção ineficiente do Estado, ainda que vedada, segue deixando o seu rastro de morte, pois no Brasil continuam a ocorrer óbitos de pessoas transgênero em decorrência da utilização de silicone industrial[16], procedimento proibido pela Anvisa e que tem sido entendido pelo Ministério Público como forma de homicídio doloso, "uma vez que a pessoa que aplica assume o risco de matar ao realizar o procedimento, devido aos riscos e lesões provocadas"[17].

---

[12] Disponível em: https://veja.abril.com.br/saude/cirurgias-de-adequacao-sexual-crescem-75-pelos-convenios--medicos. Acesso em: 22 jan. 2024.

[13] CUNHA, Leandro Reinaldo da. Genocídio trans: a culpa é de quem? *Revista Direito e Sexualidade*, Salvador, v. 3, n. 1, p. I-IV, 2022.

[14] Disponível em: https://www.pucrs.br/blog/pesquisa-alerta-sobre-saude-de-pessoas-trans/. Acesso em: 9 jan. 2024.

[15] SOUZA, Dediane; ARAÚJO, Tathiane (orgs.). *Reflexões sobre os dados do Censo Trans*. Rede Trans. p. 35. Disponível em: https://storage.googleapis.com/wzukusers/user-31335485/documents/1522a23d2de24794adee-6101db162ce8/REDE-TRANS_Censo-Trans-2020-pub-web.pdf. Acesso em: 26 nov. 2023.

[16] Em 2017 foram 7 vítimas; em 2022 foram 3 vítimas (22, 33 e 36 anos). Disponível em: https://agenciaaids.com.br/site/wp-content/uploads/2023/01/DOSSI%C3%8A2023.pdf.

[17] ARAÚJO, Tathiane Aquino; NOGUEIRA, Sayonara Naider Bonfim; CABRAL, Euclides Afonso. *Registro Nacional de Assassinatos e Violações de Direitos Humanos das Pessoas Trans no Brasil em 2022*. Série Publicações Rede Trans Brasil. 7. ed. Aracaju: Rede Trans Brasil; Uberlândia: IBTE, 2023. p. 10.

Seguem mais alguns dados para demonstrar essa realidade.

Entre os homens transgênero que fizeram ou desejam fazer a mastectomia, os maiores obstáculos relatados foram: falta de condições financeiras para arcar com o procedimento (74,6%); a fila e a espera do SUS (56%); negação do plano de saúde em cobrir o procedimento (28,5%); outras questões dificultosas não especificadas (24,3%); negligência profissional em realizar a cirurgia (12,8%); enquanto 6,8% dos homens transgênero não mostraram pretensão de realizar tal operação e 4,8% disseram não ter obstáculos[18].

Segundo o "Censo Trans", realizado pela Rede Trans Brasil, 60,1% das respondentes fizeram uso de silicone industrial, com aplicação principalmente nas nádegas (94,3%), pernas (26,8%) e seios (24,1%), e em 99,7% das vezes tais procedimentos foram realizados por bombadeiras (pessoas sem formação médica que se dedicam a modificar os corpos transgênero com silicone industrial), sendo que 44,1% desconheciam que se tratava de produto não recomendado para uso humano, 73,2% ignoravam que o material poderia deslocar-se para outras parte do corpo e 43,9% não sabiam que sua utilização poderia levar à morte[19].

Quanto à histerectomia, os obstáculos relatados foram: falta de dinheiro (44,7%); fila de espera do SUS (36,2%); outras questões dificultosas (20%); falta de serviço ambulatorial (18,2%); negação do plano de saúde (16,6%); e negligência profissional (10,4%), sendo que 35,9% disseram não pretender fazer o procedimento e 2,4% alegaram não ter enfrentado obstáculos[20].

Já quanto às cirurgias genitais, 70,2% dos homens transgênero afirmaram não pretender realizá-las, sendo os principais obstáculos para quem tem interesse nesse tipo de procedimento: falta de dinheiro (21,2%); fila de espera do SUS (16,1%); outras questões dificultosas (12,9%); falta de serviço ambulatorial (9,4%); negativa do plano de saúde (7,6%); negligência profissional (5,9%), e somente 0,7% não aduziu a existência de nenhuma dificuldade[21].

Importante se ter em mente que a hormonioterapia, principalmente quanto ao uso de estrógenos ou testosterona, haverá de ser realizada ao longo de toda a vida, impondo o monitoramento dos fatores de risco[22], indicando a necessidade contínua de

---

[18] PFEIL, Bruno; LEMOS, Kaio (orgs.). A dor e a delícia das transmasculinidades no Brasil: das invisibilidades às demandas. *Revista Estudos Transviades*, Rio de Janeiro: Instituto Internacional sobre Raça, Igualdade e Direitos Humanos, 2021. p. 69.

[19] SOUZA, Dediane; ARAÚJO, Tathiane (orgs.). *Reflexões sobre os dados do Censo Trans*. Rede Trans. p. 41-43. Disponível em: https://storage.googleapis.com/wzukusers/user-31335485/documents/1522a23d2de24794a-dee6101db162ce8/REDE-TRANS_Censo-Trans-2020-pub-web.pdf. Acesso em: 26 nov. 2023.

[20] PFEIL, Bruno; LEMOS, Kaio (orgs.). A dor e a delícia das transmasculinidades no Brasil: das invisibilidades às demandas. *Revista Estudos Transviades*, Rio de Janeiro: Instituto Internacional sobre Raça, Igualdade e Direitos Humanos, 2021. p. 69.

[21] PFEIL, Bruno; LEMOS, Kaio (orgs.). A dor e a delícia das transmasculinidades no Brasil: das invisibilidades às demandas. *Revista Estudos Transviades*, Rio de Janeiro: Instituto Internacional sobre Raça, Igualdade e Direitos Humanos, 2021. p. 69.

[22] Disponível em: https://sistemas.cfm.org.br/normas/visualizar/resolucoes/BR/2019/2265. Acesso em: 17 jan. 2024.

cuidados, com impactos econômicos severos caso não consiga o efetivo acesso aos hormônios necessários pelo Sistema Único de Saúde (SUS).

Esses dados trazem outro importante elemento relacionado ao acesso à saúde pelas pessoas transgênero: nem mesmo aquelas que têm condições de arcar com os custos de um plano ou seguro de saúde estão em uma situação tranquila quando se trata da realização de tratamentos e cirurgias visando a afirmação de gênero, sendo necessário buscar o Poder Judiciário para ter seus direitos garantidos[23].

Os planos tentavam se eximir da cobertura sob a alegação de que o "processo transexualizador", a "afirmação de gênero", a "redesignação sexual" ou a "transgenitalização" não estariam inseridos no Rol de Procedimentos e Eventos de Saúde da Agência Nacional de Saúde Suplementar (ANS), porém eles são entendidos como "um conjunto de procedimentos clínicos e cirúrgicos realizados no âmbito do atendimento de pessoas transgênero ou com incongruência de gênero", que comportam mastectomia; histerectomia; ooforectomia ou ooforoplastia; tiroplastia, dentre outros, "listados no rol sem Diretriz de Utilização e [que] não possuem qualquer restrição de cobertura expressa no nome do procedimento, nos termos do art. 6º, § 1º, inciso I, da RN nº 465/2021", de forma que "serão de cobertura obrigatória quando solicitados pelo médico assistente, ainda que no âmbito do processo transexualizador", como bem explicita o Parecer Técnico n. 26/GEAS/GGRAS/DIPRO/2021[24].

É de se notar que, após a consolidação desse entendimento, ainda que as operadoras de planos e seguros de saúde sigam se valendo do argumento de que a afirmação de gênero não consta na lista de procedimentos previstos pela Agência Nacional de Saúde Suplementar (ANS), o número de procedimentos cresceu 75% em um ano[25].

Do conjunto apresentado, sob a perspectiva jurídica, considerando os direitos do paciente transgênero, é cabível a propositura de ação visando compelir o Estado a adimplir seu dever de garantir o acesso ao processo transexualizador pelo Sistema Único de Saúde (SUS)[26], caracterizada como uma obrigação de fazer, podendo-se requerer a fixação de astreinte (art. 537 do CPC), ou que custeie os tratamentos na rede particular de

---

[23] No REsp 2.097.812/MG, a 3ª Turma do Superior Tribunal de Justiça, em decisão unânime proferida em 21 de novembro de 2023, manteve condenação determinando que a Unimed, uma cooperativa de saúde, custeasse a neofaloplastia e o implante de prótese mamária a um homem transgênero, além do pagamento de danos morais no valor de R$ 20.000,00 (vinte mil reais). O mesmo ocorreu no REsp 2.107.763, no REsp 2.265.870 e no REsp 2.385.248.

[24] Disponível em: https://www.gov.br/ans/pt-br/arquivos/acesso-a-informacao/transparencia-institucional/pareceres-tecnicos-da-ans/2020/parecer_tecnico_no_26_2021_processo_transexualizador.pdf. Acesso em: 22 jan. 2024.

[25] Disponível em: https://veja.abril.com.br/saude/cirurgias-de-adequacao-sexual-crescem-75-pelos-convenios-medicos. Acesso em: 22 jan. 2024.

[26] CUNHA, Leandro Reinaldo da; MELO, Vanessa de Castro Dória. A responsabilidade civil do Estado pela insuficiência de unidades hospitalares credenciadas para a realização do processo transexualizador. *In:* CUNHA, Leandro Reinaldo da; MATOS, Ana Carla Harmatiuk; ALMEIDA, Vitor. *Responsabilidade civil, gênero e sexualidade.* Indaiatuba, SP: Editora Foco, 2024. p. 124.

saúde, ou, ainda, que reembolse as despesas das intervenções realizadas ante a urgência da qual se reveste (art. 249, parágrafo único, do CC)[27].

In casu, cabe também a responsabilidade objetiva do Estado (art. 37, § 6º, da CF) pelos danos sofridos pelo paciente transgênero que não conseguiu acesso ao processo transexualizador (ou por sua família em caso de falecimento), que podem se revelar tanto como dano patrimonial (dano emergente, lucro cessante ou perda de uma chance) quanto extrapatrimonial (dano moral, dano estético ou dano existencial)[28].

Importante colacionar que o Estado brasileiro se tornou réu na Corte Interamericana de Direitos Humanos (CorteIDH), no caso 13.021, pela violação aos direitos humanos de Luiza Melinho, mulher transgênero que, mesmo com muito empenho, não obteve, nem com autorização judicial, acesso às cirurgias necessárias para sua afirmação de gênero[29].

4.1.2. Demora na realização do tratamento

Ante a realidade consolidada, o mais usual é que, quando pessoas transgênero conseguem o acesso a tratamentos e cirurgias visando a afirmação de gênero, tais procedimentos ocorram em período muito posterior àquele em que se fazia necessário. Com isso, não é somente a impossibilidade de realizar a hormonioterapia e as cirurgias que influencia na vida das pessoas transgênero, mas também o acesso tardio, que tem suas consequências nefastas.

Evidente que qualquer retardo no início dos procedimentos terapêuticos vinculados a algum tipo de condição atrelada à saúde tem o manifesto condão de trazer consequências para a pessoa, fato que acaba se revestindo de contornos ainda mais complexos quando se está diante de uma pessoa transgênero em razão de toda a vulnerabilidade que a assola.

Não se iniciar prontamente todos os procedimentos pertinentes visando a afirmação do gênero de pertencimento da pessoa transgênero, quando indicados, diante de preconceitos, discriminações, crenças e outros obstáculos indevidos, pode dar azo ao surgimento ou agravamento de patologias.

Anorexia nervosa, fobia social, depressão, uso abusivo/dependência de drogas, álcool e outras substâncias químicas, transtornos depressivos graves, transtornos de personalidade, transtornos de estresse pós-traumático, transtornos de ansiedade e transtornos de conduta relacionados à vivência corporal[30] são algumas doenças que podem estar diretamente associadas à transgeneridade.

---

[27] CUNHA, Leandro Reinaldo da. *Identidade e redesignação de gênero*: aspectos da personalidade, da família e da responsabilidade civil. 2. ed. rev. e ampl. Rio de Janeiro: Lumen Juris, 2018. p. 276.

[28] CUNHA, Leandro Reinaldo da; MELO, Vanessa de Castro Dória. A responsabilidade civil do Estado pela insuficiência de unidades hospitalares credenciadas para a realização do processo transexualizador. *In*: CUNHA, Leandro Reinaldo da; MATOS, Ana Carla Harmatiuk; ALMEIDA, Vitor. *Responsabilidade civil, gênero e sexualidade*. Indaiatuba, SP: Editora Foco, 2024. p. 127.

[29] Disponível em: https://www.oas.org/pt/cidh/jsForm/?File=/pt/cidh/prensa/notas/2023/190.asp. Acesso em: 17 jan. 2024.

[30] Disponível em: https://sistemas.cfm.org.br/normas/visualizar/resolucoes/BR/2019/2265. Acesso em: 17 jan. 2024.

Ao não adimplir com seu dever perante as pessoas transgênero, o Poder Público, além de não impedir que tais danos se instalem ou persistam, ainda acaba por ensejar o implemento de outros problemas, "causando um aprofundamento na sensação de angústia e dor que aflige aquele que busca a sua adequação física, criando ainda um outro fator aterrador que é a ansiedade decorrente da espera na fila. A responsabilidade do Estado não pode ser afastada nessas circunstâncias"[31], nos termos do art. 37, § 6º, da Constituição Federal.

Há de se acrescer a isso os elevados índices de tentativa de suicídio, como demonstrado anteriormente. Dado extremamente relevante foi constatado em pesquisa realizada no Distrito Federal. Quando indagadas sobre a utilização de recursos para modificar seus corpos, as pessoas que não realizaram intervenções exibiram maior correlação com pensamentos de autoextermínio (80,5% contra 74,2%)[32], o que respalda a conclusão de que, quanto mais passa o tempo, maior é o risco para a pessoa transgênero.

A dificuldade de efetivação de direitos que se mostram positivados, como se dá com o acesso ao processo transexualizador pelo Sistema Único de Saúde (SUS), uma das poucas conquistas que a população transgênero pode comemorar, "tangencia conceitos com tortura e crueldade"[33] praticados pelo Estado.

Não pode restar ignorado o fato de haver apenas quatro hospitais habilitados para a realização das intervenções cirúrgicas na Portaria n. 2.803/2013 do Ministério da Saúde (art. 9º)[34], fator que imprime uma sobreposição de violências que atinge de maneira mais severa aquelas pessoas transgênero (a maioria) que não apresentam condições econômicas favoráveis e que apenas podem se socorrer do Sistema Único de Saúde (SUS). Essa situação culmina com uma fila de espera média de dez anos[35], com relatos de dezoito anos aguardando a chance de passar pelas intervenções cirúrgicas necessárias para o processo transexualizador[36].

Se vários estudos realizados mundo afora já constataram que a primeira das tentativas de suicídio praticadas por pessoas transgênero ocorre entre 17 e 21 anos[37],

---

[31] CUNHA, Leandro Reinaldo da. *Identidade e redesignação de gênero*: aspectos da personalidade, da família e da responsabilidade civil. 2. ed. rev. e ampl. Rio de Janeiro: Lumen Juris, 2018. p. 275.

[32] CORRÊA, Fábio Henrique Mendonça et al. Pensamento suicida entre a população transgênero: um estudo epidemiológico. *Jornal Brasileiro de Psiquiatria*, v. 69, n. 1, jan.-mar. 2020. p. 18.

[33] CUNHA, Leandro Reinaldo da. *Identidade e redesignação de gênero*: aspectos da personalidade, da família e da responsabilidade civil. 2. ed. rev. e ampl. Rio de Janeiro: Lumen Juris, 2018. p. 90.

[34] Hospital de Clínicas de Porto Alegre – Universidade Federal do Rio Grande do Sul – Porto Alegre (RS); Hospital Universitário Pedro Ernesto – Universidade Estadual do Rio de Janeiro – Rio de Janeiro (RJ); Hospital de Clínicas da Faculdade de Medicina FMUSP – Fundação Faculdade de Medicina MECMPAS – São Paulo (SP); e Hospital das Clínicas da Universidade Federal de Goiás/Goiânia (GO). Reitera-se que, desde meados de 2023, os hospitais vinculados à Empresa Brasileira de Serviços Hospitalares (Ebserh) estão credenciados para realizar tais cirurgias.

[35] Disponível em: http://agenciabrasil.ebc.com.br/direitos-humanos/noticia/2017-04/fila-de-espera-para-mudanca-de-sexo-em-ambulatorio-no-nordeste. Acesso em: 17 jan. 2024.

[36] Disponível em: https://g1.globo.com/sp/sao-paulo/noticia/2023/04/05/um-ano-apos-decisao-favoravel-na-justica-professora-trans-aguarda-cirurgia-de-redesignacao-sexual.ghtml.

[37] CORRÊA, Fábio Henrique Mendonça et al. Pensamento suicida entre a população transgênero: um estudo epidemiológico. *Jornal Brasileiro de Psiquiatria*, v. 69, n. 1, jan.-mar. 2020. p. 19.

emerge a necessidade de se discutir os impactos da demora na realização de intervenções que possam conferir maior aceitação e passabilidade, especialmente se considerarmos que a Portaria n. 2.803/2013 do Ministério da Saúde disponibiliza o acesso ao processo transexualizador apenas a partir dos 18 anos para hormonioterapia e 21 anos para intervenções cirúrgicas.

Evidente que o retardo até os 21 anos potencializa o risco. Os danos sofridos ou majorados em razão dessa imposição despropositada de se esperar até essa idade devem ser objeto de responsabilização por quem deu causa a essa objeção, ou seja, o Estado[38].

Se as diretrizes médicas previstas pelo Conselho Federal de Medicina (CFM) na Resolução n. 2.265/2019 possibilitam a hormonioterapia desde a infância e intervenções cirúrgicas a partir dos 18 anos, que também é a idade em que se atinge a maioridade civil (art. 5º do CC), por qual razão não há a possibilidade de atendimento pelo Sistema Único de Saúde (SUS) antes dos 18 anos para hormonioterapia e dos 21 anos para cirurgias? Não há motivo técnico para tais restrições.

Esse mesmo descompasso entre as diretrizes médicas e a oferta dos procedimentos visando a afirmação de gênero no Sistema Único de Saúde (SUS) também pode se constatar na diretiva do Ministério da Saúde de que "realizará, em caráter experimental, os procedimentos de vaginectomia e neofaloplastia com implante de próteses penianas e testiculares, clitoroplastia e cirurgia de cordas vocais em pacientes em readequação para o fenótipo masculino" (art. 15, *caput*, da Portaria n. 2.803/2013 do Ministério da Saúde), enquanto o Conselho Federal de Medicina (CFM) apenas considera tal natureza experimental para a neofaloplastia.

Se haverá uma discrepância entre as diretrizes médicas e o regramento do Sistema Único de Saúde (SUS), é imperioso que o motivo seja descrito e amplamente fundamentado, e, na sua ausência, caracterizada está, mais uma vez, a leniência do Estado[39], agora em não atualizar as diretrizes e prestar o serviço de forma inadequada e ineficiente, gerando mais uma discriminação indevida. E tal conduta é, novamente, passível de responsabilização objetiva, nos termos do art. 37, § 6º, da Constituição Federal, por ser inafastável que o Estado deva ser responsabilizado pela omissão na prestação de um direito social que se obrigou a ofertar[40].

Ressalta-se, mais uma vez, que o Estado brasileiro é réu na Corte Interamericana de Direitos Humanos (CorteIDH), no caso 13.021, em razão de violações aos direitos humanos de Luiza Melinho, que não teve acesso à cirurgia de afirmação de gênero, como mencionado anteriormente[41].

---

[38] CUNHA, Leandro Reinaldo da. A responsabilidade civil face à objeção ao tratamento do transgênero sob o argumento etário. *In:* ROSENVALD, Nelson; MENEZES, Joyceane Bezerra de; DADALTO, Luciana (org.). *Responsabilidade civil e Medicina*. 2. ed. Indaiatuba, SP: Editora Foco, 2021. p. 307-321.

[39] CUNHA, Leandro Reinaldo da. Identidade de gênero e a responsabilidade civil do Estado pela leniência legislativa. *Revista dos Tribunais*, São Paulo: RT, n. 962 p. 37-52, 2015.

[40] CARNEIRO NETO, Durval. Direitos sociais e responsabilidade civil do Estado por omissão: quando ignorar a reserva do possível significa admitir o risco integral. *Os 30 anos da Constituição Federal de 1988*. Salvador: Paginae, 2018. p. 103.

[41] Disponível em: https://www.oas.org/pt/cidh/jsForm/?File=/pt/cidh/prensa/notas/2023/190.asp. Acesso em: 17 jan. 2024.

O próprio fato de se ver obrigada a judicializar a questão visando a oferta do serviço de saúde que o próprio Estado determinou ser direito da pessoa transgênero é um fator a ser considerado nesse contexto de demora.

O retardo na efetivação dos direitos e suas consequências para a pessoa transgênero permitem que se pondere quanto à possibilidade do cabimento de conceito que tangencia a teoria do desvio produtivo, não se restringindo apenas ao tempo útil perdido sem poder experienciar uma vida com aspectos mais próximos àqueles vividos por uma pessoa que não esteja constantemente sob os efeitos do estigma, preconceito e discriminação destinados às pessoas transgênero[42].

Novamente faz-se mister consignar que, caso a pessoa transgênero venha a tirar a própria vida nesse período em que está esperando que o Estado se digne a cumprir com seus deveres, é de se atribuir a ele a responsabilidade civil de indenizar a família do falecido "em razão dos obstáculos que indevidamente impõe ou por sua leniência e omissão no cuidado e atenção do cidadão", não lhe sendo permitido agir "de forma temerária e mesmo irresponsável, colocando em risco a integridade física e psicológica destas pessoas"[43].

A impossibilidade de se beneficiar, no tempo mais pronto possível, de um dos poucos direitos que são garantidos pelo Estado, pela inoperância deste, configura uma "crueldade jurídica"[44], que pode até mesmo ser equiparada a uma tortura perpetrada pelo Poder Público[45].

4.2. Reprodução humana assistida[46]

Uma das características mais instintivas do ser humano é a tentativa de fazer com que sua existência, de alguma forma, se protraia no tempo, mesmo após a sua morte, sendo a obtenção de prole uma das maneiras mais ordinárias de atingir esse fim. A preservação de seus aspectos genéticos e de seus valores constitui um dos direitos básicos franqueados a todas as pessoas, o que, portanto, há de beneficiar também as pessoas transgênero.

Quando tal intento não puder ser alcançado pelos meios tradicionais, a utilização de técnicas de reprodução humana assistida pode vir a socorrer aqueles que têm "interesse por ter filhos que carreguem uma linhagem genética", dando efetividade ao direito

---

[42] A busca pelo acesso ao serviço, entendido como obrigação de fazer do Estado, com a possibilidade de astreinte e imposição de custeio ou reembolso em caso de utilização da rede privada, foi objeto de atenção na seção anterior.

[43] CUNHA, Leandro Reinaldo da. *Identidade e redesignação de gênero*: aspectos da personalidade, da família e da responsabilidade civil. 2. ed. rev. e ampl. Rio de Janeiro: Lumen Juris, 2018. p. 274.

[44] GARCÍA DE SOLAVAGIONE, Alicia. *Transexualismo*: analisis jurídico y soluciones registrales. Córdoba: Avocatus, 2008. p. 201.

[45] CUNHA, Leandro Reinaldo da. *Identidade e redesignação de gênero*: aspectos da personalidade, da família e da responsabilidade civil. 2. ed. rev. e ampl. Rio de Janeiro: Lumen Juris, 2018. p. 83.

[46] Parte da ideia aqui disposta consta do texto de minha autoria: Acesso à reprodução humana assistida por homoafetivos e transgêneros. In: MASCARENHAS, Igor; DADALTO, Luciana (coords.). *Direitos reprodutivos e planejamento familiar*. Indaiatuba, SP: Editora Foco, 2023. p. 215-232.

de procriar como uma garantia a ser concretizada[47]. Importante se consignar, de forma peremptória e de plano, que as técnicas de reprodução humana assistida devem ser disponibilizadas a todas as pessoas que queiram delas se valer, não podendo jamais se admitir qualquer sorte de restrição lastreada na identidade de gênero dos interessados[48].

A relação procriação e identidade de gênero é questão conflituosa, principalmente no continente europeu, onde segue-se exigindo a esterilização compulsória[49] para que se possa fazer a alteração dos dados nos documentos de pessoas transgênero[50], em que pese a objeção formalmente apresentada pelo Comissariado de Direitos Humanos do Conselho da Europa[51].

Em território nacional, pouco há legislado sobre a reprodução humana assistida, restringindo-se apenas a três incisos no art. 1.597 do Código Civil, que tratam da presunção de concepção do filho na constância do casamento, em mais um demonstrativo claro da leniência legislativa[52] que grassa em nosso Estado Esquizofrênico[53] profícuo em garantir a existência de direitos fundamentais sem instrumentalizar e efetivar a sua consecução.

A ineficiência do Poder Público acaba relegando a questão a tal ponto que o mais próximo que se tem de normatização sobre o tema é o previsto na Resolução n. 2.320/2022 do Conselho Federal de Medicina (CFM), que, sempre importante ressaltar, são diretrizes que não gozam "de caráter normativo para toda a população, constituindo-se apenas como regramento de fundo deontológico direcionado especificamente para a classe médica, desprovidas, portanto, de caráter cogente *erga omnes*"[54].

Após uma sequência de resoluções em curto espaço de tempo[55], que revelam a preocupação da área médica com o tema, o regramento atual encontra-se na Resolução

---

[47] CUNHA, Leandro Reinaldo da. Acesso à reprodução humana assistida por homoafetivos e transgêneros. In: MASCARENHAS, Igor; DADALTO, Luciana (coords.). *Direitos reprodutivos e planejamento familiar*. Indaiatuba, SP: Editora Foco, 2023. p. 216.

[48] CUNHA, Leandro Reinaldo da. Acesso à reprodução humana assistida por homoafetivos e transgêneros. In: MASCARENHAS, Igor; DADALTO, Luciana (coords.). *Direitos reprodutivos e planejamento familiar*. Indaiatuba, SP: Editora Foco, 2023. p. 228.

[49] CUNHA, Leandro Reinaldo da. Proteção da identidade de género em Portugal. In: VALENTE, Isabel Maria Freitas; NASCIMENTO, Eliane Cristina da Silva (org.). *Direitos humanos*: novas abordagens, velhos desafios. Imprensa da Universidade de Coimbra, 2021. p. 154.

[50] Disponível em: https://tgeu.org/24-countries-in-europe-still-require-sterilization-from-trans-people/. Acesso em: 13 jan. 2024.

[51] Disponível em: https://rm.coe.int/derechos-humanos-e-identidad-de-genero-issue-paper-de-thomas-hammarber/16806da528. Acesso em: 13 jan. 2024.

[52] CUNHA, Leandro Reinaldo da. Identidade de gênero e a responsabilidade civil do Estado pela leniência legislativa. *Revista dos Tribunais*, São Paulo: RT, n. 962 p. 37-52, 2015.

[53] CUNHA, Leandro Reinaldo da. *Identidade e redesignação de gênero*: aspectos da personalidade, da família e da responsabilidade civil. 2. ed. rev. e ampl. Rio de Janeiro: Lumen Juris, 2018. p. 17.

[54] CUNHA, Leandro Reinaldo da. Acesso à reprodução humana assistida por homoafetivos e transgêneros. In: MASCARENHAS, Igor; DADALTO, Luciana (coords.). *Direitos reprodutivos e planejamento familiar*. Indaiatuba, SP: Editora Foco, 2023. p. 220.

[55] A primeira manifestação sobre o tema do Conselho Federal de Medicina foi a Resolução n. 1.358/92, seguida pelas Resoluções n. 1.957/2010, n. 2.013/2013, n. 2.121/2015, n. 2.168/2017, n. 2.283/2020, n. 2.294/2021 e, finalmente, n. 2.320/2022.

n. 2.320/2022 do Conselho Federal de Medicina (CFM), publicada em 20 de setembro de 2022, que, em alguma medida, traz um retrocesso para a discussão dos direitos reprodutivos das pessoas transgênero, pois, ao tratar "dos pacientes das técnicas de reprodução assistida", suprime uma das hipóteses existentes no texto anterior (Resolução n. 2.294/2021)[56], que expressamente asseverava ser "permitido o uso das técnicas de RA para heterossexuais, homoafetivos e transgêneros". Tal exclusão se deu sem que tenha havido a indicação, no corpo da resolução ou na exposição de motivos, da razão que levou à retirada do dispositivo.

Traçando um histórico das resoluções, tem-se que, inicialmente, não havia qualquer referência quanto à identidade de gênero dos possíveis pacientes, seguido por um momento em que se considerou importante mencionar expressamente tal aspecto, culminando atualmente com a supressão da menção, o que pode dar azo a interpretações dúbias e que fomentam as manifestações dos detratores dos direitos das minorias sexuais.

Em visão que confere à "resolução uma inteligência deturpada e sem a devida qualificação técnica", sustenta-se que, "com a retirada da menção expressa quanto à possibilidade utilização das técnicas de reprodução humana assistida", esta estaria vedada às pessoas transgênero, a qual se mostra "totalmente falha e diametralmente oposta aos preceitos constitucionais vigentes, bem como aos parâmetros norteadores dessa resolução e de inúmeras outras já elaboradas pelo Conselho Federal de Medicina (CFM)"[57].

A compreensão que há de imperar é de que simplesmente inexiste qualquer restrição expressa no diploma deontológico médico quanto à possibilidade de utilização de técnicas de reprodução humana assistida para pessoas transgênero, prevalecendo o conceito geral de que a resolução garante a toda pessoa capaz a possibilidade de ser receptora das técnicas de reprodução assistida, nos termos do item II, 1, da Resolução n. 2.320/2022 do Conselho Federal de Medicina (CFM).

O fato é que a inação estatal (leniência legislativa) se faz presente aqui, impondo seus danos às pessoas transgênero que, na ausência de legislação sobre o tema, acabam ficando nas mãos da interpretação dada pelos médicos quanto ao conteúdo das resoluções elaboradas pelo Conselho Federal de Medicina (CFM).

É mandamental que se aduza que, ainda que se acolha uma interpretação restritiva de direitos do texto da Resolução n. 2.320/2022 do Conselho Federal de Medicina (CFM), esse tipo de normativa jamais pode extrapolar aspectos médicos, não podendo imiscuir-se em discorrer sobre direitos, nem vedar que pessoas possam ter efetivados seus direitos fundamentais.

---

[56] A previsão tratando expressamente da possibilidade em favor de pessoas transgênero foi trazida inicialmente em novembro de 2020, na Resolução n. 2.283, replicada na Resolução n. 2.294/2021, e acabou desaparecendo em setembro de 2022, com a Resolução n. 2.320.

[57] CUNHA, Leandro Reinaldo da. Acesso à reprodução humana assistida por homoafetivos e transgêneros. *In:* MASCARENHAS, Igor; DADALTO, Luciana (coords.). *Direitos reprodutivos e planejamento familiar*. Indaiatuba, SP: Editora Foco, 2023. p. 225.

Assim, qualquer restrição ao acesso às técnicas de reprodução humana assistida a pessoas transgênero em razão de sua identidade de gênero caracteriza conduta discriminatória, passível de responsabilização tanto civil quanto penal[58], incidindo aqui os parâmetros fixados pela ADO 26.

4.3. Responsabilidade médica

Em sede de direito médico, um dos temas importantes a serem considerados é o da responsabilidade dos médicos por suas condutas no exercício da sua atividade profissional, de sorte que se impõe a apreciação das consequências dos atos danosos atribuíveis a esses profissionais especificamente contra pessoas transgênero.

4.3.1. Erro médico

Uma das questões relatadas por um grande contingente de pessoas transgênero é o desconhecimento da maioria dos profissionais da saúde com relação às questões específicas relacionadas à sua identidade de gênero. A National Transgender Discrimination Survey, realizada nos Estados Unidos, revelou que metade dos respondentes afirmou ter precisado ensinar a profissionais da saúde, até mesmo médicos, sobre certos aspectos vinculados às suas necessidades de saúde, sendo a ignorância quanto a questões básicas sobre a saúde de pessoas transgênero algo normal em suas experiências[59].

Esse despreparo causa não só constrangimentos[60], mas também pode gerar danos em decorrência de equívocos praticados por esses profissionais não qualificados, configurando uma realidade de exclusão estrutural das pessoas transgênero na seara médica, seja pela constatação da falta de hospitais e clínicas habilitadas no Sistema Único de Saúde (SUS), pela carência de médicos capacitados em quantidade suficiente ou pela falta de difusão de informação[61].

Essa situação dá azo à ocorrência de uma série de equívocos técnicos praticados pelos profissionais da área da saúde, que denominarei genericamente de erros médicos (indicação equivocada de tratamento, erro ou demora no diagnóstico etc.), os quais importarão em responsabilização do profissional que causou o dano.

A hormonioterapia e as cirurgias revelam-se como um foco delicado na discussão do tratamento médico, especialmente quando nos tratamentos indicados às pessoas intersexuais (pessoas intersexo que não se identificam com o gênero esperado em

---

[58] CUNHA, Leandro Reinaldo da. Acesso à reprodução humana assistida por homoafetivos e transgêneros. *In*: MASCARENHAS, Igor; DADALTO, Luciana (coords.). *Direitos reprodutivos e planejamento familiar*. Indaiatuba, SP: Editora Foco, 2023. p. 229.

[59] GRANT, Jaime M. et al. *National transgender discrimination survey report on health and health care*. Washington, 2010. p. 10 (tradução livre do autor).

[60] Disponível em: https://www1.folha.uol.com.br/equilibrioesaude/2022/01/pessoas-trans-relatam-constrangimento-despreparo-e-preconceito-durante-atendimentos-medicos.shtml. Acesso em: 17 jan. 2024.

[61] PFEIL, Bruno; LEMOS, Kaio (orgs.). A dor e a delícia das transmasculinidades no Brasil: das invisibilidades às demandas. *Revista Estudos Transviades*, Rio de Janeiro: Instituto Internacional sobre Raça, Igualdade e Direitos Humanos, 2021. p. 73.

razão do sexo que lhes foi designado quando do nascimento), que, diante da falta de conhecimento técnico ou mesmo descaso, acabam sendo tratadas como cobaias[62].

Os problemas são tantos que levaram a Prefeitura do Município de São Paulo a elaborar um protocolo direcionado ao cuidado integral da saúde de pessoas transgênero[63], apresentando uma série de erros frequentemente cometidos por profissionais de saúde no trato com pessoas transgênero. Se há equívocos na própria abordagem, é consequência inafastável a presença de erros na indicação dos cuidados.

Evidente que todo paciente tem o direito de ser indenizado quando se constata ter sido vítima de um erro médico, contudo tal questão, em se tratando de pessoa transgênero, acaba se revestindo de contornos ainda mais delicados em razão do grande lapso demonstrado, em geral, por profissionais da área médica com relação à transgeneridade.

As características diferenciadoras que marcam as pessoas transgênero não podem ser ignoradas na seara médica, ressaltando-se que estas acabam por refletir também na esfera jurídica. Basta considerar que muitas intervenções cirúrgicas tidas como estéticas quando realizadas em pessoas cisgênero deixam de ter esse contorno quando o paciente está buscando a afirmação de gênero, o que, sob um viés jurídico, pode importar na discussão acerca da natureza dessas intervenções enquanto obrigações: são de meio[64] ou de resultado[65]?

Pela natureza dessas intervenções, é de se entender tratar-se de "resultado no que se refere ao aspecto físico buscado através da cirurgia de redesignação sexual, informado devidamente o paciente de suas consequências e restrições (funcionalidade sexual do órgão e possibilidade de orgasmo, por exemplo)"[66]. O objetivo da realização das intervenções buscando a afirmação de gênero tem o fulcro manifesto de garantir uma condição física aparente que confira à pessoa transgênero meios de se ver e ser vista como alguém do seu gênero de pertencimento, não bastando ao médico valer-se das técnicas possíveis. Está comprometido com a obtenção desse resultado.

Ainda nesse contexto, é de se considerar que o baixo percentual de arrependimento revelado pelas pessoas transgênero quando os tratamentos e intervenções são indicados para quem efetivamente deles necessita[67] revela a possibilidade de que esses

---

[62] FREITAS, Dionne. Cirurgias em bebês e crianças intersexo: procedimentos que propiciam a pedofilia? *Revista Direito e Sexualidade*, Salvador, Especial Audiência Pública DPU, p. 12-20, 2022. p. 16.

[63] Disponível em: https://www.prefeitura.sp.gov.br/cidade/secretarias/upload/saude/Protocolo_Trans_Travesti_Viv_variab_genero_2a_ed2023.pdf. Acesso em: 9 jan. 2024.

[64] DINIZ, Maria Helena. *O estado atual do biodireito*. 8. ed. rev., aum. e atual. São Paulo: Saraiva, 2011. p. 327.

[65] LISBOA, Roberto Senise. *Manual de direito civil*: direito de família e sucessões. 5. ed. São Paulo: Saraiva, 2009. p. 186.

[66] CUNHA, Leandro Reinaldo da. *Identidade e redesignação de gênero*: aspectos da personalidade, da família e da responsabilidade civil. 2. ed. rev. e ampl. Rio de Janeiro: Lumen Juris, 2018. p. 261.

[67] BARBEE, Harry; HASSAN, Bashar; LIANG, Fan. Postoperative Regret Among Transgender and Gender-Diverse Recipients of Gender-Affirming Surgery. *JAMA Surgery*, Dec. 2023; BRUCE, Lauren et al. Long-Term Regret and Satisfaction With Decision Following Gender-Affirming Mastectomy. *JAMA Surgery*, v. 158, n. 10, p. 1070-1077, 2023.

casos de arrependimento sejam o exato reflexo de um erro médico no diagnóstico ou na indicação de tratamento transgenitalizador, nos quais cabe o dever de indenizar[68].

Não se olvida que, em tais circunstâncias, a responsabilização pelos danos causados (materiais, perda de uma chance[69] e extrapatrimoniais) pode atingir de forma objetiva o Estado (caso os atos tenham sido realizados em estabelecimento público – art. 37, § 6º, da CF) ou o hospital/clínica (ante a relação de consumo – art. 14 do CDC) em que tais intervenções foram realizadas, respondendo o médico diretamente apenas de forma subjetiva, mediante a comprovação da sua imperícia[70].

4.3.2. Prontuário médico

O prontuário médico de uma pessoa transgênero apresenta contornos vinculados ao direito à intimidade que vão além dos ordinariamente associados a qualquer paciente. É entendimento pacífico nos dias atuais que os aspectos clínicos que estão consignados no prontuário médico revestem-se de natureza sigilosa, o que resguardaria as informações referentes aos procedimentos realizados no âmbito da afirmação do gênero de pertencimento.

A Resolução n. 1.638/2002 do Conselho Federal de Medicina (CFM), ao definir o prontuário médico, afirma que se trata de "documento único constituído de um conjunto de informações, sinais e imagens registradas, geradas a partir de fatos, acontecimentos e situações sobre a saúde do paciente e a assistência a ele prestada, de caráter legal, sigiloso e científico, que possibilita a comunicação entre membros da equipe multiprofissional e a continuidade da assistência prestada ao indivíduo" (art. 1º).

A identificação do paciente, nos termos do art. 5º da Resolução n. 1.638/2002 do Conselho Federal de Medicina (CFM), há de constar do prontuário médico, contudo, essa é uma parte do documento à qual não se atribui qualquer sigilo, fato que ganha contornos diferenciados em se tratando de uma pessoa transgênero, uma vez que a mera exposição dos elementos identificadores desse paciente pode revelar sua transgeneridade.

Nos questionamentos que ordinariamente se encontram no Judiciário, verifica-se a responsabilização por danos morais pela ausência da utilização do nome social da pessoa transgênero (caso ainda não tenha feito a retificação) no prontuário, caracterizando falha na prestação de serviço realizada pelo hospital, como já reconhecido pelo Superior Tribunal de Justiça (STJ)[71]. Contudo, tal situação não abrange o risco de exposição da identidade de gênero da pessoa transgênero pelo simples contato com os dados pessoais presentes no prontuário.

Ainda que não exponha de forma direta a identidade de gênero do paciente transgênero, o acesso às informações referentes à identificação pessoal traz o risco de que o

---

[68] STOCO, Rui. *Tratado de responsabilidade civil*. 5. ed. rev., atual. e ampl. São Paulo: RT, 2001. p. 409.

[69] GONÇALVES, Carlos Roberto. *Direito civil brasileiro*: responsabilidade civil. 9. ed. São Paulo: Saraiva, 2014. p. 269.

[70] CUNHA, Leandro Reinaldo da. *Identidade e redesignação de gênero*: aspectos da personalidade, da família e da responsabilidade civil. 2. ed. rev. e ampl. Rio de Janeiro: Lumen Juris, 2018. p. 266.

[71] REsp 2.048.466, Rel. Min. Marco Aurélio Bellizze, Publ. 21.03.2022.

simples manuseio dos documentos médicos, visando a aposição das informações no prontuário médico ou mesmo a compilação de dados realizada no hospital ou viabilizada por ele ao transferir informações dos pacientes para terceiros (como planos de saúde ou fornecedores), permita que se constate a existência de uma diferença quanto ao nome ou sexo do paciente, revelando de maneira reflexa e até mesmo inconsciente a identidade de gênero do paciente[72].

Ante tal possibilidade, faz-se necessária uma atuação que preconize uma especial proteção dos dados da pessoa transgênero, os quais se revestem de contornos de dados pessoais sensíveis até mesmo com relação aos dados tidos como públicos para as pessoas cisgênero[73].

Como o próprio Conselho Federal de Medicina (CFM) estabelece a responsabilidade pelo prontuário ao médico, aos demais profissionais que compartilham do atendimento e à hierarquia médicas da instituição (art. 2º da Resolução n. 1.638/2002), qualquer sorte de exposição indevida de dados poderá atingir tais profissionais e pessoas jurídicas, impondo-lhes o dever de indenizar.

4.3.3. Objeção de consciência

Ainda na seara do direito médico, surge a possibilidade de que o profissional venha a alegar objeção de consciência como motivo para se negar a atender uma pessoa transgênero, lastreado no princípio da autonomia que há de ser reservado tanto ao paciente como ao profissional da área médica[74].

Segundo o Conselho Federal de Medicina (CFM), entende-se por objeção de consciência "o direito do médico de se abster do atendimento diante da recusa terapêutica do paciente, não realizando atos médicos que, embora permitidos por lei, sejam contrários aos ditames de sua consciência", conforme o art. 8º da Resolução n. 2.232/2019, que "estabelece normas éticas para a recusa terapêutica por pacientes e objeção de consciência na relação médico-paciente".

A alegação de objeção de consciência confere ao profissional da área médica a prerrogativa de negar-se a praticar atos lícitos necessários ao paciente sob o argumento de existirem elementos de foro personalíssimo (político, moral, filosófico ou religioso) que lhe impedem de cumprir com o seu dever, buscando, com isso, "elidir o cumprimento da lei"[75]. Em outras palavras, "na objeção de consciência o médico,

---

[72] Sobre o tema, indico a dissertação de mestrado intitulada "O nome civil de transexuais e travestis como dado pessoal sensível ante o compartilhamento cruzado dos prontuários médicos", de Leonardo Macêdo dos Santos e Santos, defendida perante o Programa de Pós-Graduação em Direito da Universidade Federal da Bahia.

[73] CUNHA, Leandro Reinaldo da. Do dever de especial proteção dos dados de transgêneros. *Revista Direito e Sexualidade*, Salvador, v. 2, n. 2, p. 213-231, jul.-dez. 2021.

[74] MASCARENHAS, Igor de Lucena; COSTA, Ana Paula Correia de Albuquerque da; MATOS, Ana Carla Harmatiuk. Direito médico à objeção de consciência e a recusa em realizar procedimentos de reprodução assistida em casais homossexuais: a discriminação travestida de direito. *Civilistica.com*, ano 10, n. 1, 2021. p. 3.

[75] SOARES, Flaviana Rampazzo. Objeção de consciência médica no direito brasileiro. *In*: ROSENVALD, Nelson; MENEZES, Joyceane Bezerra de; DADALTO, Luciana. *Responsabilidade civil e Medicina*. 2. ed. Indaiatuba, SP: Editora Foco, 2021. p. 378.

eticamente, deixa de realizar condutas que, embora permitidas por lei, são contrárias aos ditames de sua consciência"[76].

Ainda que o Conselho Federal de Medicina (CFM) regulamente a objeção de consciência especificamente na Resolução n. 2.232/2019, tal possibilidade de recusa já se fazia presente em outras resoluções, como as anteriormente destinadas à reprodução humana assistida.

O Conselho Federal de Medicina (CFM), ao prever a possibilidade da objeção de consciência, explicita ser vedada sua alegação quando não houver outro médico para realizar o atendimento do paciente, quando o quadro clínico demandar atendimento de urgência ou emergência ou se a recusa puder culminar em dano à saúde do paciente[77].

Mesmo sendo um entusiasta da valorização da autonomia humana, é preponderante se ressaltar que o permissivo trazido pelo Conselho Federal de Medicina (CFM), além de constar de regramento de caráter ético direcionado aos profissionais da área médica, o qual não se sobrepõe à legislação positivada, não poderá jamais servir de escudo a viabilizar a prática de condutas discriminatórias.

A oposição da objeção de consciência prevista pelo Conselho Federal de Medicina (CFM) "não pode ser refúgio para a prática de discriminações. Não se pode permitir que condutas não queridas por nossa sociedade e atentatórias a direitos fundamentais possam vir a se consolidar escamoteadas de exercício de um direito válido"[78].

Assim, em sua dimensão negativa (de não agir), não pode o médico negar-se a atender alguém em razão de sua identidade de gênero, de sorte que, por exemplo, um obstetra não pode se recusar a atender um homem transgênero. A objeção de consciência, lastreada em preconceito, não se presta como excludente de ilicitude a fim de isentar o médico de responsabilização.

Dessa forma, a despeito do estabelecido na Resolução n. 2.232/2019, é evidente que a negativa do profissional em atender uma pessoa transgênero em razão de sua identidade de gênero revela mais do que objeção de consciência. Caracteriza discriminação, passível de responsabilização tanto civil quanto penal, especialmente após a decisão da ADO 26, que reconheceu como racismo os casos de transfobia.

---

[76] Disponível em: https://portal.cfm.org.br/noticias/cfm-esclarece-pontos-da-resolucao-que-trata-da-recusa-terapeutica-e-objecao-de-consciencia/. Acesso em: 19 jan. 2024.
[77] SOARES, Flaviana Rampazzo. Objeção de consciência médica no direito brasileiro. *In:* ROSENVALD, Nelson; MENEZES, Joyceane Bezerra de; DADALTO, Luciana. *Responsabilidade civil e Medicina.* 2. ed. Indaiatuba, SP: Editora Foco, 2021. p. 371.
[78] CUNHA, Leandro Reinaldo da. A responsabilidade civil face à objeção ao tratamento do transgênero sob o argumento etário. *In:* ROSENVALD, Nelson; MENEZES, Joyceane Bezerra de; DADALTO, Luciana (org.). *Responsabilidade civil e Medicina.* 2. ed. Indaiatuba, SP: Editora Foco, 2021. p. 318.

5
Direitos da personalidade

Os direitos da personalidade, previstos nos arts. 11 a 21 do Código Civil, encerram os "direitos comuns da existência, porque são simples permissões dadas pela norma jurídica, a cada pessoa, de defender um bem que a natureza lhe deu, de maneira primordial e direta"[1], que "asseguram a existência do ser humano, constituindo sua essência"[2], sendo primordial que se imponha a garantia de tais direitos às pessoas transgênero.

Ainda que possa parecer totalmente absurdo, segue sendo indispensável asseverar que as pessoas transgênero são pessoas, e, "como tais, precisam ter garantidos todos os direitos inerentes à sua condição humana, sem a imposição de restrições ou dificuldades de acesso apenas por conta de sua sexualidade, como forma de manter Estado Democrático de Direito como preconizado, e não apenas um seu arremedo preconceituoso e discriminatório"[3].

Por se inserir no espectro do ser (não do ter), os direitos da personalidade visam garantir a proteção da essência enquanto ser humano, abrangendo aspectos físicos e psicológicos que definem a pessoa, a fim de que se permita que cada um possa "realizar-se e evoluir como ser humano, com possibilidade de crescimento e igualdade de oportunidades, viabilizando o direito ao livre desenvolvimento da personalidade, o qual há de ser devidamente tutelado mediante cláusula geral de proteção da personalidade"[4].

O fato é que a lei expressamente tem tais direitos como absolutos e, portanto, oponíveis *erga omnes*, revestidos ainda de um caráter que determina um dever geral de abstenção. Caracterizam-se, em que pese a admissibilidade de mitigação[5], como direitos indisponíveis, irrenunciáveis e intransmissíveis, além de imprescritíveis, impenhoráveis e ilimitados.

Por estarem indissociavelmente conectados à pessoa, os direitos da personalidade revelam-se como imprescindíveis, acompanhando cada pessoa desde sua concepção, sendo inadmissível qualquer perspectiva que objetive privar a pessoa deles[6].

---

[1] DINIZ, Maria Helena. *Curso de direito civil brasileiro*: teoria geral do direito civil. 28. ed. São Paulo: Saraiva, 2011. p. 134.
[2] AZEVEDO, Álvaro Villaça. *Teoria geral do direito civil*: parte geral. São Paulo: Atlas, 2012. p. 33.
[3] CUNHA, Leandro Reinaldo da. *Identidade e redesignação de gênero*: aspectos da personalidade, da família e da responsabilidade civil. 2. ed. rev. e ampl. Rio de Janeiro: Lumen Juris, 2018. p. 312.
[4] CUNHA, Leandro Reinaldo da. *Identidade e redesignação de gênero*: aspectos da personalidade, da família e da responsabilidade civil. 2. ed. rev. e ampl. Rio de Janeiro: Lumen Juris, 2018. p. 152.
[5] O Enunciado n. 139 do Conselho de Justiça Federal, aprovado na III Jornada de Direito Civil de 2004, assevera que "os direitos da personalidade podem sofrer limitações, ainda que não especificamente previstas em lei, não podendo ser exercidos com abuso de seu titular, contrariamente à boa-fé objetiva e aos bons costumes".
[6] DINIZ, Maria Helena. *Curso de direito civil brasileiro*: teoria geral do direito civil. 28. ed. São Paulo: Saraiva, 2011. p. 136.

Diante de tamanha relevância, não se pode conceber a hipótese de se apartar a pessoa de seus direitos da personalidade, sob pena de se ter uma personalidade que se mostraria irrealizada, ausente de concretude, privada dos direitos essenciais[7]. Não conferir o devido valor aos direitos da personalidade "importaría en menoscabo o aniquilamento del sujeto"[8], colocando em risco a própria existência da sociedade[9].

Importante se consignar que não temos qualquer dúvida de que o direito de autodeterminação de cada pessoa, garantido pela perspectiva da proteção da liberdade, respalda o direito da pessoa transgênero de ver sua identidade de gênero reconhecida como um direito da personalidade, a qual apenas poderia sofrer a ingerência estatal se fosse imprescindível para sua proteção ou para evitar que viesse a prejudicar outrem. Contudo, não podemos olvidar que o reconhecimento da sexualidade como um direito da personalidade gera consequências quando a pessoa tem uma identidade de gênero transgênero.

O reconhecimento legal das características atinentes à sexualidade é direito fundamental e da personalidade[10], não sendo permitido que certos preconceitos sejam colocados como obstáculos ao acesso a uma vida plena apenas pelo fato de a pessoa não estar inserida nos parâmetros convencionados como sendo os normais[11].

Se a identificação da pessoa encerra em si uma perspectiva de direito da personalidade por trazer os elementos que a individualizam e conferem humanidade, aspectos vinculados à sexualidade estão aí inseridos e merecem a devida atenção no caso das pessoas transgênero.

A sexualidade como um todo, por ser uma característica impossível de ser dissociada do ser humano, uma vez que integra a sua essência, há de ser entendida como um dos direitos da personalidade e, como tal, reveste-se de todas as características e prerrogativas inerentes. Qualquer análise sobre uma pessoa que não considere suas características vinculadas à sexualidade estará eivada de uma falha. E, ao se considerar que esse elemento pode ter influência tanto na identificação pessoal (nome e sexo) como em outros aspectos dos direitos da personalidade, como honra, imagem e boa fama, é premente a apreciação do tema sob esse viés[12].

5.1. Alteração do nome e sexo nos documentos

A legislação civil, mais especificamente o art. 54 da Lei de Registros Públicos (LRP), preconiza que toda pessoa deve ter o nome e o sexo consignados em seu assento

---

[7] CUPIS, Adriano de. *Os direitos da personalidade*. Lisboa: Livraria Morais Ed., 1961. p. 17-18.

[8] GARCÍA DE SOLAVAGIONE, Alicia. *Transexualismo*: analisis jurídico y soluciones registrales. Córdoba: Avocatus, 2008. p. 131.

[9] CUNHA, Leandro Reinaldo da. *Identidade e redesignação de gênero*: aspectos da personalidade, da família e da responsabilidade civil. 2. ed. rev. e ampl. Rio de Janeiro: Lumen Juris, 2018. p. 162.

[10] CUNHA, Leandro Reinaldo da. *Identidade e redesignação de gênero*: aspectos da personalidade, da família e da responsabilidade civil. 2. ed. rev. e ampl. Rio de Janeiro: Lumen Juris, 2018. p. 147.

[11] SZANIAWSKI, Elimar. *Limites e possibilidades do direito de redesignação do estado sexual*: estudo sobre o transexualismo: aspectos médicos e jurídicos. São Paulo: RT, 1998. p. 34-35.

[12] A proteção da saúde e da integridade do corpo, aspectos componentes dos direitos da personalidade, já foram objeto de atenção no Capítulo 2 (Transição física e saúde da pessoa transgênero).

de nascimento, sendo esses dois aspectos considerados como integrantes dos elementos de identificação da pessoa natural. A conexão de ambos com a sexualidade faz com que a identidade de gênero da pessoa encerre influência sobre eles, sendo de se ressaltar que estudos já constataram que possuir um ou mais documentos de identidade (passaporte, carteira de habilitação, carteira de trabalho etc.), nos quais conste o gênero de pertencimento, tem o potencial de minorar a absurda incidência de tentativas de suicídio entre as pessoas transgênero que apresentavam tais pensamentos[13].

O nome da pessoa, ou, mais especificamente, o prenome, possui característica interessante, que é a de, apesar de ser um elemento imaterial, revestir-se de uma estrutura de gênero, sendo consolidado o entendimento de que alguns são masculinos, outros são femininos e outros, ainda, são comuns a ambos os gêneros, partindo-se de uma construção binária[14].

Com isso, o reconhecimento da própria transgeneridade normalmente é acompanhado do desejo de ver-se identificado socialmente segundo um prenome que seja associado ao gênero de pertencimento da pessoa. O primeiro passo se dá mediante uma mudança de caráter prático, com a assunção de um prenome identificado com o gênero de pertencimento, o qual a pessoa transgênero passa a envergar em sua vida social, independentemente do que consta de seus documentos, que é o chamado nome social[15].

Esse nome social é reconhecido como um direito das pessoas transgênero, com inúmeras resoluções governamentais determinando que eles constem em crachás, documentos, cadastros, entre outros[16], a fim de respeitar a identidade de gênero daquela pessoa.

Mesmo que entenda ter se esvaziado ou ao menos perdido parte de sua força ante as possibilidades de alteração do nome civil atualmente existentes[17], o respeito ao nome social segue se impondo, sob pena de responsabilização em caso de ofensa[18].

---

[13] BAUER, Greta R.; SCHEIM, Ayden I.; PYNE, Jake; TRAVERS, Robb; HAMMOND, Rebecca. Intervenable factors associated with suicide risk in transgender persons: a respondent driven sampling study in Ontario, Canada. *BMC Public Health*, 15:525, 2015.

[14] CUNHA, Leandro Reinaldo da. O esvaziamento do preceito do nome social diante das atuais decisões dos tribunais superiores. *Revista dos Tribunais*, São Paulo: RT, n. 1011, p. 67-81, 2020. p. 69.

[15] CUNHA, Leandro Reinaldo da. *Identidade e redesignação de gênero*: aspectos da personalidade, da família e da responsabilidade civil. 2. ed. rev. e ampl. Rio de Janeiro: Lumen Juris, 2018. p. 172.

[16] Portaria n. 457/2008 do Ministério da Saúde, Portaria n. 233/2010 do Ministério do Planejamento, Orçamento e Gestão, Portaria n. 1.612/2011 do Ministério da Educação; Decreto n. 8.727, de 28 de abril de 2016, que "Dispõe sobre o uso do nome social e o reconhecimento da identidade de gênero de pessoas travestis e transexuais no âmbito da administração pública federal direta, autárquica e fundacional"; Instrução Normativa n. 1.718, de 18 de julho de 2017, da Secretaria da Receita Federal; Carta Circular n. 3.813, de 7 de abril de 2017, do Banco Central do Brasil, que "Esclarece sobre a identificação de depositante para fins de abertura de contas de depósitos".

[17] CUNHA, Leandro Reinaldo da. O esvaziamento do preceito do nome social diante das atuais decisões dos tribunais superiores. *Revista dos Tribunais*, São Paulo: RT, n. 1011, p. 67-81, 2020. p. 73.

[18] Como exemplo, pode-se indicar julgamento da Turma Recursal da Justiça Federal em Alagoas (JFAL), em que a Caixa Econômica Federal foi condenada "a pagar uma indenização de R$ 10 mil por danos morais a uma mulher transexual, que sofreu constrangimento por parte de um funcionário da instituição", que, mesmo tendo sido

É de se ressaltar também que o nome social goza de ampla relevância nas hipóteses em que a pessoa não reúne condições econômicas para realizar a retificação[19] ou nos casos em que não pode se beneficiar das atuais hipóteses administrativas de alteração do nome.

Voltando ao nome civil, durante muito tempo as pessoas transgênero tiveram que litigar para conseguir a alteração do prenome, visando que o seu nome social fosse reconhecido como prenome nos seus documentos de identificação pessoal, uma vez que vigia na Lei de Registros Públicos (LRP) a premissa da imutabilidade do nome.

A mudança do prenome era autorizada em situações específicas previstas na lei e nenhuma delas expressamente albergava os interesses das pessoas transgênero, que fundavam seus pleitos na hipótese de nome vexatório ou que as expunham ao ridículo (art. 55 da LRP), de ter um apelido público notório (art. 58 da LRP) e na dignidade da pessoa humana (art. 3º, IV, da CF), ficando sujeita à discricionariedade do magistrado, que nem sempre se mostrava favorável ao pedido.

Contudo, o princípio da imutabilidade do prenome foi retirado da Lei de Registros Públicos (LRP) pela Lei n. 14.382/2022, que deu nova redação ao art. 56, permitindo a mudança do prenome aos maiores de 18 anos, imotivada e independentemente de autorização judicial. Com isso, ainda que não versando expressamente sobre a identidade de gênero, a alteração da Lei de Registros Públicos (LRP) beneficia as pessoas transgênero que buscam a adequação do seu prenome.

No que tange ao sexo, a questão ganha contornos um tanto mais intrincados, considerando a perspectiva de que a indicação constante dos documentos não estaria atrelada a qualquer elemento volitivo, revelando apenas uma condição "natural" da pessoa. Isso faz com o que tema tenha que ser tratado com bastante cuidado, para que não se esbarre nos argumentos pseudocientíficos apresentados por aqueles que não desejam ver reconhecidos os direitos das pessoas transgênero.

A questão inicia-se com a exata compreensão do que determina a Lei de Registros Públicos (LRP), que trata apenas do assento de nascimento. É expresso que conste do Registro Civil de Nascimento (RCN) o sexo de toda pessoa, informação essa que será extraída da Declaração de Nascido Vivo (DNV), o que retira do oficial do cartório a liberdade de "escolher" o que será aposto no campo destinado ao sexo do assento de nascimento. Ocorre que a atual estrutura da Declaração de Nascido Vivo (DNV) estabelecida no Brasil traz uma confusão terminológica que gera sérios impactos nessa discussão.

Conforme o art. 4º, III, da Lei n. 12.662/2012, a Declaração de Nascido Vivo (DNV) deve indicar o sexo do recém-nascido, sendo o modelo padrão desse documento

---

informado que ela preferia ser tratada por seu nome social, foi "ostensiva e propositalmente tratada pelo nome que consta(va) em seu documento de identificação", no Processo 0003227-09.2022.4.05.8000, em decisão que ainda cabe recurso junto à Turma Nacional de Uniformização e ao Supremo Tribunal Federal.

[19] Dependendo da localidade, as despesas para a mudança do nome podem ser superiores a um salário mínimo. Em 2023, a Deputada Federal Erika Hilton apresentou projeto na Câmara dos Deputados estabelecendo a gratuidade. Disponível em: https://queer.ig.com.br/2023-10-26/erika-hilton-propoe-pl-retificacao-nome-genero-sem-custos.html. Acesso em: 19 jan. 2024.

apresentado pelo Anexo II da Portaria n. 116, de 11 de fevereiro de 2009, da Secretaria de Vigilância em Saúde do Ministério da Saúde. É nesse modelo que surge o problema, pois, em vez de simplesmente disponibilizar o campo para que o sexo seja assinalado, ele apresenta as hipóteses que entendeu passíveis de serem assinaladas (M – Masculino, F – Feminino e I – Ignorado), as quais não se encontram em consonância com o atual estado da arte sobre o tema.

Além de restringir as respostas possíveis (fato não determinado pela legislação quando trata do tema), acaba ainda, como explicitado anteriormente, valendo-se das expressões masculino e feminino, as quais são afeitas ao gênero e não ao sexo, o que se torna bastante prejudicial. Tal modelo ainda nos brinda com outra atecnia terrível, que é a de impor um binarismo sexual que coloca as pessoas intersexo numa situação delicada de serem designadas como tendo um sexo "ignorado"[20].

Esse modelo de Declaração de Nascido Vivo (DNV), portanto, que se mostra tecnicamente equivocado por não trazer as corretas alternativas de sexo a serem assinaladas (homem/macho, mulher/fêmea e intersexo), acaba sendo replicado no Registro Civil de Nascimento (RCN), e daí para todos os demais documentos, em que há a previsão de que conste a informação quanto ao sexo. Com isso, sempre que se tem a indicação em qualquer documento do sexo da pessoa, o que acaba sendo ali consignado é uma expressão vinculada ao gênero, o que conduz a confusões[21].

É pertinente que o sexo conste da Declaração de Nascido Vivo (DNV) e do Registro Civil de Nascimento (RCN) por ser elemento que pode ser utilizado para a identificação daquela pessoa, contudo é manifestamente indevida a presença de tal informação em qualquer documento de identificação pessoal[22]. Enquanto aspecto da sexualidade que remete à configuração física genital de alguém, é de se compreender que a informação quanto ao sexo há de ser obrigatoriamente protegida pelo direito à intimidade, não sendo plausível se impor a todos a exposição de uma informação personalíssima como essa, que há de ser entendida como um dado pessoal sensível[23].

No mais, é de se questionar qual a relevância de tal informação para quem quer que seja (caso seja demonstrada a pertinência de se saber o sexo da pessoa consignado quando do seu nascimento, seria possível, mediante autorização judicial, a solicitação do inteiro teor do Registro Civil de Nascimento)[24], especialmente ao se considerar que

---

[20] SANTOS, Thais Emilia de Campos dos; CUNHA, Leandro Reinaldo da; MARTINS, Raul Aragão. O registro de crianças intersexo no Brasil. *Revista Contemporânea*, v. 3 n. 9, p. 14270-14294, 2023. p. 14283.

[21] CUNHA, Leandro Reinaldo da; CASSETTARI, Christiano. A desnecessária exposição pública da informação quanto ao sexo nos documentos de identificação pessoal. *Migalhas*, 23 nov. 2023. Disponível em: https://www.migalhas.com.br/coluna/direito-e-sexualidade/397350/a-desnecessaria-exposicao-publica-da-informacao-quanto-ao-sexo. Acesso em: 15 jan. 2024.

[22] A análise do tema será aprofundada a seguir, ao discorrer sobre o novo RG, a Carteira de Identidade Nacional (CIN).

[23] O tema será explorado mais detidamente no Capítulo 12 (Lei Geral de Proteção de Dados (LGPD)).

[24] CUNHA, Leandro Reinaldo da; CASSETTARI, Christiano. A desnecessária exposição pública da informação quanto ao sexo nos documentos de identificação pessoal. *Migalhas*, 23 nov. 2023. Disponível em: https://www.migalhas.com.br/coluna/direito-e-sexualidade/397350/a-desnecessaria-exposicao-publica-da-informacao-quanto-ao-sexo. Acesso em: 15 jan. 2024.

a expressão da sexualidade da pessoa (o gênero) está evidenciada nos caracteres externalizados pela pessoa, não sendo necessário (nem mesmo exigido pela lei) que conste de qualquer documento.

Fato é que, hoje, tanto o nome quanto o sexo constam dos documentos de identificação pessoal, e a transgeneridade pode fazer com que surja o interesse/necessidade de que tais informações sejam retificadas a fim de expressar a realidade vivenciada por aquela pessoa.

Esse anseio pela retificação dos documentos quanto ao prenome e ao sexo, em decorrência do reconhecimento da identidade de gênero transgênero, foi objeto de judicialização ante a inexistência de legislação tratando do tema, reflexo da leniência legislativa[25] de nosso Estado Esquizofrênico[26].

Após algumas decisões proferidas autorizando mudança de nome e sexo/gênero a transexuais submetidos a cirurgias de transgenitalização, o Superior Tribunal de Justiça (STJ), no ano de 2017, em decisão tida como paradigmática (REsp 1.626.739), entendeu possível a alteração do nome e do sexo/gênero do transgênero em seus documentos de identificação pessoal, independentemente da realização de qualquer intervenção cirúrgica ou hormonal prévia. Tal decisão reveste-se de tamanha importância pois efetiva a compreensão de que os pleitos lastreados na transgeneridade não residem nas alterações físicas, mas sim na autopercepção da incongruência de gênero.

Pouco tempo depois, em 2018, o Supremo Tribunal Federal (STF), fortemente influenciado pela manifestação da Corte Interamericana de Direitos Humanos (CorteIDH) na Opinião Consultiva n. 24/17[27], julgou a ADI 4.275, com repercussão geral e força vinculante[28], reconhecendo o direito à alteração do prenome e sexo no registro civil pleiteado por pessoa transgênero sem a exigibilidade "de cirurgia de transgenitalização ou da realização de tratamentos hormonais ou patologizantes", mediante

---

[25] CUNHA, Leandro Reinaldo da. Identidade de gênero e a responsabilidade civil do Estado pela leniência legislativa. *Revista dos Tribunais*, São Paulo: RT, n. 962 p. 37-52, 2015.

[26] CUNHA, Leandro Reinaldo da. *Identidade e redesignação de gênero*: aspectos da personalidade, da família e da responsabilidade civil. 2. ed. rev. e ampl. Rio de Janeiro: Lumen Juris, 2018. p. 17.

[27] CUNHA, Leandro Reinaldo da. O posicionamento da Corte Interamericana de Direitos Humanos quanto à identidade de gênero. *Revista dos Tribunais*, São Paulo: RT, v. 107, n. 991, p. 227-244, maio 2018.

[28] Repercussão Geral 761 – Possibilidade de alteração de gênero no assento de registro civil de transexual, mesmo sem a realização de procedimento cirúrgico de redesignação de sexo. (*Leading case*: RE 670.422). O RE 670.422 foi julgado em 15 de agosto de 2018, confirmando o posicionamento adotado na ADI 4.275, fixando a tese: "i) O transgênero tem direito fundamental subjetivo à alteração de seu prenome e de sua classificação de gênero no registro civil, não se exigindo, para tanto, nada além da manifestação de vontade do indivíduo, o qual poderá exercer tal faculdade tanto pela via judicial como diretamente pela via administrativa; ii) Essa alteração deve ser averbada à margem do assento de nascimento, vedada a inclusão do termo 'transgênero'; iii) Nas certidões do registro não constará nenhuma observação sobre a origem do ato, vedada a expedição de certidão de inteiro teor, salvo a requerimento do próprio interessado ou por determinação judicial; iv) Efetuando-se o procedimento pela via judicial, caberá ao magistrado determinar de ofício ou a requerimento do interessado a expedição de mandados específicos para a alteração dos demais registros nos órgãos públicos ou privados pertinentes, os quais deverão preservar o sigilo sobre a origem dos atos". Vencido o Ministro Marco Aurélio na fixação da tese. Ausentes, nesse julgamento, o Ministro Gilmar Mendes e, justificadamente, a Ministra Cármen Lúcia (Presidente). Presidiu o julgamento o Ministro Dias Toffoli (Vice-Presidente). Plenário, 15.08.2018.

a sua "autoidentificação firmada em declaração escrita desta sua vontade (...) pela via administrativa ou judicial, independentemente de procedimento cirúrgico e laudos de terceiros, por se tratar de tema relativo ao direito fundamental ao livre desenvolvimento da personalidade"[29].

Importante notar que mesmo na ementa da ADI 4.275 encontram-se equívocos técnicos referentes aos elementos da sexualidade, como o tratamento das expressões sexo e gênero como sinônimas, firmando, no início, tratar-se de "alteração do prenome e do *sexo*" e, na sequência, afirma haver um "direito fundamental subjetivo à alteração do prenome e da classificação de *gênero* no registro civil".

Na esteira da decisão do Supremo Tribunal Federal (STF) na ADI 4.275, o Conselho Nacional de Justiça (CNJ) elaborou o Provimento n. 73 (28 de julho de 2018), que "dispõe sobre a averbação da alteração do prenome e do gênero nos assentos de nascimento e casamento de pessoa transgênero no Registro Civil das Pessoas Naturais (RCPN)". Nota-se mais uma vez a utilização da expressão gênero no lugar de sexo.

Em linhas gerais, o provimento estabelece que a alteração do "prenome" e do "gênero" (sic) pode ser solicitada por maiores de 18 anos habilitados para a prática dos atos da vida civil (art. 2º)[30], sem a necessidade de autorização judicial, diretamente perante o Registro Civil das Pessoas Naturais (art. 3º)[31], baseado meramente na autodeclaração do interessado (art. 4º)[32] e, portanto, independentemente da comprovação de realização de cirurgia de redesignação, tratamento hormonal prévio, laudo médico ou psicológico (art. 4º, § 1º).

Quanto ao nome, há ainda a permissão de inclusão ou exclusão de agnomes (Filho, Neto, Sobrinho) indicativos de gênero e descendência (art. 2º, § 1º), vedando que a mudança do sobrenome ou a utilização de prenome venha a ensejar homonímia com outro membro da família (art. 2º, § 2º). Há ainda a previsão de que a alteração venha a ser desconstituída pelo juiz corregedor permanente ou pela via judicial (art. 2º, § 3º), sem qualquer menção expressa acerca de prazo mínimo para que seja feito tal pedido ou mesmo quantas vezes poderá ser feito.

O pedido há de ser formulado por escrito, conforme modelo trazido no anexo do provimento, indicando a qualificação do requerente (art. 4º, § 2º), sua assinatura (a ser aposta na presença do registrador – art. 4º, § 3º) e documentos a serem apresentados

---

[29] Decisão: O Tribunal, por maioria, vencidos, em parte, os Ministros Marco Aurélio e, em menor extensão, os Ministros Alexandre de Moraes, Ricardo Lewandowski e Gilmar Mendes, julgou procedente a ação para dar interpretação conforme a Constituição e o Pacto de São José da Costa Rica ao art. 58 da Lei 6.015/73, de modo a reconhecer aos transgêneros que assim o desejarem, independentemente da cirurgia de transgenitalização, ou da realização de tratamentos hormonais ou patologizantes, o direito à substituição de prenome e sexo diretamente no registro civil. Impedido o Ministro Dias Toffoli. Redator para o acórdão o Ministro Edson Fachin. Presidiu o julgamento a Ministra Cármen Lúcia. Plenário, 01.03.2018.

[30] Art. 516 do Código Nacional de Normas da Corregedoria Nacional de Justiça do Conselho Nacional de Justiça – Foro Extrajudicial (CNN/CN/CNJ-Extra), que incorporou o conteúdo do Provimento n. 73 do CNJ.

[31] Art. 517 do Código Nacional de Normas da Corregedoria Nacional de Justiça do Conselho Nacional de Justiça – Foro Extrajudicial (CNN/CN/CNJ-Extra), que incorporou o conteúdo do Provimento n. 73 do CNJ.

[32] Art. 518 do Código Nacional de Normas da Corregedoria Nacional de Justiça do Conselho Nacional de Justiça – Foro Extrajudicial (CNN/CN/CNJ-Extra), que incorporou o conteúdo do Provimento n. 73 do CNJ.

(art. 4º, § 6º)[33], além da declaração de que inexiste pleito judicial em andamento com o objetivo de alteração de nome ou sexo que tenha por objetivo a mesma alteração ali requerida (art. 4º, § 4º). Havendo processo judicial, a via administrativa fica condicionada à comprovação de arquivamento (art. 4º, § 5º).

A existência de ações judiciais de qualquer natureza ou débitos pendentes não impede as alterações pretendidas, cabendo ao Registro Civil das Pessoas Naturais o dever de comunicar aos juízos e órgãos competentes as mudanças realizadas (art. 4º, § 9º).

As alterações gozam de natureza sigilosa (art. 5º)[34], de sorte que não poderão constar "das certidões dos assentos, salvo por solicitação da pessoa requerente ou por determinação judicial, hipóteses em que a certidão deverá dispor sobre todo o conteúdo registral".

Caso o registrador suspeite de fraude, falsidade, má-fé, vício de vontade ou simulação quanto ao desejo real do requerente (art. 6º)[35], poderá recusar-se a efetivar as mudanças requeridas, encaminhando o pleito ao juiz corregedor permanente.

Acolhido o pedido, o ofício haverá de comunicar as alterações ocorridas aos diversos órgãos expedidores de documentos (RG, CPF, título de eleitor e passaporte), bem como demais registros que digam respeito, direta ou indiretamente, à sua identificação (art. 8º, § 1º)[36].

Importante se consignar que o Provimento n. 73 do Conselho Nacional de Justiça (CNJ) foi revogado pelo Provimento n. 149/2023, que criou o Código Nacional de Normas da Corregedoria Nacional de Justiça do Conselho Nacional de Justiça – Foro Extrajudicial (CNN/CN/CNJ-Extra). Em verdade, o código incorporou o conteúdo do provimento, trazendo-o a partir do art. 516[37], com alguns acréscimos e alterações relevantes.

---

[33] Segundo o Provimento n. 73 do CNJ, são exigidos, no ato do requerimento (§ 6º), sob pena de inviabilizar o pleito (§ 8º), os seguintes documentos: "I – certidão de nascimento atualizada; II – certidão de casamento atualizada, se for o caso; III – cópia do registro geral de identidade (RG); IV – cópia da identificação civil nacional (ICN), se for o caso; V – cópia do passaporte brasileiro, se for o caso; VI – cópia do cadastro de pessoa física (CPF) no Ministério da Fazenda; VII – cópia do título de eleitor; IX – cópia de carteira de identidade social, se for o caso; X – comprovante de endereço; XI – certidão do distribuidor cível do local de residência dos últimos cinco anos (estadual/federal); XII – certidão do distribuidor criminal do local de residência dos últimos cinco anos (estadual/federal); XIII – certidão de execução criminal do local de residência dos últimos cinco anos (estadual/federal); XIV – certidão dos tabelionatos de protestos do local de residência dos últimos cinco anos; XV – certidão da Justiça Eleitoral do local de residência dos últimos cinco anos; XVI – certidão da Justiça do Trabalho do local de residência dos últimos cinco anos; XVII – certidão da Justiça Militar, se for o caso".
Faculta-se, ainda, a possibilidade de acostar ao requerimento (§ 7º): "I – laudo médico que ateste a transexualidade/travestilidade; II – parecer psicológico que ateste a transexualidade/travestilidade; III – laudo médico que ateste a realização de cirurgia de redesignação de sexo".

[34] Art. 519 do Código Nacional de Normas da Corregedoria Nacional de Justiça do Conselho Nacional de Justiça – Foro Extrajudicial (CNN/CN/CNJ-Extra), que incorporou o conteúdo do Provimento n. 73 do CNJ.

[35] Art. 520 do Código Nacional de Normas da Corregedoria Nacional de Justiça do Conselho Nacional de Justiça – Foro Extrajudicial (CNN/CN/CNJ-Extra), que incorporou o conteúdo do Provimento n. 73 do CNJ.

[36] Art. 522 do Código Nacional de Normas da Corregedoria Nacional de Justiça do Conselho Nacional de Justiça – Foro Extrajudicial (CNN/CN/CNJ-Extra), que incorporou o conteúdo do Provimento n. 73 do CNJ.

[37] A equivalência dos artigos foi indicada nas notas de rodapé quando da indicação de seu conteúdo no Provimento n. 73.

O art. 517 do Código Nacional de Normas da Corregedoria Nacional de Justiça do Conselho Nacional de Justiça – Foro Extrajudicial (CNN/CN/CNJ-Extra) alterou o que havia anteriormente no art. 3º do Provimento n. 73 do Conselho Nacional de Justiça (CNJ), estabelecendo a liberdade de que o pleito seja realizado perante qualquer Registro Civil das Pessoas Naturais, determinando que, caso tenha sido em cartório diverso daquele em que se deu o registro originalmente, o pedido deverá ser enviado, por meio do módulo e-Protocolo da Central de Informações de Registro Civil das Pessoas Naturais – CRC, ao ofício em que o assento foi lavrado para, se for o caso, realizar os atos pertinentes (anteriormente havia a previsão de que esse pleito fosse feito, preferencialmente, no cartório em que o assento fora lavrado, e encaminhá-lo ao oficial competente correria às custas do requerente).

Já o art. 518 do Código Nacional de Normas da Corregedoria Nacional de Justiça do Conselho Nacional de Justiça – Foro Extrajudicial (CNN/CN/CNJ-Extra) acrescentou dois novos parágrafos ao que dispunha o art. 4º do Provimento n. 73 do Conselho Nacional de Justiça (CNJ), afirmando que "equipara-se a atos presenciais os realizados eletronicamente perante o RCPN na forma do § 8º do art. 67 da Lei n. 6.015, de 31 de dezembro de 1973" (§ 4º-A), além da possibilidade da substituição de alguns dos documentos exigidos em caso de brasileiro naturalizado (§ 7º-A). Houve, ainda, um acréscimo no § 9º impondo ao requerente que custeie a comunicação aos juízos e órgãos competentes, preferencialmente por meio eletrônico.

Essa mudança final revela-se preocupante e contrária ao entendimento exarado no item 171, *a*, da Opinião Consultiva n. 24/17 da Corte Interamericana de Direitos Humanos (CorteIDH) quando traz suas conclusões finais, considerando a deficitária condição econômica apresentada pela maioria das pessoas transgênero[38]. Qualquer tipo de oneração pecuniária à pessoa transgênero pode configurar um obstáculo para a efetivação da alteração documental.

Outra novidade trazida pelo Código Nacional de Normas da Corregedoria Nacional de Justiça do Conselho Nacional de Justiça – Foro Extrajudicial (CNN/CN/CNJ-Extra) consta do art. 518-A, que prevê a possibilidade de o pedido ser realizado perante autoridade consular brasileira, determinando haver de se seguir o procedimento previsto no próprio código.

O art. 522 do Código Nacional de Normas da Corregedoria Nacional de Justiça do Conselho Nacional de Justiça – Foro Extrajudicial (CNN/CN/CNJ-Extra) alterou o que havia anteriormente no art. 8º do Provimento n. 73 do Conselho Nacional de Justiça (CNJ), que previa que a comunicação aos órgãos expedidores de documentos, como RG, CPF, título de eleitor e passaporte, se desse às expensas do requente, determinando agora que essa se dê sem qualquer custo[39], em determinação de extrema relevância, considerando, como indicado no comentário ao art. 519, § 9º, a baixa renda da maioria das pessoas transgênero.

---

[38] O tema será abordado com maior atenção no Capítulo 15 (Direito do trabalho).

[39] O art. 522 traz outras novidades que serão analisadas a seguir, quando da discussão acerca da possibilidade da alteração das informações em documentos de terceiros.

Nos detivemos longamente na análise do Provimento n. 73 do Conselho Nacional de Justiça (CNJ) e do Código Nacional de Normas da Corregedoria Nacional de Justiça do Conselho Nacional de Justiça – Foro Extrajudicial (CNN/CN/CNJ-Extra) em face do fato de que, ante a leniência legislativa[40] vigente, o disposto no provimento é o que mais se aproxima de uma legislação sobre o tema[41].

Contudo, não se pode olvidar que existem situações que não estão abarcadas pelos limites trazidos pelo regramento existente no Código Nacional de Normas da Corregedoria Nacional de Justiça do Conselho Nacional de Justiça – Foro Extrajudicial (CNN/CN/CNJ-Extra), como é a hipótese do pleito de alteração documental por pessoa transgênero que ainda não tem 18 anos. E nesse ponto retornamos, mais uma vez, à já tradicional leniência legislativa do Estado[42].

Segue em aberto a resposta a questionamentos básicos, como: há a necessidade de manifestação dos pais quando a pessoa transgênero tiver mais de 16 anos ou for emancipada? Bastaria a manifestação de ambos os pais ou de apenas um deles? Qual posicionamento prevalece em caso de discordância dos pais?[43]

Ainda que não haja qualquer previsão legislativa expressa, a caracterização da identidade de gênero autopercebida da pessoa transgênero impõe que seja autorizada a mudança de seu prenome e sexo nos documentos ao tempo em que ela for verificada, mesmo quando menor de 18 anos. Uma vez constatada a transgeneridade, há de se garantir a quem não atingiu os 18 anos os mesmos direitos previstos a quem já atingiu esse patamar etário, lastreado não só na igualdade, mas também em todos os benefícios que tal conduta pode trazer àquela pessoa, arrimado no princípio da dignidade da pessoa humana e no respeito aos direitos da personalidade, do melhor interesse e da autonomia, que protegem crianças e adolescentes[44].

Ante o não implemento dos requisitos legais a conferir a capacidade, é necessário que o pleito de alguém com menos de 18 anos se dê mediante assistência ou representação dos pais ou responsável (salvo se emancipado), cabendo, em caso de oposição destes, que requeira judicialmente a designação de um curador especial visando a propositura da ação.

Finalmente, é relevante trazer que um dos grandes medos incutidos pelos opositores ao reconhecimento dos direitos das pessoas transgênero na sociedade é que

---

[40] CUNHA, Leandro Reinaldo da. Identidade de gênero e a responsabilidade civil do Estado pela leniência legislativa. *Revista dos Tribunais*, São Paulo: RT, n. 962 p. 37-52, 2015.

[41] Dados da Associação Nacional dos Registradores de Pessoas Naturais (Arpen-Brasil) indicam que 3.908 pessoas trans ou não binárias conseguiram atualizar seus documentos entre janeiro e 10 de dezembro de 2023. Disponível em: https://oglobo.globo.com/brasil/noticia/2023/12/27/mudancas-de-genero-em-cartorio-crescem-246 percent-em-cinco-anos-e-batem-recorde-apos-decisao-do-stf.ghtml. Acesso em: 24 jan. 2024.

[42] CUNHA, Leandro Reinaldo da. Identidade de gênero e a responsabilidade civil do Estado pela leniência legislativa. *Revista dos Tribunais*, São Paulo: RT, n. 962 p. 37-52, 2015.

[43] CUNHA, Leandro Reinaldo da. *Identidade e redesignação de gênero*: aspectos da personalidade, da família e da responsabilidade civil. 2. ed. rev. e ampl. Rio de Janeiro: Lumen Juris, 2018. p. 103.

[44] Disponível em: https://www.tjce.jus.br/noticias/justica-estadual-determina-retificacao-de-registro-civil-para-adolescente-transexual/.

elas seriam apenas pessoas desajustadas, perversas e depravadas que buscariam a alteração do nome e sexo nos documentos com fins espúrios, como o de poder acessar espaços tidos como unissexuais com o fim de praticar atos visando satisfazer sua "doença", o que é totalmente despropositado, carente de fundamento e expressão inconteste de preconceito.

Esse discurso de ódio não se baseia em nenhum dado, sendo lastreado apenas no preconceito e no desejo de dizimar essa minoria sexual. Inexistem indícios "de aumento de casos de estupros ou qualquer violência sexual praticadas por mulheres trans contra mulheres cis em espaços segregados por gênero ou aqueles utilizados conjuntamente"[45].

Acima de tudo, é vital que se tenha muito claro que a "autodeclaração de gênero é um Direito Humano que independe da anuência estatal", o que faz com que se determine que todos devam respeitar a identidade de gênero da pessoa transgênero em toda a sua amplitude e segundo todos os seus desdobramentos, já que o respeito à dignidade da pessoa humana não admite mitigações discriminatórias, havendo de se sobrepor a qualquer intento de se restringir o acesso aos direitos básicos garantidos a todo ser humano apenas pelo fato de ele não se inserir nos parâmetros da cisgeneridade[46].

Com isso, é direito da pessoa transgênero ver seu nome e sexo alterados em seus documentos de identificação pessoal, em homenagem aos direitos humanos, fundamentais e da personalidade.

5.1.1. A impropriedade técnica da mudança do gênero no documento

Por mais estranho que possa parecer, com base em tudo o que já se apresentou na presente obra, não posso me furtar da tecnicidade que pauta o estudo que desenvolvo, o que exige discorrer sobre a impropriedade de se alterar a informação do gênero nos documentos.

Quando se discorre sobre a transgeneridade, se está focando na identidade de gênero, e não no sexo. E, não fosse a confusão estabelecida em nosso país quanto ao que encerra o conceito de sexo e de gênero, não restaria qualquer questionamento quanto à inadequação da mudança da informação relativa à sexualidade presente nos documentos de identificação pessoal. O mesmo se diga se o direito à intimidade fosse efetivamente respeitado e não houvesse a obrigação de ostentar informação tão personalíssima em documentos apresentados a todo momento às pessoas mais diversas.

Se a informação quanto ao sexo permanecesse restrita ao Registro Civil de Nascimento (RCN), e o acesso a ela apenas pudesse se dar mediante a demonstração de

---

[45] BENEVIDES, Bruna G. A autodeclaração de gênero de mulheres trans expõe mulheres cis a predadores sexuais? *Medium*, 28 fev. 2021. Disponível em: https://brunabenevidex.medium.com/a-autodeclara%C3%A7%C3%A3o-de-g%C3%AAnero-de-mulheres-trans-exp%C3%B5e-mulheres-cis-a-predadores-sexuais-11b27e1f-f85e. Acesso em: 8 jan. 2024.

[46] BENEVIDES, Bruna G. *Dossiê assassinatos e violências contra travestis e transexuais brasileiras em 2022*. Brasília: Distrito Drag, ANTRA, 2023. p. 67.

necessidade/interesse (por exemplo, para a identificação de indigente), em situação similar à que se dá nos diversos casos da mudança de nome, boa parte da celeuma estabelecida desapareceria.

De se notar que não se discute aqui o direito à autodeterminação da pessoa quanto aos parâmetros da sua sexualidade, mas sim o que consta expresso nos documentos.

A utilização de palavras atreladas ao gênero (masculino e feminino) para indicar o sexo da pessoa no campo destinado a esse fim faz com que a pessoa transgênero se veja compelida a pleitear a alteração desse dado em seus documentos a fim de que ele venha a indicar o seu gênero de pertencimento.

Segundo concepção estritamente técnica, o reconhecimento da identidade de gênero de uma pessoa não tem o condão de alterar o seu sexo, entendido como elemento amplo, que vai além do aspecto físico genital. A amplitude da compreensão do conceito de sexo, trazida no Capítulo 1, revela que este pode ser aferido segundo uma série de perspectivas distintas e seria pertinente que houvesse a indicação de qual delas haveria de constar do Registro Civil de Nascimento (RCN).

Essas falhas técnicas acabam desencadeando um efeito em cascata, como tem sido o pleito de que possa constar dos documentos a expressão "não binário", o que se tem previsto em provimentos de Tribunais de Justiça país afora[47] e vem sendo deferido em algumas decisões judiciais. Alarmante se constatar mais uma vez que tais impropriedades emanam justamente dos órgãos que exercem, ao fim e ao cabo, a jurisdição sobre os casos que versam sobre a identidade de gênero.

Como indicado no Capítulo 1, ao tratarmos do sexo em seu sentido estrito, é evidente que não há que se trabalhar com a binaridade, contudo, nesse alicerce da sexualidade, a expressão técnica para designar quem não se adequa às figuras clássicas do binarismo homem/macho ou mulher/fêmea é intersexo. Tem-se utilizado, nos estudos sobre a sexualidade, a expressão "não binário" para aquelas pessoas que não se entendem inseridas no contexto do feminino nem no do masculino, como uma hipótese de gênero e não de sexo.

Assim, é de se entender que a identidade de gênero reconhecida não deveria ter o condão de ensejar qualquer tipo de alteração documental, já que o gênero, ao menos nos termos da lei, não há de estar consignado em nenhum documento de identificação nacional, contudo o equívoco original de tratar sexo e gênero como sinônimos conduz a essa necessidade.

Dessa forma, mesmo reiterando de maneira veemente ser favorável à alteração documental quanto ao sexo em favor da pessoa transgênero, não posso ignorar que se trata de uma mudança que tecnicamente se mostra deslocada e não faz sentido, mas que se impõe como necessária para minorar todo o estigma, preconceito e discriminação impingidos a essa minoria tão vulnerabilizada.

---

[47] Tribunal de Justiça do Distrito Federal e Territórios (TJDFT), Tribunal de Justiça do Estado da Bahia (Provimento Conjunto n. 8 CGJ/CCI/2022-GSEC), Tribunal de Justiça do Rio Grande do Sul (Provimento n. 16/2022).

5.1.2. Alteração *post mortem* do prenome e sexo nos documentos

Ainda que o pleito de alteração do nome e sexo nos documentos seja um direito personalíssimo, dependente de manifestação da própria pessoa transgênero, faz-se necessário considerar a possibilidade da sua alteração *post mortem* quando essas pessoas não tenham logrado êxito em realizar a alteração em vida.

A primeira hipótese a ser considerada é aquela em que o pleito (judicial ou extrajudicial) já tenha sido formulado e a pessoa transgênero venha a falecer antes que ocorrera a alteração final do nome e/ou sexo nos documentos. Já tendo sido proferida a decisão, as alterações devem ser realizadas.

Se o processo ainda estiver tramitando, este haverá de prosseguir até o julgamento do pedido que, sendo favorável, gerará a alteração dos documentos conforme pleiteado pela pessoa transgênero, mesmo após o seu falecimento. Não cabe aqui a extinção do feito sem julgamento do mérito sob a alegação da perda do objeto, já que as alterações pleiteadas atingem aspectos do direito da personalidade que transpassam a vida, com repercussões após a morte da pessoa.

Não dar prosseguimento ao pleito formulado pela pessoa transgênero configura uma ofensa à personalidade e à memória do falecido, que pode ser perfeitamente atribuível ao Poder Judiciário ou ao oficial do cartório, pois o pedido poderia ter sido deferido tão logo foi formulado, ante sua natureza eminentemente potestativa, independente da manifestação de vontade de quem quer que seja. Tentativas de obstaculizar que o intento do falecido seja atingido configuram conduta discriminatória, passível de responsabilização tanto civil quanto penal.

Da mesma forma que o Estatuto da Criança e do Adolescente (ECA) prevê a possibilidade de adoção *post mortem*, retroagindo a filiação estabelecida à data da morte (art. 42, § 6º c/c art. 47, § 7º), e que sustentamos a figura do divórcio *post mortem*, em que o falecimento do cônjuge não importa em extinção do processo que há de ser julgado com efeitos retroativos[48], há de prosperar também a alteração do nome e sexo *post mortem* da pessoa transgênero.

Porém, é preciso considerar também a possibilidade de que a pessoa venha a utilizar-se de nome social em sua vida e ostente todos os caracteres externos associados ao seu gênero de pertencimento, mas não tenha tomado as medidas necessárias para a realização da alteração do prenome e sexo nos documentos em vida.

Nessa situação, mesmo ciente de que tais alterações gozam de natureza personalíssima e que dependem de pleito formulado pela própria pessoa transgênero, parece ser pertinente questionar quais foram os motivos que a impediram de formalizar o desejo de alteração do prenome e sexo nos documentos.

Se for possível demonstrar que havia o real desejo de alterar prenome e sexo nos documentos, mas que isso foi impossibilitado por motivos alheios à vontade da pessoa transgênero, como questões de cunho econômico, considerando os elevados custos

---

[48] CUNHA, Leandro Reinaldo da; ASSIS, Vivian S. Divórcio *post mortem*. *Revista dos Tribunais*. São Paulo: RT, v. 1004, p. 51-60, 2019.

para tais mudanças[49], é viável a alteração mesmo que a pessoa transgênero não tenha feito o pedido formal[50]. Nesse caso, o eventual patrimônio deixado pela pessoa transgênero há de ser utilizado para custear as alterações, precedendo a qualquer sorte de partilha de bens em favor dos herdeiros.

Nas hipóteses aqui descritas, em caso de deferimento, a mudança há de constar também na certidão de óbito da pessoa transgênero, fazendo com que tal documento venha a expressar os dados referentes ao seu prenome e gênero de pertencimento, retificando-a, se necessário.

De se notar que o tema segue sem atenção do nosso legislador, na leniência legislativa que caracteriza nosso Estado[51], mas já encontra algum respaldo na legislação alienígena, como se constata da determinação do Departamento de Saúde da cidade de Nova York, que, desde janeiro de 2020, prevê a possibilidade de se indicar um "X" na certidão de óbito no campo destinado ao sexo, independentemente do que consta dos documentos que a pessoa possui[52].

5.1.3. O novo RG (Carteira de Identidade Nacional - CIN)

Com o objetivo de superar o documento de identificação pessoal emitido por cada estado, o Governo Federal, em busca de uma uniformização e unicidade, criou a Carteira de Identidade Nacional (CIN), por meio do Decreto n. 10.977/2022. Seguindo sua tradicional trilha de descaso contra as pessoas transgênero, há a previsão de que da referida carteira constarão, expressamente, o nome social ao lado do nome civil, além da indicação do sexo (art. 11).

Tecnicamente, a concomitância da presença do nome civil e do nome social da pessoa transgênero no corpo do documento revela, desnecessariamente, a identidade de gênero daquela pessoa, pois estará evidenciada a existência de um prenome masculino e outro feminino (ou vice-versa), expondo incontestavelmente a identidade de gênero daquela pessoa. E a indicação do sexo tem o mesmo efeito de exposição desnecessária de aspecto personalíssimo relacionado à sexualidade, que se faz ofensivo a toda pessoa, mas ainda mais às pessoas transgênero.

---

[49] Que podem alcançar até R$ 1.000,00 em alguns Estados. Disponível em: https://oglobo.globo.com/brasil/noticia/2023/12/27/mudancas-de-genero-em-cartorio-crescem-246percent-em-cinco-anos-e-batem-recorde--apos-decisao-do-stf.ghtml. Acesso em: 24 jan. 2024.

[50] Em maio de 2022, em ação promovida pela Defensoria Pública do Rio de Janeiro, deferiu-se pela primeira vez decisão de retificação de prenome e sexo de pessoa transgênero após seu óbito, favorecendo uma jovem mulher transgênero que teve assegurada sua dignidade póstuma com alteração de registro de nascimento e óbito. No caso, a interessada havia se dirigido para participar de uma ação social visando a retificação, mas não concluiu sua inscrição por ter ficado em dúvida se alteraria o prenome para um simples (Samantha) ou composto, mas sem que houvesse qualquer dúvida quanto a sua condição de pessoa transgênero, nem sobre seu desejo de alterar seu prenome e sexo nos documentos. Disponível em: https://defensoria.rj.def.br/noticia/detalhes/18194-Defensoria-pede-retificacao-de-nome-e-genero-de-jovem-trans-falecida. Acesso em: 20 jan. 2024.

[51] CUNHA, Leandro Reinaldo da. Identidade de gênero e a responsabilidade civil do Estado pela leniência legislativa. *Revista dos Tribunais*, São Paulo: RT, n. 962 p. 37-52, 2015.

[52] Disponível em: https://www.nyc.gov/site/doh/about/press/pr2019/non-binary-gender-category-to-nyc-death-certificates.page. Acesso em: 3 set. 2023. (Tradução livre dos autores)

Tais elementos foram objeto de manifestações de repúdio tão logo se veiculou que estariam na nova Carteira de Identidade Nacional (CIN), tendo havido a declaração do Governo Federal, através do Ministério dos Direitos Humanos e Cidadania (MDH), em 18 de maio de 2023[53], de que seriam realizadas mudanças visando tonar a Carteira de Identidade Nacional (CIN) mais inclusiva, afirmando que não constariam do documento nem a presença simultânea de nome civil e nome social e tampouco o campo referente ao sexo.

Contudo, não foi isso que se verificou.

O Decreto n. 11.797 de 23 de novembro de 2023, que trata do Serviço de Identificação do Cidadão, destinado aos "procedimentos e operações de gestão e verificação da identidade das pessoas naturais, por meio dos dados de identificação e dos dados cadastrais, perante a administração pública federal direta, autárquica e fundacional" (art. 2º), afirma que esse documento será "utilizado para expedição da Carteira de Identidade pelos órgãos de identificação dos Estados e do Distrito Federal" e que entre os dados de identificação da pessoa natural estará a indicação de seu sexo (art. 8º, VII).

As Carteiras de Identidade Nacional (CIN) já expedidas apresentam de forma ostensiva tanto o nome civil ao lado do nome social quanto o sexo de seu portador, o que ensejou a instauração de inquérito civil pelo Ministério Público Federal para "apurar prejuízos à população LGBTQIA+ na expedição do referido documento, com a inclusão de campos que discriminam a identidade de pessoas transexuais, notadamente a inclusão do nome civil antes do nome social, em posição de destaque, e a inclusão do sexo biológico"[54].

O Tribunal Regional Federal da 1ª Região (TRF1)[55], ao se manifestar sobre a decisão da 13ª Vara Federal da Seção Judiciária do Distrito Federal (SJDF), afastou a determinação de retirada do campo "sexo" da Carteira de Identidade Nacional (CIN) e de unificação do nome (sem diferenciação entre o nome social e o nome registral), sob o argumento de que uma alteração no modelo posto traria um risco de interrupção/paralisação da emissão do documento.

É mais uma demonstração inconteste de que a burocracia se sobrepõe à vida e à dignidade das pessoas transgênero, revelando mais uma das facetas claras do nosso Estado Esquizofrênico[56], em que os formulários/padrões seguem sendo impostos sem que se pondere suas consequências. Ou seriam elas consideradas e ignoradas, já que vitimam uma minoria sexual? Parece ser mesmo uma escolha deliberada do Estado de perpetuar o genocídio[57] que se abate sobre as pessoas transgênero.

---

[53] Disponível em: https://www.gov.br/gestao/pt-br/assuntos/noticias/2023/maio/governo-anuncia-mudancas-para-tornar-carteira-de-identidade-mais-inclusiva. Acesso em: 3 jan. 2023.

[54] Disponível em: https://www.mpf.mp.br/ac/sala-de-imprensa/noticias-ac/mpf-apura-prejuizos-a-populacao-lgbtqia-em-decreto-que-prorrogou-prazo-para-emissao-de-novas-carteiras-de-identidade. Acesso em: 3 jan. 2023.

[55] TRF1, Processo 1022184-25.2024.4.01.0000.

[56] CUNHA, Leandro Reinaldo da. *Identidade e redesignação de gênero*: aspectos da personalidade, da família e da responsabilidade civil. 2. ed. rev. e ampl. Rio de Janeiro: Lumen Juris, 2018. p. 17.

[57] CUNHA, Leandro Reinaldo da. Genocídio trans: a culpa é de quem? *Revista Direito e Sexualidade*, Salvador, v. 3, n. 1, p. I-IV, 2022.

No caso específico do sexo, reitera-se que a sua indicação ostensiva nos documentos de identificação pessoal, acessível de forma irrestrita, não faz sentido, devendo ter o mesmo destino que teve a informação quanto à raça, a qual, apesar de constar na Declaração de Nascido Vivo (DNV), não se faz presente nos documentos pessoais, evitando consequências jurídicas indesejáveis[58]. Reitere-se que tampouco há qualquer sentido na indicação do gênero nos documentos, pois, além de não ser esse o marcador que a legislação determina que seja consignado nos documentos, trata-se de aspecto da sexualidade que está estampado na pessoa e é reconhecível socialmente.

A indicação de tais informações, tornando pública a transgeneridade da pessoa ante a reiterada apresentação de documentos pessoais nos mais distintos lugares, às mais diversas pessoas, é uma manifesta ofensa, impondo que ela constantemente se veja obrigada a enfrentar olhares e a dar explicações sobre a razão da incompatibilidade ali revelada[59], em exposição abusiva de sua intimidade.

5.1.4. Alteração em documentos de terceiros

Outro ponto relevante sobre as alterações documentais pleiteadas pela pessoa transgênero reside na possibilidade de que essa alteração venha a influenciar em documentos de terceiros, como na certidão de nascimento de filhos e netos, em documentos que compartilhem com esses terceiros (certidão de casamento) e naqueles que não são pessoais, mas trazem informações suas (matrícula de imóveis).

Seguindo o padrão, também convivemos com a leniência legislativa[60], surgindo novamente como o mais próximo a uma regulamentação sobre o tema a manifestação do Conselho Nacional de Justiça (CNJ) na Resolução n. 149/2023 (Código Nacional de Normas da Corregedoria Nacional de Justiça do Conselho Nacional de Justiça – Foro Extrajudicial [CNN/CN/CNJ-Extra]), como já o fazia a Resolução n. 73 do Conselho Nacional de Justiça (CNJ).

O § 1º do art. 522 do Código Nacional de Normas da Corregedoria Nacional de Justiça do Conselho Nacional de Justiça (CNJ) – Foro Extrajudicial (CNN/CN/CNJ-Extra) determina que cabe ao requerente "providenciar a alteração nos demais registros que digam respeito, direta ou indiretamente, a sua identificação e nos documentos pessoais", o que pode incidir em documento alheios ou de interesse de terceiros.

Na sequência, com redação dada pelo Provimento n. 152, de 26 de setembro de 2023, o § 2º do art. 522 trata da alteração no registro de nascimento dos descendentes do requerente, determinando que esta "dependerá da anuência deles quando relativamente capazes ou maiores, bem como da autorização de ambos os pais, no caso de serem menores", e, no caso do registro de casamento ou de união estável, o § 3º afirma que ela dependerá da anuência do cônjuge ou companheiro. Conclui asseverando que,

---

[58] BORRILLO, Daniel. O sexo e o direito: a lógica binária dos gêneros e a matriz heterossexual da lei. *Meritum – Revista de Direito da Universidade Fumec*, Belo Horizonte: Universidade Fumec, v. 5, n. 2, jul.-dez. 2010. p. 315.

[59] GARCÍA DE SOLAVAGIONE, Alicia. *Transexualismo*: analisis jurídico y soluciones registrales. Córdoba: Avocatus, 2008. p. 147.

[60] CUNHA, Leandro Reinaldo da. Identidade de gênero e a responsabilidade civil do Estado pela leniência legislativa. *Revista dos Tribunais*, São Paulo: RT, n. 962 p. 37-52, 2015.

em caso de discordância dos pais, do cônjuge ou do companheiro quanto à averbação, o consentimento deverá ser suprido judicialmente (§ 4º), reconhecendo a importância da adequação informacional.

Em que pese não haver menção expressa no Código Nacional de Normas da Corregedoria Nacional de Justiça do Conselho Nacional de Justiça – Foro Extrajudicial (CNN/CN/CNJ-Extra), é pertinente que a pessoa transgênero requeira a adequação dos dados pessoais em outros documentos, como em matrícula de imóveis em que conste seu nome, ficando arquivada a mudança de nome em caso de demonstração da necessidade de acesso a tal informação, sem que seja pública, diante da natureza sensível de tais dados, que gozam de proteção da Lei Geral de Proteção de Dados (LGPD).

Também pode requerer que no Protesto de Títulos e Outros Documentos de Dívida se consigne a mudança de nome, sendo garantida a mesma proteção à intimidade e aos dados sensíveis.

5.2. Imagem, honra e privacidade

Ainda em sede de direitos da personalidade, é possível tratar da proteção à imagem, à honra, à boa fama, além da privacidade, nos termos descritos nos arts. 20 e 21 do Código Civil.

Sendo os direitos da personalidade inerentes a toda pessoa humana, é indispensável que sejam reconhecidos às pessoas transgênero, dando eficácia aos direitos humanos (como declarado, por exemplo, na Declaração Universal dos Direitos Humanos, no Pacto Internacional dos Direitos Civis e Políticos e na Convenção Americana de Direitos Humanos) e aos direitos fundamentais, como determina a Constituição Federal.

5.2.1. Dano à imagem e à honra

O direito à imagem, entendido como a "prerrogativa de controlar o uso e reprodução" de quaisquer dos "atributos físicos que tornam reconhecível o indivíduo"[61], é tema que goza de relevância diferenciada quando se consideram as pessoas transgênero.

Não me aterei às discussões genéricas relacionadas ao direito à imagem, mas sim a questões especificamente afeitas à identidade de gênero da pessoa transgênero.

A concepção do que seja uma pessoa transgênero está presente no inconsciente popular como algo inusitado, sendo a imagem dessa pessoa objeto de curiosidade em face do seu distanciamento dos padrões da normalidade, o que pode ocasionar uma exposição indevida do indivíduo em decorrência de sua transgeneridade.

Por estar inserida no espectro do que é socialmente considerado "anormal", a imagem da pessoa transgênero gera uma curiosidade que não se constata com relação a quem é cisgênero, fazendo com que situações ordinárias ganhem outro *status* quando relacionadas a quem tenha a transgeneridade impressa em si, independentemente do grau de passabilidade[62] que venha a possuir.

---

[61] MIRAGEM, Bruno. *Teoria geral do direito civil*. Rio de Janeiro: Forense, 2021. p. 193.

[62] Tema tratado com maior profundidade no Capítulo 2 (Transição física e saúde da pessoa transgênero).

A baixa passabilidade atrai a atenção em razão da constatação imediata da transgeneridade estampada naquilo que está sendo externalizado pela pessoa transgênero, o que pode gerar a exploração indevida da imagem daquela pessoa exatamente com o fulcro de expor essa inconformidade. Já a passabilidade elevada, exatamente em razão do alto grau de compatibilidade entre o expressado fisicamente e o gênero de pertencimento, conduz a um "espanto", que pode culminar em ofensa ao direito à imagem.

Seja por ter sua transgeneridade evidente ou por ser ela imperceptível, a pessoa transgênero acaba sendo vítima de preconceito e discriminação ante a ofensa ao seu direito à imagem. Sua identidade de gênero dissonante instiga os demais de tal maneira que faz com que se sintam compelidos por uma necessidade de que a imagem daquele "unicórnio" seja compartilhada, em conduta manifestamente abusiva.

Nesse sentido, pode-se colacionar caso em que o Exército Brasileiro acabou condenado à indenização no importe de R$ 60.000,00 (sessenta mil reais) em favor de uma mulher transgênero que foi fotografada "clandestinamente quando compareceu no quartel para fins de alistamento militar" e teve sua imagem compartilhada junto do certificado de dispensa do alistamento militar, em manifesta violação ao seu direito à imagem (TRF-3ª Região, Apelação 0049184-73.2015.4.03.6144).

Não só o uso indevido da imagem da pessoa transgênero pode caracterizar ofensa aos direitos da personalidade, já que estes encerram em si também a proteção à honra, a qual pode ser entendida segundo sua manifestação subjetiva (a estima que a pessoa tem por si mesma, pela preservação e resguardo de seus atributos associados à moralidade e ao caráter) ou objetiva (o reconhecimento daqueles atributos pela coletividade, como também a preservação de que lhe sejam atribuídas qualidades ou características que possam conflitar com as que efetivamente possui)[63], essa última também associada às ideias de reputação, respeitabilidade ou boa fama.

Ante o preconceito, o estigma e a discriminação que recaem sobre as pessoas transgênero, elementos como honra, respeitabilidade, reputação e boa fama são reiteradamente atingidos, cabendo, como se dá de forma ampla quando da proteção dos direitos da personalidade, a cessação em caso de ameaça e a reparação quando efetivado o dano, conforme descrito no art. 12 do Código Civil, além das repercussões de cunho penal[64].

Restringindo-se, nesse momento, aos aspectos vinculados à responsabilidade civil dos ataques à honra (em sentido amplo), esta pode ser configurada ao se indicar alguém como pessoa transgênero, independentemente de ser efetivamente ou não, com o intuito de com isso ofender, atrelado a alguma conotação pejorativa.

Reitera-se aqui que não se trata de uma apreciação se a pessoa é ou não transgênero ou se a atribuição de tal condição a ela importa efetivamente em algo reprovável, já que o elemento a ser aferido é o *animus*, a intenção de ofender, de que tal

---

[63] MIRAGEM, Bruno. *Teoria geral do direito civil*. Rio de Janeiro: Forense, 2021. p. 193.

[64] Os aspectos penais são analisados no Capítulo 19 (Direito Penal), item 19.2.

afirmação atinja a estima da pessoa por si mesma ou a consideração que a sociedade nutre por ela.

5.2.2. Direito à privacidade/intimidade e ao esquecimento

Outro dos direitos inerentes à condição humana é o direito à privacidade, que comporta toda a amplitude de aspectos da vida da pessoa que se insere fora do âmbito público e que ela deseja manter restrito ou oculto do conhecimento geral[65]. Trata-se de uma gama de elementos que podem ser resguardados pela pessoa, passíveis de proteção contra a exposição não autorizada, pois ninguém é "obrigado a dar publicidade de todos os atos e aspectos da sua vida pessoal para a sociedade"[66].

No núcleo do direito à privacidade pode-se vislumbrar um espaço ainda mais específico e restrito, denominado de direito à intimidade, no qual se inserem aspectos ainda mais reservados da pessoa, concernentes apenas a ela, e cujo acesso, quando não vedado a todos, é conferido somente a um grupo muito restrito de escolhidos.

Inseridos na intimidade encontram-se "segredos, verdades, anseios ou desejos"[67] relativos ao seu próprio "eu", sendo a proteção da privacidade prevista também na Constituição Federal como um direito fundamental (art. 5º, X). Contudo, essa proteção acaba sendo, na prática, afastada ou convenientemente ignorada, quando atrelada às pessoas transgênero.

A condição de integrante das minorias sexuais insere as pessoas transgênero num universo obscuro em que direitos e garantias fundamentais podem ser relegados a uma proteção insuficiente, sendo-lhes imposta a exposição de aspectos associados a questões personalíssimas como se fossem obrigadas a isso.

No entanto, a pessoa transgênero não é obrigada a expor socialmente sua transgeneridade a quem quer que seja, estando esta acolhida entre os direitos à privacidade e à intimidade, passíveis de serem oposto a qualquer pessoa, até mesmo membros de seu convívio[68].

Como já mencionado, a previsão de que, por exemplo, conste da Carteira de Identidade Nacional (CIN) concomitantemente o nome civil e o nome social da pessoa transgênero é uma manifesta ofensa à sua intimidade, não sendo admissível a determinação de que sua transgeneridade seja revelada pela aposição dos dois prenomes. Da mesma forma, a indicação do sexo no mesmo documento revela-se uma exposição da intimidade para todas as pessoas (já que, em tese, indica a sua estrutura genital), mas com contornos ainda mais delicados para as pessoas transgênero[69].

---

[65] ARAUJO, Luiz Alberto David; NUNES JÚNIOR, Vidal Serrano. *Curso de direito constitucional*. 12. ed. rev. e atual. São Paulo: Saraiva, 2008. p. 151.

[66] CUNHA, Leandro Reinaldo da. *Identidade e redesignação de gênero*: aspectos da personalidade, da família e da responsabilidade civil. 2. ed. rev. e ampl. Rio de Janeiro: Lumen Juris, 2018. p. 161.

[67] CUNHA, Leandro Reinaldo da. *Identidade e redesignação de gênero*: aspectos da personalidade, da família e da responsabilidade civil. 2. ed. rev. e ampl. Rio de Janeiro: Lumen Juris, 2018. p. 161.

[68] No Capítulo 7 (Direito de família e relacionamentos amorosos) discorro sobre a não obrigatoriedade de se revelar a identidade de gênero ao cônjuge/companheiro.

[69] Tal situação foi objeto de inquérito civil, como mencionado anteriormente, ao tratar do "novo RG".

Considerando que a proteção da privacidade/intimidade está respaldada nos direitos da personalidade, cabe ao interessado a possibilidade, nos termos do art. 12 do Código Civil, do pleito requerendo a cessação da ameaça de sua violação ou a indenização em caso de dano.

Associado a esse contexto, é pertinente discorrer sobre o direito ao esquecimento, sob a perspectiva primal de preservação da intimidade, garantindo que o passado da pessoa transgênero seja mantido no seu lugar histórico, sem incidir como um gravame na sua existência atual, fazendo com que as situações pretéritas não sejam reconduzidas para o presente.

No que concerne à pessoa transgênero, é essencial, para que possa viver de forma digna, livre dos estigmas e preconceitos socialmente impostos à transgeneridade, que a sua existência, que antecedeu o momento em que externalizou sua identidade de gênero, seja relegada ao passado.

Não se está aqui a tratar de um esquecimento que teria sido supostamente banido[70] pelo Supremo Tribunal Federal (STF) no julgamento do RE 1.010.606, no *leading case* do Tema 786 ("Aplicabilidade do direito ao esquecimento na esfera civil quando for invocado pela própria vítima ou pelos seus familiares"), que se restringiu a vedar o "poder de obstar, em razão da passagem do tempo, a divulgação de fatos ou dados verídicos e licitamente obtidos e publicados em meios de comunicação social analógicos ou digitais", referindo-se, portanto, apenas a situações que versem sobre (a) fatos ou dados, (b) que sejam verídicos, (c) obtidos de maneira lícita, e que (d) tenham sido publicados em meios de comunicação[71].

Similar ao que se dá em casos de adoção, em que seus dados estão acobertados pelo sigilo, sem que ninguém questione a coerência de se resguardar a intimidade, há de se conferir o mesmo tratamento às pessoas transgênero.

A pessoa transgênero tem garantido, tanto na Constituição Federal quanto no Código Civil, o direito de proteger sua intimidade e não tornar pública a todos, de forma direta ou indireta, sua transgeneridade, o que se sobrepõe a um eventual direito à informação, à boa-fé contratual ou qualquer outro que seja.

O sigilo do processo de alteração do nome e sexo nos documentos é expressão desse direito, contudo, tal proteção é logo ignorada com a possibilidade prática de que as informações do passado sejam acessadas, por exemplo, com a simples comparação de dados disponíveis associados ao seu número de inscrição no Cadastro de Pessoa

---

[70] SARLET, Ingo Wolfgang. O 'direito ao esquecimento' por ora não foi e nem deve ser olvidado. *Consultor Jurídico*, 17 mar. 2024. Disponível em: https://www.conjur.com.br/2024-mar-17/o-direito-ao-esquecimento-por-ora-nao-foi-e-nem-deve-ser-olvidado/. Acesso em: 17 mar. 2024.

[71] É incompatível com a Constituição a ideia de um direito ao esquecimento, assim entendido como o poder de obstar, em razão da passagem do tempo, a divulgação de fatos ou dados verídicos e licitamente obtidos e publicados em meios de comunicação social analógicos ou digitais. Eventuais excessos ou abusos no exercício da liberdade de expressão e de informação devem ser analisados caso a caso, a partir dos parâmetros constitucionais – especialmente os relativos à proteção da honra, da imagem, da privacidade e da personalidade em geral – e das expressas e específicas previsões legais nos âmbitos penal e cível.

Física (CPF), o que torna necessário o pleito de exclusão de páginas da internet ou adequação de conteúdo visando a efetiva proteção ao direito à intimidade de pessoas transgênero[72].

É inafastável o direito à omissão, resguardo ou proteção das informações que precedem à exposição social da sua identidade de gênero como consequência do direito de ver preservada não só sua intimidade, mas também sua integridade[73], viabilizando sua efetiva integração social, minorando a incidência de preconceitos e discriminações, a fim de se efetivar o princípio essencial da dignidade da pessoa humana[74].

Importante não se ignorar que tanto a tutela da privacidade quanto o direito ao esquecimento já foram objeto de atenção das Jornadas de Direito Civil do Conselho de Justiça Federal, nos enunciados n. 404[75] e 531[76], nos quais se reconheceu que devem ser protegidos, sob pena de ofensa ao princípio da dignidade da pessoa humana. É imprescindível que as pessoas transgênero não tenham sua privacidade e intimidade ignoradas, nem mesmo que as informações referentes a uma vida que já não é mais a sua acabem sendo utilizadas para fins discriminatórios.

Em sentido contrário, não garantir a inviolabilidade do direito à privacidade e à intimidade, como também o acesso ao direito ao esquecimento, exporá a pessoa transgênero novamente aos riscos que julgava superados ao atingir algum nível de passabilidade (documental e/ou física). Preconceito, discriminação e ofensas físicas continuarão permeando a vida da pessoa transgênero, impedindo que ela possa atingir uma vida mais próxima da experienciada pelas pessoas cisgênero, mantendo-a sob os gravames de viver em uma sociedade tão perigosa às pessoas transgênero.

Por fim, é importante que se reitere que o Supremo Tribunal Federal (STF) assevera que apenas uma forma específica de direito ao esquecimento é que se mostra incompatível com as premissas constitucionalmente estabelecidas[77], e não é essa a hipótese que há de ser garantida às pessoas transgênero, de sorte que não existe qualquer manifestação do tribunal constitucional vedando a aplicação do direito ao esquecimento nas bases solicitadas por aquele que quer ver sua identidade de gênero respeitada.

---

[72] A remoção ou adequação de informações constantes em sites será objeto de apreciação no Capítulo 12 (Lei Geral de Proteção de Dados (LGPD)).

[73] CUNHA, Leandro Reinaldo da. *Identidade e redesignação de gênero*: aspectos da personalidade, da família e da responsabilidade civil. 2. ed. rev. e ampl. Rio de Janeiro: Lumen Juris, 2018. p. 165.

[74] ARAUJO, Luiz Alberto David. *A proteção constitucional do transexual*. São Paulo: Saraiva, 2000. p. 140.

[75] Enunciado n. 404: "A tutela da privacidade da pessoa humana compreende os controles espacial, contextual e temporal dos próprios dados, sendo necessário seu expresso consentimento para tratamento de informações que versem especialmente o estado de saúde, a condição sexual, a origem racial ou étnica, as convicções religiosas, filosóficas e políticas".

[76] Enunciado n. 531: "A tutela da dignidade da pessoa humana na sociedade da informação inclui o direito ao esquecimento".

[77] SARLET, Ingo Wolfgang. O 'direito ao esquecimento' por ora não foi e nem deve ser olvidado. *Consultor Jurídico*, 17 mar. 2024. Disponível em: https://www.conjur.com.br/2024-mar-17/o-direito-ao-esquecimento-por-ora-nao-foi-e-nem-deve-ser-olvidado/. Acesso em: 17 mar. 2024.

Violar o direito à privacidade/intimidade (ou permitir que seja violado), bem como não garantir o direito ao esquecimento para a pessoa transgênero, não pode restar sem responsabilização ante os manifestos danos que tais condutas podem ocasionar.

5.2.3. Desrespeito à identidade de gênero no sepultamento[78]

Ainda que a morte seja o marco final da vida, a memória da pessoa seguirá presente, perspectiva que passa ao largo de uma atenção mais detida do legislador, que tem na transmissão do patrimônio do falecido o ponto mais relevante. Contudo, os direitos da personalidade encontram espaço tanto antes do nascimento (direitos do nascituro) como no pós-morte, com o resguardo moral da memória póstuma[79].

De qualquer forma, é importante não ignorar quem foi a pessoa em vida para que, após o seu falecimento, sua honra e imagem não sejam ofendidas, fato que merece especial atenção no caso das pessoas transgênero, uma vez que, ordinariamente, não têm seus direitos respeitados enquanto vivas, conduzindo a uma maior sujeição de que estes sejam desconsiderados após a morte.

É crucial que as ofensas contra as pessoas transgênero não se espraiem também para o *post mortem* com os familiares e a sociedade como um todo menosprezando sua autopercepção quanto ao seu gênero e profanando sua memória com velório, enterro ou lápide que ignorem sua identidade de gênero.

Mesmo que com o corpo presente, a pessoa transgênero, nesse momento, obviamente, não mais tem como impor que sua identidade de gênero autopercebida seja respeitada, deixando-a sob as vontades dos familiares, que acabam assumindo uma posição equivalente à de proprietários do corpo de quem morreu[80], conferindo-lhes a absurda prerrogativa de conduzir os atos póstumos segundo suas convicções pessoais, em detrimento da memória da pessoa falecida.

Nesse caso, não há como se esperar que quem está a perpetrar tais atos ofensivos venha a efetivamente proteger a memória da pessoa transgênero falecida, havendo, de início, pouco que as outras pessoas próximas ou a comunidade na qual ela estava inserida possam fazer em busca de resguardar sua memória. Ao mesmo tempo que eventual indenização decorrente do dano causado provavelmente encontraria como beneficiários exatamente aqueles que praticaram a ofensa, gerando uma confusão (art. 381 do CC).

Independentemente dessas ponderações, o fato é que o dano praticado à personalidade da pessoa falecida não pode restar incólume, cabendo aos herdeiros (em conjunto ou individualmente) a legitimação processual para exigir a indenização em

---

[78] Parte da questão relativa ao enterro da pessoa transgênero foi desenvolvida no artigo intitulado "Responsabilidade civil ante a violação póstuma da identidade de gênero", redigido em coautoria com Teila Rocha Lins D'Albuquerque e publicado na obra *Responsabilidade civil, gênero e sexualidade*. Indaiatuba, SP: Editora Foco, 2024.

[79] MIRAGEM, Bruno. *Teoria geral do direito civil*. Rio de Janeiro: Forense, 2021. p. 193.

[80] BENEVIDES, Bruna G. *Dossiê assassinatos e violências contra travestis e transexuais brasileiras em 2021*. Brasília: Distrito Drag, ANTRA, 2022.

face da ofensa praticada contra a memória do morto[81]. Excepcionalmente, em havendo um conflito de interesses dos herdeiros com a proteção da memória do morto (por terem sido eles os agentes do dano), é possível se ponderar pelo requerimento, pela Defensoria Pública, de um curador especial, em analogia ao art. 72, I, do Código de Processo Civil[82].

Partindo da premissa elementar de que as pessoas transgênero precisam "ter a sua autodeterminação respeitada tanto em vida quanto no *post mortem*"[83], os atos de ofensa à sua memória praticados por ocasião de seu velório, sepultamento ou pelo desrespeito ao seu nome social ou retificado na lápide surgem como questões que merecem atenção.

Ainda que se possa ressaltar a existência de iniciativas de impor o respeito à identidade de gênero da pessoa falecida[84], é comum a prática de ofensas póstumas à identidade de gênero, com pessoas transgênero sendo veladas ou sepultadas com vestes e acessórios associados a um gênero que não é seu de pertencimento, conforme determinação dos familiares[85], que muitas vezes já não tinham qualquer contato com a pessoa, em ritual que acaba por configurar uma segunda morte para aquela pessoa transgênero.

Nessa seara, há ainda o risco de desrespeito ao prenome adotado pela pessoa transgênero nos marcos indicativos do local de seu sepultamento, fato que tem se repetido na sociedade e que também já se mostrou descrito no mundo das artes, como na história em quadrinhos *Sandman*, de Neil Gaiman, em que Wanda foi enterrada com o nome com o qual não mais se reconhecia (Alvin)[86].

De se consignar que tal circunstância passa ao largo das discussões quanto à alteração documental da pessoa transgênero, referindo-se somente ao designativo que constará de sua lápide, o que nem mesmo encerra qualquer tipo de risco para a sociedade. A eventual alegação de dificuldade de identificação da pessoa que está ali enterrada pode ser facilmente afastada ante a possibilidade de que sejam mantidos registros com todas as informações pertinentes na administração do local onde se deu o sepultamento[87].

---

[81] BELTRÃO, Silvio Romero. Tutela jurídica da personalidade humana após a morte: conflitos em face da legitimidade ativa. *Revista de Processo*, São Paulo, v. 40, n. 247, p. 177-195, set. 2015. p. 7.

[82] CUNHA, Leandro Reinaldo da; D'ALBUQUERQUE, Teila Rocha Lins. Responsabilidade civil ante a violação póstuma da identidade de gênero. In: CUNHA, Leandro Reinaldo da; MATOS, Ana Carla Harmatiuk; ALMEIDA, Vitor. *Responsabilidade civil, gênero e sexualidade*. Indaiatuba, SP: Editora Foco, 2024. p. 140.

[83] PEREIRA, Ana Letícia da Silva et al. Visibilidade *post mortem*: análise do direito ao uso do nome social nos registros de óbito. *Revista Feminismos*, v. 11, n. 1, 2023. p. 7.

[84] Como o caso da Lei n. 6.804/2021 do Distrito Federal, que garante a "utilização do nome social em lápides, jazigos e certidões de óbito mesmo que aquelas pessoas não tivessem realizado a retificação do nome em vida".

[85] Disponível em: https://oglobo.globo.com/brasil/era-que-ela-mais-me-pedia-para-que-nao-acontecesse-diz-amiga-de-mulher-trans-enterrada-de-terno-bigode-no-sergipe-1-25235187. Acesso em: 25 ago. 2023.

[86] CUNHA, Leandro Reinaldo da; DUARTE, Pedro de Oliveira. O ser e a arte: o papel pedagógico da cultura pop na naturalização da(s) sexualidade(s) no direito. *Revista Direito UNIFACS*, v. 278, 2023. p. 14-15.

[87] CUNHA, Leandro Reinaldo da; D'ALBUQUERQUE, Teila Rocha Lins. Responsabilidade civil ante a violação póstuma da identidade de gênero. In: CUNHA, Leandro Reinaldo da; MATOS, Ana Carla Harmatiuk; ALMEIDA, Vitor. *Responsabilidade civil, gênero e sexualidade*. Indaiatuba, SP: Editora Foco, 2024. p. 145.

Qualquer conduta que se revele como uma ameaça ou desrespeito à memória da pessoa transgênero falecida há de ser objeto de pleito visando sua cessação ou mesmo indenização, conferindo-se a legitimidade a qualquer dos herdeiros ou mesmo ao Ministério Público na defesa desse que emerge como um direito individual indisponível[88], sem que se olvide a possibilidade de responsabilização penal.

---

[88] As consequências sucessórias serão consideradas no Capítulo 8 (Direito sucessório).

6
Contratos

O direito contratual normalmente se apresenta para a sociedade e para os estudiosos como um universo totalmente desprovido das influências dos marcadores sociais individuais, uma vez que o seu fulcro reside essencialmente na ideia de constituição, transferência, modificação ou conservação de um direito. Contudo, não há como ignorar que a seara contratual pode expressar preconceito e discriminação.

A inserção de certos elementos vinculados à sexualidade nos negócios jurídicos pode trazer consequências quanto a sua validade ou eficácia, impondo uma apreciação focada. Sem qualquer pretensão de esgotar o tema, especialmente considerando a dimensão das relações contratuais, ressalto algumas discussões mais genéricas e de pontos que mais me instigaram.

Nesse sentido, algumas hipóteses precisam ser colacionadas a fim de aferir em que medida a identidade de gênero pode vir a ser um aspecto relevante na constituição de relações contratuais.

6.1. Fase pré-contratual

A discriminação pode atingir a pessoa transgênero mesmo antes da realização de um contrato, seja na negativa imediata em contratar em razão de sua identidade de gênero, seja pela frustração quanto à realização do contrato após as partes já terem dado início aos contatos para esse fim[1].

Nas hipóteses em que nem sequer há o início das negociações e tratativas, é de se ponderar as situações em que, de forma preliminar, há a afirmação de que não se realizará negócio jurídico com pessoas transgênero, seja numa relação entre particulares ou de consumo.

Não há como se conceber como admissível a prévia negativa de se contratar a venda de um bem a alguém simplesmente em razão da sua identidade de gênero, da mesma forma que não se pode fazê-lo sob o argumento de que a pessoa é negra, pois isso configura discriminação passível de responsabilização civil (seja pelo Código Civil ou pelo Código de Defesa do Consumidor) e penal.

Tampouco pode haver a negativa após o início das conversas visando a realização do contrato, quando do conhecimento da identidade de gênero da pessoa, em conduta similar com a ocorrida nos Estados Unidos, no caso julgado pela Suprema Corte (Masterpiece Cakeshop v. Colorado Civil Rights Commission) em que o confeiteiro se

---
[1] As questões vinculadas aos contratos de trabalho serão apreciadas no Capítulo 15 (Direito do trabalho).

negou a fazer o bolo de casamento para um casal de pessoas do mesmo sexo[2]. No Brasil, não há respaldo para tal sorte de conduta.

Mesmo antes de firmado o contrato, impõe-se às partes o dever de pautar-se segundo os parâmetros da boa-fé, não se admitindo que não se honre as tratativas já entabuladas, sendo plausível a quebra de expectativa de que o contrato seria firmado apenas mediante a apresentação de um motivo justo e razoável. Assim, se estabelece a responsabilidade pré-contratual "como aquela decorrente da violação dos deveres da boa-fé objetiva durante o amplo período de preparação do negócio jurídico"[3].

Nesse sentido, não se pode admitir que um contrato não venha a ser celebrado ou suas bases venham a se tornar mais onerosas pelo fato de ter o contratante vindo a tomar ciência de que a outra parte é uma pessoa transgênero, por se configurar claramente uma conduta discriminatória, extrapolando os limites da liberdade contratual (art. 421 do CC).

Presente uma sólida convicção ou certeza de que o contrato seria firmado pelas partes e este restou infrutífero ante objeções atribuíveis à identidade de gênero de uma das partes, com violação da boa-fé e do dever de lealdade, há de incidir os parâmetros da responsabilidade civil extracontratual (art. 186 c/c art. 927 do CC).

Na concepção teórica, assevera-se que a responsabilidade pré-contratual emanaria de um rompimento não justificado, a ser entendido como aquele carente de fundamentação legalmente aceita. Importante trazer esse esclarecimento, pois, no caso da pessoa transgênero, a justificativa existe e é clara: a transgeneridade. E essa não é motivo legal para frustrar a realização do contrato, configurando-se, sim, como conduta discriminatória passível de responsabilização.

Negativa de atendimento em estabelecimento comercial, de prestar serviços ou, ainda, de realizar matrícula em instituição de ensino de pessoa transgênero (criança, adolescente ou adulto) ou cujos pais expressem a transgeneridade são hipóteses que encerram a ideia de conduta discriminatória e não exercício da liberdade de contratar, havendo de ser devidamente responsabilizada.

No caso específico de locação, não são poucos os relatos de pessoas transgênero que se deparam com obstáculos após o locador tomar ciência de sua transgeneridade (o imóvel anunciado já estaria alugado, não mais haveria o desejo de locá-lo, elevação do valor do aluguel), inventando "todo tipo de mentira para simplesmente não alugar"[4]. A moradia das pessoas transgênero é tema bastante delicado na prática, haja vista que, em sua larga maioria, elas não possuem casa própria[5], o que torna ainda mais nocivo esse comportamento.

---

[2] Sobre o tema, indico o trabalho monográfico "O caso dos confeiteiros devotos: o exercício da objeção de consciência religiosa por parte de fornecedores em face de consumidores homoafetivos no Brasil a partir do Direito anglo-americano", de Muriel Cordeiro Silva.

[3] FRITZ, Karina Nunes. A responsabilidade pré-contratual por ruptura injustificada das negociações. *Civilistica.com*, v. 1, n. 2, p. 1-40, nov. 2012. p. 2.

[4] ARANTES, Apollo. Da gestação à parentalidade: relato de uma gestação transmasculina, controle da reprodução humana e o reforço do estigma para população trans. *Revista Brasileira de Estudos da Homocultura*, v. 6, n. 19, jan.-abr. 2023. p. 115.

[5] CORRÊA, Fábio Henrique Mendonça et al. Pensamento suicida entre a população transgênero: um estudo epidemiológico. *Jornal Brasileiro de Psiquiatria*, v. 69, n. 1, jan.-mar. 2020. p. 15.

Importante sempre ter em mente que a liberdade de se escolher com quem contratar não pode ser escusa juridicamente admissível para uma discriminação genérica contra pessoas transgênero.

6.2. Identidade de gênero no plano da validade

Todo e qualquer negócio jurídico, para que possa atingir os fins aos quais se destina, precisa, necessariamente, atender aos requisitos de validade previstos no Código Civil, em uma análise que perpassa pelo disposto no art. 104, bem como nos arts. 166 e 171.

Tendo em mente o escopo específico do presente trabalho, é evidente que o ponto de tangência incide sob: capacidade (art. 166, I) e agente capaz (art. 104, I); objeto (art. 104, II); motivação ilícita (art. 166, III); objetivo de fraudar a lei (art. 166, VI); e defeito do negócio jurídico (art. 171, II).

6.2.1. Capacidade e agente capaz

A validade do negócio jurídico pressupõe tanto a capacidade quanto a aptidão do agente sob pena de anulabilidade. Quando o legislador aduz que a falta de capacidade torna o negócio jurídico inválido (arts. 166, I, e 171, I), está a se referir à atenção ao consignado nos arts. 3º a 5º do Código Civil, ou seja, apreciando se aquele indivíduo reúne em si as atribuições necessárias para praticar os atos da vida civil por si só ou depende da participação de um representante ou assistente para tanto.

Nesse sentido, em linhas bastante gerais, tem-se que as pessoas podem realizar os atos da vida civil mediante a presença de um representante enquanto consideradas absolutamente incapazes (menores de 16 anos), ante a participação de assistente se forem relativamente incapazes (entre 16 e 18 anos, ébrios habituais ou toxicômanos, quando não puderem exprimir sua vontade, e pródigos), ou por si só quando capazes.

Antes do início da vigência do Estatuto da Pessoa com Deficiência (Lei n. 13.146/2015), um dos parâmetros para a fixação da capacidade estava atrelado à higidez mental da pessoa, questão que poderia ensejar algum tipo de celeuma com relação às pessoas transgênero. Durante muito tempo, foi tido como um problema de fundo mental o fato de a pessoa não atender às expectativas de que sua compreensão e pertencimento quanto ao gênero estivessem vinculados ao que se esperava em decorrência do sexo que lhe fora atribuído quando de seu nascimento.

O questionamento quanto à sanidade da pessoa ganhava ainda mais impacto com base na concepção de que quem buscava realizar alterações corporais para adequar suas características físicas ao gênero com o qual se reconhecia estaria mutilando um corpo saudável. A prevalência de uma perspectiva patologizada, de que a transgeneridade caracterizava um transtorno mental[6], poderia gerar questionamentos com relação à capacidade da pessoa transgênero.

A transgeneridade não carrega em si qualquer perspectiva incapacitante, estando, portanto, nos dias atuais, fora do escopo restritivo da manifestação de vontade prevista

---

[6] Tema tratado com mais profundidade no Capítulo 1 (Sexualidade e identidade de gênero).

tanto no Código Civil quanto no Estatuto da Pessoa com Deficiência (Lei n. 13.146/2015), restando superada qualquer discussão havida outrora acerca da "sanidade mental" da pessoa transgênero.

A transgeneridade em nada atinge a capacidade da pessoa para a prática dos atos da vida civil, não podendo ser inserida em nenhuma das hipóteses que geram limitação na prática de tais atos, não sendo, portanto, admissível qualquer questionamento acerca da capacidade de uma pessoa transgênero pelo simples fato de sua identidade de gênero ser dissonante daquela ordinariamente esperada.

O segundo aspecto indicado na presente seção refere-se à figura do agente capaz (art. 104, I), que há de ser considerado segundo a aptidão específica daquela pessoa para a prática de um determinado negócio jurídico. A aferição de tal requisito pode se fazer presente quando da apreciação de dadas relações em que se possa considerar que não se permite a participação de uma pessoa transgênero, como se chegou a aduzir com relação ao casamento, fato que será analisado no Capítulo 7 (Direito de família e relacionamentos amorosos).

Não há, portanto, lastro para qualquer tentativa de se questionar a capacidade do sujeito que realizou um dado negócio jurídico fundada em sua identidade de gênero.

6.2.2. Licitude e possibilidade do objeto

Outro dos aspectos preponderantes para a validade de um negócio jurídico reside na aferição do seu objeto, que, nos termos do art. 104, II, do Código Civil, há de ser lícito, possível e determinado ou determinável. Nesse sentido, é de se considerar que a identidade de gênero pode ter algum impacto nessa discussão, mormente segundo uma concepção jurídica que ignore os preceitos elementares consignados na Constituição Federal.

Quando se considera a licitude do objeto, impõe-se considerar a amplitude do conceito, o qual tem como lícito aquele que se mostre em conformidade com a lei, com a moral e com os bons costumes. E é nessa abrangência conceitual que a identidade de gênero pode ser indicada como um elemento a atingir a validade do contrato, considerando-o nulo.

Ainda que o contrato apresente um objeto que não contrarie a lei, é possível que ele venha a ser tido como inválido quando o seu objeto estiver atrelado a algo que possa recair na subjetividade do que alberga a concepção de moral e bons costumes.

A fluidez do que se considera como atentatório à moral ou aos bons costumes torna um tanto quanto imprecisa essa análise. Basta se ponderar que outrora já se entendeu que contratos firmados com profissionais da área médica com o objetivo de realizar o processo transexualizador incidiriam em ilicitude.

Atualmente, o exemplo mais clássico e recorrente de vinculação de pessoas transgênero, especialmente travestis, à alegação de nulidade do contrato por ilicitude do objeto é o firmado por elas para a prestação de serviços sexuais mediante pagamento. Apesar de não se tratar de uma situação que atinge exclusivamente as pessoas transgênero, já que a alegação de invalidade em tais casos é direcionada a todos os contratos dessa natureza, é patente a relevância do tema para esse grupo em específico, considerando, por exemplo, que mulheres transexuais e travestis, em sua larga maioria, têm na prostituição sua fonte de renda primária[7].

6.2.3. Ilicitude da motivação e simulação

Ainda em sede de validade de negócio jurídico, é possível que nos deparemos com uma situação em que o motivo determinante, comum a ambas as partes, mostre-se ilícito (art. 166, III, do CC), e o preconceito que acompanha a transgeneridade em nossa sociedade pode ser o elemento motivador para a realização de avenças que revelem o intuito de prejudicar ou cercear o direito de determinadas pessoas.

Mesmo que se possa suscitar a dificuldade de se aferir, na prática, o *animus* que conduziu à prática do negócio jurídico, é patente que, constatando-se que o intento das partes repousa em causas ilícitas, há a possibilidade de que a referida avença venha a ser invalidada.

Como exemplo, pode-se indicar a hipótese em que, com base no intuito de não negociar com a pessoa transgênero, realiza negócio jurídico com outra pessoa apenas para que o bem esteja indisponível, frustrando a possibilidade de que qualquer contrato venha a ser realizado.

Também poderão ser atingidos no plano da validade os negócios jurídicos simulados (art. 167 do CC), quando "aparentarem conferir ou transmitir direitos a pessoas diversas daquelas às quais realmente se conferem, ou transmitem; que tiverem sido realizados com o objetivo fraudar lei imperativa", como no caso de alguém que simula a realização da venda de um imóvel para não negociá-lo com uma pessoa transgênero que tenha demonstrado interesse, por não desejar, por exemplo, ver o bem que pertenceu à sua família com alguém com aquela identidade de gênero.

Evidente que a comprovação de uma situação desse jaez importa não só na possibilidade da nulidade do negócio jurídico[8], mas também da responsabilização civil e penal em razão da discriminação praticada.

6.2.4. Defeito do negócio jurídico

Não se pode esquecer que o negócio jurídico também pode ter sua validade questionada quando apresentar um dos chamados defeitos que atingem a manifestação de vontade. Assim, é anulável o negócio jurídico em que se constate a existência de erro, dolo, coação, lesão, estado de perigo ou fraude contra credores, conforme trazido no art. 171, II, do Código Civil.

Quando se concebe os defeitos do negócio jurídico associados à identidade de gênero, as figuras do erro e do dolo ganham algum vulto.

Tem-se por eivado de erro ou ignorância o negócio jurídico que não teria sido realizado caso a parte tivesse pleno conhecimento dos elementos que o circundam, nos termos dos arts. 138 a 144 do Código Civil.

---

[7] BENEVIDES, Bruna G. *Dossiê assassinatos e violências contra travestis e transexuais brasileiras em 2021*. Brasília: Distrito Drag, ANTRA, 2022. p. 47.
[8] Que fique claro que não se está aqui a sugerir a existência de qualquer tipo de direito de preferência.

Em linhas bastante gerais, pode-se asseverar que é anulável o negócio jurídico que a parte não teria firmado caso tomasse todos os cuidados esperados, mas que acabou por celebrar em razão de seu descuido ou falta de atenção. O texto legal traz exatamente um aspecto personalíssimo ao tratar do erro, considerando-o essencial, portanto passível de gerar a anulabilidade do negócio jurídico, quando versar sobre a "identidade ou a qualidade essencial da pessoa a quem se refira a declaração de vontade, desde que tenha influído nesta de modo relevante", conforme estabelecido no art. 139, II, do Código Civil[9].

Se, de outra sorte, não for o caso de um equívoco decorrente da falta de cuidado ou atenção, mas sim oriundo de um artifício, artimanha ou ardil que se mostrou elaborado o suficiente para conduzir a pessoa a realizar um negócio jurídico que não desejava ou que não faria caso não tivesse sido ludibriada, configura-se o dolo, nos termos dos arts. 145 a 150 do Código Civil.

Nota-se, portanto, que o cerne da invalidação do negócio jurídico está no fato de a manifestação de vontade exarada não se mostrar íntegra. Quando nos deparamos com situações em que o gênero das partes pode ser relevante, há a possibilidade de que se venha a tentar argumentar quanto a sua invalidade em face da identidade de gênero da parte contratante.

Para que seja efetivamente viável a consideração de alegação de erro ou dolo passível de gerar a anulabilidade do negócio jurídico, é premente que se trate de uma contratação em que a transgeneridade da pessoa inviabilize totalmente o cumprimento da avença. Tal impedimento tem que se mostrar efetivo e não apenas uma expressão do preconceito e discriminação, como uma avença para um estudo clínico quanto à anatomia do útero que tenha como parte uma mulher transgênero.

Contudo, não se pode conceber a alegação de erro essencial quanto a pessoa ou dolo para se invalidar a contratação de prestação de serviço de uma mulher transgênero como babá, depiladora ou maquiadora, por exemplo, sob a alegação clássica de que se acreditava tratar de uma "mulher" e que seriam serviços ordinariamente prestados por mulheres.

Na prática, porém, poucas serão as situações em que realmente se poderá aduzir a existência de um defeito do negócio jurídico sob a alegação de erro essencial quanto a pessoa ou dolo que não seja em verdade uma manifestação de preconceito escamoteado e, se for essa a hipótese, não há de prosperar a possibilidade de se arguir a invalidade do negócio jurídico, incidindo a responsabilização tanto civil quanto penal pela discriminação praticada.

6.3. Identidade de gênero no plano da eficácia

A eficácia de um negócio jurídico, nos termos previstos no Código Civil, pode estar vinculada a um elemento extraordinário, que pode fazer com que, mesmo após a realização da avença, os seus efeitos fiquem sujeitos ao implemento de um evento

---

[9] A figura do erro essencial quanto à pessoa do outro cônjuge em sede de casamento será abordada no Capítulo 7 (Direito de família e relacionamentos amorosos).

futuro. Assim, no plano da eficácia, os contratos podem estar atrelados a um termo, uma condição ou um encargo.

Ante sua natureza acessória e eventual, é preponderante que se consigne que os elementos que atingem a imediata eficácia ou sua perpetuidade não podem ser impostos unilateralmente ao negócio jurídico, salvo quando gratuitos.

Considerando o escopo do presente texto, faz-se pertinente apreciar as figuras da condição e do encargo.

6.3.1. Condição

A eficácia do negócio jurídico pode estar sujeita ao implemento de um evento futuro e incerto (art. 121 do CC), seja na modalidade de condição suspensiva, que conferirá os efeitos estabelecidos, seja como condição resolutiva, retirando os efeitos da avença firmada.

No entanto, existem limitações quanto aos elementos que sujeitarão a eficácia do negócio jurídico, considerando-se lícitas, de início, as condições não contrárias à lei, à ordem pública ou aos bons costumes (art. 122 do CC), complementando-se que invalidam o negócio jurídico que lhes é subordinado as condições (i) física ou juridicamente impossíveis, quando suspensivas; (ii) ilícitas, ou de fazer coisa ilícita; e (iii) incompreensíveis ou contraditórias. Há ainda a previsão disposta no art. 124, que considera "inexistentes as condições impossíveis, quando resolutivas, e as de não fazer coisa impossível".

Trazendo tais previsões para o contexto da presente obra, é vedado que se vincule, por exemplo, o acesso ou a manutenção ao previsto no negócio jurídico a não expor sua condição de pessoa transgênero, não realizar nenhuma intervenção cirúrgica ou não se submeter a tratamento hormonal buscando a afirmação do gênero de pertencimento. Tampouco restará válida condição que vede que alguém tenha contrato ou se relacione com pessoa transgênero.

Assim, pode-se afirmar que se trata de hipótese de nulidade da condição quando esta vier a impor ao beneficiário de uma doação que não venha a se casar, constituir união estável ou mesmo manter qualquer relacionamento amoroso com uma pessoa transgênero para manter a benesse recebida.

Também não é possível se admitir que haja em um contrato de locação de um imóvel residencial cláusula determinando o término de sua eficácia caso o locatário exponha a sua transgeneridade ou venha a receber no imóvel transexuais ou travestis. Ou mesmo que numa locação de imóvel não residencial o bem não seja utilizado para receber uma entidade de atendimento e acolhimento de pessoas transgênero.

Não prevalece, ainda, a aposição em uma liberalidade de condição que imponha que alguém expresse identidade de gênero diversa da experienciada ou então que exija que uma travesti realize cirurgia redesignatória para que receba um determinado bem ou não venha a perdê-lo.

Resta patente, portanto, que tal sorte de tentativa de restringir a eficácia do negócio jurídico não haverá de prosperar, sendo o intento de fazer valer tal condição eivado de vício. Sendo tal condição suspensiva, ela será ignorada, com o negócio jurídico surtindo efeitos mesmo sem a sua ocorrência, e, quando resolutiva, mantém-se a eficácia, mesmo com o seu implemento.

Nesse sentido, é de se entender, portanto, que qualquer condição imposta a um negócio jurídico que discrimine ou imponha um cerceamento ao exercício da plenitude da identidade de gênero será afastada.

6.3.2. Encargo

Outro elemento acidental que pode ser inserido no negócio jurídico é o encargo, o qual pressupõe o cumprimento de uma obrigação ou a assunção de um ônus para que o beneficiário de uma liberalidade possa mantê-la, tendo sua disciplina prevista nos arts. 136 e 137 do Código Civil. Assim como se dá com a condição, o encargo que se mostre ilícito ou impossível será considerado como não escrito.

Imagine a situação fática em que o doador de um imóvel estabeleça que a liberalidade que está a praticar esteja vinculada à determinação de que seu objeto seja usado para ser a sede de uma entidade de acolhimento de pessoas transgênero. Nesse caso, estamos diante de um encargo, vinculado a elementos associados à identidade de gênero, que não estaria maculado com qualquer invalidade. E, em caso de descumprimento, a doação seria revogada por inexecução do encargo, como preconiza o art. 555 do Código Civil.

Contudo, se a obrigação imposta fosse de que o imóvel se destinasse para a constituição de uma entidade direcionada a promover a perseguição de pessoas transgênero, estaria configurado um encargo ilícito, ante a manifesta discriminação, o que culminaria na sua desconsideração.

De se consignar, por fim, que, caracterizando-se o encargo como o motivo determinante da realização da liberalidade e vindo este a configurar-se como ilícito ou impossível, o negócio jurídico seria considerado inválido, em consonância com a parte final do art. 137.

6.4. Contrato de doação

O contrato de doação, diante de sua natureza eminentemente gratuita, encerra em si uma maior possibilidade de situações em que se pode vislumbrar a imposição de obstáculos associados à identidade de gênero.

Por esse motivo, passo a dar atenção diferenciada a essa modalidade contratual, ainda que ela já tenha sido mencionada nas considerações precedentes.

6.4.1. Cláusula de incomunicabilidade

Por se tratar de um negócio jurídico gratuito, a legislação civil permite que se imponham algumas cláusulas de natureza restritiva aos beneficiários de um contrato de doação, sendo uma delas a cláusula de incomunicabilidade, que enseja em si o poder de impedir que o objeto da liberalidade seja atingido pela comunicabilidade patrimonial decorrente do regime de bens de um casamento ou união estável.

Salvo disposição expressa em contrário, nos regimes da comunhão parcial de bens, da comunhão universal de bens e até na separação obrigatória de bens (considerando-se vigente a Súmula 377 do STF), haverá a comunicabilidade dos bens adquiridos na constância do casamento ou da união estável. Ainda que a regra da comunhão parcial de bens exclua bens adquiridos de maneira gratuita, tal exceção pode ser afastada por pacto firmado pelas partes, o que incluiria a comunicabilidade também nessa hipótese.

Ocorre que o autor da liberalidade tem a prerrogativa, caso queira, de afastar a incidência da comunicabilidade decorrente do regime de bens pela aposição de cláusula de incomunicabilidade no próprio ato da liberalidade, fazendo com que o objeto da doação não passe a incorporar o patrimônio do cônjuge ou companheiro do donatário.

Contudo, mesmo que se confira ao doador a possibilidade de valer-se de tal cláusula, ela não pode ser motivada por discriminação baseada em identidade de gênero, como quando fundada no fato de o destinatário da doação ter como cônjuge/companheiro uma pessoa transgênero, ou restringindo a comunicabilidade caso venha a se casar ou estabelecer união estável com alguém que não seja cisgênero.

Evidente que a motivação que levou à imposição da cláusula de incomunicabilidade não precisa ser expressa no corpo do negócio jurídico, mas, caso seja ou se mostre possível a verificação de que a causa da sua determinação tem vínculo com a identidade de gênero do cônjuge ou companheiro do donatário, ela não surtirá efeitos, podendo, ainda, dar azo à responsabilização civil e penal em razão da discriminação.

6.4.2. Revogação da doação

Por ser a doação lastreada em uma liberalidade, a legislação pátria prevê a possibilidade de que venha a ser objeto de revogação, por ingratidão ou inexecução de encargo[10], nos termos do art. 555 do Código Civil. Considerando os elementos passíveis de revogação por ingratidão, é possível se ponderar que a identidade de gênero possa ter alguma relação com essa hipótese de dissolução do negócio jurídico.

As condutas que caracterizam a ingratidão (atentado contra a vida ou homicídio doloso, ofensa física, injúria grave/calúnia ou recusa em prestar alimentos contra o doador, seu cônjuge/companheiro, ascendente, descendente ou irmão – arts. 557 e 558 do CC) podem ter a identidade de gênero como base. Tais condutas seriam reprováveis por si só, mas, quando emanam do donatário, "reveste-se de maior gravidade, na medida em que, beneficiado por um ato de liberalidade ou até mesmo altruísmo, volta-se traiçoeiramente contra aquele que o agraciou"[11].

Ainda que não traga expressamente nenhuma situação vinculada com a identidade de gênero, não se pode ignorar que o doador pode revogar a liberalidade praticada, retomando o bem doado, caso configurada qualquer das hipóteses ali descritas que tenha tido por fundamento a transgeneridade do doador.

A revogação, que pode ser pleiteada em até um ano do conhecimento do fato praticado pelo donatário (art. 559), "não prejudica os direitos adquiridos por terceiros, nem obriga o donatário a restituir os frutos percebidos antes da citação válida; mas sujeita-o a pagar os posteriores, e, quando não possa restituir em espécie as coisas doadas, a

---

[10] A hipótese de inexecução do encargo foi apreciada quando da análise do negócio jurídico no plano da eficácia.
[11] GAGLIANO, Pablo Stolze. *Contrato de doação*. 2. ed. São Paulo: Saraiva, 2021. p. 226.

indenizá-la pelo meio termo do seu valor" (art. 563), não sendo permitida em caso de doações puramente remuneratórias, com encargo já cumprido, realizadas em cumprimento de obrigação natural e as feitas para determinado casamento (art. 564).

E, novamente, é de se ponderar que, além da dissolução do negócio jurídico realizado, caso o donatário incorra em alguma conduta que gere a ingratidão lastreada na identidade de gênero do doador, caberá a responsabilização do donatário, não só no âmbito do direito civil, mas também na esfera penal, em consonância com os parâmetros estabelecidos na ADO 26.

6.4.3. Doações segregatórias

Outra questão que pode conjugar o contrato de doação e a identidade de gênero é a hipótese em que esse negócio jurídico venha a ser realizado com o objetivo de beneficiar uma pessoa em detrimento de uma pessoa transgênero. Como mencionado anteriormente, se o motivo que fundamenta a realização da liberalidade é privar uma pessoa transgênero de direitos, não se estará diante de autonomia de vontade ou liberdade de contratar, mas sim de uma conduta discriminatória.

Essa doação segregatória, quando realizada em favor de herdeiros necessários visando beneficiar uns em detrimento de outros, será objeto de atenção em momento posterior, em que se tratará das questões sucessórias, mas pode-se ponderar outras situações em que a doação praticada tenha por fundamento prejudicar interesses de uma pessoa transgênero.

Ainda que a lei não imponha o dever de igualdade de doações em favor de parentes, é possível vislumbrar uma situação em que uma pessoa faça doações mais generosas a parentes cisgênero do que a transgênero (ou não as faça a estes). Isso não daria azo à imposição de um dever de equiparação das doações realizadas, mas poderia demonstrar a existência de uma conduta discriminatória, passível de responsabilização.

Outra situação que se pode suscitar é a de que, para evitar que uma pessoa transgênero possa exercer seu direito de preferência para a aquisição de um bem locado, por exemplo, o proprietário realize uma doação em favor de alguém em vez de vender o bem, frustrando a possibilidade do exercício da prelação.

Nessas hipóteses, mais uma vez, vale suscitar a possibilidade da responsabilização civil e penal caso fique configurado que se trata de uma conduta discriminatória lastreada na identidade de gênero da pessoa transgênero.

7
Direito de família e relacionamentos amorosos

O padrão ordinariamente adotado nos textos legais de aparentar uma neutralidade[1] de gênero não se faz presente na seara do Direito de Família, especialmente quando se destina às uniões interpessoais lastreadas no afeto, momento em que se vê uma guinada clara com a indicação dos indivíduos segundo seu gênero[2].

A família e as relações familiares são parte importante na vivência transgênero, com inúmeras questões associadas. A exclusão da família é um fator extremamente delicado na experiência das pessoas transgênero, sendo, por exemplo, um dos dados mais marcantes a estimativa de que, em média, aos 13 anos de idade, travestis e mulheres transexuais saem da casa dos pais[3].

Interessante se consignar que o Conselho Federal de Medicina (CFM), na Resolução n. 2.265/2019, expressamente prevê que "os familiares e indivíduos do vínculo social do transgênero poderão ser orientados sobre o Projeto Terapêutico Singular, mediante autorização expressa do transgênero, em conformidade com o Código de Ética Médica" (art. 7º), em acompanhamento que "deverá ser articulado com outros serviços de saúde ou socioassistenciais, com vistas a garantir a assistência integral caso não seja realizado pela mesma equipe que assiste ao transgênero" (art. 8º), demonstrando preocupação com a oferta de condições para que o entorno da pessoa transgênero possa compreender a realidade médica vivenciada, permitindo maior acolhida.

As relações afeitas ao direito de família são tradicionalmente atreladas a elementos vinculados à sexualidade, de forma que a transgeneridade da pessoa pode ensejar uma série de impactos, seja no que concerne às relações interpessoais, seja no parentesco.

7.1. Parentesco e relação com os filhos

A filiação e o parentesco podem ser atingidos em decorrência da sexualidade das pessoas envolvidas, especialmente ao se considerar que, tanto no ordenamento jurídico como na sociedade, tais vínculos são fortemente marcados pelo recorte de gênero.

A atribuição da condição de pai (vinculada ao masculino) e mãe (atrelada ao feminino) tem, na prática, grande relevo na estrutura do direito de família, fato que

---

[1] Não ignoro que nada há de neutralidade, considerando que a construção legislativa sempre se deu pelas mãos masculinas, com uma enorme sub-representação feminina que se reflete na legislação estruturalmente machista.
[2] BORRILLO, Daniel. O sexo e o direito: a lógica binária dos gêneros e a matriz heterossexual da lei. *Meritum – Revista de Direito da Universidade Fumec*, Belo Horizonte: Universidade Fumec, v. 5, n. 2, jul.-dez. 2010. p. 306.
[3] BENEVIDES, Bruna G. *Dossiê assassinatos e violências contra travestis e transexuais brasileiras em 2022*. Brasília: Distrito Drag, ANTRA, 2023. p. 39.

determina que a identidade de gênero das pessoas que se conectam por meio da filiação e do parentesco seja apreciada no âmbito do poder familiar/guarda, da alienação parental e da adoção.

7.1.1. Reconhecimento da filiação

A caracterização da identidade de gênero do genitor ou a transição visando a afirmação de gênero de um dos genitores não é, por óbvio, obstáculo para a propositura de ações de investigação de paternidade ou maternidade visando constatar a existência da relação de parentesco em linha reta de primeiro grau entre duas pessoas[4]. A relação paterno-filial se estabelece independentemente de o genitor expressar-se segundo o gênero masculino ou feminino, o que faz da sua identidade de gênero aspecto absolutamente irrelevante para fins de reconhecimento do vínculo entre ascendente e descendente.

Em outros tempos, o tema poderia gerar mais controvérsia com questionamentos relativos ao campo adequado em que o nome da pessoa transgênero seria inserido na certidão de nascimento ou às presunções jurídicas vinculas à paternidade ou à maternidade.

Atualmente, conforme determinado pelo Provimento n. 63 do Conselho Nacional de Justiça (CNJ), o modelo da certidão de nascimento tornou irrelevante a indicação do sexo ou gênero do genitor, com o campo destinado à indicação dos genitores nomeado apenas como "filiação". Acrescenta-se, também, que a presunção de que a mãe é sempre certa (*mater semper certa est*), que ensejaria apenas a possibilidade de investigação de paternidade acerca do genitor homem/macho, hoje já se mostra totalmente inconsistente.

Não importa se esse genitor é homem/macho ou mulher/fêmea, tampouco se ele ostenta socialmente o gênero masculino ou feminino, para que se proponha contra ele ação visando o reconhecimento dessa paternidade/maternidade, não sendo a transição realizada em razão da identidade de gênero obstáculo ou defesa ao pleito.

Já em sede de reconhecimento de paternidade/maternidade, que se dá pela manifestação espontânea de que se é o genitor de determinada pessoa, a transgeneridade não pode constituir obstáculo a quem afirma ser ascendente de outrem, sob pena de caracterização de discriminação em razão da identidade de gênero. A legislação prevê o consentimento do reconhecido se já tiver atingido a maioridade civil e, caso não tenha, existe a possibilidade de impugnação do reconhecimento até quatro anos após a maioridade civil (art. 1.614 do CC), inexistindo menção expressa de "quais seriam os motivos pelos quais o filho poderia negar consentimento ao reconhecimento, tampouco quais hipóteses permitiriam ao menor impugná-lo após atingir a maioridade, o que dá azo à possibilidade de que a condição transgênero do genitor seja causa para tal ato,

---

[4] CUNHA, Leandro Reinaldo da. *Identidade e redesignação de gênero*: aspectos da personalidade, da família e da responsabilidade civil. 2. ed. rev. e ampl. Rio de Janeiro: Lumen Juris, 2018. p. 243.

situação em que se poderia suscitar a figura de uma eventual discriminação, além de consequências de cunho sucessório"[5].

Mais uma vez ressalta-se que, se for constatado que o motivo da negativa é a transgeneridade do genitor, ficam configurados preconceito e transfobia, passíveis de punição como racismo, nos termos postos pela ADO 26.

7.1.2. Adoção

O instituto histórico da adoção consolida-se na constituição de um vínculo de filiação entre duas pessoas, excepcionalmente prevista em lei, estabelecido mediante manifestação expressa de vontade e decisão judicial[6]. Por meio dela, o adotado rompe, de regra[7], totalmente os laços com sua família consanguínea, passando a integrar definitivamente a família substituta[8].

O regamento legal para a adoção está fixado no Estatuto da Criança e do Adolescente (ECA)[9], tendo como requisitos que o adotante tenha mais de 18 anos, seja 16 anos mais velho que o adotado (art. 42), haja um estágio de convivência para se aferir a compatibilidade entre eles, estabilidade familiar, elaboração de laudo psicossocial favorável à adoção e decisão judicial.

Mesmo que não exista qualquer previsão expressa no Estatuto da Criança e do Adolescente (ECA) ou no Código Civil estabelecendo restrições do direito à adoção a adotantes que se insiram nas minorias sexuais, essa é uma questão que gera muita celeuma, especialmente nas "mentes arcaicas de alguns extremistas, em larga medida calcados em uma moralidade retrógrada e em preceitos religiosos decorrentes de uma interpretação enviesada do texto bíblico"[10], sendo que, claramente, o preconceito segue lançando suas garras discriminatórias, dando causa a consequências desastrosas.

A condição de minoria sexual e grupo vulnerabilizado segue sendo, no Brasil, um aval para condutas ainda mais discriminatórios, lastreadas em desconhecimentos e preconceitos, impondo que "o óbvio seja sempre refirmado: as características individuais e marcadores sociais não podem ser usados como parâmetros com a finalidade de privar essas pessoas dos direitos essenciais"[11].

---

[5] CUNHA, Leandro Reinaldo da. *Identidade e redesignação de gênero*: aspectos da personalidade, da família e da responsabilidade civil. 2. ed. rev. e ampl. Rio de Janeiro: Lumen Juris, 2018. p. 245.

[6] CUNHA, Leandro Reinaldo da; DOMINGOS, Terezinha de Oliveira. A nova perspectiva da adoção nacional e o capitalismo humanista. *Revista do Curso de Direito da Universidade Metodista de São Paulo*, São Bernardo do Campo: Metodista, v. 9, n. 9, 2012. p. 35.

[7] A adoção de descendente de cônjuge gera apenas a ruptura de uma das linhas do parentesco, nos termos do art. 41, § 1º, do Estatuto da Criança e do Adolescente (ECA).

[8] CUNHA, Leandro Reinaldo da. *Identidade e redesignação de gênero*: aspectos da personalidade, da família e da responsabilidade civil. 2. ed. rev. e ampl. Rio de Janeiro: Lumen Juris, 2018. p. 252.

[9] Mesmo que o adotado tenha mais de 18 anos, o Código Civil determina que se aplique, no que couber, o regramento estabelecido pelo Estatuto da Criança e do Adolescente (ECA).

[10] CUNHA, Leandro Reinaldo da. A adoção por homossexuais e transgêneros: a Resolução 532/23 do CNJ. *Migalhas*, 7 dez. 2023. Disponível em: https://www.migalhas.com.br/coluna/direito-e-sexualidade/398591/a-adocao-por-homossexuais-e-transgeneros-a-resolucao-532-23-do-cnj. Acesso em: 15 jan. 2024.

[11] CUNHA, Leandro Reinaldo da. A adoção por homossexuais e transgêneros: a Resolução 532/23 do CNJ. *Migalhas*, 7 dez. 2023. Disponível em: https://www.migalhas.com.br/coluna/direito-e-sexualidade/398591/a-adocao-por-homossexuais-e-transgeneros-a-resolucao-532-23-do-cnj. Acesso em: 15 jan. 2024.

O estigma imposto a pessoas transgênero de que são seres abjetos, desviantes e até mesmo não humanos[12], tratadas como se não devessem nem mesmo compartilhar da vida social com os demais, relegadas apenas a uma existência marginal[13], lança seus tentáculos em sede da adoção, com posicionamentos contrários à concessão desse direito em razão da identidade de gênero por elas expressada.

Mesmo não havendo qualquer restrição legal, constata-se que o sistema judicial revela seu preconceito estrutural, ainda que formalmente assevere garantir igualdade e não discriminação, o que assume um grau de perversidade ainda maior, pois tenta refutar de plano a existência da discriminação.

Na adoção, que deve ser pautada pela absoluta prioridade na proteção dos interesses de crianças e adolescentes (art. 227), "não se pode admitir de forma alguma que entendimentos, pensamentos e preconceitos contra as minorias sexuais possam" se fazer presentes, já que "discriminar, conferindo valor a um preconceito, está bastante apartado do dever de especial amparo"[14] constitucionalmente previsto.

A situação é tão consolidada que o Conselho Nacional de Justiça (CNJ), preocupado com tal realidade, publicou a Resolução n. 532/2023, que "determina aos tribunais e magistrados(as) o dever de zelar pelo combate a qualquer forma de discriminação à orientação sexual e à identidade de gênero, ficando vedadas, nos processos de habilitação de pretendentes e nos de adoção de crianças e adolescentes, guarda e tutela, manifestações contrárias aos pedidos pelo fundamento de se tratar de casal ou família monoparental, homoafetivo ou transgênero, e dá outras providências".

Em síntese, dita que magistrados(as) e tribunais respeitem e apliquem o art. 5º da Constituição Federal, rechaçando condutas discriminatórias lastreadas na sexualidade dos adotantes, pois ainda grassa em nossa sociedade a ideia de que colocar uma criança ou adolescente no seio de uma estrutura familiar fora dos padrões tradicionais, formada por pessoas desviantes e que não se inserem no conceito cis-heteronormativo de família concebido[15], é algo prejudicial, mesmo que seja assente que tal sorte de adoção não traz qualquer risco ao adotado[16].

A Resolução n. 532/2023 do Conselho Nacional de Justiça (CNJ) traz que, mesmo não havendo a previsão explícita de vedação quanto ao direito de adoção a minorias sexuais, os preconceitos daqueles que participam desse processo como um todo

---

[12] ANTUNES, Pedro Paulo Sammarco. *Travestis envelhecem?* 268 f. Dissertação (Mestrado em Gerontologia) – Pontifícia Universidade Católica de São Paulo, São Paulo, 2010. p. 137.

[13] SERRA, Vitor Siqueira. *"Pessoa afeita ao crime": criminalização de travestis e o discurso judicial criminal paulista*. 128 f. Dissertação (Mestrado) – Faculdade de Ciências Humanas e Sociais, Universidade Estadual Paulista "Júlio de Mesquita Filho", São Paulo, 2018. p. 19.

[14] CUNHA, Leandro Reinaldo da. A adoção por homossexuais e transgêneros: a Resolução 532/23 do CNJ. *Migalhas*, 7 dez. 2023. Disponível em: https://www.migalhas.com.br/coluna/direito-e-sexualidade/398591/a-adocao-por-homossexuais-e-transgeneros-a-resolucao-532-23-do-cnj. Acesso em: 15 jan. 2024.

[15] CUNHA, Leandro Reinaldo da. *Identidade e redesignação de gênero*: aspectos da personalidade, da família e da responsabilidade civil. 2. ed. rev. e ampl. Rio de Janeiro: Lumen Juris, 2018. p. 254.

[16] LOREA, Roberto Arriada. Intolerância religiosa e casamento gay. *In*: DIAS, Maria Berenice (coord.). *Diversidade sexual e direito homoafetivo*. São Paulo: RT, 2011. p. 40.

acabam impactando na decisão final da adoção, levando à necessidade de que expressamente viesse a reforçar que "a sexualidade do adotante, seja pela sua orientação sexual ou sua identidade de gênero, não consta como requisito legal para que se conceda a adoção, razão pela qual qualquer restrição baseada neste aspecto há de ser frontalmente combatida por representar manifesta ofensa ao princípio da igualdade e da dignidade da pessoa humana"[17].

Ainda que não houvesse a expressa manifestação de que a negativa da adoção se dava em razão da identidade de gênero do adotante, tal conclusão podia ser extraída dos fundamentos do estudo psicossocial que fundamentava os casos de indeferimento da adoção ou da própria prolação da sentença, ainda mais quando não se vislumbrava a presença de ofensa a qualquer dos requisitos legalmente previstos, indicando somente argumentos genéricos de "não compatibilidade", "ausência de elementos que demonstrem o real benefício em favor do adotado" ou "estrutura familiar que não atende ao melhor interesse da criança"[18].

Assim, é de se consignar de forma clara que a identidade de gênero do adotante não pode ser usada como parâmetro para a vedação da adoção.

De outro lado, é possível tecer breves considerações acerca da possibilidade de que a criança ou o adolescente a ser adotado revele sua transgeneridade ou mesmo traços que possam levar os adotantes a "suspeitar" de que sua identidade de gênero é transgênero e, em razão disso, desistir da adoção, ou tentar "devolver" o adotado.

Quando a constatação da identidade de gênero do adotando se dá antes da adoção, seja no estágio de convivência (art. 46 do ECA) ou em qualquer momento durante o processo, e faz com que o adotante desista da adoção por esse motivo, é óbvio que não se pode impor que a adoção se efetive, sendo certo que, ante a demonstração de tal pensamento, já se evidencia que essa não seria benéfica ao adotado. Contudo, não se pode refutar a possibilidade de responsabilidade tanto civil quanto penal pela discriminação praticada.

O mesmo pode ser dito quanto à "devolução" da criança adotada ou seu "reabandono" após a conclusão do processo de adoção quando motivado por sua identidade de gênero, sendo pertinente uma séria análise acerca do dano existencial decorrente de tal conduta[19].

7.2. Direitos/deveres dos pais transgênero em relação a seus filhos

O ordenamento jurídico pátrio impõe aos pais determinados direitos e deveres em relação a seus filhos, fator que, de início, não haveria de passar por qualquer

---

[17] CUNHA, Leandro Reinaldo da. *Identidade e redesignação de gênero*: aspectos da personalidade, da família e da responsabilidade civil. 2. ed. rev. e ampl. Rio de Janeiro: Lumen Juris, 2018. p. 253.

[18] CUNHA, Leandro Reinaldo da. A adoção por homossexuais e transgêneros: a Resolução 532/23 do CNJ. *Migalhas*, 7 dez. 2023. Disponível em: https://www.migalhas.com.br/coluna/direito-e-sexualidade/398591/a-adocao-por-homossexuais-e-transgeneros-a-resolucao-532-23-do-cnj. Acesso em: 15 jan. 2024.

[19] Tema abordado no artigo "Reabandono do adotado após a finalização do processo de adoção e a possibilidade de dano existencial", redigido em coautoria com Fernanda Victória Meneses da Silva.

discussão atrelada à identidade de gênero dos genitores, mas que, na prática, acaba sendo tangenciada por esse tema.

De pronto, faz-se imperioso afirmar que a transgeneridade do genitor ou o fato de ter realizado tratamentos ou cirurgias visando a afirmação de seu gênero de pertencimento em qualquer momento da vida não é elemento bastante para se questionar seu poder familiar ou autoridade parental.

Interpretações baseadas em outra sociedade e em concepções já superadas não podem mais ser admitidas, como a de que a transgeneridade de um genitor poderia ensejar danos emocionais à prole[20]. A presunção, baseada em preconceito, de que a transgeneridade é fruto de uma vontade, fundada em degeneração ou parafilia, não pode mais ser usada como forma de afastar os laços familiares.

Toda a gama de direitos e deveres atribuídos em decorrência da constituição da relação paterno-filial segue intacta após a publicização da transgeneridade de qualquer dos genitores, sendo a mera alusão a restrições em decorrência da identidade de gênero revelada demonstrativo manifesto de discriminação, passível de imposição das consequências cabíveis, como a responsabilização civil e penal, além de eventuais impactos associados ao próprio Direito de Família, como se discorrerá a seguir.

7.2.1. Poder familiar ou autoridade parental

Decorrência legal automática da caracterização da maternidade/paternidade é o estabelecimento do poder familiar/autoridade parental que, nos termos do art. 1.643 do Código Civil, impõe deveres e confere direitos aos genitores em relação a seus filhos. E o exercício das prerrogativas ali estatuídas não está vinculado à identidade de gênero dos genitores, contudo o preconceito que acompanha a transgeneridade também aqui se faz presente.

É inconcebível pensar que o exercício de um direito fundamental de ser quem se é (autodeterminação), expressando socialmente seu gênero de pertencimento, venha a ser usado como elemento a fundar uma tentativa de privar a pessoa transgênero de exercer seus direitos em relação à sua prole. Além de revelar uma manifesta discriminação, tal ameaça constitui-se como uma forma de controle social baseada em preconceito, que afasta a pessoa de experimentar os parâmetros mais elementares do que possa ser uma vida digna e até mesmo fomenta a marginalização e o estigma que recaem sobre a transgeneridade, majorando os riscos de que venha a morrer ou ser vítima de agressões[21].

De se notar que nem sequer existe na lei a previsão de que a identidade de gênero seja utilizada como argumento para restringir os direitos de um genitor, não sendo admissível a tentativa de enquadrar a transgeneridade como algo atentatório aos bons

---

[20] DINIZ, Maria Helena. *O estado atual do biodireito*. 8. ed. rev., aum. e atual. São Paulo: Saraiva, 2011. p. 338; ARAUJO, Luiz Alberto David. *A proteção constitucional do transexual*. São Paulo: Saraiva, 2000. p. 144.

[21] Dados sobre a vulnerabilidade que recai sobre as pessoas transgênero foram apresentados no Capítulo 3 (Identidade de gênero na sociedade).

costumes em face do filho, que poderia culminar na perda do poder familiar (arts. 1.635 a 1.638 do CC).

Relevante se disseminar tal entendimento a fim de evitar que pessoas transgênero venham a manter-se em uma condição de sofrimento apenas em decorrência do receio de que a transgeneridade ou a realização de tratamentos e cirurgias de afirmação do gênero de pertencimento possam gerar alguma restrição legal com relação à prole[22].

Sempre prudente ressaltar, tendo por base as diretrizes estabelecidas para os pais em razão do poder familiar, que o genitor tem o direito de ter seus filhos em sua companhia independentemente de estar em um relacionamento com outro genitor (ou ter tido)[23], exercendo plenamente o direito de guarda e convivência/visitas independentemente de questões vinculadas à sexualidade.

Circunscrito a esse tema, também é relevante pontuar que o fato de o genitor vir a estabelecer um relacionamento amoroso, casar-se ou constituir união estável com uma pessoa transgênero não se configura como permissivo para que seja privado de seus direitos com relação a seus filhos.

A identidade de gênero do genitor também não lhe retira o direito/dever de dirigir a criação e a educação dos filhos, em toda a sua amplitude, uma vez que sua transgeneridade não o torna menos capacitado ou o faz inidôneo para tomar decisões quanto a qual escola estudar, quais cursos fazer, qual orientação social e filosófica seguir, qual religião adotar, entre outras.

Contudo, não se pode ignorar a resistência ou mesmo a tentativa de objeção por parte do(s) outro(s) genitor(es) quanto à presença da prole comum em espaços frequentados pelo genitor transgênero nos quais existam outras pessoas que não se enquadrem no padrão de sexualidade socialmente posto. Tal posicionamento não se sustenta, inexistindo o direito desse genitor de impedir a convivência com a diversidade, o que pode até mesmo encerrar em si uma conduta discriminatória passível de responsabilização (civil e penal).

Não pode prosperar o estigma de que as pessoas transgênero sejam degeneradas, cujo simples compartilhamento do mesmo espaço físico seria suficiente para gerar danos às demais pessoas. Caso exista algum motivo que revele a impropriedade da presença de uma criança ou adolescente com quem quer que seja, isso se dará pelos atos e condutas dessa pessoa, não pelo simples fato de se tratar de alguém que não é cisgênero.

Ainda na seara dos deveres decorrentes do poder familiar, o art. 1.634, III, do Código Civil atribui aos pais a prerrogativa de conceder ou negar aos filhos o consentimento para se casarem. No exercício desse direito, não poderão os genitores agir de forma discriminatória, negando tal consentimento quando o nubente for uma pessoa

---

[22] CUNHA, Leandro Reinaldo da. *Identidade e redesignação de gênero*: aspectos da personalidade, da família e da responsabilidade civil. 2. ed. rev. e ampl. Rio de Janeiro: Lumen Juris, 2018. p. 230.

[23] Considerando a possibilidade da multiparentalidade, é possível que se tenha mais do que dois genitores.

transgênero, o que poderá ser refutado judicialmente, além de ensejar a possibilidade de responsabilização tanto civil quanto penal.

Há, ainda, no bojo do poder familiar, a possibilidade de os pais exigirem que os filhos "lhes prestem obediência, respeito e os serviços próprios de sua idade e condição" (art. 1.634, IX, do CC), o que pode dar azo a interpretações equivocadas, ainda mais quando o filho venha a expressar sua identidade de gênero transgênero na infância ou adolescência.

De forma geral, tem-se consolidado que, nos termos do art. 18-A do Estatuto da Criança e do Adolescente (ECA), "a criança e o adolescente têm o direito de ser educados e cuidados sem o uso de castigo físico ou de tratamento cruel ou degradante, como formas de correção, disciplina, educação ou qualquer outro pretexto, pelos pais, pelos integrantes da família ampliada, pelos responsáveis, pelos agentes públicos executores de medidas socioeducativas ou por qualquer pessoa encarregada de cuidar deles, tratá-los, educá-los ou protegê-los".

Contudo, quando se trata de criança ou adolescente que venha a expressar qualquer aspecto da sexualidade que não atenda aos padrões esperados, tais preceitos parecem ser ignorados, com a prática de condutas vis a fim de que não venha a expressar quem é, que atingem níveis impensáveis, como no estupro corretivo[24] e até mesmo no homicídio.

Impera, portanto, que se tenha muito explícito que a identidade de gênero não é passível de correção ou cura, não sendo permitido aos genitores condutas dessa natureza, nem mesmo sob o argumento de que é para o bem do filho, sob pena, mais uma vez, de responsabilização civil e penal. Boas intenções baseadas em preconceito não eximem quem atua de forma discriminatória de responder por todos os danos decorrentes de seus atos.

Assim, é garantido o pleno exercício do poder familiar/autoridade parental pelo genitor transgênero, e o desempenho de tal função há de se fazer livre de preconceitos e discriminações, garantindo sempre o respeito aos direitos fundamentais da pessoa transgênero, independentemente do polo em que esteja na relação paterno-filial.

7.2.2. Alienação parental

Outro ponto que merece atenção é a alienação parental, entendida como a atuação que visa impedir o estabelecimento dos vínculos afetivos, ou gerar sua ruptura, entre a criança/adolescente e seus pais ou parentes[25], que pode ter por base a transgeneridade, mormente quando socialmente expressada após o nascimento dessa criança/adolescente.

A alienação parental, muitas vezes movida por mágoa ou desejo de vingança, usa a criança/adolescente como meio[26] para atingir tal fim e, nos termos trazidos pela Lei

---

[24] O tema será abordado no Capítulo 19 (Direito Penal).
[25] CUNHA, Leandro Reinaldo da. *Identidade e redesignação de gênero*: aspectos da personalidade, da família e da responsabilidade civil. 2. ed. rev. e ampl. Rio de Janeiro: Lumen Juris, 2018. p. 237.
[26] PEREIRA, Rodrigo da Cunha. Alienação parental: uma inversão da relação sujeito e objeto. *In*: DIAS, Maria Berenice (coord.). *Incesto e alienação parental*. São Paulo: RT, 2013. p. 32.

n. 12.318/2010, pode ensejar consequências severas para aquele que age de forma a atingir os laços familiares, podendo culminar até mesmo na troca da guarda. De se considerar que, diante das diretrizes estabelecidas no Código Civil para as condutas inadequadas dos pais, que podem culminar até mesmo na perda do poder familiar, as sanções impostas pela Lei da Alienação Parental (Lei n. 12.318/2010) acabam inovando com relação aos atos praticados por outras pessoas que podem ser atingidas pela lei (avós, novos cônjuges ou companheiros dos genitores, tios e demais parentes com quem a criança/adolescente tenha contato).

A fim de dar vazão a essa conduta reprovável, os alienadores lançam mão dos mais diversos argumentos, que nem mesmo precisam se mostrar verdadeiros, para minar a conexão dos filhos com o genitor. E a identidade de gênero transgênero, com todo o estigma que carrega, é campo fértil a respaldar o intento de afastar a prole de seu genitor.

No entanto, a identidade de gênero de qualquer dos genitores não é permissivo para que se busque afastá-lo de seus filhos. Faz-se totalmente atentatório aos preceitos legais "valer-se desta situação para tentar impedir ou romper os vínculos entre aqueles que por natureza o tem, ou que o construíram com o passar do tempo ante a demonstração de carinho e afeto"[27].

Essa conduta mostra-se atentatória à moral e passível de culminar na perda do poder familiar, caso praticada por um genitor (art. 1.638 do CC), ou mesmo configurar alienação parental (Lei n. 12.318/2010), além de poder caracterizar um dano indenizável passível de responsabilização civil, ante o abalo psicológico gerado contra a criança ou o adolescente, bem como diante do genitor alienado, independentemente da necessidade da comprovação de culpa[28], além da responsabilidade penal, nos termos da ADO 26.

7.2.3. Descumprimento do dever de cuidado ou "abandono afetivo"

Na outra ponta dessa discussão, é importante trazer a hipótese de o descendente, sujeito ao poder familiar, vir a expressar sua transgeneridade e tal fato ensejar condutas de abandono e maus-tratos. Esse é um dos temas mais relevantes de se considerar neste tópico, especialmente quando se rememora a aterradora estimativa que recai sobre travestis e mulheres transexuais de que, em média, são expulsas da casa dos pais aos 13 anos[29].

O fato de o filho não expressar os parâmetros da sexualidade tida como adequada tem sido apresentado, por mais absurdo que possa parecer, como motivo para que os genitores abandonem seus filhos transgêneros, em ato repulsivo que atenta

---

[27] CUNHA, Leandro Reinaldo da. *Identidade e redesignação de gênero*: aspectos da personalidade, da família e da responsabilidade civil. 2. ed. rev. e ampl. Rio de Janeiro: Lumen Juris, 2018. p. 239.
[28] PEREIRA, Rodrigo da Cunha. Alienação parental: uma inversão da relação sujeito e objeto. *In*: DIAS, Maria Berenice (coord.). *Incesto e alienação parental*. São Paulo: RT, 2013. p. 39.
[29] BENEVIDES, Bruna G. *Dossiê assassinatos e violências contra travestis e transexuais brasileiras em 2022*. Brasília: Distrito Drag, ANTRA, 2023. p. 39.

contra parâmetros elementares atrelados à paternidade/maternidade. Esse descumprimento pelos genitores dos deveres legalmente impostos tem sido nomeado de abandono afetivo, que, em verdade, revela-se como um ato ilícito que pode culminar na responsabilização.

Importante ponderar que não se está discutindo se há ou não um dever de afeto ou amor. A questão lastreia-se no dever legal de cuidado que existe expressamente em nosso ordenamento jurídico, o qual não está afeito a sentimentos ou discricionariedade.

Ainda que não revele afeto, carinho ou amor, persiste o dever de cuidado e responsabilidade em face da prole, pois a ausência do amor não "exclui a necessidade e obrigação dos pais com o cuidado e a educação, a responsabilidade, a presença e a imposição de limites"[30], cabendo mesmo o dever de indenizar por danos morais, como decidido pelo Superior Tribunal de Justiça (STJ)[31].

Importante trazer que também tem ocorrido, seguindo o vetor oposto, o abandono dos pais pelos filhos. Mesmo que muitos se olvidem, há a previsão legal de que os filhos têm o dever de ajudar e amparar os pais na velhice, conforme expressamente previsto no art. 229 da Constituição Federal. Quando esse dever é inadimplido em razão de um afastamento motivado pela transgeneridade desse genitor, podemos ponderar quanto à existência do chamado "abandono afetivo inverso", que também enseja o dever de indenizar, além da possibilidade da responsabilização penal (ADO 26).

7.3. Casamento e união estável

O legislador pátrio oferta considerável atenção aos relacionamentos interpessoais com o objetivo de constituir família, havendo a previsão expressa das figuras do casamento e da união estável, as quais revelam-se, "basicamente, pela união de duas pessoas que lastreadas no interesse mútuo e livre, escolhem unir esforços em busca do estabelecimento de uma vida em comum, sendo aquele decorrente de uma celebração e ato solene a ser realizado nos termos da lei, e esta caracterizada ante o reconhecimento de uma situação de fato"[32].

Ainda que casamento e união estável sejam institutos da mesma lavra[33], aos quais há de se conferir os mesmos efeitos práticos (divergindo apenas na forma como são constituídos e provados)[34], persiste em determinados setores uma tentativa de impor

---

[30] PEREIRA, Rodrigo da Cunha. Alienação parental: uma inversão da relação sujeito e objeto. *In*: DIAS, Maria Berenice (coord.). *Incesto e alienação parental*. São Paulo: RT, 2013. p. 34.

[31] STJ, REsp 1.159.242/SP, 3ª Turma, Rel. Min. Nancy Andrighi, j. 24.04.2012, *DJe* 10.05.2012.

[32] CUNHA, Leandro Reinaldo da. *Identidade e redesignação de gênero*: aspectos da personalidade, da família e da responsabilidade civil. 2. ed. rev. e ampl. Rio de Janeiro: Lumen Juris, 2018. p. 193.

[33] CUNHA, Leandro Reinaldo da. A união homossexual ou homoafetiva e o atual posicionamento do STF sobre o tema (ADI 4277). *Revista do Curso de Direito da Universidade Metodista de São Paulo*, São Bernardo do Campo: Metodista, v. 8, 2010. p. 290.

[34] CUNHA, Leandro Reinaldo da. Casamento e união estável homoafetiva: apontamentos críticos acerca da nomenclatura atual. *Migalhas*, 6 abr. 2023. Disponível em: https://www.migalhas.com.br/coluna/direito-e-sexualidade/384402/casamento-e-uniao-estavel-homoafetiva. Acesso em: 15 jan. 2024.

diferenciações que encerram uma menor valia à união estável, em clara afronta ao decidido pelo Supremo Tribunal Federal (STF) na ADI 4.277.

Tanto o casamento quanto a união estável têm concepções bastante similares, sendo que, quando previstos na Constituição Federal (art. 226, § 3º) e no Código Civil (art. 1.514, art. 1.517, art. 1.535, art. 1.723, entre outros), apresentam um viés de sexualidade ao indicar que são uniões entre um homem e uma mulher, sem que, é importante dizer, exista qualquer vedação expressa de que tais entidades familiares constituam-se de forma diversa. Porém, não se pode deixar de notar a presença de um parâmetro calcado na sexualidade daqueles que pretendem se unir pelo casamento ou pela união estável.

Quando se passa a apreciar os requisitos para o casamento ou união estável, visando sua existência e validade, não se vislumbra no ordenamento jurídico pátrio qualquer restrição ou impedimento atrelado a elementos da sexualidade, seja sexo, gênero, orientação sexual ou identidade de gênero, apesar de a doutrina mais clássica considerar a diversidade de sexo como um requisito para o casamento[35].

Essa visão arraigada e por muitos replicada, como se uma previsão legal e não um dogma lastreado em preconceito, tinha o condão de privar as minorias sexuais de terem conferidos a si direitos em decorrência de suas uniões[36], replicando nos dias de hoje, de maneira absolutamente anacrônica, posicionamentos vetustos de que a diversidade de sexo para o casamento seria tão natural e evidente que nem sequer seria necessário que o legislador a declarasse expressamente como um requisito à sua existência[37], o que dispensaria a necessidade de regulamentação legislativa[38].

Atualmente, ter como válida a concepção de que a diversidade sexual é algo natural ao casamento ou à união estável mostra-se tão dissociado da realidade quanto sustentar como vigentes questões claramente suplantadas pela sociedade. "(...) outrora, já se considerou natural que o homem fosse superior à mulher, ou que brancos fossem superiores a pretos, posicionamentos hoje totalmente superados, havendo ainda de se pontuar que até mesmo na natureza (biologia) este conceito já sofreu inúmeras mudanças no decorrer dos tempos"[39].

Ainda que tal questão não tenha sido extirpada de nosso ordenamento jurídico, na sempre ressaltada leniência legislativa que impera em questões que envolvem a sexualidade[40], o Superior Tribunal de Justiça (STJ)[41] e o Supremo Tribunal Federal (STF), na

---

[35] Planiol, Ripert e Buolanger apud DINIZ, Maria Helena. *Curso de direito civil brasileiro*: direito de família. 26. ed. São Paulo: Saraiva, 2011. v. 5, p. 68.

[36] CUNHA, Leandro Reinaldo da. A família, sua constituição fática e a (in)existência de proteção ou atribuição de direitos. *Revista Conversas Civilísticas*, v. 2, p. III-VII, 2022.

[37] PONTES DE MIRANDA, Francisco Cavalcanti. *Tratado de direito privado*. 3. ed. São Paulo: Max Limonad, 1947. t. VII, p. 296.

[38] GONÇALVES, Carlos Roberto. *Direito civil brasileiro*: direito de família. São Paulo: Saraiva, 2012. v. 6, p. 142-143.

[39] CUNHA, Leandro Reinaldo da. *Identidade e redesignação de gênero*: aspectos da personalidade, da família e da responsabilidade civil. 2. ed. rev. e ampl. Rio de Janeiro: Lumen Juris, 2018. p. 200.

[40] CUNHA, Leandro Reinaldo da. Identidade de gênero e a responsabilidade civil do Estado pela leniência legislativa. *Revista dos Tribunais*, São Paulo: RT, n. 962 p. 37-52, 2015.

[41] STJ, REsp 1.183.378/RS, 4ª Turma, Rel. Min. Luis Felipe Salomão, j. 25.10.2011, *DJe* 01.02.2012.

ADI 4.277 e na ADPF 132[42], entendem pela possibilidade de casamentos e uniões estáveis entre pessoas homossexuais, tema também objeto de atenção da Resolução n. 175 do Conselho Nacional de Justiça (CNJ), que firma a obrigatoriedade de que todos os cartórios do país registrem casamento ou convertam em casamento civil as uniões entre pessoas do mesmo sexo[43].

É premente o reconhecimento de que não cabe ao direito definir se algo existe ou não, especialmente em sede de Direito de Família, competindo-lhe tão somente regular os efeitos daquela situação fática, seguindo os princípios norteadores de um Estado Democrático de Direito[44].

De se notar, mais uma vez, a confusão entre elementos relacionados à sexualidade, pois tanto a legislação quanto as decisões judiciais tratam o casamento e a união estável, por vezes, com base na orientação sexual das pessoas, e em outras segundo o sexo e até mesmo segundo o gênero. Não faz sentido nenhum haver qualquer questionamento quanto à orientação sexual (heterossexual, homossexual, bissexual, assexual ou pansexual) quando duas pessoas que tiveram sexos distintos atribuídos a si quando do nascimento quiserem se casar, contudo, se elas ostentarem o mesmo sexo ou gênero, automaticamente esse casamento ou união estável passa a ser denominado de homossexual, pressupondo ser essa a orientação sexual delas[45].

Importante que se tenha claro que a alegação de que relacionamentos sem a diversidade de sexos não atenderia ao fim procriador do casamento representa uma teratologia assustadora. Ainda que muitos pareçam desejar o estabelecimento de um Estado teocrático a fim de valer seus posicionamentos e crenças religiosas a toda a sociedade, não há como refutar a estruturação de nosso Estado Democrático de Direito sob parâmetros laicos. Essa ruptura entre Estado e Igreja precisaria ser efetivada de forma real, a fim de extirpar a forte influência da religião que ainda persiste em nosso ordenamento jurídico quando da normatização das uniões entre pessoas com o objetivo de constituição de família.

De qualquer forma, desde a secularização do matrimônio, é o consentimento manifestado que consuma a realização do casamento civil, restando afastada a antiga premissa da consumação sexuada como elemento a consolidar aquela união, "sendo o acordo de vontades, e não a *copula carnalis* o que faz a essência do matrimônio, a *conditio sine qua non* de sua existência não pode continuar sendo a diferença do sexo nas partes contratantes. Em outras palavras, para o direito secular, o que conta não é a natureza física da instituição, mas a sua dimensão psicológica. À carne sexuada da regra canônica, o direito moderno opõe o sujeito abstrato livre e consciente"[46].

---

[42] CUNHA, Leandro Reinaldo da. A união homossexual ou homoafetiva e o atual posicionamento do STF sobre o tema (ADI 4277). *Revista do Curso de Direito da Universidade Metodista de São Paulo*, São Bernardo do Campo: Metodista, v. 8, 2010.

[43] Disponível em: https://atos.cnj.jus.br/atos/detalhar/1754. Acesso em: 15 jan. 2024.

[44] CUNHA, Leandro Reinaldo da. A família, sua constituição fática e a (in)existência de proteção ou atribuição de direitos. *Revista Conversas Civilísticas*, v. 2, p. III-VII, 2022.

[45] CUNHA, Leandro Reinaldo da. *Identidade e redesignação de gênero*: aspectos da personalidade, da família e da responsabilidade civil. 2. ed. rev. e ampl. Rio de Janeiro: Lumen Juris, 2018. p. 202.

[46] BORRILLO, Daniel. *Matrimônio entre pessoas do mesmo sexo e homoparentalidade: uma nova etapa da modernidade política e jurídica*. Conferência proferida no Fórum do Casamento entre Pessoas do Mesmo Sexo, no Centro de

A separação entre Estado e Igreja não pode ser vista como mera ilusão ou mero desejo de alguns. Trata-se de algo consolidado no Brasil já de longa data, não sendo admissível qualquer estrutura em que conceitos religiosos ainda se coloquem como um obstáculo ao efetivo acesso a direitos e garantias fundamentais ou como parâmetros norteadores de uma "normalidade" sexual na legislação. Nem mesmo se pode comungar com a sua valência na construção de uma concepção de moral e bons costumes, para sustentar a vedação a direitos.

Qualquer sorte de restrição de acesso a pessoas transgênero às modalidades legalmente protegidas de família encerraria uma grave ofensa aos princípios basilares do Estado Democrático de Direito, revelando-se não só como um desprestígio ao princípio da dignidade da pessoa humana, mas também como uma ingerência que se sobreporia ao princípio da intervenção mínima do Estado que há de imperar no Direito de Família, não se podendo olvidar que "cada um conduz a sua vida como quer. O Direito só intervém limitadamente, excluindo aspectos viciosos, nomeadamente através da cláusula geral do 'abuso do direito'"[47].

Não há, portanto, restrição legal para a constituição de uma entidade familiar, em qualquer modalidade que seja, por pessoas transgênero, as quais precisam ter, como se garante a qualquer indivíduo, o direito de construir uma família, nos termos garantidos tanto por documentos internacionais de Direitos Humanos[48] como pela Constituição Federal.

Privar alguém dos direitos inerentes à constituição de uma entidade familiar pelo simples fato de se tratar de pessoa transgênero se mostra discriminatório, além de ampliar todo o estigma que atinge essa minoria sexual, com profundos impactos na socialização dessa pessoa e na consecução dos parâmetros elementares da sua cidadania constitucionalmente garantida.

Finalmente, após ter discorrido sobre a possibilidade do casamento e da união estável da pessoa transgênero, é relevante se consignar que, por óbvio, a ela se franqueiam todos os direitos vinculados a tais institutos, como a possibilidade de se valer de pacto antenupcial, seja para escolher o regime de bens que norteará aquele relacionamento, seja para estabelecer diretrizes de cunho existencial, de sorte que lhe é permitido vedar que questões relativas à intimidade sejam reveladas após o término do casamento, até mesmo prefixando um valor de indenização em caso de exposição da sua identidade de gênero para a sociedade, familiares ou quem quer que seja.

Estudos de Antropologia Social – ILGA Portugal. Disponível em: https://www.ilga-portugal.pt/ficheiros/pdfs/DanielBorrillo.pdf. Acesso em: 30 nov. 2023.

[47] ASCENSÃO, José de Oliveira. *Direito civil*: teoria geral: introdução, as pessoas, os bens. 3. ed. São Paulo: Saraiva, 2010. v. 1, p. 12.

[48] Como o princípio 24 inserido nos Princípios de Yogyakarta ("Toda pessoa tem o direito de constituir uma família, independente de sua orientação sexual ou identidade de gênero. As famílias existem em diversas formas. Nenhuma família pode ser sujeita à discriminação com base na orientação sexual ou identidade de gênero de qualquer de seus membros.").

7.3.1. Dissolução do casamento/união estável em razão da transgeneridade

Ainda que se tenha consolidado na sociedade ocidental a ideia de que o casamento e a união estável baseiam-se no afeto, existem elementos que podem fazer com que o sentimento que fomentou a aliança estabelecida entre cônjuges ou companheiros se dissipe de maneira inimaginável. Inúmeros aspectos sociais e culturais podem impactar no desejo de manutenção e continuidade de um relacionamento, alguns deles atrelados, em alguma medida, com a sexualidade, como a descoberta de que o cônjuge/companheiro teve relações homossexuais pretéritas ou prostituiu-se, por exemplo.

Considerando o escopo da presente obra, é pertinente discorrer acerca da forma como a transgeneridade pode vir a atingir esse casamento ou união estável. Para tanto, esta seção será cindida em duas hipóteses distintas: (i) transgeneridade desconhecida pelo cônjuge/companheiro antes de se casar/unir; e (ii) transgeneridade revelada após a constituição do casamento/união estável.

7.3.1.1. Transgeneridade desconhecida pelo cônjuge/companheiro antes de se casar/unir

Quando se aventa a hipótese do desconhecimento prévio ao casamento de que o cônjuge/companheiro é uma pessoa transgênero, especialmente quando tenha realizado procedimentos visando a afirmação de seu gênero de pertencimento, surge a afirmação de que tal circunstância autorizaria a possibilidade de dissolução do casamento (invalidade) em decorrência de um erro essencial quanto à pessoa do outro cônjuge, nos termos dos arts. 1.556 e 1.557 do Código Civil.

Inicialmente, é premente se ponderar que, no atual estado da arte quanto à dissolução do casamento, lastreado na potestatividade dos cônjuges, pouco interesse tem sido conferido às hipóteses de invalidação, mormente considerando a celeridade, a abrangência e a praticidade do divórcio direto. Independentemente disso, é necessário que sejam trazidos alguns pontos acerca de uma eventual alegação de invalidade do casamento por erro essencial quanto à figura do outro cônjuge pelo fato de se tratar de uma pessoa transgênero.

É importante expor de forma peremptória que, ainda que possa se discutir acerca de um dever de boa-fé entre os cônjuges, não há a obrigatoriedade de que a pessoa transgênero revele tal aspecto de sua sexualidade ao outro antes de se casar, sendo uma imposição desse jaez atentatória ao direito fundamental de privacidade e intimidade, e que, necessariamente, se sobrepõe a qualquer boa-fé[49].

Ainda que, essencialmente, o desconhecimento de qualquer situação que preceda ao casamento possa ser usado como fundamento para um pleito de invalidação por erro essencial quanto à pessoa do outro cônjuge, não se pode ignorar o grau de subjetividade que permeia tal argumento. Aduzir que a ciência de dado fato faria com que não viesse a estabelecer o matrimônio é aspecto que dificilmente comporta dilação probatória, havendo de prevalecer a simples manifestação nesse sentido.

---

[49] CUNHA, Leandro Reinaldo da. Identidade de gênero, dever de informar e responsabilidade civil. *Revista IBERC*, v. 2, n. 1, maio 2019. p. 11.

Contudo, quando a alegação apresentada pelo cônjuge é de que teria sido ludibriado pelo fato de desconhecer a transgeneridade de seu consorte ou de que não tinha ciência de que ele realizara procedimentos de afirmação de gênero, tem-se configurado mais um manifesto reflexo do preconceito e do estigma existente contra pessoas transgênero.

Não se ignora que esse cônjuge que pede a invalidação do casamento possa estar agindo de forma reativa, cedendo às pressões sociais decorrentes do estigma que recai sobre quem se relaciona com uma pessoa transgênero, mas isso não é razão juridicamente bastante para que aduza que cometeu um "erro" por se casar com alguém apenas em razão de sua transgeneridade. Há aqui um claro recorte de gênero "quando a 'pseudo ocultação' do passado é promovida por uma mulher transgênero, o que traz consigo (...) todo o tempero originário da masculinidade frágil"[50].

De se questionar: o que o motiva a pleitear a dissolução do casamento é efetivamente um erro essencial ou está se sentindo atingido, principalmente se for um homem (masculinidade frágil), por não ter percebido que estava se casando com alguém que já fora um homem? É a passabilidade daquela pessoa, que não permitiu que ele "descobrisse" o passado dela, que o está consumindo?

Tendo como premissa que o relacionamento é constituído com a pessoa naquele momento, com base no que ela é e não no que ela foi, seja física ou psicologicamente, tal situação pretérita não pode ser considerada essencial, o que culmina na vedação de que venha a se valer da possibilidade da invalidade do casamento, cabendo-lhe apenas a dissolução por meio do divórcio[51].

Não parece plausível conceber a invalidade do casamento caso o cônjuge venha a descobrir que o outro era obeso e realizou uma cirurgia bariátrica para emagrecer. Não se vislumbra qualquer menção a erro essencial quando tratamentos ou intervenções cirúrgicas não atreladas a "um processo transexualizador ou que se destinem à afirmação de gênero realizadas por pessoas cisgênero, como um implante de silicone nos seios em mulheres ou a redução de glândulas mamárias em homens ou até mesmo em mulheres em razão de questões estruturais (dores nas costas, por exemplo)". Então por que se pode considerar admissível o argumento de erro essencial quanto à pessoa do outro cônjuge quando tais intervenções tenham sido realizadas por pessoa transgênero? Claramente, ou falta coerência ou sobra preconceito[52].

Tecnicamente, apenas o preconceito sustentaria tal possibilidade, e a discriminação por ser uma pessoa transgênero e ter realizado a afirmação de gênero não pode ser fomentada por nosso Estado Democrático de Direito.

---

[50] CUNHA, Leandro Reinaldo da. Não é tolerância. É respeito. *Migalhas*, 13 jul. 2023. Disponível em: https://www.migalhas.com.br/coluna/direito-e-sexualidade/389870/nao-e-tolerancia-e-respeito. Acesso em: 15 jan. 2024.

[51] VECCHIATTI, Paulo Roberto Iotti. O direito do transexual com filhos à cirurgia de transgenitalização. In: DIAS, Maria Berenice (coord.). *Diversidade sexual e direito homoafetivo*. São Paulo: RT, 2011. p. 458.

[52] CUNHA, Leandro Reinaldo da. Direito à intimidade da pessoa transgênero. *Migalhas*, 14 set. 2023. Disponível em: https://www.migalhas.com.br/coluna/direito-e-sexualidade/393456/direito-a-intimidade-da-pessoa-transgenero. Acesso em: 15 jan. 2024.

É inadmissível também a tentativa de escamotear tal preconceito sob a alegação de que a pessoa transgênero seria estéril, o que geraria uma frustração no desejo de ter filhos, pois esse também seria um argumento a ser direcionado caso o cônjuge fosse uma pessoa cisgênero.

Mais preocupante ainda são as assertivas no sentido de que caberia ao cônjuge transgênero o dever de indenizar o outro por não ter exposto sua transgeneridade ou o fato de ter realizado tratamentos e cirurgias visando a afirmação de seu gênero de pertencimento por ter violado o dever de boa-fé[53]. Tal concepção constitui-se um absurdo acinte contra o direito à privacidade e à intimidade, havendo de ser rechaçada veementemente[54].

Independentemente dos argumentos que possam ser trazidos, a constatação de que o elemento motivador do pedido de invalidação do casamento é a identidade de gênero do cônjuge ou o fato de ter ele realizado tratamentos ou cirurgias visando a afirmação de seu gênero de pertencimento é situação que revela discriminação. Se o conhecimento da transgeneridade do consorte é motivo forte o bastante para fazer sumir todo o amor e afeto que o levou a se casar, não bastando uma decisão que diga que o casamento não existe mais (divórcio direto), fazendo-se necessária uma que afirme que ele nem sequer deveria ter existido, em procedimento mais moroso e custoso, está patente o preconceito que lastreia tal pleito.

Não sendo cabalmente demonstrado em sede processual que a motivação não se assenta na identidade de gênero do cônjuge, está patente que "o pedido de invalidação do casamento caracterizaria prova (ou ao menos um forte indício) de preconceito" em razão da transgeneridade, o que acarretaria a possibilidade de se suscitar a prática de crime de racismo nos termos da ADO 26, julgada pelo Supremo Tribunal Federal (STF), que expressou que a "compreensão jurídica da expressão raça abarca também elementos da sexualidade, o que permite tipificar como crime de racismo condutas transfóbicas"[55].

7.3.1.2. Transgeneridade constatada pela pessoa transgênero após o casamento

A segunda hipótese suscitada é a de que a pessoa transgênero só se apoderou de sua identidade de gênero já na constância do casamento ou da união estável, "descobrindo" sua transgeneridade após a constituição da entidade familiar, hipótese em que não se pode atribuir a ela qualquer tipo de quebra de boa-fé, nem mesmo ao outro cônjuge a prerrogativa de aventar a alegação de erro essencial, visto ser uma realidade que, apesar de já existente, não era conhecida nem mesmo pela pessoa.

---

[53] TARTUCE, Flávio; SIMÃO, José Fernando. *Direito civil*: direito de família. 8. ed. São Paulo: Método, 2013. v. 5. p. 67. Ressalta-se que nas edições mais recentes da obra mantém-se a concepção de que se trata de erro essencial sem mencionar o dever de indenizar como consequência, pontuando que, atualmente, tal conduta poderia até mesmo ser vista como discriminação.

[54] CUNHA, Leandro Reinaldo da. Identidade de gênero, dever de informar e responsabilidade civil. *Revista IBERC*, v. 2, n. 1, maio 2019.

[55] CUNHA, Leandro Reinaldo da. Direito à intimidade da pessoa transgênero. *Migalhas*, 14 set. 2023. Disponível em: https://www.migalhas.com.br/coluna/direito-e-sexualidade/393456/direito-a-intimidade-da-pessoa-transgenero. Acesso em: 15 jan. 2024.

A expressão da transgeneridade na constância do casamento não é objeto de qualquer previsão em nosso ordenamento jurídico, sendo de se consignar que, em certos países da Europa, como na Itália, já foi motivo para dissolução compulsória do casamento quando do pleito de mudança de prenome e sexo nos documentos[56].

Lastreado na autonomia das pessoas, na discricionariedade em escolher o seu consorte e na potestatividade de manifestar quando deseja pôr termo ao casamento, a expressão da identidade de gênero da pessoa transgênero na constância do casamento não tem o condão de gerar sua dissolução automática.

Ainda que se garanta ao cônjuge da pessoa transgênero o direito de dissolver o casamento por meio do divórcio, isso não lhe confere a possibilidade de, após findar o matrimônio, expor a identidade de gênero de seu cônjuge, nem com o objetivo de expor socialmente o cônjuge transgênero, nem como uma forma de explicar à sociedade os motivos que levaram ao rompimento do relacionamento, o que pode até mesmo constar como cláusula do divórcio com a prefixação de um valor de indenização em caso de descumprimento.

Fato é que havendo essa exposição vexatória se verificará um dano a ser indenizado, em toda a sua extensão e dimensão, podendo até mesmo, a depender do caso, configurar ato de transfobia, passível de responsabilização penal (ADO 26).

7.4. Relacionamentos amorosos

Não é só em sede de casamento ou união estável que a identidade de gênero tem reflexos jurídicos quando se trata de uma pessoa transgênero. Mesmo antes de esse relacionamento vir a se configurar em uma das hipóteses expressamente previstas na lei como ensejadoras de uma entidade familiar, é possível se considerar a existência de consequências jurídicas.

Toda sorte de relacionamento interpessoal em que uma pessoa transgênero se faz presente corre o risco de ter na transgeneridade um elemento de impacto, especialmente se esse vínculo estabelecido se basear, em alguma medida, em um dos alicerces da sexualidade.

Namoros, encontros, casos, *dates*, ficadas, ou qualquer outro nome que possa ter atualmente uma situação em que haja o envolvimento afetivo/amoroso/sexual entre pessoas podem ser atingidos pela transgeneridade, o que faz com que seja necessário que algumas breves considerações sejam tecidas sobre esse tema.

7.4.1. Ocultação do relacionamento

A "autorização" social para a existência das pessoas transgênero, normalmente reduzida a certos espaços segregados perfeitamente demarcados, não só no critério geográfico, onde sua presença é suportada[57], também se faz presente quando se aprecia

---

[56] CUNHA, Leandro Reinaldo da. *Identidade e redesignação de gênero*: aspectos da personalidade, da família e da responsabilidade civil. 2. ed. rev. e ampl. Rio de Janeiro: Lumen Juris, 2018. p. 227-228.

[57] SERRA, Vitor Siqueira. *"Pessoa afeita ao crime"*: criminalização de travestis e o discurso judicial criminal paulista. 128 f. Dissertação (Mestrado) – Faculdade de Ciências Humanas e Sociais, Universidade Estadual Paulista "Júlio de Mesquita Filho", São Paulo, 2018. p. 19.

a vida amorosa de quem tem uma identidade de gênero que não se insere na cisgeneridade, tornando a possibilidade do estabelecimento de relacionamento afetivo/amoroso/sexual mais um percalço a ser enfrentado. A solidão da pessoa transgênero é uma questão importante e pouco discutida em nossa sociedade como um todo.

Não bastassem o preconceito e a segregação que tentam extirpar a sua existência na sociedade, parece haver uma regra de que, caso consigam manter-se vivas, as pessoas transgênero não podem buscar a felicidade de um relacionamento afetivo/amoroso/sexual, como se não tivessem o direito ou não merecessem se estabelecer socialmente como as demais pessoas, por serem "anormais".

A ideia deturpada de que seriam pervertidas, repugnantes ou abjetas[58] faz com que os olhares de desejo e atração direcionados às pessoas transgênero sejam tidos também como indevidos, quando não doentios, por revelar uma atração por um ser que se mostra tão desviante, gerando até mesmo uma resistência por parte de alguns de simplesmente aceitar que possa vir a se interessar por alguém com tal identidade de gênero.

Associado à visão tradicional de se vincular as travestis à prostituição, com suas raízes no fato de que, ante a falta de oportunidades, um enorme contingente de mulheres transgênero acabaria tendo a prestação de serviços sexuais como meio ordinário de obtenção de renda[59], muitos entendem que as pessoas transgênero nem sequer buscariam estabelecer relacionamentos.

Quando conseguem superar esse estereótipo, acabam se deparando com a imposição do outro de que o relacionamento não seja tornado público, sendo mantido apenas no âmbito interno, "da porta para dentro", já que seria "vergonhoso" que a sociedade viesse a saber que está a se relacionar com alguém desviante.

Muitas pessoas transgênero acabam se submetendo a esse tipo de condição exatamente por ter incutido em sua mente que tal imposição teria fundamento, tamanha a força que o estigma exerce sobre a sua existência, bem como por temer que, se não aceitar que seja dessa forma, nunca conseguirá ter um relacionamento.

Nesse contexto, é bastante relevante considerar a passabilidade como um fator a mitigar esse intento de manter o relacionamento recluso à esfera particular, uma vez que, se a identidade de gênero da pessoa transgênero não for algo plenamente constatável, permitindo que ela transite socialmente sem que seja indicada em razão de sua transgeneridade[60], a sua ocultação restará "desnecessária".

A recorrente tentativa das pessoas cisgênero de ocultar que estejam em um relacionamento com alguém que apresente uma identidade de gênero diversa da sua acaba conduzindo a uma considerável quantidade de pessoas transgênero que se relacionam entre si.

---

[58] ANTUNES, Pedro Paulo Sammarco. *Travestis envelhecem?* 268 f. Dissertação (Mestrado em Gerontologia) – Pontifícia Universidade Católica de São Paulo, São Paulo, 2010. p. 137.

[59] BENEVIDES, Bruna G. *Dossiê assassinatos e violências contra travestis e transexuais brasileiras em 2021*. Brasília: Distrito Drag, ANTRA, 2022. p. 47.

[60] CUNHA, Leandro Reinaldo da. Além do gênero binário: repensando o direito ao reconhecimento legal de gênero. *Revista Direito e Sexualidade*, Salvador, v. 1, n. 1, p. 1-16, jan.-jun. 2020. p. 8.

As pessoas cisgênero negam ou ocultam seus relacionamentos com pessoa transgênero temendo que o mesmo preconceito que recai sobre elas venha a incidir sobre si, receosas da pressão e do julgamento social que enfrentarão. Não que seja uma escusa admissível, mas é um fato que não se ignora.

Outro fator que pode ser colacionado como motivo para a ocultação do relacionamento com uma pessoa transgênero diz respeito ao medo que pode recair sobre a pessoa de que, ao tornar tal envolvimento público, venha a sofrer algum tipo de represália com relação aos filhos (tentativa de restringir o direito à convivência ou prática de alienação parental)[61]. Ainda que a identidade de gênero da pessoa com quem alguém se relaciona não possa ser judicialmente utilizada com o objetivo de restringir seus direitos, o receio de que isso seja feito ainda persiste.

Certo é que se um argumento dessa natureza vier a ser apresentado haverá de ser reconhecido como preconceituoso e discriminatório, incidindo todas as consequências daí decorrentes, tanto no âmbito do exercício do poder familiar como no da responsabilização civil e penal.

De toda sorte, é reprovável pensar que alguém considere ser necessário ou adequado esconder a existência de um relacionamento pelo fato de ser a outra pessoa alguém que apresenta uma identidade de gênero distinta da sua. O amor e a felicidade são escondidos em razão do preconceito, o que não se impõe, de plano, a quem tenha um envolvimento com uma pessoa cisgênero.

7.4.2. Ruptura de namoro ou noivado

Lastreado no direito à privacidade e à intimidade, garante-se a toda pessoa a prerrogativa de não expor, a quem quer que seja, questões que venha a considerar personalíssimas. Não se pode impor a ninguém que, ao começar um relacionamento, venha a relatar todas as situações que se passaram com ela até o momento, seja de qual natureza for, havendo de se respeitar a sua individualidade.

Muitas questões relativas à sua vida pregressa podem estar inseridas em um universo que a pessoa transgênero deseja ver mantido no passado, já que se trata de uma realidade que não a veste mais. E ela tem o direito de seguir sua vida nos termos atuais.

Essa situação como um todo tem uma enorme incidência quando se trata de pessoas transgênero, especialmente quando tenham realizado procedimentos para a afirmação de seu gênero de pertencimento. O seu gênero e o seu corpo são os que ela expressa atualmente.

Como expressado anteriormente[62], não há a obrigatoriedade de que a pessoa transgênero venha a avisar sobre seu passado ou revelar a sua transgeneridade a quem está conhecendo. Começar a relacionar-se com alguém não faz com que seu direito à intimidade seja suprimido, de sorte que não expor sua identidade de gênero não configura uma ocultação ou omissão indevida.

---

[61] Essas questões foram tratadas nas seções anteriores.
[62] Tema abordado neste capítulo.

Não se impõe que uma pessoa cisgênero informe sobre alterações corporais ocorridas no decorrer de sua vida, nem mesmo aquelas que possam ter alguma relação com elementos associados à sexualidade, contudo, caso se trate de uma pessoa transgênero, diante de todo o preconceito que acompanha a sua existência, esse tipo de exposição se faria necessária, em total ofensa aos seus direitos e garantias fundamentais.

Não parece ordinário que alguém venha a romper um relacionamento por descobrir que a outra pessoa fez uma operação para aumentar ou reduzir os seios, ou realizou uma cirurgia para a retirada das trompas. Mas, se essa cirurgia for dentro de uma perspectiva de afirmação de gênero de uma pessoa transgênero, corre-se o risco de que venha a pôr fim no envolvimento amoroso existente.

Se a essa ruptura for manifestamente declarada como uma consequência de ter tomado ciência da identidade de gênero da outra pessoa, ou caso venha acompanhada de alguma conduta violenta (física ou psicológica), caberá a responsabilização tanto civil quanto penal.

A questão ganha contornos um pouco mais delicados quando se pondera que ninguém é obrigado a manter um relacionamento com quem quer que seja, sendo uma garantia inafastável que a pessoa apenas se relacione com quem ela desejar. Mas, se o motivo do término do interesse for a identidade de gênero da pessoa, tal conduta constitui uma discriminação com reflexos jurídicos?

De um lado, há o exercício de um direito, de outro, o seu lastro em um preconceito. Sendo a ruptura realizada de forma respeitosa, é de se entender que não encerra uma situação passível de responsabilização civil ou penal, visto que lastreada na autonomia, ainda que se possa questionar a reprovabilidade de tal decisão.

8
Direito sucessório

As consequências sucessórias decorrentes do término da vida podem encontrar nas questões relativas à identidade de gênero um elemento relevante, pois, mesmo que seja patente a inadmissibilidade de condutas discriminatórias em face de pessoas transgênero, elas seguem tendo espaço em nosso cotidiano.

A discriminação vinculada à identidade de gênero pode se manifestar em diversos contextos, com comportamentos que se materializam em tentativas de afastar a percepção da herança ou mesmo reduzir o acesso a ela pelo simples fato de ser o herdeiro uma pessoa transgênero. Muitos chegam a manter oculta sua transgeneridade e não realizam procedimentos visando a afirmação de gênero, ou mesmo não buscam a mudança de nome e sexo nos documentos para evitar um repúdio familiar, com medo de eventuais impactos de natureza sucessória[1].

Em alguns países, o questionamento acerca da conferência de direitos sucessórios para pessoas transgênero se instala de maneira bastante sólida, seja de forma mais ou menos explícita. Em alguns estados dos Estados Unidos da América[2], por não se permitir o direito ao casamento a pessoas transgênero, retira-se delas a possibilidade de configuração do *status* de cônjuge do falecido e, ato contínuo, de seu herdeiro, afastando-a da sucessão.

Na Índia, onde transexuais (denominados de hijras) já viveram momentos de enorme valorização social (hoje relegados a uma condição de marginalidade), há a possibilidade de indicar a letra E (de eunuco), como um terceiro gênero, em seus documentos desde 2005, o que foi confirmado pela Suprema Corte em 2014[3], porém isso encerra problemas de ordem sucessória, uma vez que na legislação indiana que cuida do tema (Hindu Succession Act), de 1956, há a previsão expressa de que apenas homens ou mulheres podem ser considerados como herdeiros de alguém que tenha falecido sem deixar testamento (Capítulo I, 3, *f*)[4], o que enseja o questionamento quanto à possibilidade de que alguém que seja do "terceiro gênero" possa herdar[5].

Mesmo não havendo menção expressa à identidade de gênero na legislação sucessória brasileira, vislumbram-se algumas situações nas quais a transgeneridade pode

---

[1] BENEVIDES, Bruna G. *Dossiê assassinatos e violências contra travestis e transexuais brasileiras em 2022*. Brasília: Distrito Drag, ANTRA, 2023. p. 23.

[2] BERGSTEDT, A. Spencer. Estate planning and the transgender client. *Western New England Law Review*, v. 30, n. 3, p. 675-712, 2008. p. 702.

[3] National Legal Service Authority v. Union of India, AIR 2014 SC 1863.

[4] "3. Definitions and interpretation.– (1) In this Act, unless the context otherwise requires, – (...) (*f*) 'heir' means any person, male or female, who is entitled to succeed to the property of an intestate under this Act; (...)".

[5] SHARMA, Rupal. Inheritance Rights of Transgender: A Cry of Humanity. *International Journal of Law Management & Humanities*, v. 1, n. 3, 2018. p. 3.

dar azo a alguma discussão, de forma que, considerando as modalidades sucessórias previstas em nosso ordenamento, passo a tratar de eventuais problemas tanto na sucessão legítima quanto na testamentária.

8.1. Sucessão legítima

Não havendo disposição de última vontade realizada pelo falecido, sua sucessão seguirá os parâmetros fixados na lei para a chamada sucessão legítima, com o art. 1.829 do Código Civil estabelecendo a ordem de vocação hereditária a ser respeitada e indicando quem serão os destinatários do patrimônio do morto.

Em uma sucessão *ab intestato*, não se configurando nenhuma das hipóteses trazidas na lei para a indignidade (art. 1.814 do CC), as quais têm a força de excluir o herdeiro da sucessão, haverá de ser atendida a ordem de vocação hereditária fixada na lei.

Considerando o disposto quanto à indignidade no art. 1.814 do Código Civil, evidencia-se que não há a possibilidade jurídica de que se exclua da sucessão uma pessoa transgênero sob tal argumento. A indignidade lastreia-se na prática de "condutas ignóbeis praticadas em detrimento do autor da herança e que podem, por conta do grau de reprovação jurídica, propiciar a exclusão do herdeiro ou legatário do âmbito sucessório, privando o recebimento, a partir de um juízo de razoabilidade e de justiça distributiva"[6], sendo patente que a transgeneridade não se reveste de tais contornos.

Contudo, é possível que a exclusão recaia sobre aquele que vier a usar a identidade de gênero da pessoa como um elemento de ofensa, já que o inciso II do artigo tem como indignos aqueles que "incorrerem em crime contra a sua honra, ou de seu cônjuge ou companheiro". Segundo o Código Penal, constituem-se como crimes contra a honra a falsa atribuição da autoria de um crime (calúnia – art. 138) ou de um fato ofensivo à reputação (difamação – art. 139), bem como a ofensa à dignidade ou decoro (injúria – art. 140), sendo essa última hipótese a que merece maior atenção em se tratando da identidade de gênero, especialmente quando tal ofensa se dá em razão da raça, como estabelecido no art. 2º da Lei n. 7.716/89.

Entendendo raça segundo sua perspectiva social, nos termos da ADO 26 julgada pelo Supremo Tribunal Federal (STF)[7], a ofensa à dignidade direcionada a uma pessoa transgênero em razão de sua identidade de gênero é conduta tipificada como injúria racial, sendo certo que a sentença penal que reconhecer a prática de tal crime gerará após o trânsito em julgado, nos termos do art. 1.815-A do Código Civil, a indignidade do condenado e sua exclusão da sucessão.

A exclusão do herdeiro em razão da prática de conduta discriminatória lastreada na identidade de gênero do autor da herança ou de seu cônjuge/companheiro é consequência que se impõe, enquadrando-se perfeitamente no sistema de proteção à dignidade da pessoa humana resguardada também ao transgênero. Se a

---

[6] FARIAS, Cristiano Chaves de; ROSENVALD, Nelson. *Curso de direito civil*: sucessões. 7. ed. rev., ampl. e atual. São Paulo: Atlas, 2015. p. 96.

[7] Questão analisada quando da apreciação da criminalização da transfobia, no Capítulo 19 (Direito Penal).

discriminação fundada na transgeneridade enseja a perda do poder familiar e a responsabilização tanto civil quanto penal, é inquestionável que gere também a indignidade para fins sucessórios.

Permitir que quem atentou contra a dignidade de uma pessoa transgênero venha a se beneficiar de sua herança caracterizaria um escárnio que colocaria em risco o tecido social e afrontaria o espírito que norteia todo o arcabouço sucessório. É patente que quem ofende a dignidade de alguém em razão de sua transgeneridade não possa vir a ter garantido a si os direitos sucessórios daquela pessoa contra quem tenha expressado o seu preconceito.

Descendentes, ascendentes, cônjuges/companheiros ou colaterais até o 4º grau, bem como demais herdeiros testamentários, que tenham atacado a dignidade de uma pessoa transgênero perderão a condição de herdeiro, sendo excluídos da sucessão por indignidade, ante a condenação penal pela prática do crime de injúria, salvo hipótese de reabilitação expressa (art. 1.818 do CC).

Nessa seara, é necessário pontuar algumas das hipóteses específicas que podem encerrar uma ofensa *post mortem* à dignidade da pessoa transgênero.

Para além das considerações trazidas anteriormente com relação ao respeito da memória da pessoa transgênero falecida[8], é importante se colacionar a situação em que ela tenha expressamente deixado determinações quanto ao seu velório, enterro e/ou sepultamento por meio de codicilo ou testamento, solicitando que sua identidade de gênero fosse respeitada, e estas tenham sido desconsideradas.

As disposições de última vontade têm força cogente e imperam sobre as vontades dos herdeiros, especialmente ao se tratar de aspectos de fundo não patrimonial, havendo, obrigatoriamente, que ser cumpridas. A não satisfação do que fora determinado em disposição de última vontade lastreada em preconceito em face da identidade de gênero do morto constitui-se, incontestavelmente, como uma ofensa à sua dignidade

Da mesma forma, também importaria em ofensa à dignidade da pessoa transgênero falecida caso seu velório, enterro e/ou sepultamento se dê de forma a desrespeitar a sua identidade de gênero mesmo, que não tenha havido qualquer disposição específica nesse sentido.

Como já ponderamos, apagar a identidade de gênero da pessoa transgênero quando do seu óbito representaria sua segunda morte, que recairia agora não sobre seu corpo, mas sobre sua memória e sobre quem ela efetivamente era.

Quaisquer atos que importem em ofensa à dignidade da pessoa transgênero, mesmo que praticados após a sua morte, podem configurar um crime contra a honra (injúria racial), sendo que a sentença condenatória transitada em julgado tem o condão de acarretar a imediata exclusão do herdeiro indigno (art. 1.815-A do CC).

8.2. Sucessão testamentária

As disposições de última vontade, realizadas por meio de testamento ou codicilo, têm o poder de fazer com que o patrimônio do falecido seja direcionado a pessoas

---

[8] Tema apreciado no Capítulo 5 (Direitos da personalidade).

diversas daquelas esperadas em razão da ordem de vocação hereditária estatuída no art. 1.829 do Código Civil. Tendo o *de cujus* deixado alguma disposição de última vontade, é possível que seu patrimônio seja transmitido de forma diversa daquela estabelecida no corpo da lei (na chamada sucessão legítima), prevalecendo a vontade do *de cujus* quanto ao destino *post mortem* de seus bens.

Contudo, não se pode olvidar que, além das disposições de cunho patrimonial, o testamento também pode indicar disposições de caráter existencial, nas quais o testador pode designar a forma como deseja que seja realizado seu funeral e o encaminhamento que será dado ao seu corpo (sepultamento ou cremação, por exemplo). Nesse âmbito, o testador pode indicar expressamente seu desejo de que seja velado com o devido respeito à sua identidade de gênero[9], o que há de ser respeitado e cumprido, nos termos trazidos na seção anterior.

Pode também consignar em suas disposições de última vontade o desejo de ver o seu nome social respeitado em seu velório e sua lápide, bem como o intuito de ver a retificação de seu prenome e sexo nos documentos por não ter conseguido fazê-lo em vida, seja em razão de questões econômicas (caso em que pode determinar que seu patrimônio seja utilizado para esse fim) ou por qualquer outra questão que o tenha impedido.

Importante se ponderar também, agora com um viés patrimonial, a hipótese em que o testador dispõe sobre seu patrimônio em sede de testamento apenas para que ele não seja recebido por um de seus herdeiros legítimos transgênero[10]. Ainda que o testador tenha a liberalidade de escolher a quem deixará a parte disponível de seu patrimônio, tendo herdeiros necessários, ou sua totalidade, caso não os tenha, tal discricionariedade não pode ser exercida de forma discriminatória.

Caso seja expressa tal intenção no testamento ou ela venha a ser provada, cabe o afastamento da validade dessa cláusula testamentária, sendo nula diante do seu manifesto intento de burlar a lei (art. 166, VI) ante a prática de uma conduta discriminatória vedada.

Feitas tais considerações iniciais acerca do eventual conteúdo do testamento, com base nas características e possibilidades sucessórias decorrentes da utilização dos meios legalmente previstos para as disposições de última vontade, é relevante que estes sejam apreciados sob uma perspectiva de identidade de gênero.

8.2.1. Deserdação sob alegação de identidade de gênero

A legislação civil estabelece, em sede de direitos sucessórios, a garantia de direito à herança dos herdeiros necessários, que, nos termos do texto atualmente vigente, são os descendentes, os ascendentes e o cônjuge (art. 1.845 do CC), aos quais se agrega, ainda, a figura do companheiro, em razão de uma interpretação sistemática do ordenamento jurídico, associada à tendência manifestada pelo Supremo Tribunal Federal (STF)

---

[9] Tema objeto de atenção na seção dedicada ao respeito à memória da pessoa transgênero, no Capítulo 5 (Direitos da personalidade).

[10] A tentativa de deserdação do herdeiro necessário transgênero será objeto do item 8.2.1.

ao reconhecer a equiparação de direitos entre os integrantes do casamento e da união estável quando da declaração da inconstitucionalidade do art. 1.790 do Código Civil.

Deixando o falecido herdeiros necessários, há a garantia de que se destinará a eles, atendendo à ordem estabelecida no art. 1.829 do Código Civil, no mínimo metade da herança, conforme preconiza o art. 1.846 do Código Civil. Os integrantes desse grupo apenas excepcionalmente, nos casos expressamente previstos de exclusão do herdeiro (indignidade e deserdação), podem ser privados do acesso à herança.

A lei determina que a caracterização da exclusão do herdeiro é medida excepcional, indicando especificamente o rol de situações em que, por meio de manifestação expressa do testador em testamento, os herdeiros necessários poderão ser afastados da sucessão.

Evidencia-se, portanto, que não basta a simples manifestação de vontade do indivíduo para que um dos herdeiros necessários não tenha acesso à herança, havendo de ser apresentada em cláusula testamentária, de forma fundamentada, a prática de um dos atos previstos expressamente nos arts. 1.962 e 1.963, ou no art. 1.814 do Código Civil.

Ainda que se possa afirmar que nenhuma das hipóteses consignadas nos referidos artigos autoriza a deserdação de uma pessoa transgênero em razão de sua identidade de gênero, não se pode olvidar que a subjetividade que alguns tentam conferir ao texto da lei venha a gerar alguma tentativa de privar um herdeiro necessário de sua parte da herança, sob a alegação de que a sua identidade de gênero poderia configurar uma ofensa grave ao testador, como previsto no inciso II tanto do art. 1.962 quanto do art. 1.963.

O conceito de injúria grave indicado na lei associa-se à efetivação de uma conduta que se caracterize como um atentado ou agressão, sem natureza física, contra a pessoa do testador, o que goza de um certo grau de subjetividade, considerando que o mesmo ato pode configurar uma ofensa para alguns e não para outros.

Em razão de todo o preconceito que permeia a existência transgênero, expressa em dados como os já consignados na presente obra, que revelam um amplo afastamento das pessoas transgênero de sua família, como a constatação de que, em média, mulheres transexuais e travestis saem de casa aos 13 anos de idade[11], há o enorme risco de que isso venha a ser transposto para a questão testamentária, uma vez que, se a identidade de gênero da pessoa teve força bastante para fazer ruir os laços familiares, é patente que possa vir a ser usada como fundamento para a tentativa de excluir um herdeiro necessário de seus direitos sucessórios.

A identidade de gênero, por si só, jamais há de ser considerada como causa bastante para o afastamento da pessoa do direito à herança da pessoa transgênero. Tal figura não pode nem mesmo ser aposta de maneira condicional, com a determinação de que, caso venha a expressar socialmente sua transgeneridade ou realizar alguma intervenção cirúrgica ou hormonal visando a afirmação de gênero, seria privada da herança[12].

---

[11] BENEVIDES, Bruna G. *Dossiê assassinatos e violências contra travestis e transexuais brasileiras em 2022*. Brasília: Distrito Drag, ANTRA, 2023. p. 39.

[12] Esse tema será apreciado no item 8.2.2.

Mantida aqui a premissa de que a possibilidade de manifestar sua vontade é um dos aspectos mais relevantes da existência humana, havendo sempre de se laborar pela prevalência da intenção manifestada nas disposições de última vontade, é patente que tal premissa não se mostra suficiente para suplantar a diretriz fundante de nosso Estado Democrático de Direito de buscar uma sociedade mais justa, igualitária e sem preconceito.

A disposição de última vontade feita no intuito de afastar da sucessão um herdeiro necessário sob a alegação de que a sua identidade de gênero se materializaria como uma ofensa grave ao testador não pode ser vista como injúria, e muito menos como grave, não havendo como prosperar tal intento de deserdação.

Não se pode olvidar que a expressão da identidade de gênero de uma pessoa, além de não estar atrelada a uma conduta volitiva, jamais pode ser usada como aspecto a ensejar qualquer privação de direitos, pois se trata da simples exteriorização de quem ela é, e há de ser respeitada nos termos prescritos na Constituição Federal.

É recorrente a discussão vinculada a aspectos da sexualidade dos herdeiros como parâmetro a ensejar a exclusão de herdeiro necessário. Os mesmos objetores que fundamentaram as vetustas contendas sobre o tema relacionadas à orientação sexual também são suscitados como causa plausível para a deserdação em sede de identidade de gênero.

Tampouco se ignora que outrora também havia a busca da exclusão de herdeiros necessários por terem uma vida sexual libertária, por possuírem uma conduta sexual questionável, por se casarem com pessoas de "outra raça" ou outra classe social, ou por serem profissionais do sexo ou artistas. Essas tentativas de discriminação não encontram respaldo nos dias atuais, assim como não cabe a deserdação de herdeiro necessário fundada em transgeneridade.

A identidade de gênero expressada pela pessoa transgênero é uma condição natural daquele indivíduo, que não se revela como uma conduta praticada com o fulcro de atingir de alguma forma o testador, não fazendo qualquer sentido tê-la como uma ofensa a quem quer que seja e, menos ainda, ser fundamento à exclusão do herdeiro por meio da deserdação.

Assim, podemos asseverar que eventual previsão de deserdação em razão da identidade de gênero não surtirá nenhum efeito prático por se mostrar apartada das hipóteses autorizadoras previstas na lei, bem como por sua sustentação ser manifestamente inconstitucional, afrontando os direitos fundamentais que regem o Estado brasileiro.

8.2.2. Condição e encargo no testamento

O ordenamento pátrio prevê a possibilidade de que a deixa testamentária esteja atrelada a elementos eficaciais. Ante sua natureza de negócio jurídico gratuito, o testamento admite a imposição de elementos acidentais atrelados à sua eficácia, seja vinculando o início ou o término de seus efeitos a um evento futuro incerto (condição), seja pela imposição de um ônus ou obrigação para que possa manter a benesse recebida (encargo), fatores que podem estar associados a aspectos da identidade de gênero[13].

Contudo, não existe uma liberdade plena do testador de estabelecer qualquer condição para que herdeiros possam ter acesso à herança por ele designada em testamento, ainda que o art. 1.897 do Código Civil assevere a possibilidade de que a nomeação de herdeiro ou legatário "pode fazer-se pura e simplesmente, sob condição, para certo fim ou modo, ou por certo motivo".

Essa previsão pode fazer crer aos menos versados que, por inexistir qualquer restrição expressa no referido artigo, são admissíveis quaisquer situações para sujeitar a eficácia da cláusula testamentária, sob o manto do preceito de que, se não estiver proibido, seria permitido. No entanto, não é essa a inteligência que pode ser extraída do nosso ordenamento jurídico.

Pode-se afirmar de forma peremptória que a sujeição do acesso ao legado ou à herança vinculada à negativa da expressão da transgeneridade, tentando restringir alterações de natureza física de afirmação de gênero ou o exercício de direitos (assumir a condição de pessoa transgênero, alterar nome ou sexo nos documentos), não se admite em nosso ordenamento jurídico.

É uma falha primal se fiar no argumento de inexistência de vedação para a imposição de condições desse jaez, pois, ainda que não haja previsão expressa sobre o tema quando do regramento acerca do testamento em si, o texto legal firma parâmetros a serem atendidos quando da aposição de condições em quaisquer negócios jurídicos, como é o caso das disposições testamentárias.

Dessa forma, as diretrizes estabelecidas no art. 123 do Código Civil impõem-se também às cláusulas testamentárias cuja eficácia esteja atrelada à ocorrência de um evento futuro incerto. Assim, padecerá de invalidade a cláusula vinculada a condição física ou juridicamente impossível (se suspensiva), a de fazer coisa ilícita, e aquela que se mostrar incompreensível ou contraditória. Já a presença de uma condição resolutiva impossível ou que determine que não se faça coisa impossível será considerada inexistente, como disposto no art. 124 do Código Civil.

Quando consideramos as regras previstas para o estabelecimento de condições, para fins de testamento, podemos ponderar que eventuais tentativas de fazer deixa condicionada a uma não assunção de sua transgeneridade ou mesmo a vedação a qualquer pratica visando a passabilidade, seja por aspectos externos (roupas) ou físicos (hormonioterapia ou cirurgias), poderão ser afastadas.

Caso seja a hipótese de uma condição suspensiva (se não expressar a transgeneridade, recebe a herança ou o legado), temos infração à vedação quanto a condições juridicamente impossíveis (I) ou ilícitas/de fazer coisas ilícitas (II), conforme o disposto no art. 123 do Código Civil, conduzindo à invalidade da cláusula (nulidade, nos termos do art. 166, VII), mas restando mantidas as demais previsões do testamento que com ela não estejam vinculadas (art. 1.910).

---

[13] O plano da eficácia dos negócios jurídicos em geral foi tratado no Capítulo 6 (Contratos).

Se, de outra sorte, tratar-se de condição resolutiva impossível ou de não fazer coisa impossível (como a imposição de que não expresse sua transgeneridade sob pena de perder a herança ou o legado recebido), ela será tida como inexistente (art. 124 do CC), mantendo-se a disposição testamentária e ignorando-se o elemento acidental como se ele nunca tivesse sido aposto.

Em caso de testamento que traga encargo, mostra-se perfeitamente admissível a presença de cláusula que determine um ônus ou obrigação a ser cumprida para que o beneficiário da deixa testamentária possa mantê-la, atendendo ao disposto nos arts. 136 e 137 do Código Civil.

Pode, portanto, o testador destinar a alguém um imóvel com o encargo de que este seja utilizado para a criação de uma casa de acolhimento de pessoa transgênero e, caso não seja essa a destinação dada ao bem, perderá a benesse recebida ante a inexecução do encargo.

Se, por outro lado, o encargo cominado vier a ser de que o bem não seja usado para a acolhida de pessoa transgênero ou que seja a base de encontro para a prática de condutas discriminatórias contra essas pessoas, é evidente que tal determinação se mostra contrária à lei, caso em que será considerado como não escrito ou invalidará o negócio jurídico se constituir-se como motivo determinante daquele negócio jurídico.

8.2.3. Cláusula de incomunicabilidade

Da mesma forma que pode se dar nos casos de doação, é possível que o testador insira em seu ato de disposição de última vontade deixa testamentária vinculada a cláusulas especiais como a de incomunicabilidade[14], na qual estabelece que o objeto da liberalidade que está praticando não sofrerá a incidência dos efeitos da comunicabilidade patrimonial decorrente do regime de bens do casamento ou da união estável.

Ainda que se autorize ao testador a inserção desse tipo de previsão, entende-se que essa liberdade não pode se revestir de contornos discriminatórios, com sua presença vinculada à identidade de gênero do cônjuge ou companheiro do herdeiro ou legatário.

O estabelecimento da cláusula de incomunicabilidade em razão do fato de o herdeiro estar casado ou viver em união estável com uma pessoa transgênero, desde que expressamente indicado no corpo do testamento ou comprovado judicialmente, ensejaria o afastamento da restrição à comunicabilidade patrimonial imposta.

A mesma consequência caberia caso a cláusula de incomunicabilidade estivesse atrelada à condição de que o herdeiro não venha a se casar ou estabelecer união estável com uma pessoa transgênero. Tampouco vigoraria a imposição de cláusula dessa natureza cuja eficácia fosse expressamente afastada caso o cônjuge/companheiro do herdeiro ou legatário fosse cisgênero.

Não se pode, portanto, ter como válida cláusula de incomunicabilidade que de forma direta ou reflexa tente impedir a comunicabilidade patrimonial lastreada em discriminação contra pessoa transgênero, hipótese em que a cláusula resta afastada, mas a deixa testamentária é mantida.

---

[14] O contrato de doação foi objeto de atenção no Capítulo 6 (Contratos).

8.2.4. Alteração do nome do herdeiro ou legatário beneficiado em testamento

A discrepância entre o nome indicado pelo testador e o do herdeiro ou legatário que pediu a mudança do prenome em razão de sua identidade de gênero pode gerar alguma celeuma em sede sucessória. Ainda que, tecnicamente, possa se afigurar como uma situação bastante simples, é evidente que, quando a discussão envolve o recebimento de herança, sempre há uma busca para encontrar meios de afastar herdeiros, pensando na majoração do montante que aquela pessoa busca receber.

Entre o momento da elaboração do testamento e a morte do testador, o herdeiro ou legatário indicado no testamento pode ter realizado a alteração do prenome e do sexo em seus documentos, fator que poderia suscitar um questionamento acerca da sua identificação.

O que temos aqui é apenas a necessidade de se interpretar o testamento visando dar implemento ao que foi o desejo manifestado pelo testador. Sendo possível identificar a quem o testador efetivamente desejava entregar parte de sua herança, não é uma desconexão entre o que consta do testamento e a realidade fática que privará o herdeiro ou legatário da deixa realizada em seu favor.

O art. 1.903 do Código Civil dispõe que, sendo possível identificar a pessoa ou coisa a que o testador desejava referir-se, pelo contexto do testamento, por outros documentos ou por fatos inequívocos, ter-se-á por mantida a disposição, sem que se aduza a existência de qualquer sorte de erro. Inteligência elementar do texto legal.

Configura-se como discriminatória e teratológica qualquer tentativa de alegar que a pessoa que mudou de prenome em razão da sua identidade de gênero não poderia ser identificada ou que o autor do testamento não a teria beneficiado por ter outro prenome. Tal construção hermenêutica não ganhava espaço, numa análise séria, quando diante de qualquer uma das situações autorizadoras da mudança de nome anteriormente previstas na Lei de Registros Públicos (LRP), por exemplo, ter mudado o nome por ser ele vexatório ou por ter se casado/divorciado.

Tampouco se mostra crível que esse argumento venha a ser acolhido nos dias atuais, em que a nova redação da Lei de Registros Públicos (LRP) afastou-se de uma premissa de imutabilidade do nome para outra em que a sua mudança se faz autorizada de forma ampla.

Assim, sendo possível chegar a uma conclusão clara de quem é a pessoa que o testador pretende beneficiar com o testamento, o fato de ter ela mudado de nome, independente do motivo, não pode conduzir à sua retirada da condição de herdeiro testamentário.

8.3. Doações e colação

A questão sucessória pode ainda ser atingida pela existência de doações realizadas em favor de descendentes que estejam eivadas de algum viés segregatório em decorrência do preconceito existente em face das pessoas transgênero[15].

---

[15] A doação em geral foi objeto de atenção no Capítulo 6 (Contratos).

Em decorrência da transgeneridade de um dos herdeiros necessários é possível que se tente privar essa pessoa dos bens da herança, de forma direta ou indireta. E uma das maneiras de fazer isso é por meio de doações.

Ainda que tal questão não seja expressa, não se pode olvidar que o art. 544 do Código Civil afirma que as doações realizadas em favor de descendentes ou cônjuge importam em adiantamento da herança[16], fator que ensejará o dever de colacionar, conforme o art. 2.002 e seguintes do Código Civil. Assim, tendo havido a antecipação em favor de herdeiro necessário daquilo que apenas teria direito quando da abertura da sucessão, faz-se necessária a igualação das legítimas.

Excluídas as hipóteses previstas nos arts. 2.010 e 2.011 do Código Civil (gastos ordinários com filhos menores, despesas com defesa em sede penal e doações remuneratórias), a doação realizada em favor de descendentes ou cônjuge/companheiro enseja que o montante seja considerado quando da abertura da sucessão, visando que tais herdeiros recebam a herança de maneira igualitária, compensando o que fora antecipado com a doação.

Em que pese o texto expresso consignado no art. 544 do Código Civil indicar somente descendentes e cônjuge como beneficiários de antecipação de herança, bem como a previsão apenas deles nos arts. 2.002 e 2.003 do Código Civil, segundo uma interpretação sistemática, pontuamos que a colação há de ser extensível aos ascendentes, pois, se a finalidade é a igualação da legítima, a qual se garante aos herdeiros necessários (e eles estão inseridos nesse grupo), não há razão para excluí-los do dever de colacionar[17].

Considerando esse universo das doações antecipatórias de herança, tem-se que, quando estas forem realizadas com o escopo de penalizar uma pessoa transgênero, beneficiando exclusivamente quem não expresse a transgeneridade em detrimento de quem o faz, tal fim não será atingido, já que o dever de colacionar impõe a igualação das legítimas, sob pena de sonegados (art. 1.992 do CC).

No entanto, há a possibilidade de que o doador, buscando dar efetividade a esse seu intento, determine que a doação seja considerada como ato sem qualquer vínculo com a sucessão ou que o bem seja retirado da parte disponível do seu patrimônio, o que, por conseguinte, afastaria o dever de colacionar[18], podendo, com isso, privilegiar um descendente em detrimento de outro.

A questão delicada que se coloca reside exatamente nessa situação, pois o doador não precisa motivar sua doação e tampouco o seu desejo de que o montante seja retirado da parte disponível, o que ensejaria uma grande dificuldade para a constatação da razão discriminatória que alicerça seu ato quando praticado visando prejudicar herdeiro transgênero.

---

[16] CUNHA, Leandro Reinaldo da. Doação de ascendente para descendente: antecipação de herança e não de legítima. *Revista Conversas Civilísticas*, Salvador, v. 3, n. 2, p. 164-195, 2023.

[17] CUNHA, Leandro Reinaldo da. *Sucessão*: colação e sonegados. Indaiatuba, SP: Editora Foco, 2022. p. 33.

[18] CUNHA, Leandro Reinaldo da. Doação de ascendente para descendente: antecipação de herança e não de legítima. *Revista Conversas Civilísticas*, Salvador, v. 3, n. 2, p. 164-195, 2023. p. 169.

Na eventualidade de o ato de liberalidade consignar expressamente o interesse de privar o herdeiro transgênero do acesso à herança, ou caso isso possa ser provado por qualquer modo, o negócio jurídico realizado há de ser considerado inválido, por atentar o art. 166 do Código Civil, seja por ser o motivo determinante, quando compartilhado por doador e donatário; por ser ilícito; ou por ter o objetivo expresso de fraudar a lei imperativa, já que tal ato não pode visar a privação de acesso igualitário à herança previsto no art. 2.002 do Código Civil, fundado por uma motivação discriminatória vedada no art. 5º da Constituição Federal.

Dessa forma, a pessoa transgênero goza de alguma sorte de proteção diante de eventuais doações antecipatórias de herança que tenham como traço volitivo o intento de reduzir ou inviabilizar o acesso ao patrimônio deixado pelo falecido em razão de sua transgeneridade.

9
O uso de banheiros e vestiários

A possibilidade ou não da utilização de banheiros e vestiários segundo o gênero de pertencimento certamente é um dos aspectos mais conhecidos e discutidos socialmente quanto às pessoas transgênero. A popularidade conquistada por essa questão se estabeleceu pelo fato de que em nosso cotidiano, especialmente em lugares públicos, existe uma clara divisão binária quanto ao uso desses espaços, ordinariamente separados entre "masculino" e "feminino" (ou alguma variação binária equivalente).

Ambos os espaços serão apreciados conjuntamente, ainda que se possa entender que banheiros, por apresentarem ordinariamente espaços privativos e separados, com a efetiva exposição do corpo ocorrendo em áreas individualizadas, seriam menos invasivos à intimidade do que vestiários, nos quais nem sempre o ambiente em que estão dispostos os chuveiros e os armários são individualizados, fazendo com que as pessoas compartilhem aquela área comum desnudas.

Ainda que os banheiros se destinem às necessidades fisiológicas e os vestiários, à troca de roupa, banho e similares (o que, essencialmente, não traz como requisito imprescindível a distinção sexual desses espaços), por contingências antropológicas e sociológicas, há uma concepção de que sejam separados segundo uma visão binária de sexo ou gênero.

A premissa que se impõe é a de que esse tipo de divisão conferiria respeito à intimidade, além de proteção e segurança, com base na ideia de que "todas as pessoas compartilham a real necessidade de banheiros seguros para ir ao trabalho, para a escola ou para participar da vida pública". Porém, a forma gendrada como os banheiros públicos são estruturados em nossa sociedade mostra-se ofensiva às pessoas transgênero por não se inserirem perfeitamente naquilo que as expectativas da binaridade impõem, o que faz deles um espaço segregatório[1].

Discutir-se onde uma pessoa pode fazer suas necessidades fisiológicas, trocar de roupa ou tomar banho, apesar de surgir, ordinariamente, como algo de menor importância (somos tão evoluídos que podemos nos dar ao luxo de discutir isso ou atrasados a ponto de ainda estarmos tratando de algo tão banal)[2], foi alçado a tema de extrema relevância nos últimos tempos. Não que seja uma questão nova em nossa sociedade (até bem pouco tempo atrás, vários espaços do Poder Judiciário e do Legislativo não contavam com banheiros femininos, por exemplo), mas revestiu-se de novas nuances

---

[1] HERMAN, Jody L. Gendered restrooms and minority stress: the public regulation of gender and its impact on transgender people's lives. *Journal of Public Management & Social Policy*, v. 19, n. 1, 2013. p. 65-66 (tradução livre do autor).

[2] CUNHA, Leandro Reinaldo da; RIOS, Vinícius Custódio. Mercado transgênero e a dignidade da pessoa humana sob a perspectiva do capitalismo humanista. *Revista dos Tribunais*, São Paulo: RT, v. 105, n. 972, p. 165-184, out. 2016. p. 167.

quando atrelada ao estigma, ao preconceito e à discriminação que recaem sobre as pessoas transgênero.

É inquestionável que o acesso seguro ao banheiro é imprescindível, e a não garantia desse direito a pessoas transgênero acaba culminando em dados aterradores, como os coletados nos Estados Unidos da América, em que 70% das pessoas transgênero afirmam ter problemas associados a negativa de acesso, ofensas verbais ou ataques físicos ao utilizarem banheiros públicos, situação que reverbera em outras áreas, como educação, emprego, saúde e participação na vida pública[3]. Parte desses desdobramentos pode ser constatada pelas consequências econômicas decorrentes de uma legislação do estado da Carolina do Norte que impedia a utilização de banheiros e vestiários segundo a identidade de gênero[4].

No Brasil, há pouca regulamentação sobre o tema banheiros, podendo ser mencionada a Norma Regulamentadora n. 24/78 (NR-24), que versa sobre condições sanitárias e de conforto nos locais de trabalho. Nela consta que "Deve ser atendida a proporção mínima de uma instalação sanitária para cada grupo de 20 (vinte) trabalhadores ou fração, separadas por sexo" (24.2.2), havendo os "masculinos" de ser dotados de mictórios, exceto quando essencialmente de uso individual (24.2.1.1), determinando, ainda, que os compartimentos destinados às bacias sanitárias devem (a) ser individuais; (b) ter divisórias com altura que mantenham seu interior indevassável e vão inferior que facilite a limpeza e a ventilação; (c) ser dotados de portas independentes, providas de fecho que impeça o devassamento; (d) possuir papel higiênico com suporte e recipiente para descarte de papéis higiênicos usados, quando não for permitido descarte na própria bacia sanitária, devendo o recipiente possuir tampa, quando for destinado às mulheres; e (e) ter dimensões de acordo com o código de obras (24.3.1).

Nota-se que as diferenças expressamente postas são que os homens têm o direito de urinar em pé (já que se determina a existência de mictórios) e que o recipiente de descarte de papel higiênico deve ter tampa no caso de compartimentos destinados às bacias sanitárias para mulheres.

A ausência de uma normatização clara conduz também à inexistência de uma nomenclatura uniforme para indicar tais espaços, sendo sinalizados segundo aspectos de gênero ("masculino" e "feminino"), caracteres designativos de sexo ("homem" e "mulher") ou símbolos associados ao gênero (pessoa usando saia ou cartola, ou, ainda, nomes masculinos ou femininos). Essa constatação revela que a confusão entre sexo e gênero está presente em situações sociais das mais básicas e que a aferição de quem é "autorizado" ou não a entrar nesses espaços não é clara.

Considerando o aspecto da sexualidade que a pessoa expõe socialmente, nos parece ordinário entender que, concluindo-se pela necessidade de utilização segregada

---

[3] HERMAN, Jody L. Gendered restrooms and minority stress: the public regulation of gender and its impact on transgender people's lives. *Journal of Public Management & Social Policy*, v. 19, n. 1, 2013. p. 65.

[4] CUNHA, Leandro Reinaldo da; RIOS, Vinícius Custódio. Mercado transgênero e a dignidade da pessoa humana sob a perspectiva do capitalismo humanista. *Revista dos Tribunais*, São Paulo: RT, v. 105, n. 972, p. 165-184, out. 2016.

desse espaço, o gênero seja o parâmetro adotado. Determinar que a pessoa utilize, em locais públicos, banheiros e vestiários segundo o seu sexo seria, de plano, uma ofensa à sua intimidade, uma vez que importaria na exposição de um dos elementos mais íntimos de sua personalidade, o qual, ao menos em um primeiro momento, ela tem o direito de resguardar em razão do direito fundamental à intimidade[5].

A distinção por gênero, ainda que a discutamos em seguida, faz mais sentido do que por sexo, não sendo possível considerar que o banheiro/vestiário seja de homem ou mulher, visto que na entrada desse espaço não se verifica se aquela pessoa que busca acesso está inserida na binaridade pênis ou vagina, tampouco se solicita a apresentação de algum documento que comprove a sua conformação genital.

Ordinariamente, ainda que não seja expressa tal questão, o que é levado em consideração para a utilização de banheiros e vestiários é efetivamente o que demonstra o gênero expressado pela pessoa. Nota-se aqui, mais uma vez, a incidência da passabilidade[6] como um aspecto relevante, uma vez que não haverá qualquer questionamento quanto à utilização de um banheiro em local público se a pessoa não gerar qualquer tipo de "desconfiança" de que não pertença ao gênero designado para aquele banheiro.

Não haveria qualquer sorte de estranhamento caso uma mulher transgênero, com elevada passabilidade, viesse a adentrar no banheiro feminino, contudo, a presença de um corpo com caracteres femininos em um banheiro masculino seria objeto de atenção. A qual banheiro Roberta Close haveria de se dirigir em um shopping? Se viva fosse, em qual banheiro a presença de Rogéria chamaria mais atenção?

O básico que há de ser afirmado é que, para além do direito à intimidade e à segurança, a garantia do acesso a banheiros e vestiários passa pelo direito à saúde, pois é inquestionável a necessidade de poder "excretar, sem restrições inadmissíveis"[7]. Toda essa celeuma faz com que pessoas transgênero venham a evitar o uso de banheiro fora de casa[8], com 54% delas relatando algum tipo de problema por esse motivo, como desidratação e infecção no trato urinário e nos rins[9].

Em uma perspectiva prática, a utilização de banheiros e vestiários segundo a identidade de gênero tem desdobramentos socialmente relevantes, como no impacto que possui na evasão escolar. É bastante presente a afirmação de que pessoas transgênero, em ambiente escolar, evitam ir ao banheiro mesmo quando precisam, ou procuram aqueles que apresentam menor presença ou circulação de pessoas, experienciando rotineiramente uma sensação de desconforto e ansiedade[10]. Por vezes,

---

[5] Essa questão foi analisada de forma mais aprofundada no Capítulo 5 (Direitos da personalidade).

[6] Tema abordado de forma específica no item 2.1.3.

[7] RIOS, Roger Raupp; RESADORI, Alice Hertzog. Direitos humanos, transexualidade e "direito dos banheiros". *Revista Direito e Práxis*, [S.l.], v. 6, n. 3, p. 196-227, 2015. p. 211.

[8] PFEIL, Cello Latini et al. Gravidez, aborto e parentalidade nas transmasculinidades: um estudo de caso das políticas, práticas e experiências discursivas. *Revista Brasileira de Estudos da Homocultura*, v. 6, n. 19, jan.-abr. 2023. p. 23.

[9] HERMAN, Jody L. Gendered restrooms and minority stress: the public regulation of gender and its impact on transgender people's lives. *Journal of Public Management & Social Policy*, v. 19, n. 1, 2013. p. 75.

[10] HERMAN, Jody L. Gendered restrooms and minority stress: the public regulation of gender and its impact on transgender people's lives. *Journal of Public Management & Social Policy*, v. 19, n. 1, 2013. p. 74-75.

determina-se que não usem os banheiros dos demais alunos, tendo que se dirigir aos destinados aos funcionários da escola, o que por si só é uma medida segregatória, ainda que permeada de "boas intenções".

Fato é que a proibição da utilização de banheiros segundo a identidade de gênero ofende tanto a vedação de discriminação direta (intencional, com expressa intenção de barrar o acesso a espaços nos quais exerceria seu direito à saúde) quanto indireta (não intencional, mas danosa), baseada no argumento de não lesar e de seguir as regras do binarismo posto, gerando "impacto diferenciado e prejudicial" a quem tem que suportar o "resultado de privação do acesso ao banheiro", bem como da "desconsideração da sua identidade de gênero"[11].

Essa realidade acaba tendo desdobramentos também na liberdade de plena participação na vida social, ensejando uma forma de aprisionamento das pessoas transgênero que se veem compelidas a ponderar quanto à existência de banheiros que se mostrem inclusivos para que possam viver em sociedade e frequentar todos aqueles espaços que são franqueados a todas as pessoas. Basta considerar que 38% das pessoas transgênero simplesmente evitam espaços públicos pelo fato de terem apenas banheiros/vestiários segregados pelo gênero, evitando *shoppings*, lojas, restaurantes, academias e bares, havendo, ainda, 49% que afirmam planejar suas rotas pela cidade ou ir apenas a lugares específicos por saberem que apresentam banheiros seguros para uso[12].

No Brasil, atualmente, segue-se aguardando a manifestação de mérito do Supremo Tribunal Federal (STF) sobre o tema, haja vista a clássica ausência de legislação sobre temas caros às minorias sexuais[13]. Havia a expectativa de que a questão seria apreciada no RE 845.779, com repercussão geral reconhecida[14] em ação indenizatória em que um *shopping center* foi condenado a uma indenização por danos morais (R$ 15.000,00), por impedir que uma mulher transgênero utilizasse o banheiro segundo sua identidade de gênero (e acabou fazendo suas necessidades fisiológicas na própria roupa, tendo que retornar para casa de ônibus, toda suja). O Tribunal de Justiça de Santa Catarina reformou a sentença, em acórdão que considerou que não teria havido dano moral, mas mero dissabor.

Em 2014, o Ministro Luís Roberto Barroso proferiu seu voto, no qual foi acompanhado pelo Ministro Edson Fachin, consignando que "destratar uma pessoa por ser transexual, isto é, por uma condição inata, é como discriminar alguém por ser negro,

---

[11] RIOS, Roger Raupp; RESADORI, Alice Hertzog. Direitos humanos, transexualidade e "direito dos banheiros". *Revista Direito e Práxis*, [S.l.], v. 6, n. 3, p. 196-227, 2015. p. 212-213.

[12] HERMAN, Jody L. Gendered restrooms and minority stress: the public regulation of gender and its impact on transgender people's lives. *Journal of Public Management & Social Policy*, v. 19, n. 1, 2013. p. 74.

[13] CUNHA, Leandro Reinaldo da. Identidade de gênero e a responsabilidade civil do Estado pela leniência legislativa. *Revista dos Tribunais*, São Paulo: RT, n. 962 p. 37-52, 2015.

[14] Em 2015, houve pedido de vista pelo Ministro Luiz Fux, após voto do Ministro Luís Roberto Barroso. Após sete anos, em 19.06.2023, os autos foram devolvidos para julgamento, contudo, até janeiro de 2024, não houve a designação da data para que este fosse retomado.

judeu, índio ou gay. É simplesmente injusto, quando não perverso", firmando, por fim, a tese: "Os transexuais têm direito a serem tratados socialmente de acordo com a sua identidade de gênero, inclusive na utilização de banheiros de acesso público"[15].

Na sequência, o Ministro Luiz Fux pediu vista, tendo o processo ficado parado até meados de 2024, quando proferiu seu voto-vista sustentando a existência de questões processuais insuperáveis que impediriam o julgamento do RE 845.779 pelo Supremo Tribunal Federal (STF), restando apenas a frustração e a sensação de desacolhimento a toda a população transgênero que ansiava pela manifestação de mérito reconhecendo simplesmente que tem o direito de não ser discriminada, contudo esta não veio, reforçando a certeza de que, em se tratando de questões que envolvam os interesses de minorias sexuais, o efetivo acesso aos direitos fundamentais enfrenta obstáculos e tecnicidades refutadas em outras circunstâncias[16].

O Supremo Tribunal Federal (STF) ainda tem a possibilidade de efetivamente tratar da questão de fundo do RE 845.779, pois seguem aguardando julgamento cinco arguições de descumprimento de preceito fundamental (ADPFs 1.169, 1.170, 1.171, 1.172 e 1.173), nas quais se questionam leis municipais que visam impedir que pessoas transgênero usem o banheiro em consonância com sua identidade de gênero, elaboradas pelos municípios de Novo Gama (GO), Sorriso (MT), Cariacica (ES), Londrina (PR) e Juiz de Fora (MG).

Passada essa fase inicial da análise do tema, é importante consignar que a eventual discussão sobre banheiros compartilhados, que ganhou certo relevo nos últimos tempos, não está a tratar de nenhuma grande novidade, haja vista que nos ambientes familiares os banheiros são utilizados independentemente de sexo/gênero, como em certas situações públicas (aviões e ônibus). A questão que se põe, em verdade, são os espaços coletivos, nos quais podem se fazer presentes pessoas de sexo ou gênero diferentes, onde a existência concomitante de seres com genitálias distintas pode ensejar alguma sorte de desconforto.

Contudo, em "sociedades plurais e democráticas, o incômodo ou constrangimento alheio não autorizam a restrição de direitos fundamentais de terceiros, desde que não ocorra prejuízo relevante aos demais"[17]. O mero desconforto não pode se sobrepor aos direitos fundamentais das pessoas transgênero, que se veem compelidas a adotar estratégias para poder efetivamente ter acesso a banheiros em espaços públicos, como evitar filas, ir apenas a lugares conhecidos e com banheiros tidos como seguros, feminilizar o andar, falar com as pessoas ou cantar para evidenciar seu gênero de pertencimento[18].

---

[15] Disponível em: https://www.conjur.com.br/dl/vo/voto-ministro-barroso-stf-questao.pdf. Acesso em: 24 jan. 2024.

[16] CUNHA, Leandro Reinaldo da. O STF e o banheiro: mais vale o processo do que a vida? *Revista Direito e Sexualidade*, Salvador, v. 5, n. 1, p. III-VIII, 2024.

[17] RIOS, Roger Raupp; RESADORI, Alice Hertzog. Direitos humanos, transexualidade e "direito dos banheiros". *Revista Direito e Práxis*, [S.l.], v. 6, n. 3, p. 196-227, 2015. p. 211.

[18] HERMAN, Jody L. Gendered restrooms and minority stress: the public regulation of gender and its impact on transgender people's lives. *Journal of Public Management & Social Policy*, v. 19, n. 1, 2013. p. 76-77.

Tampouco cabe aduzir a existência de um direito de não se ver constrangido com a indiscrição da observância do sexo oposto[19]. Além de não considerar toda a complexidade que pode envolver a definição de sexo (jurídico, gonadal, cromossômico, endocrinológico...), é premissa que se mostra vazia. Qual a diferença entre os olhares de pessoas do mesmo sexo e os de pessoas de sexo distinto? É a presunção de que encerre em si algum elemento de desejo sexual? Se for isso, estamos claramente diante de uma ignorância atroz que não distingue sexo de orientação sexual.

O ponto fulcral a ser analisado é: por qual razão a presença de uma pessoa transgênero em um banheiro ou vestiário se torna um problema? O temor do interesse sexual seria o motivador? Mas não há uma vinculação direta entre identidade de gênero e orientação sexual, motivo que não sustenta a alegação de que aquela pessoa poderia ter um olhar intrusivo e lascivo, sendo certo que não se vê qualquer tipo de discussão do mesmo jaez com o fulcro de vedar a entrada de pessoas homossexuais nesse mesmo espaço.

Seria, então, o medo de ataques sexuais, condutas indevidas e criminosas? Os dados existentes relativos a "violência ou importunação sexual e/ou assédio contra mulheres cis" mostram que "os banheiros divididos por gênero de uso coletivo podem ser considerados espaços mais seguros que a própria casa ou o trabalho", locais "que têm os maiores índices de estupros e violências, além do assédio", praticados contra mulheres cisgênero, sendo que atos de violência "cometidos por pessoas trans contra mulheres cis ao dividirem os mesmos espaços, além de serem raríssimos – apesar de altamente preocupantes – não passam de casos excepcionalíssimos quando comparados aos dados gerais de violência contra a mulher"[20].

Importante pontuar que a solução apresentada como "prática" de criar um banheiro apenas para pessoas transgênero não é uma alternativa adequada, uma vez que encerraria manifesta discriminação e exposição desnecessária da intimidade.

Questionamentos trazidos no Dossiê elaborado pela Associação Nacional de Travestis e Transexuais (Antra) são interessantes e trago aqui para serem ponderados: "Mulheres trans que acessam os espaços das mulheres cis são um problema genuíno? Um risco real às mulheres cisgêneras? (*sic*) Ou apenas algo inventado por transfóbicos? Você realmente acredita que homens cis vão mudar sua identidade, roupas, documentos e certidão de nascimento de forma ilegal para entrar em espaços femininos e estuprar mulheres? Por acaso, a entrada de um homem em um banheiro feminino não coloca mulheres trans em risco? As respostas dependem muito mais da sua intenção do que realmente dão conta daquilo que a luta feminista e em defesa das mulheres demandam"[21].

A restrição é, portanto, apenas fruto do preconceito.

---

[19] RIOS, Roger Raupp; RESADORI, Alice Hertzog. Direitos humanos, transexualidade e "direito dos banheiros". *Revista Direito e Práxis*, [S.l.], v. 6, n. 3, p. 196-227, 2015. p. 215.

[20] BENEVIDES, Bruna G. *Dossiê assassinatos e violências contra travestis e transexuais brasileiras em 2022*. Brasília: Distrito Drag, ANTRA, 2023. p. 72-73.

[21] BENEVIDES, Bruna G. *Dossiê assassinatos e violências contra travestis e transexuais brasileiras em 2022*. Brasília: Distrito Drag, ANTRA, 2023. p. 75.

E existe um sistema constituído visando fomentar esse medo das pessoas transgênero, criando um tipo de "pânico transgênero" ou "trans panic"[22], com argumentos totalmente falaciosos com o objetivo de afastar das pessoas transgênero o acesso aos seus direitos mais elementares. Um dos ataques mais replicados é o de que pessoas transgênero seriam predadores sexuais ou, apenas, pessoas que usariam roupas ordinariamente associadas a outro gênero, buscariam a realização de processo transgenitalizador ou se autodeclarariam transgênero para terem acesso a espaços unissexuais, como banheiros e vestiários.

É de uma concepção de mundo absurdamente pueril acreditar que apenas mediante o acesso autorizado a determinados espaços é que se conferirá meios para que predadores sexuais cometam seus crimes, mormente ao se considerar que ofensas sexuais são perpetradas, em sua maioria, no ambiente familiar e por pessoas próximas às vítimas. Contudo, a estruturação de um certo pânico é mecanismo tradicionalmente usado para se afastar as minorias de seus direitos, objetivando, com isso, privá-las de sua própria existência, como largamente feito nas questões raciais nos últimos séculos.

Violadores sexuais de mulheres não se preocupam em "se transformar" em mulheres para cometer seus crimes. A arrogância e a impunidade que grassam não lhes impõem a utilização de qualquer tipo de subterfúgio para atingir seus objetivos criminosos.

Vedar que pessoas transgênero utilizem banheiros e vestiários segundo sua identidade de gênero, além de violar o direito à igualdade por ser superinclusiva (ao atingir pessoas sem qualquer relação com aquelas a quem tal restrição se destina), acaba se mostrando também subinclusiva (por ignorar outros expedientes que podem ser utilizados)[23], manifestando-se, ao fim e ao cabo, apenas como uma atitude discriminatória.

O que pouco se menciona sobre o tema é que, havendo passabilidade, a presença de pessoas transgênero em banheiros com pessoas cisgênero não se revela um problema em si, sem a constatação de casos envolvendo importunação e/ou violência sexual contra mulheres cisgênero[24], inexistindo qualquer "dado concreto que ampare o temor de que transexuais sejam ameaças ou cometam violência contra usuárias de banheiros femininos"[25].

O mais assustador é se constatar que, visando conferir credibilidade às mentiras e espalhar o medo, ampliando e fomentando o preconceito e a discriminação, surgem

---

[22] A alegação de *trans panic* como elemento de defesa penal é abordado no Capítulo 19 (Direito Penal).

[23] RIOS, Roger Raupp; RESADORI, Alice Hertzog. Direitos humanos, transexualidade e "direito dos banheiros". *Revista Direito e Práxis*, [S.l.], v. 6, n. 3, p. 196-227, 2015. p. 211.

[24] BENEVIDES, Bruna G. A autodeclaração de gênero de mulheres trans expõe mulheres cis a predadores sexuais? Medium, 28 fev. 2021. Disponível em: https://brunabenevidex.medium.com/a-autodeclara%C3%A7%C3%A3o--de-g%C3%AAnero-de-mulheres-trans-exp%C3%B5e-mulheres-cis-a-predadores-sexuais-11b27e1ff85e. Acesso em: 8 jan. 2024.

[25] RIOS, Roger Raupp; RESADORI, Alice Hertzog. Direitos humanos, transexualidade e "direito dos banheiros". *Revista Direito e Práxis*, [S.l.], v. 6, n. 3, p. 196-227, 2015. p. 214.

publicações falsas em redes sociais noticiando a ocorrência de violências praticadas, até mesmo contra crianças, em banheiros unissex[26] e que acabaram sendo replicadas pelas maiores autoridades do País[27]. De outra sorte, não se vê toda essa preocupação e levante social com relação a casos efetivamente existentes que envolvem familiares, amigos da família e líderes religiosos abusando sexualmente de crianças.

A realidade transfóbica que viceja em nosso País demonstra que, eventualmente, a utilização de um banheiro segundo sua identidade de gênero pode ser mais perigosa para uma pessoa transgênero do que para uma pessoa cisgênero[28], com relatos de violência física e moral em tais locais[29], normalmente praticadas por uma patrulha de pseudodefensores que assumem o papel de justiceiros que se sentem autorizados a agredir quem lhes pareça "inadequado" àquele espaço, fato que pode atingir até mesmo as pessoas cisgênero que são "confundidas" com transgênero[30].

Considere-se ainda qual seria, nesse contexto, a situação vivenciada por uma mulher transgênero, mormente se já tiver passado pelo processo transexualizador, se fosse compelida, apesar de suas características socialmente expostas e de uma genitália feminina, a fazer uso de banheiro ou vestiários masculinos em razão do sexo que lhe foi atribuído quando do nascimento.

É relevante pontuar que, no final de 2023, o Parlamento Português aprovou o Projeto de Lei n. 332/XV/1, que estabelece as medidas administrativas que as escolas devem adotar para implementação do direito à autodeterminação da identidade de gênero e expressão de gênero e do direito à proteção das características sexuais de cada pessoa, conforme disposto no n. 1 do art. 12º da Lei n. 38/2018. Com isso, estabelece que há de "ser respeitada a utilização de vestuário que a criança ou jovem escolha de acordo com a opção com que se identifica, entre outros, nos casos em que existe a obrigação de vestir um uniforme ou qualquer outra indumentária diferenciada por sexo" (art. 6º, 2, c), e que "as escolas devem garantir que a criança ou jovem, no exercício dos seus direitos e tendo presente a sua vontade expressa, aceda às casas de banho e balneários, assegurando o bem-estar de todos, procedendo às adaptações que considere necessárias para o efeito" (art. 6º, 3).

---

[26] Disponível em: https://monitor7.r7.com/e-farsas/crianca-foi-violentada-por-mulher-trans-em-banheiro-unissex-30072021. Acesso em: 8 jan. 2024.

[27] Em 2017, o Presidente da República fez um post no Twitter comentando de forma exaltada a falsa notícia de uma criança violentada por uma mulher trans em um banheiro unissex. Disponível em: https://twitter.com/jairbolsonaro/status/929045416959758343. Acesso em: 8 jan. 2024.

[28] BENEVIDES, Bruna G. A autodeclaração de gênero de mulheres trans expõe mulheres cis a predadores sexuais? *Medium*, 28 fev. 2021. Disponível em: https://brunabenevidex.medium.com/a-autodeclara%C3%A7%C3%A3o-de-g%C3%AAnero-de-mulheres-trans-exp%C3%B5e-mulheres-cis-a-predadores-sexuais-11b27e1ff85e. Acesso em: 8 jan. 2024.

[29] RIOS, Roger Raupp; RESADORI, Alice Hertzog. Direitos humanos, transexualidade e "direito dos banheiros". *Revista Direito e Práxis*, [S.l.], v. 6, n. 3, p. 196-227, 2015. p. 214.

[30] Disponível em: https://g1.globo.com/pe/pernambuco/noticia/2023/12/28/homem-que-agrediu-mulher-em-restaurante-por-pensar-que-ela-e-trans-e-preso-apos-prestar-depoimento.ghtml. Acesso em: 5 jan. 2024.

Assim, pelo todo colacionado, é imperioso que prevaleça a concepção de que a utilização de banheiros e vestiários deve reger-se com base na identidade de gênero da pessoa, sob pena de se perpetrar uma grave ofensa aos direitos mais elementares que devem ser garantidos a todas as pessoas, o que engloba, obviamente, as pessoas transgênero.

10
Direito eleitoral[1] e política

A participação de toda a sociedade no processo político de um país é condição *sine qua non* para que os preceitos elementares de um Estado Democrático de Direito sejam minimamente atingidos. A sub-representação dos grupos tidos como minoritários e vulnerabilizados é um traço característico do Estado brasileiro, sendo ínfima a presença de representantes das minorias sexuais entre os integrantes dos Poderes Executivo e Legislativo.

Vivenciamos uma realidade em que as mulheres representam apenas 15% do Congresso Nacional, apesar de constituir mais de metade da população brasileira, haver previsão de igualdade formal e proibição de discriminação, demonstrando que "a colocação da mulher como sujeito de direitos e deveres não foi suficiente para a transformação do sistema político concebido até o século XIX, predominantemente masculino"[2]. Se a situação é essa com relação às mulheres, é possível se compreender o quão ínfima é a representatividade das pessoas transgênero na política.

Esse déficit de representação que atinge as chamadas minorias sexuais perpassa por várias questões distintas, sendo certo que nos ateremos a considerações específicas atreladas às pessoas transgênero. Quando se analisa sua participação política, constata-se que se trata de um problema que supera a baixa representatividade, atingindo até mesmo o pleno exercício de sua cidadania enquanto eleitor.

Ainda que a dificuldade de acesso e permanência nos bancos escolares, com consequentes reflexos na inserção no mercado de trabalho formal, represente um entrave para a participação política das pessoas transgênero, é evidente que o obstáculo real é o combo estigma, preconceito e discriminação.

A falta de representatividade tem o condão de gerar efeitos extremamente preocupantes, pois as lutas travadas nos ambientes de poder acabam por ignorar a existência das pessoas transgênero, como também faz com que as poucas discussões que tangenciam seus interesses sejam realizadas sem a sua presença, o que pode gerar desvios indesejados. A não presença de pessoas transgênero na esfera política acaba por privá-las da participação no processo político como um todo, impossibilitando-as de influenciar de maneira efetiva as decisões políticas e a gestão da coisa pública.

---

[1] Parte da ideia aqui desenvolvida foi apresentada no livro *Novos rumos dos direitos LGBTI+ no Brasil*, coordenado por Alexandre Bahia, Emerson Ramos e Renan Quinalha, em artigo intitulado "Inclusão das pessoas trans no processo eleitoral brasileiro: impacto do reconhecimento judicial do direito à identidade de gênero no exercício da cidadania", redigido em coautoria com Nicole Gondim Porcaro.

[2] LOPES, Karin Becker. *Igualdade substancial entre os sexos*: estudo sobre a participação da mulher brasileira na política. Rio de Janeiro: Lumen Juris, 2017. p. 109.

Essa falta de presença ganha contornos ainda mais deletérios quando estabelecida em uma sociedade que ignora os alicerces primordiais da democracia, priva os grupos minoritários de direitos fundamentais e até mesmo chega a pugnar que tenham que se adequar à maioria, como já afirmado pelas mais altas autoridades políticas do País[3].

10.1. Nome social, nome retificado e o exercício da cidadania

A realização da alteração dos documentos com a indicação do prenome em consonância com a sua identidade de gênero gera, como consequência, a indicação de tal informação à Justiça Eleitoral, permitindo a mudança desse dado no título de eleitor, bem como no cadastro eleitoral, garantindo que a pessoa transgênero venha a ter um tratamento digno no momento em que for exercer o seu direito ao voto.

Em que pese o fato de que atualmente a alteração dos documentos de identificação pessoal adequando o prenome e o sexo à identidade de gênero tenha se tornado mais acessível, não se pode ignorar que nem todas as pessoas reúnem condições de acessar administrativamente esse direito, sendo necessário que se estabeleçam meios garantidores do respeito ao nome social.

Assim, visando que toda pessoa transgênero possa exercer sua cidadania, a Resolução n. 270/2018 do Conselho Nacional de Justiça (CNJ) dispõe sobre a possibilidade do uso do nome social "pelas pessoas trans, travestis e transexuais usuárias dos serviços judiciários, membros, servidores, estagiários e trabalhadores terceirizados dos tribunais brasileiros". Em seu art. 2º, a resolução prevê que todos os "sistemas de processos eletrônicos deverão conter campo especificamente destinado ao registro do nome social", e este "deve aparecer na tela do sistema de informática em espaço que possibilite a sua imediata identificação, devendo ter destaque em relação ao respectivo nome constante do registro civil".

A possibilidade de ver seu direito respeitado com a inclusão do nome social tem o poder de conferir à pessoa transgênero a condição de poder exercer livremente seu direito ao voto sem que sua intimidade seja exposta de maneira indevida, o que nos leva a crer que tal sorte de mudança possibilitou um acréscimo na participação desse grupo social nas eleições.

Hoje, prevalece a autodeclaração de gênero quando do alistamento eleitoral ou em caso de atualização dos dados do cadastro eleitoral, sendo possível a indicação do nome social ainda que não tenha ocorrido a retificação do prenome (Resolução n. 23.562/2018 do TSE).

O impacto dessas novas regras se fez evidente com a existência de 37.646 pessoas transgênero tendo realizado a alteração do nome ou a inclusão do nome social no ano de 2022, conforme Relatório da Corregedoria-Geral Eleitoral[4].

---

[3] Disponível em: https://noticias.uol.com.br/politica/ultimas-noticias/2022/07/15/bolsonaro-defende-falas--transfobicas-minorias-tem-que-se-adequar.htm. Acesso em: 10 mar. 2023.

[4] Disponível em: https://www.tse.jus.br/comunicacao/noticias/2023/Julho/nome-social-no-titulo-e-reconhecimento-da-cidadania-plena-de-travestis-e-transexuais. Acesso em: 10 mar. 2024.

10.2. Candidaturas transgênero e violência política

A presença de pessoas transgênero entre os políticos brasileiros é fenômeno bastante recente, considerando que a primeira travesti com cargo eletivo foi a vereadora Kátia Tapety, da cidade de Colônia do Piauí, eleita em 1992. Desde então, houve uma crescente na participação de transgêneros nos pleitos eleitorais, passando de 5 candidaturas (nenhuma eleita), em 2014, para 79 candidaturas (5 eleitas), em 2022, nas eleições gerais. No pleito municipal de 2016, foram 89 candidaturas (com 11 eleitas), passando a 294 candidaturas em 2020 (com 30 eleitas)[5].

Contudo, o interessante é notar que, mesmo com um baixo número de candidaturas e eleitos, candidatos transgênero receberam um elevado montante de votos, merecendo especial destaque as deputadas Duda Salabert (MG) e Erika Hilton (SP), que se tornaram as primeiras deputadas federais transgênero do Brasil.

A crescente presença das pessoas transgênero nos espaços políticos as torna também mais expostas à violência de gênero, com parlamentares transgênero sofrendo sistemáticos ataques, que vão de ofensas transfóbicas a ameaças de morte, como forma de tentar extirpar essas minorias sexuais já tão pouco representadas do cenário político.

Toda a violência política tradicionalmente direcionada às mulheres em nosso País incide de maneira ainda mais forte contra mulheres transgênero, especialmente em razão da sobreposição de marcadores[6]. Como já mencionado, tradicionalmente há uma sub-representatividade política da comunidade LGBTQIAPN+, que, além da baixa acolhida, ainda enfrenta uma série de obstáculos para sua inserção, como a falta de financiamento[7].

Os relatos de situações transfóbicas de violência política são constantes, sendo um reflexo da concepção ainda presente em muitas pessoas de que as pessoas transgênero são seres abjetos[8], cuja existência deve restringir-se aos poucos espaços em que são suportadas[9], mas nunca como uma parte integrante e ativa na sociedade.

Em um país marcado pelo vexatório título de ser a nação que mais mata pessoas transgênero no mundo, seria de se esperar que a tentativa de silenciamento também se manifestasse em outros palcos, como o da vida política, com falas francamente discriminatórias de parlamentares, alguns condenados por tais condutas[10], bem como ameaças de morte direcionadas pessoalmente ou a familiares de pessoas transgênero,

---

[5] Disponível em: https://antrabrasil.org/eleicoes2020/. Acesso em: 10 mar. 2023.

[6] A interseccionalidade foi objeto de atenção específica no Capítulo 3 (Identidade de gênero na sociedade).

[7] SILVA, Vitória Régia da. LGBTfobia nos partidos: violência política, omissão e falta de financiamento. *Gênero e Número*, 17 maio 2022. Disponível em: https://www.generonumero.media/reportagens/lgbtfobia-partidos/. Acesso em: 20 jun. 2024.

[8] ANTUNES, Pedro Paulo Sammarco. *Travestis envelhecem?* 268 f. Dissertação (Mestrado em Gerontologia) – Pontifícia Universidade Católica de São Paulo, São Paulo, 2010. p. 137.

[9] SERRA, Vitor Siqueira. *"Pessoa afeita ao crime"*: criminalização de travestis e o discurso judicial criminal paulista. 128 f. Dissertação (Mestrado) – Faculdade de Ciências Humanas e Sociais, Universidade Estadual Paulista "Júlio de Mesquita Filho", São Paulo, 2018. p. 19.

[10] Disponível em: https://www.cnnbrasil.com.br/politica/nikolas-ferreira-e-condenado-por-transfobia-contra--deputada-duda-salabert/. Acesso em: 20 jan. 2024.

como no caso da vereadora Benny Briolly, de Niterói (RJ), que se viu obrigada a deixar o Brasil em 2021.

Da mesma forma que acontece no cotidiano, políticos transgênero seguem sendo vítimas de "xingamento, cochichos e assédio sexual de colegas parlamentares", sempre com o objetivo de "suspender, interromper, restringir, ou desestabilizar seu exercício livre e pleno de representação e participação política", em uma descarada tentativa de manter o *status quo* de apagamento de pessoa transgênero da vida e da política[11].

A transgeneridade ainda faz com que se vejam compelidos a enfrentar o escrutínio público extra de ter suas atitudes sempre analisadas sob lentes de aumento em razão de sua identidade de gênero, havendo de demonstrar a relevância e a qualificação de sua atividade como integrante do Poder Público de forma mais severa do que a que se exige ordinariamente de políticos cisgênero.

Tais condutas não podem prosperar e devem ser fortemente combatidas, com a cassação e a perda de direitos políticos de parlamentares agressores, bem como a devida responsabilização civil e penal.

---

[11] ARAÚJO, Tathiane Aquino; NOGUEIRA, Sayonara Naider Bonfim; CABRAL, Euclides Afonso. *Registro Nacional de Assassinatos e Violações de Direitos Humanos das Pessoas Trans no Brasil em 2022*. Série Publicações Rede Trans Brasil. 7. ed. Aracaju: Rede Trans Brasil; Uberlândia: IBTE, 2023. p. 42.

11
Sociedade da informação

No atual momento da nossa sociedade, permeado pela evolução tecnológica e pela conectividade global, o acesso à informação, bem como sua produção, gozam de centralidade na vida de todas as pessoas, sendo preponderante apreciar, ainda que brevemente, a presença das pessoas transgênero nesse contexto.

A sexualidade presente no cotidiano das pessoas no chamado "mundo físico" também se faz notar, com todos os seus desdobramentos, no "mundo virtual", de modo que a identidade de gênero é característica que não pode ser ignorada.

Os meios de comunicação, seja os tidos como mais tradicionais (jornal, rádio e televisão), seja os mais inovadores (redes sociais, *streamings*, *podcasts*, *blogs* etc.), têm importante influência na concepção social estabelecida acerca das pessoas transgênero, sendo até mesmo reconhecido pela Comissão Interamericana de Direitos Humanos (CIDH) o seu poder e relevância na mitigação do preconceito e discriminação contra a transgeneridade, ressaltando que a adoção de códigos de conduta "podem desempenhar um papel fundamental no combate à discriminação e na promoção de princípios de igualdade, inclusive ao estar atentos ao perigo de discriminação ou estereótipos negativos de indivíduos e grupos sendo perpetuados pela mídia, e ao relatar de maneira factualmente precisa e sensível"[1].

O fato claro é que a forma como a identidade de gênero e as pessoas transgênero são apresentadas para a sociedade acaba se configurando como um dos maiores entraves para a superação de boa parte do preconceito que sobre elas recai, tendo a mídia como um todo uma considerável parcela de culpa, considerando a maneira como explora a realidade dessas pessoas.

11.1. Mídia

Levando em conta a amplitude do conceito atual de mídia, que abrange uma gama de canais e plataformas direcionados a disponibilizar conteúdo, notícias e entretenimento, pode-se constatar a presença das pessoas transgênero em dois pontos diametralmente opostos: ou são apresentadas com foco em sua beleza, alegria e espetacularização da existência dos seus corpos transgênero em manifestações culturais, como o Carnaval, ou são retratadas como vítimas dos mais diversos casos de violência.

Mesmo sendo difícil hodiernamente fixar os limites exatos de distinção entre as mídias tradicionais e as mais inovadoras, exatamente pelo fato de que houve uma clara migração daquelas para o mundo virtual, deixando muitas vezes de existir na

---

[1] IACHR. *An overview of violence against LGBTI persons. A registry documenting acts of violence between January 1, 2013 and March 31, 2014*. Washington, D.C., December 17, 2014. p. 5. (Tradução do autor) Disponível em: https://www.oas.org/en/iachr/lgtbi/docs/Annex-Registry-Violence-LGBTI.pdf. Acesso em: 23 nov. 2023.

modalidade original, é necessário que se estabeleçam algumas distinções com relação às várias modalidades de mídia hoje existentes.

Partindo do universo do entretenimento, nota-se que o mundo das artes confere, tradicionalmente, maior acolhida a quem não se enquadra nos padrões de sexualidade estabelecidos, tendo várias travestis ganhado notoriedade a partir dos anos 1960 através da atividade teatral, como imortalizado em "Divinas Divas", documentário dirigido por Leandra Leal, que conta um pouco da história da primeira geração de artistas travestis no Brasil[2].

Durante os anos 1980, além dos programas de auditório com concursos para eleger a "mais bela travesti" ou "transformista", um dos eventos mais esperados eram os desfiles de Carnaval, em que inúmeras transexuais e travestis eram alçadas à condição de estrelas, havendo ainda os concursos de fantasia e os bailes em que esses corpos desviantes podiam se apresentar sem a incidência dos riscos inerentes à sua existência. O Carnaval sempre foi um período em que transexuais e travestis saíam das posições mais marginalizadas da sociedade e passavam a exercer um protagonismo social.

Tradicionalmente, boa parcela das pessoas acabava acessando a existência de pessoas transgênero nas mídias de grande massa por meio desses eventos ou de filmes e novelas, que retratam apenas uma ínfima parcela das vivências dessa minoria sexual. Os mais novos tomam conhecimento de que a transgeneridade existe por meio de séries, *reality shows* e redes sociais.

Esses fatos revelam a contribuição dessa parcela da mídia na concepção que as pessoas têm da transgeneridade. A forma como as pessoas transgênero são tratadas e retratadas na mídia não pode ser a expressão do preconceito e discriminação, reforçando estereótipos e estigmas, ainda mais considerando o potencial de disseminação das informações nesse contexto. Contudo, a maneira como os diversos gêneros artísticos acabam tangenciando a identidade de gênero e a transgeneridade, segundo seus escopos, fomenta um cálido debate quanto aos limites da arte e à prática de ilícitos[3].

De qualquer maneira, é importante que a mídia abra espaço para a presença de pessoas transgênero em suas produções, o que tem o enorme potencial de mitigar o preconceito e demonstrar que a transgeneridade não torna a pessoa menos apta para a convivência social e para o exercício de atividades profissionais.

De outro lado, é relevante notar que a questão passa também por uma mudança social para que a mídia como um todo também consiga contribuir de modo mais efetivo na mitigação do preconceito. Não há como ignorar reações preconceituosas e discriminatórias às tentativas de usar meios de comunicação visando a redução de todo esse estigma que incide sobre a população transgênero. Basta considerar a informação veiculada de que a Anheuser-Busch InBev, dona da marca de cerveja Budweiser, teria

---

[2] O documentário traz como protagonistas Rogéria, Jane Di Castro, Divina Valéria, Camille K, Fujika de Halliday, Eloína dos Leopardos, Marquesa e Brigitte de Búzios.

[3] O tema do racismo recreativo, em razão de sua profundidade, será objeto de trabalho futuro.

perdido mais de 5 bilhões de dólares na bolsa de valores após contratar a influenciadora transgênero Dylan Mulvaney como garota propaganda da Bud Light[4].

No entanto, a mídia não se restringe à produção de conteúdo artístico e de entretenimento, havendo de ser considerado também o segmento de notícias em seu sentido amplo, que vai dos telejornais aos perfis de "notícias" nas redes sociais. E é nesse contexto que a grande massa toma contato com a transgeneridade, principalmente por meio de programas popularescos destinados a relatar situações policiais, muitas vezes na porta ou nas dependências de uma delegacia de polícia.

Nessas situações, pessoas transgênero, principalmente as travestis, são "representadas como loucas, promíscuas, agressivas, criminosas, e suas narrativas quase nunca consideradas válidas ou legítimas", sendo comum que os demais presentes nas imagens tenham sua identidade resguardada, mas a da travesti fique exposta, como se não fosse pessoa digna de ter sua imagem protegida, em manifesta reprodução de estereótipos e estigmas[5].

Quando não é o caso de sua presença em delegacias de polícia, é porque foram hospitalizadas ou mortas. O grande espaço concedido pela mídia aos casos de pessoas transgênero vítimas de agressões físicas ou homicídio não se dá pela excepcionalidade de tais situações (que são bastante recorrentes)[6], mas sim pelas características que permeiam tais condutas, reiteradamente praticadas com grande violência e requintes de crueldade, como já constatado pela Comissão Interamericana de Direitos Humanos (CIDH)[7].

A partir do instante em que essa é a mais ordinária exposição das pessoas transgênero na mídia, "qualquer pesquisa em um mecanismo de busca na internet, denuncia o quanto a violência direcionada a pessoas trans segue presente no cotidiano dessas pessoas. Assustadoramente, observamos o mesmo cenário em que, 8 entre cada 10 notícias com as palavras 'travesti' ou 'mulher trans' na aba notícia nos principais mecanismos de busca, encontramos resultados de notícias relacionadas a violência e/ou violações de direitos humanos"[8].

Apesar desse lado nefasto e de todo o sensacionalismo que acompanha os programas destinados a explorar as mazelas humanas de maneira espetacular, não se pode

---

[4] Disponível em: https://revistaoeste.com/mundo/campanha-com-trans-fracassa-e-marca-de-cerveja-afasta-diretora/. Acesso em: 10 jan. 2024.

[5] SERRA, Vitor Siqueira. *"Pessoa afeita ao crime": criminalização de travestis e o discurso judicial criminal paulista*. 128 f. Dissertação (Mestrado) – Faculdade de Ciências Humanas e Sociais, Universidade Estadual Paulista "Júlio de Mesquita Filho", São Paulo, 2018. p. 19.

[6] A banalização das vidas transgênero é objeto de atenção em item específico no Capítulo 19 (Direito Penal).

[7] Atos normalmente incluem "queimaduras, decapitações, morte por espancamento brutal e severo, apedrejamento, morte por tijolos ou martelos, asfixia e esquartejamento, entre outros" (IACHR. *An overview of violence against LGBTI persons. A registry documenting acts of violence between January 1, 2013 and March 31, 2014*. Washington, D.C., December 17, 2014. p. 3. (Tradução do autor) Disponível em: https://www.oas.org/en/iachr/lgtbi/docs/Annex-Registry-Violence-LGBTI.pdf. Acesso em: 23 nov. 2023).

[8] BENEVIDES, Bruna G. *Dossiê assassinatos e violências contra travestis e transexuais brasileiras em 2022*. Brasília: Distrito Drag, ANTRA, 2023. p. 23.

negar o fator positivo de revelar os absurdos atos praticados contra pessoas transgênero que não seriam constatados por meio dos dados oficiais ante toda a invisibilidade[9] enfrentada por estas.

A mídia segue sendo a principal fonte para a coleta de dados relativos à violência sofrida pela população transgênero, com 75% dos casos de homicídios praticados contra pessoas transgênero no ano de 2022[10] sendo obtidos através do que foi noticiado pela mídia.

Nota-se também que, como é usual, em tais reportagens se constata a existência de inúmeros desrespeitos e violações à identidade de gênero das pessoas transgênero. Dos casos de 2022, em 5 deles não se respeitou ou reportou corretamente a identidade de gênero das vítimas, tratando-as como "homens" ou "homossexuais", e em 43 deles (32% do total) houve a exposição do nome de registro, sendo que a maioria nem mesmo chegou a mencionar o nome social, além de 14,5% dos casos em que não houve informações sobre a identificação dessas vítimas (19 dos 131 casos)[11]. Os dados coletados pela Rede Trans Brasil, também em 2022, revelaram que em 12% deles as vítimas foram tratadas no masculino, não sendo respeitada sua identidade de gênero[12].

É imperioso que a mídia, de forma geral, tenha consciência de sua relevância e poder na condução das discussões que envolvem fatos associados às vítimas de estigma social, cabendo agir com toda a cautela quando da aferição dos fatos e informações que disponibiliza. É necessário verificar o que se relata antes de publicar, não se podendo admitir que empresas de renome venham a veicular matérias absurdas e depois se retratem, quando o estrago já tiver sido causado.

Apenas a título de exemplo, constatam-se casos, como a publicação da BBC, gigante britânica das comunicações, sobre lésbicas que estariam sendo forçadas a manter relações sexuais e constituir relacionamento com mulheres transgênero[13], matéria que, após questionamento, foi reconhecida pela própria empresa como estando abaixo de seus padrões, tendenciosa e baseada em opiniões transfóbicas[14].

Se esse tipo de problema é verificado quando diante de uma das maiores empresas de mídia do mundo, há de se imaginar os absurdos que ocorrem nas novas mídias, em que jornalistas ou pessoas sem qualquer formação se colocam para o grande público como detentores de informação e conhecimento, propagando, de maneira muitas

---

[9] CUNHA, Leandro Reinaldo da. Da invisibilidade à exposição indevida: as agruras que seguem permeando a vida das pessoas trans no Brasil. *Revista Direito e Sexualidade*, Salvador, v. 3, n. 2, p. I-IV, 2022.

[10] BENEVIDES, Bruna G. *Dossiê assassinatos e violências contra travestis e transexuais brasileiras em 2022*. Brasília: Distrito Drag, ANTRA, 2023. p. 49.

[11] BENEVIDES, Bruna G. *Dossiê assassinatos e violências contra travestis e transexuais brasileiras em 2022*. Brasília: Distrito Drag, ANTRA, 2023. p. 50.

[12] ARAÚJO, Tathiane Aquino; NOGUEIRA, Sayonara Naider Bonfim; CABRAL, Euclides Afonso. *Registro Nacional de Assassinatos e Violações de Direitos Humanos das Pessoas Trans no Brasil em 2022*. Série Publicações Rede Trans Brasil. 7. ed. Aracaju: Rede Trans Brasil; Uberlândia: IBTE, 2023. p. 25.

[13] Disponível em: https://www.bbc.com/news/uk-england-57853385. Acesso em: 8 dez. 2024.

[14] BENEVIDES, Bruna G. Lésbicas cis estariam sendo 'pressionadas a fazer sexo com mulheres trans'? *Medium*, 31 maio 2022. Disponível em: https://brunabenevidex.medium.com/l%C3%A9sbicas-cis-estariam-sendo-pressionadas-a-fazer-sexo-com-mulheres-trans-ee4a0edcd9b8. Acesso em: 8 jan. 2024.

vezes criminosa, informações falsas e disseminadoras de ódio e mentira com uma credibilidade atribuída ordinariamente aos profissionais escorreitos[15].

Dessa forma, é importante que a mídia atue de modo consciente e não fomente o preconceito, estereótipos e estigmas, e tampouco aja de forma discriminatória contra pessoas transgênero, sob pena de responsabilização, tanto civil quanto penal.

11.2. Remoção e adequação de informações existentes na internet

Partindo da compreensão desenvolvida anteriormente de que o direito ao esquecimento é garantido à pessoa transgênero com o objetivo de permitir que ela possa efetivamente dar sequência em sua vida sem que aquela pessoa de quem ela se desvinculou venha a persegui-la, permitindo a efetivação elementar do princípio da dignidade da pessoa humana[16], é necessário que se discorra sobre a necessidade de remoção de certas informações existentes na rede mundial de computadores.

Essa perspectiva de um direito à desindexação das informações existentes tem por escopo a possibilidade de que sejam retiradas da vinculação dos sites de busca informações específicas, impedindo que determinados dados fiquem eterizados no mundo virtual quando já se encontram superados quanto a relevância e importância. O tema ganhou grande repercussão em terras alienígenas, no que ficou conhecido como "Caso Gonzales" na Espanha, no qual o indivíduo pleiteou, em linhas bastante superficiais, que o Google removesse links que remetiam a páginas que indicavam a realização de leilão de imóveis a ele pertencentes para o pagamento de dívidas, sob a alegação de que isso violaria sua privacidade e a proteção de seus dados[17].

O pleito de desindexação é uma característica atrelada ao direito ao esquecimento, que tem seus contornos firmados pela realidade posta da sociedade da informação baseada no amplo acesso a dados presentes na internet, que permite que qualquer pessoa, com poucos cliques, possa, mediante a utilização de buscadores, chegar a uma infinidade de informações existentes vinculadas a um indivíduo qualquer.

Essa perenidade das informações conquistada com as novas tecnologias torna necessário, a fim de garantir a prevalência do direito à intimidade das pessoas transgênero, bem como o respeito aos preceitos mais nucleares consignados na Constituição Federal, que se garanta a possibilidade de que haja a desindexação das informações que revelem dados sensíveis.

A própria Lei Geral de Proteção de Dados (LGPD) discorre sobre o que ela nomeou de eliminação, definindo no art. 5º, XIV, ser esta a "exclusão de dado ou de conjunto de dados armazenados em banco de dados, independentemente do procedimento empregado". O pleito de eliminação de dados desnecessários, excessivos ou tratados em desconformidade com a Lei Geral de Proteção de Dados (LGPD), excluídas as hipóteses em que a lei permite sua conservação (art. 16), é direito garantido ao titular dos dados

---

[15] BENEVIDES, Bruna G. *Dossiê assassinatos e violências contra travestis e transexuais brasileiras em 2022*. Brasília: Distrito Drag, ANTRA, 2023. p. 91.

[16] Tema tratado no Capítulo 5 (Direitos da personalidade).

[17] LUZ, Pedro Henrique Machado da; WACHOWICZ, Marcos. O "direito à desindexação": repercussões do caso González vs. Google Espanha. *Espaço Jurídico Journal of Law [EJJL]*, v. 19, n. 2, p. 581-592, 2018.

a qualquer momento, mediante simples requisição (art. 18, IV e VI), podendo também ser uma forma de sanção aos agentes de tratamento de dados em caso de infração aos preceitos estabelecidos (art. 52, VI).

Ainda que se possa estabelecer alguma restrição à utilização da expressão direito ao esquecimento, consta da Lei Geral de Proteção de Dados (LGPD)[18] a ideia de eliminação de dados das bases, em concepção lógica em que se alberga a perspectiva da desindexação.

Não sendo o escopo deste texto tratar de maneira aprofundada dos elementos que envolvem o direito à desindexação, foram aqui trazidas as perspectivas primárias do tema, cumprindo-nos, efetivamente, sua apreciação sob o prisma da identidade de gênero.

O direito à desindexação acorre às pessoas transgênero, sendo impensável qualquer afirmação em contrário, sob pena de se conferir uma proteção incompleta e, portanto, insuficiente a pessoas tão vulnerabilizadas, o que é vedado. Não se garantir a possibilidade de que aquele que realizou sua transição de gênero venha a ver apagadas as referências ao seu passado existentes no mundo virtual é relegar a essa pessoa a impossibilidade de poder prosseguir com o mínimo indispensável para uma vida digna.

Caso se esteja diante de informações que não podem ou devem ser excluídas do mundo virtual, impõe-se que estas sejam corrigidas prontamente, se não puderem ser desindexadas, para evitar a exposição indevida. Pessoas transgênero que exercem cargos públicos e cujos dados muitas vezes são divulgados em sites oficiais e/ou governamentais precisam ter seus pleitos para atualização de tais informações conforme sua identidade de gênero atendidos de forma pronta, sob pena de responsabilização.

Para exemplificar tal situação, trago o caso de Carla Watanabe, Oficial Titular do 28º Cartório de Notas de São Paulo, mulher transgênero que realizou seu processo de transição e com passabilidade plena, que ainda hoje enfrenta a situação de exposição de sua identidade de gênero de forma indireta, pois pesquisas realizadas em buscadores com o parâmetro "titular", "28º cartório notas" e "São Paulo" continuam a trazer links indicando seu nome anterior à retificação[19].

Outro tema delicado envolve a indexação de vídeos eróticos de pessoas transgênero. O pedido para que venham a ser excluídos e retirados da base de pesquisa dos sites merece toda a atenção, pois o conhecimento do nome artístico utilizado pela pessoa transgênero nesses vídeos ou a identificação da imagem da pessoa podem fazer com que a sua exposição se perpetue, sendo seu direito solicitar que todos os vídeos indexados a ela associados sejam retirados das bases de pesquisa.

Um dos passos que permitem à pessoa transgênero se desvincular do seu passado e seguir uma nova vida dentro dos contornos de sua identidade de gênero é exatamente extirpar de sua nova realidade elementos do seu passado que podem retroalimentar aspectos discriminadores. A garantia de desindexação de vídeos de natureza sexual

---

[18] A Lei Geral de Proteção de Dados (LGPD) será objeto de atenção no próximo capítulo.

[19] Faço meu agradecimento expresso a Carla Watanabe por toda a sua luta e por autorizar que parte de sua história fosse descrita neste momento.

dos sites especializados é indispensável para viabilizar a sequência da vida daquela pessoa de forma a permitir que atinja seus anseios e direitos mais básicos, sem que essa informação quanto ao passado venha a minar sua autoestima e dar azo a uma gama de discriminações e riscos que acompanham a vivência de uma pessoa transgênero.

Dessa forma, é premente que se garanta às pessoas transgênero a desindexação, bem como a adequação de seus dados no mundo virtual, a fim de garantir o respeito aos seus direitos mais elementares, como o direito à privacidade/intimidade e à dignidade da pessoa humana.

11.3. Viés algorítmico

O mundo virtual traz ainda outra questão que pode gerar consequências delicadas quando associada à sexualidade e, mais especificamente, à identidade de gênero. Com a realidade dos algoritmos, inteligência artificial e *machine learning*, muitas atividades acabam sendo automatizadas e realizadas de forma autônoma pelas máquinas.

Considerando que todos os resultados obtidos por essas atividades decorrem dos dados que são inseridos para a análise, é consequência lógica que eles acabem por refletir muito daquilo que é a sociedade como um todo. A inclusão de informações (*input*) dotadas de características preconceituosas originará um resultado (*output*) que reflete essa maneira de pensar, sendo essa uma consequência ordinária da inteligência artificial com os dados com que virá a interagir[20]. A alimentação com informações discriminatórias, enviesadas, estereotipadas, preconceituosas e que geram resultados prejudiciais já foi largamente demonstrada com relação a pessoas negras[21], tendo seu impacto também em outras minorias ou grupos vulnerabilizados.

Assim, mesmo que os algoritmos não tenham em si uma visão preconceituosa, sendo mais "precisos e eficientes que seres humanos, eles podem trazer consigo os preconceitos sociais embutidos na programação ou nos dados com os quais interagem durante o processo decisório, ocasionando os chamados vieses algorítmicos (*machine bias* ou *algorithm bias*)"[22].

Em linhas superficiais, podemos asseverar que o viés algorítmico é o preconceito constatado nos resultados apresentados pela utilização da inteligência artificial em decorrência de sua programação ou dos dados com os quais está a interagir. Ressalta-se que, obviamente, não é a máquina que se mostra preconceituosa, mas sim suas respostas ou resultados em decorrência da atividade do humano que a programou ou alimentou.

Direcionando a apreciação do tema à identidade de gênero, é possível constatar casos em que a atuação da inteligência artificial resultou em discriminação contra pessoas transgênero, como se deu com *softwares* destinados ao reconhecimento facial. A

---

[20] Basta analisar o caso de Tay, uma conta no Twitter criada pela Microsoft para uma inteligência artificial que em 24 horas, em razão das interações que teve, passou a publicar mensagens de conteúdo racista e homofóbico.
[21] Disponível em: https://www.bbc.com/news/technology-33347866. Acesso em: 10 jan. 2024.
[22] COSTA, Diego Carneiro. *O viés do algoritmo e a discriminação por motivos relacionados à sexualidade*. Dissertação (Mestrado em Direito) – Universidade Federal da Bahia, Bahia, 2020. p. 82.

pesquisa realizada pela Universidade do Colorado Boulder, que utilizou quatro dos maiores serviços de análise facial (IBM, Amazon, Microsoft e Clarifai), constatou que a acurácia para a identificação de mulheres cisgênero foi de 98,3% e de homens cisgênero foi de 97,6%, enquanto homens transgênero foram identificados erroneamente em quase 40% dos casos[23].

Há também o caso relacionado a motoristas da plataforma Uber que foram suspensos em razão do aplicativo de reconhecimento facial instalado (desenvolvido pela Microsoft) não reconhecer suas identidades[24].

Independentemente de se discutir a acurácia demonstrada pela inteligência artificial, é de se considerar que esse tipo de análise tem o condão de expor elemento personalíssimo da pessoa, protegido pelo direito à privacidade e à intimidade, questão que passa, necessariamente, pela perspectiva de proteção de dados sensíveis previstos na Lei Geral de Proteção de Dados (LGPD). Basta considerar o "A.I. Gaydar", programa criado por pesquisadores da Universidade de Stanford que apresentou precisão de 81% em determinar qual foto, entre duas, pertencia a uma pessoa homossexual[25].

Há ainda que se ponderar quanto às hipóteses em que as pessoas possam revelar uma "aparência" que a inteligência artificial associe à de um transgênero quando não o é, fator que encerra uma ofensa à sua privacidade, mesmo que não seja integrante de uma minoria sexual, o que pode ser usado até mesmo para se perseguir tais pessoas, considerando o fato de que integrar minorias sexuais ainda é criminalizado em muitos países[26].

O viés algorítmico é uma realidade tão evidente que a própria Meta, dona do Facebook, Instagram e Messenger, afirmou que limitaria o direcionamento de anúncios com base em raça, orientação sexual, filiação política e outros, em decorrência da constatação de que tais ferramentas de direcionamento foram utilizadas "para discriminar pessoas e enviar mensagens indesejadas aos usuários"[27].

Caracterizando qualquer situação na qual se vislumbre a presença de uma exposição indevida ou de viés algorítmico da inteligência artificial, surge, de forma *incontinenti*, para o seu responsável o dever de tomar as medidas necessárias para equacionar tal situação, com o ajuste da programação ou dos dados que alimentaram o processo de desenvolvimento do *software* a fim de cessar a exposição ou discriminação praticada.

---

[23] SCHEUERMAN, Morgan Klaus; PAUL, Jacob M.; BRUBAKER, Jed R. How Computers See Gender: An Evaluation of Gender Classification in Commercial Facial Analysis and Image Labeling Services. Proc. ACM Hum.-Comput. Interact., v. 3, 2019.

[24] Disponível em: https://canaltech.com.br/apps/motoristas-transgeneras-estao-tendo-seus-cadastros-bloqueados-pela-uber-nos-eua-119810/. Acesso em: 10 mar. 2023.

[25] Disponível em: https://www.nytimes.com/2017/10/09/science/stanford-sexual-orientation-study.html. Acesso em: 10 jan. 2024.

[26] Disponível em: https://www.conjur.com.br/2023-jun-29/direito-digital-inteligencia-artificial-comunidade-lgbtqiapn2/#_ftnref7. Acesso em: 10 jan. 2024.

[27] Disponível em: https://www.forbes.com/sites/annakaplan/2021/11/09/meta-says-it-will-limit-ad-targeting-based-on-race-sexual-orientation-political-affiliation-and-more/?sh=368004586ec4. Acesso em: 10 jan. 2024.

Se o resultado (*output*) produzido pela inteligência artificial ensejar discriminação em direcionamento de conteúdo, estabelecimento de *score* de crédito, restrição de acesso a vagas de trabalho, majoração de preços, redução de avaliação de bens, entre outros, é de se entender que estamos diante de um dano a ser devidamente indenizado.

11.4. Sexualidade e o corpo eletrônico

Considerando o atual estágio de inclusão da sociedade no mundo virtual, podemos entender que uma das discussões que começam a se manifestar de forma preocupante reside na questão da existência de um corpo eletrônico[28] ou da representação virtual da pessoa na internet ou mesmo em plataformas virtuais (até mesmo para além da morte[29]), o qual, ordinariamente, goza de anonimato e da separação com a realidade da vida *offline* daquela pessoa[30], conferindo-lhe uma constituição distinta da vivenciada no chamado mundo real.

A existência de uma sexualidade especificamente desenvolvida no âmbito do ciberespaço é inquestionável, sendo de se ressaltar que "algumas das piores características do mundo real são replicadas no ciberespaço", como bem pontuou Anita L. Allen, já nos idos dos anos 2000, ao discorrer sobre a presença das mulheres no mundo virtual[31]. A perspectiva de proteção da sexualidade no ciberespaço ganhou certa repercussão quando das notícias da ocorrência de estupro coletivo ocorrido no metaverso (na plataforma *Horizon Venues* da Meta) pela britânica Nina Jane Patel em novembro de 2021[32].

Nesse contexto (e considerando que o objetivo aqui não está nas discussões da natureza da presença da pessoa no mundo virtual), é possível ponderar acerca da sexualidade dos avatares das pessoas no universo eletrônico. Plataformas de realidade virtual e jogos eletrônicos (*Decentraland*, *Fortnite*, *Horizon Worlds*, *Second Life*, entre outros) permitem que os usuários criem sua representação no universo virtual com a atribuição das características que forem por eles desejadas, incluindo aspectos atinentes à sexualidade. O cinema também nos traz inúmeros exemplos, como no filme "Substitutos", de 2009, ou em "Jogador nº 1", de 2018, dirigido por Steven Spielberg, bem como em séries, entre elas "Periféricos", da Amazon Prime.

O mundo virtual "é o ventre onde a consciência humana encontra espaço fecundo para renascer... [sendo que os] meios de construção de identidades on-line são apresentados e usados de uma forma inovadora" na concepção com um corpo virtual, cuja

---

[28] RODOTÀ, Stefano. A antropologia do *homo dignus*. Trad. Maria Celina Bodin de Moraes. *Civilistica.com*, Rio de Janeiro, ano 6, n. 2, jan.-mar. 2017.

[29] CUNHA, Leandro Reinaldo da; MENDONÇA, Júlia. Reflexões entre a morte real e a vida digna: ensaio sobre o uso de sistemas de inteligência artificial que buscam substituir pessoas que morreram e suas implicações no direito brasileiro. *In*: EHRHARDT JR., Marcos; CATALAN, Marcos; NUNES, Cláudia Ribeiro Pereira (org.). *Inteligência artificial e relações privadas*. Belo Horizonte: Fórum, 2023. v. 2, p. 149-166.

[30] ROBERTS, Lynne D.; PARKS, Malcolm R. The social geography of gender-switching in virtual environments on the internet. *Information, Communication & Society*, London, n. 2, v. 4, p. 521-540, 2009. p. 524.

[31] ALLEN, Anita L. Gender and Privacy in Cyberspace. *Stanford Law Review*, v. 52, 2000. p. 1179.

[32] Disponível em: https://medium.com/kabuni/fiction-vs-non-fiction-98aa0098f3b0. Acesso em: 28 dez. 2022.

constituição "passa por etapas sucessivas como forma, gênero e nome"[33]. Essa atividade é autônoma e distinta da experienciada no mundo físico, especialmente porque "os mundos sociais virtuais da internet dão às pessoas controle sem paralelos sobre a construção e apresentação de suas identidades"[34].

A construção dessa persona virtual ou avatar não está necessariamente vinculada aos caracteres individuais do usuário, que pode ter uma representação nesses mundos totalmente distinta daquela que possui no mundo físico, o que confere a essa pessoa a liberdade de experimentar, na "realidade" paralela à vivida no mundo físico, uma vida totalmente apartada e distinta. Por vezes, é exatamente o anonimato existente nas plataformas de realidade virtual que possibilita que pessoas transgênero comecem a exercer de alguma forma sua identidade de gênero, livres dos riscos que a vivência da sua condição transgênero pode lhes impor no mundo físico.

Os motivos que levam o usuário a fazer suas escolhas e definir as características dos seus avatares são os mais variados, como vantagens competitivas, ganhos extras de recompensas, pragmatismo ou motivos estéticos, não necessariamente expressando uma questão de natureza íntima vinculada à sua identidade de gênero. Haveria até mesmo uma variabilidade na motivação da realização do *gender-swapping* por homens e mulheres, com aqueles optando pela mudança para experimentar as vantagens de ser um avatar feminino no mundo virtual, enquanto elas o fariam para poder gozar de uma realidade sem as restrições e os entraves que encontram na "vida real"[35]. Assim, não se olvida que "a escolha do gênero do avatar pode ser menos uma questão de expressão da identidade e mais uma seleção estratégica dos códigos multimodais disponíveis que os jogadores fazem em sua navegação nesse espaço digital"[36].

Constata-se, portanto, que nos ambientes virtuais o direito de autodeterminação adquire sentido literal, já que a pessoa está livre das amarras da lei natural, definindo seu gênero ou escolhendo, com a possibilidade, ainda, de valer-se do anonimato ou mesmo da escolha de pseudônimos representativos[37].

Para auxiliar na compreensão do que se está a discorrer aqui, principalmente para os não iniciados, estamos tratando da situação em que a pessoa tem uma persona no mundo virtual e, por entender que ela é distinta da sua pessoa no mundo físico, possui uma sexualidade própria, que pode ser diversa da do usuário que a criou. Entendendo que o mundo das artes nos auxilia muito na compreensão de determinadas situações,

---

[33] GERVASSIS, Nicholas J. The 20 Questions Game the Journey to Personhood. *Masaryk University Journal of Law and Technology*, v. 1, Issue 1, p. 155-186, Summer 2007. p. 162-163 (Tradução livre do autor).

[34] ROBERTS, Lynne D.; PARKS, Malcolm R. The social geography of gender-switching in virtual environments on the internet. *Information, Communication & Society*, London, n. 2, v. 4, p. 521-540, 2009. p. 521.
Os mundos sociais virtuais da internet dão às pessoas controle sem paralelos sobre a construção e apresentação de suas identidades.

[35] SONG, Haeyeop; JUNG, Jaemin. Antecedents and Consequences of Gender Swapping in Online Games. *Journal of Computer-Mediated Communication*, v. 20, Issue 4, p. 434-449, July 2015.

[36] MARTEY, Rosa Mikeal et al. The strategic female: gender-switching and player behavior in online games. *Information, Communication & Society*, v. 17, n. 3, p. 286-300, 2014 (Tradução livre do autor).

[37] GERVASSIS, Nicholas J. The 20 Questions Game the Journey to Personhood. *Masaryk University Journal of Law and Technology*, v. 1, Issue 1, p. 155-186, Summer 2007. p. 164.

exemplifico a questão com o episódio "Striking Vipers" da 5ª temporada da série *Black Mirror*, no qual dois personagens do gênero masculino jogam um *game* de luta em que um deles tem um avatar feminino e começam a desenvolver um envolvimento amoroso nesse universo.

A questão que se coloca incide sobre a possibilidade de que a pessoa se apresente no mundo virtual performando uma condição de gênero que se mostre distinta daquela que apresenta no mundo físico. Note-se que não se está discorrendo sobre a presença ou não de pessoas transgênero no mundo virtual, mas sim de uma situação em que exista uma distinção entre o gênero da pessoa no mundo físico e a sua identidade de gênero na esfera virtual.

Ressalta-se mais uma vez que não nos dispomos a discutir os parâmetros psicológicos, sociológicos ou antropológicos da questão retratada, mas não podemos nos furtar de apreciar a questão sob a perspectiva jurídica, avaliando a forma como se haveria de entender a presença dessa figura na esfera legal, aferindo também os contornos segregatórios que podem dela decorrer.

Ponto primordial a se ponderar é que não se trata, aqui, de mera afirmação falsa de que a pessoa seja de um gênero distinto do dela, com o intuito de ludibriar ou prejudicar as outras pessoas com quem venha a ter qualquer tipo de relação. Não estamos a tratar de "catfish", gíria da língua inglesa que tem por finalidade indicar pessoas que criam perfis falsos com o objetivo de enganar suas vítimas valendo-se de artifícios emocionais para a obtenção de vantagens, por vezes até de natureza econômica. Com isso, estamos afastando de plano a discussão sobre temas como estelionato.

O foco da análise é, portanto, o que estou denominando de "transgênero virtual", hipótese que não vincula a condição da transgeneridade à discrepância entre o sexo atribuído quando do nascimento e o gênero percebido da pessoa, mas sim à incongruência entre o gênero da vida física e o da persona/representação/avatar criado em alguma plataforma de realidade virtual ou jogo.

Lynne D. Roberts e Malcolm R. Parks, em texto publicado em 2009, ponderam sobre o tema, nomeando-o como "gender switching" ou "online travestism", afirmando que ele ocorre quando a pessoa apresenta um gênero no mundo virtual distinto daquele associado ao seu sexo biológico, afirmando, ainda, que talvez seja esse o exemplo mais dramático da forma como a pessoa pode exercer seu controle sobre a construção da sua identidade e apresentação nessa esfera. Em levantamento feito à época, 40% dos usuários em uma dada plataforma de simulação de realidade estavam usando um personagem com gênero distinto do seu ou já o haviam feito (cerca de 17% nesse último caso), contudo, nesse estudo originário do fenômeno, a percepção foi de que tal conduta poderia ser compreendida mais como um comportamento experimental do que efetivamente como uma expressão de sexualidade, personalidade ou política de gênero[38].

---

[38] ROBERTS, Lynne D.; PARKS, Malcolm R. The social geography of gender-switching in virtual environments on the internet. *Information, Communication & Society*, London, n. 2, v. 4, p. 521-540, 2009. p. 521.

Pesquisando usuários do jogo "Fairyland Online", em 2013, constatou-se que 1/3 deles possuía ao menos um avatar de gênero distinto do seu[39].

Há, portanto, uma sexualidade virtual que é distinta da sexualidade "real" do usuário, e esta goza de todas as proteções existentes[40], razão pela qual não há que se falar, de início, em qualquer dano pelo simples fato de vir a descobrir a condição de "transgênero virtual" ou "trans virtual" de alguém com quem venha a estabelecer qualquer contato no ciberespaço.

Considerando todos os aspectos aqui apresentados, é de se afirmar de maneira peremptória que não se verifica qualquer questão atinente ao tipo penal da falsidade ideológica, uma vez que é da essência da criação dessas personas/representações/avatares a liberdade de que ela possua características distintas das do usuário, sendo essa escolha o exercício de um direito nos exatos limites previstos.

---

[39] LOU, Jing-Kai et al. Gender swapping and user behaviors in online social games. *Proceedings of the 22nd international conference on World Wide Web*, p. 827-836, 2013. p. 831.

[40] MAZARO, Juliana Luiza. *A tutela jurídica e o reconhecimento da 'pessoa virtual' e da 'sexualidade virtual' no ciberespaço*. 285 f. Tese (Doutorado em Ciências Jurídicas) – Universidade Cesumar, Paraná, 2023.

12
Lei Geral de Proteção de Dados (LGPD)

A Lei Geral de Proteção de Dados (LGPD) é um marco de enorme importância no cenário nacional, trazendo novos contornos e estabelecendo diretrizes visando garantir que as informações das pessoas sejam respeitadas e tratadas segundo os parâmetros nucleares de um Estado Democrático de Direito. Evidentemente que não há aqui qualquer pretensão de aprofundar a discussão sobre a lei em questão como um todo, contudo não é possível ignorar que a sexualidade acaba por sofrer a influência das previsões trazidas na legislação.

Ainda que a Lei Geral de Proteção de Dados (LGPD) não se destine exclusivamente a tratar dos dados que estão presentes e transitam no universo virtual, é inegável o impacto que o atual estágio da sociedade da informação exerce nas discussões sobre o tema. O desenvolvimento das tecnologias, a imersão das pessoas no universo virtual e o cada vez mais crescente acesso à internet acabaram por impor a necessidade de que a questão da proteção dos dados pessoais dos indivíduos encontrasse positivação em nosso ordenamento jurídico.

Dessa forma, algumas ponderações acerca da proteção dos dados das pessoas transgênero são necessárias, visto que nem sempre a perspectiva desse grupo social é objeto de atenção na doutrina especializada na Lei Geral de Proteção de Dados (LGPD).

12.1. Sexualidade como dado sensível

A Lei Geral de Proteção de Dados (LGPD) tem em um de seus aspectos mais relevantes a fixação de que certos dados, nomeados como sensíveis, merecem especial proteção, sendo que o seu tratamento apenas será autorizado em situações específicas (arts. 11 a 13).

No corpo do art. 5º, II, da Lei Geral de Proteção de Dados (LGPD) o legislador expressamente definiu os dados sensíveis como "dado pessoal sobre origem racial ou étnica, convicção religiosa, opinião política, filiação a sindicato ou a organização de caráter religioso, filosófico ou político, dado referente à saúde ou à vida sexual, dado genético ou biométrico, quando vinculado a uma pessoa natural", ou seja, são aqueles que, em alguma medida, se relacionam com características essenciais e que podem ser utilizados em situações de desigualdade e para a prática de discriminação[1].

Ao inserir entre os dados pessoais sensíveis aqueles referentes "à vida sexual", o legislador, por utilizar uma expressão ampla, acabou por albergar todo elemento vinculado à sexualidade, o que abrange a identidade de gênero. Ainda que não fosse esse o entendimento, é patente que os dados pessoais sensíveis não são apenas aqueles expressamente indicados no art. 5º, II, da Lei Geral de Proteção de Dados (LGPD),

---

[1] MORAES, Maria Celina Bodin de. Apresentação do autor e da obra. *In:* RODOTÀ, Stefano. *A vida na sociedade de vigilância:* a privacidade hoje. Trad. Danilo Doneda e Luciana Cabral Doneda. Rio de Janeiro: Renovar, 2008. p. 7.

sendo entendidos como *numerus apertus*, atingindo aqueles que possam afetar o livre desenvolvimento da pessoa quando tratados[2].

Todos os aspectos que permeiam a sexualidade de uma pessoa fazem parte de sua "vida sexual" (sexo, gênero, orientação sexual, identidade de gênero, preferências quanto a práticas de atos sexuais ou mesmo informações de acesso a sites com conteúdo sexual) e, como tal, estão resguardados pelo direito à privacidade e à intimidade, configurando-se, portanto, como dados pessoais sensíveis, passíveis da proteção prevista na Lei Geral de Proteção de Dados (LGPD).

Considerando todas as dimensões da sexualidade e a forma como ela se faz presente na vida das pessoas, é indispensável que se entenda que, segundo uma perspectiva dinâmica, "dados que pareçam não relevantes em determinado momento, que não façam referência a alguém diretamente ou, ainda, que não sejam formalmente sensíveis, uma vez transferidos, cruzados e/ou organizados", podem vir a "resultar em dados bastante específicos sobre determinada pessoa, trazendo informações, inclusive, de caráter sensível sobre ela"[3]. E isso se vislumbra claramente no caso de pessoas transgênero, o que faz com que surja um dever de especial proteção de seus dados[4].

Ocorre que, no caso das pessoas transgênero, em decorrência da sua condição e das transições físicas e civis realizadas, a compreensão de quais são os dados que se referem à vida sexual ganha uma amplitude que demanda aprofundamento da discussão, uma vez que dados que ordinariamente não seriam sensíveis (e até mesmo públicos) passam a trazer elementos referentes à vida sexual daquela pessoa.

Considerando especificamente a identidade de gênero, entendemos que o nome da pessoa (ordinariamente um dado público), em certas circunstâncias, pode ser entendido como um dado pessoal sensível, visto que o acesso ao nome ostentado pela pessoa transgênero antes da sua alteração tem o poder de revelar uma situação referente à sua vida sexual, expondo sua transgeneridade e violando seu direito à intimidade caso não receba um tratamento diferenciado. O mesmo pode ser aduzido quanto ao sexo[5].

Contudo, não se pode ignorar que, mesmo com a previsão trazida na Lei Geral de Proteção de Dados (LGPD), a Lei de Registros Públicos (LRP), por exemplo, determina que a informação quanto ao sexo conste do Registro Civil de Nascimento (RCN), da mesma forma que se determinou para a nova Carteira de Identidade Nacional (CIN). Reitero o posicionamento de que a informação quanto ao sexo não deve constar dos documentos de identificação pessoal por ser um dado personalíssimo e com reflexos

---

[2] TEFFÉ, Chiara Spadaccini de. Art. 11 (Do Tratamento de Dados Pessoais Sensíveis). In: MARTINS, Guilherme Magalhães; LONGHI, João Victor Rozatti; FALEIROS JÚNIOR, José Luiz de Moura (coord.). *Comentários à Lei Geral de Proteção de Dados Pessoais (Lei nº 13.709/2018)*. Indaiatuba, SP: Editora Foco, 2022. p. 129.

[3] TEFFÉ, Chiara Spadaccini de. Art. 11 (Do Tratamento de Dados Pessoais Sensíveis). In: MARTINS, Guilherme Magalhães; LONGHI, João Victor Rozatti; FALEIROS JÚNIOR, José Luiz de Moura (coord.). *Comentários à Lei Geral de Proteção de Dados Pessoais (Lei nº 13.709/2018)*. Indaiatuba, SP: Editora Foco, 2022. p. 129.

[4] CUNHA, Leandro Reinaldo da. Do dever de especial proteção dos dados de transgêneros. *Revista Direito e Sexualidade*, Salvador, v. 2, n. 2, p. 213-231, jul.-dez. 2021.

[5] CUNHA, Leandro Reinaldo da. Do dever de especial proteção dos dados de transgêneros. *Revista Direito e Sexualidade*, Salvador, v. 2, n. 2, p. 213-231, jul.-dez. 2021.

mais sensíveis para pessoas transgênero[6], e aproveito para me solidarizar com oficiais de cartório que atualmente tem que lidar com o fato de serem obrigados a expor dados pessoais sensíveis em documentos públicos.

Ressalte-se que o Conselho Nacional de Justiça (CNJ), no Provimento n. 134/2022, expressamente responsabiliza civilmente os delegatários, que são considerados como controladores dos dados (art. 4º), pelos danos causados em caso de violação da Lei Geral de Proteção de Dados (LGPD), conforme disposto no art. 42.

Em suma, é mister que as premissas previstas na Lei Geral de Proteção de Dados (LGPD) quanto aos dados pessoais sensíveis sejam atendidas quando do tratamento de quaisquer dados que tangenciem as diversas nuances da sexualidade, o que engloba a identidade de gênero.

12.2. Acesso indireto a dados sensíveis quanto à sexualidade

A imposição de um cuidado maior com relação aos dados das pessoas transgênero[7], ampliando a compreensão do que haverá de ser entendido como sensíveis, é necessária para a efetiva proteção preconizada pelas diretrizes norteadoras da Lei Geral de Proteção de Dados (LGPD).

A alteração do prenome da pessoa transgênero é elemento que gera inúmeros desdobramentos, uma vez que esse elemento de identificação pessoal é, ao lado do número da inscrição da pessoa no Cadastro de Pessoa Física (CPF), o parâmetro mais utilizado para levantar e coletar informações sobre qualquer indivíduo, situação que pode ensejar, de maneira reflexa, a exposição de dado referente à vida sexual de uma pessoa, em manifesta ofensa à proteção especial que deve ser conferida a dados de cunho sexual.

Reitera-se que a perspectiva dinâmica da nossa sociedade pode fazer com que dados ordinariamente tidos como desprovidos de qualquer potencial lesivo e que, portanto, não seriam considerados como sensíveis passem a gozar de tal característica a partir do momento em que venham a ser tratados, pois, ao serem aglutinados, unidos, comparados, organizados ou trabalhados, podem expor a intimidade daquela pessoa[8].

O mesmo pode ocorrer com relação à informação do sexo constante nos documentos. Evidentemente que, nessa situação, a compreensão de sua vinculação a um dado referente à vida sexual é mais claro e direto, porém, no caso de quem realizou a alteração da informação quanto ao sexo nos documentos, acaba por se revestir de contornos mais delicados.

Com isso, em razão da vulnerabilidade que atinge as pessoas transgênero, é de se entender que, para elas, a concepção de dados sensíveis merece uma interpretação ampliada, albergando até mesmo informações que não são tidas ordinariamente com tal característica para as pessoas cisgênero, atendendo aos fundamentos (art. 2º) e princípios (art. 6º) da Lei Geral de Proteção de Dados (LGPD).

---

[6] Tema tratado no Capítulo 5 (Direitos da personalidade).

[7] CUNHA, Leandro Reinaldo da. Do dever de especial proteção dos dados de transgêneros. *Revista Direito e Sexualidade*, Salvador, v. 2, n. 2, p. 213-231, jul.-dez. 2021.

[8] TEFFÉ, Chiara Spadaccini de. Art. 11 (Do Tratamento de Dados Pessoais Sensíveis). *In*: MARTINS, Guilherme Magalhães; LONGHI, João Victor Rozatti; FALEIROS JÚNIOR, José Luiz de Moura (coord.). *Comentários à Lei Geral de Proteção de Dados Pessoais (Lei nº 13.709/2018)*. Indaiatuba, SP: Editora Foco, 2022. p. 129.

Assim, é inafastável entender que questões atinentes à identidade de gênero da pessoa compõem seus dados pessoais sensíveis, e devem ser assim tratados e protegidos, não sendo coerente afastar os elementos da sexualidade da concepção de "vida sexual" expressamente consignada na Lei Geral de Proteção de Dados (LGPD)[9].

À guisa de exemplificação, pode-se indicar inúmeras situações em que é possível (e bem provável) que o tratamento de dados ordinários venha a expor a identidade de gênero da pessoa ante a constatação (normalmente comprovada pela vinculação ao número do Cadastro de Pessoa Física [CPF]) de que a pessoa teve uma alteração do prenome (passando de um masculino para um feminino, ou o contrário).

É o caso de pesquisa realizada junto ao Cartório de Registro de Imóveis, ao Cartório de Protesto de Títulos, a órgãos de proteção ao crédito (Serasa ou SPC) ou ao Banco Central, que podem trazer em seu resultado um compilado que revele a existência, na mesma base de Cadastro de Pessoa Física (CPF), de informações atreladas ao prenome anterior à mudança realizada em razão da identidade de gênero e o nome atual daquela pessoa.

Reitera-se que, na esteira da Lei Geral de Proteção de Dados (LGPD), o Conselho Nacional de Justiça (CNJ) elaborou o Provimento n. 134, de 24 de agosto de 2022, objetivando orientar as serventias extrajudiciais acerca da sua adequação à nova legislação protetiva de dados, responsabilizando civilmente os delegatários (por serem entendidos como controladores dos dados, nos termos do art. 4º), caso venham a causar danos em decorrência de violação da legislação de proteção de dados (art. 42).

Outra hipótese delicada incide na questão dos prontuários médicos da pessoa transgênero. Há previsão expressa de que os prontuários médicos gozam de sigilo, contudo, ordinariamente, tal proteção é conferida à parte do prontuário que traz informações clínicas do indivíduo, não se tendo o mesmo cuidado quanto aos elementos de identificação constantes desse documento[10].

Nessa circunstância, há o risco de que o mero acesso a uma ficha de atendimento de um paciente ou aos dados de identificação básicos, em razão da alteração do nome, possa expor aspecto da intimidade daquela pessoa em específico, o que não ocorreria com uma pessoa cisgênero[11], impondo uma atenção especial quando do acesso aos dados do prontuário de uma pessoa transgênero.

Com isso, fica patente a existência de um enorme risco de exposição indireta de dados sensíveis de pessoas transgênero que precisa ser evitado, não podendo se eximir de responsabilização, em caso de exposição indevida, aqueles que tenham acesso a tais informações.

---

[9] FICO, Bernardo de Souza Dantas; NOBREGA, Henrique Meng. The Brazilian Data Protection Law for LGBTQIA+ People: Gender identity and sexual orientation as sensitive personal data. *Rev. Direito e Práx.*, Rio de Janeiro, v. 13, n. 2, p. 1262-1288, 2022. p. 1283.

[10] Tema abordado no Capítulo 4 (Direito à saúde e direito médico).

[11] A questão dos prontuários médicos foi objeto de apreciação da dissertação de mestrado de Leonardo Macêdo dos Santos e Santos, sob minha orientação no Programa de Pós-Graduação em Direito da Universidade Federal da Bahia.

13
Esportes

A discussão a respeito da possibilidade ou não da participação de pessoas transgênero em qualquer modalidade esportiva não é algo que esteja necessariamente vinculado ao mundo jurídico, contudo, os desdobramentos de uma eventual vedação podem ensejar responsabilização em caso de discriminação, razão pela qual se mostra preponderante que esta obra traga algumas considerações sobre o tema.

A compreensão da presença de pessoas transgênero nos esportes passa necessariamente pela constatação da existência de diferenças físicas entre homens e mulheres e pela previsão ordinária da separação segundo o sexo para a prática de determinadas atividades esportivas. De regra, a compleição física e a força de homens são maiores que as de mulheres, especialmente em razão da maior produção de testosterona que enseja, consequentemente, uma musculatura mais desenvolvida.

E a aparência física mais masculinizada, considerando os aspectos tradicionalmente associados ao gênero, faz surgir o questionamento quanto à possibilidade de a pessoa estar inserida em competições femininas. Instala-se uma desconfiança com relação à autoidentificação da pessoa, gerando o receio de que, em verdade, se trata apenas de um homem que possui uma vantagem de tamanho e força sobre as mulheres, querendo beneficiar-se disso[1]. Não fosse esse aspecto, possivelmente não haveria qualquer discussão sobre uma eventual quebra de equidade competitiva.

Em linhas gerais, a testosterona é um hormônio produzido pelo corpo humano (testículos, ovários e glândulas adrenais), com presença maior em homens do que em mulheres, e ajuda a construir os músculos, fortalecer o coração e produzir mais células vermelhas no sangue, tendo o potencial de gerar vantagem atlética. Os parâmetros ordinários de produção de testosterona em homens é de 295 a 1.150 nanogramas por decilitro de sangue, enquanto em mulheres é de 12 a 61 nanogramas por decilitro de sangue[2].

Essas diferenças fazem com que, buscando estabelecer um parâmetro de igualdade elementar, as atividades esportivas sejam praticadas de forma separada entre homens e mulheres. Contudo, essa perspectiva encontra uma celeuma considerável ao se ponderar pela necessidade de inclusão das pessoas transgênero em todos os âmbitos da sociedade, o que há de se dar também na esfera esportiva.

Com isso, a questão que se coloca reside na existência de um conflito essencial entre a imposição de parâmetros de igualdade entre os competidores e a necessidade de inclusão de todas as pessoas, quando consideramos a possibilidade de pessoas intersexo ou

---

[1] WESTBROOK, Laurel; SCHILT, Kristen. Doing Gender, Determining Gender: Transgender People, Gender Panics, and the Maintenance of the Sex/Gender/Sexuality System. *Gender & Society*, p. 32-57, February 2014. p. 41.
[2] Disponível em: https://www1.folha.uol.com.br/esporte/2019/05/entenda-por-que-testosterona-elevada-oferece-vantagem-a-semenya.shtml. Acesso em: 5 abr. 2023.

transgênero participando de competições esportivas femininas. A busca por uma equidade esportiva na categoria feminina conduz a um escrutínio acerca de aspectos da sexualidade, dando azo até mesmo à imposição de "ajustes" anatômicos e hormonais[3], apenas sendo franqueada a possibilidade de participação em competições para aquelas mulheres transgênero que se mostrem "tão fracas" quanto uma mulher cisgênero[4].

Inicialmente, é preponderante que se tenha como elemento basilar da discussão aqui estabelecida que efetivamente não existe igualdade entre os participantes de qualquer competição, mormente em razão da existência de diferenças inerentes a cada indivíduo que o torna mais habilitado ou qualificado para a prática de um determinado esporte. É plenamente inviável impor critérios que garantam a plena igualdade entre os competidores sob pena de recair nos excessos indicados por Kurt Vonnegut em seu conto distópico, Harrison Bergeron.

Altura, peso, força, flexibilidade e habilidades são características distintas em cada indivíduo e influenciam diretamente no desempenho esportivo, sendo que, em alguns casos, acabam sendo estabelecidas categorias em determinados esportes considerando tais aspectos, como se dá na maioria das lutas. Particularmente, não é possível pensar que exista efetivamente igualdade em uma competição que conte com um esportista fora de série (ou mesmo uma equipe), e nem por isso a competição é tida como injusta.

Dificilmente se pode pensar em efetiva igualdade em uma competição em que estejam presentes aqueles esportistas tidos como "os maiores de todos os tempos" ou os GOAT (*greatests of all time*), como Muhammad Ali (boxe), Michael Phelps (natação), Usain Bolt (atletismo) e Pelé, ou mesmo aqueles absolutamente extraordinários (considerados excepcionais, mas não necessariamente uma unanimidade como sendo um GOAT), como LeBron James e Michael Jordan (basquete), Lionel Messi (futebol) e Teddy Riner (judô). Nesses casos extremos, entendo que estamos diante de um "*dopping* natural", uma vez que tais gênios possuem características que os colocam em outro nível para a prática de uma certa atividade.

Assim, em busca de uma igualdade competitiva, algumas categorias esportivas estabelecem a segregação, fixando a prática segundo o sexo/gênero dos competidores, especialmente com o objetivo de garantir às mulheres a possibilidade de uma disputa "justa", ante as características físicas vinculadas ordinariamente aos corpos de homens e mulheres. Os embates estabelecidos com base nessa diferenciação e nas condições que não se inserem perfeitamente na concepção binária ensejam a necessidade de nossa atenção, sendo de se consignar que há mesmo quem chegue a sustentar que o adequado seria que as competições fossem divididas em categorias masculina, feminina e transgênero, ou mesmo que fosse criado um conceito de "gênero atlético" para fixar os parâmetros para poder competir em cada categoria segundo a perspectiva sexual[5].

---

[3] PIRES, Barbara Gomes. "Integridade" e "debilidade" como gestão das variações intersexuais no esporte de alto rendimento. *In*: DIAS, Maria Berenice (coord.). *Intersexo*. São Paulo: RT, 2018. p. 535.

[4] WESTBROOK, Laurel; SCHILT, Kristen. Doing Gender, Determining Gender: Transgender People, Gender Panics, and the Maintenance of the Sex/Gender/Sexuality System. *Gender & Society*, p. 32-57, February 2014. p. 42.

[5] MORÉGOLA, Priscila. Pessoas intersexo e as competições esportivas. *In*: DIAS, Maria Berenice (coord.). *Intersexo*. São Paulo: RT, 2018. p. 523.

Todavia, a questão da sexualidade permeia a busca da igualdade entre os competidores, exigindo que tenhamos em mente alguns elementos que podem ser relevantes na apreciação da igualdade esperada nas disputas esportivas. Para um perfeito entendimento do tema, é necessário que se faça a distinção entre a perspectiva da participação em competições esportivas de pessoas intersexo e de pessoas transgênero, haja vista que a concepção técnica a nortear a compreensão será impactada por essas diretrizes.

13.1. Intersexo e competições esportivas

Ainda que o escopo desta obra seja tratar da identidade de gênero sob a perspectiva das pessoas transgênero, não posso deixar de trazer algumas linhas especificamente sobre a pessoa intersexo (aspecto vinculado ao sexo), sendo que a figura da pessoa intersexual será apreciada no tópico 13.2.

A participação esportiva de pessoas intersexo se mostra distinta da que se pode considerar quando diante das pessoas transgênero. Quando falamos de pessoas intersexo em competições, estamos diante de uma situação em que há um questionamento quanto à legitimidade das disputas em razão da constatação de traços de masculinidade em alguém que se apresenta como pertencente ao gênero feminino.

Apenas em competições femininas se vislumbra a presença de questionamentos visando desqualificar mulheres por apresentarem traços que poderiam indicar sua condição intersexo, sob o argumento de que um hiperandrogenismo (condição clínica apresentada por algumas pessoas e que faz com que mulheres venham a apresentar uma produção de testosterona acima do ordinário) poderia macular o preceito de igualdade esperado[6].

Constata-se, assim, que, quando da participação de pessoas intersexo em atividades esportivas, há a vinculação também de um recorte de gênero, que atinge aquelas pessoas que performam o feminino, visto que dificilmente se levantará qualquer questionamento quanto a aspectos associados à competitividade com relação a alguém que se apresente como do gênero masculino, mas que tenha uma condição cromossômica distinta de XX/XY ou uma anatomia ambígua ou não conforme. Assim, quando pensamos na hipótese de uma pessoa intersexo (sexo) ou intersexual (identidade de gênero), é possível que uma questão de igualdade possa ser levantada, como já ocorreu em alguns casos.

Apenas a título de exemplo, trago a situação de Caster Semenya, atleta sul-africana de provas de atletismo (800 metros rasos), campeã olímpica e mundial que enfrentou questionamentos quanto a sua sexualidade, que culminaram na necessidade de que realizasse exames, por solicitação da Associação Internacional de Federações de Atletismo (IAAF), visando a comprovação de seu sexo. Os resultados demonstraram que Semenya apresenta uma condição intersexo, com genitais típicos de uma mulher, mas sem ovário ou útero, e com testículos ocultos internos, que fazem com que tenha uma produção de testosterona acima dos valores típicos de uma mulher.

---

[6] MORÉGOLA, Priscila. Pessoas intersexo e as competições esportivas. *In*: DIAS, Maria Berenice (coord.). *Intersexo*. São Paulo: RT, 2018. p. 505.

A Olimpíada de Paris 2024 certamente será historicamente lembrada como aquela em que a intersexolidade de uma lutadora de boxe, a argelina Imane Khelif, foi tema de discussão global nas mais distintas searas[7].

Entendendo que a produção hormonal é parâmetro relevante para garantir a igualdade desejada, a Federação Internacional de Atletismo determinou que ela controlasse sua produção de testosterona com medicamentos para que pudesse continuar competindo, o que foi confirmado pelo Tribunal Arbitral do Esporte no início de 2019, decisão essa que foi suspensa pela Suprema Corte Suíça no mês de junho do mesmo ano, viabilizando que ela continuasse competindo sem qualquer restrição.

Nota-se que, nesse caso, não há efetivamente uma apreciação se a pessoa é homem ou mulher, mas sim quais os níveis de testosterona produzidos, atestados por meio da nominada "prova de feminilidade", porém tal discussão apenas se estabeleceu em decorrência de um questionamento vinculado a aspectos da sexualidade.

Tem-se que os primeiros testes realizados para a verificação de aspectos sexuais de competidoras se deram no Campeonato Europeu de Atletismo de Budapeste (1966), com atletas femininas passando por uma verificação visual de seus genitais e características sexuais secundárias (chamadas de *naked parade*) perante uma banca composta por três médicas, com inspeções ainda mais invasivas nos Jogos da Commonwealth realizados na Jamaica no mesmo ano, em que atletas foram submetidas a um exame manual[8]. Esse tipo de conduta se mostra extremamente ofensiva e atenta de maneira incontestável contra a inviolabilidade da intimidade, além de uma clara afronta aos direitos humanos e fundamentais.

Uma condição natural de determinada pessoa, como altura, coordenação motora ou flexibilidade, ainda que decorrente de uma característica genética diferenciada, não é bastante para restringir sua participação em competições. Contudo, se esta estiver atrelada a algum elemento associado à sexualidade, configura motivo suficiente para inviabilizar que a pessoa venha a competir. Essa é uma construção que se mostra claramente discriminatória, bem como uma grave violação aos direitos humanos.

A Organização das Nações Unidas (ONU), por meio do United Nations for LGBT Equality, na ficha técnica elaborada destinada ao tema intersexo, assevera que "atletas intersexo enfrentam um conjunto específico de obstáculos, com inúmeros casos de atletas femininas intersexo que foram desclassificadas de competições esportivas com base em seus traços intersexo. Contudo, ser intersexo, por si só, não implica em um melhor desempenho, tal qual outras variações físicas que afetam a performance, como altura e desenvolvimento muscular, que não estão sujeitas a questionamento ou restrições"[9].

---

[7] CUNHA, Leandro Reinaldo da. Jogos olímpicos e sexualidade. *Migalhas*, 15 ago. 2024. Disponível em: https://www.migalhas.com.br/coluna/direito-e-sexualidade/413299/jogos-olimpicos-e-sexualidade. Acesso em: 15 ago. 2024.

[8] MORÉGOLA, Priscila. Pessoas intersexo e as competições esportivas. In: DIAS, Maria Berenice (coord.). *Intersexo*. São Paulo: RT, 2018. p. 506.

[9] No original: "Intersex athletes face a specific set of obstacles. There have been several cases of female intersex athletes who have been disqualified from sports competitions on the basis of their intersex traits. However, being intersex of itself does not entail better performance, whereas other physical variations that do affect performance, such as height and muscle development, are not subjected to such scrutiny and restrictions".

A existência de qualquer restrição que possa inviabilizar a participação de pessoa intersexo em competições, especialmente no âmbito profissional, é passível de responsabilização civil da entidade que o fizer, cabendo o pleito de danos materiais, lucros cessantes, danos morais, danos existenciais e até mesmo aqueles decorrentes pela perda de uma chance, sendo de se ponderar também a responsabilização penal, nos termos da ADO 26.

Inúmeros são os relatos de atletas de alto rendimento que foram orientadas ou se viram forçadas a realizar intervenções cirúrgicas e tratamentos hormonais com o objetivo de garantir essa igualdade esportiva, fixando sua elegibilidade para as competições a uma padronização que não se vê quanto a outras características pessoais, em conduta que claramente afronta direitos humanos e fundamentais. Certamente seria considerado absolutamente desprovido de propósito se impor que uma jogadora de basquete que tivesse uma altura elevada "cortasse" um pedaço das pernas para garantir a competitividade, mas esse tipo de absurdo é tido como admissível se estivermos tratando de aspectos vinculados à sexualidade, reforçando a perspectiva indicada no decorrer desta obra de que a condição de vulnerabilidade sexual não é vista pela sociedade geral como um elemento merecedor de proteção.

Salvo melhor juízo, em nenhum momento se discutiu a existência de uma variação genética que confere uma vantagem esportiva e a necessidade de se extirpar tal benesse de atletas como a jogadora de basquete polonesa Margo Dydek (2,18 m de altura) ou a norte-americana Brittney Griner (2,06 m de altura) diante da estatura bastante superior à altura média de uma mulher (1,60 m). Nesses casos, a estatura apenas é colocada como mais um elemento que compõe a capacidade extremamente elevada na prática do esporte dessas atletas.

Contudo, o que se tem é que atletas com características sexuais atípicas "não têm uma resistência ou explosão inatas em seus corpos, elas dependem tanto quanto qualquer atleta de disciplina e de esforço, de treinamento adequado, de alimentação, de suplementação, de acompanhamento fisiológico, enfim, de inúmeros aspectos que influenciam em maior ou menor medida na qualidade e na capacidade de rendimento individual", sendo o corpo biológico apenas mais um elemento nessa "lista de atributos, privilégios e investimentos"[10].

Dessa forma, é indispensável que a questão do equilíbrio esportivo seja apreciada segundo parâmetros que considerem as características específicas que eventualmente podem surgir em pessoas intersexo.

13.2. Pessoas transgênero em competições esportivas

A presença de pessoas transgênero em competições esportivas segundo sua identidade de gênero é questão que se distingue da apresentada com relação às pessoas intersexo, uma vez que, aqui, um dos pontos que mais se exalta é o fato da ocorrência da transição e de uma ruptura ostensiva do ideal de "igualdade" competitiva.

---

[10] PIRES, Barbara Gomes. "Integridade" e "debilidade" como gestão das variações intersexuais no esporte de alto rendimento. *In:* DIAS, Maria Berenice (coord.). *Intersexo*. São Paulo: RT, 2018. p. 537.

Foi exatamente esse o caso da jogadora de vôlei Tifanny Abreu, a primeira mulher transexual a participar de uma partida oficial da Superliga, o campeonato nacional de vôlei. Após ter jogado em diversas equipes e campeonatos masculinos em 2017, depois de sua transição, recebeu autorização da Federação Internacional de Voleibol (FIVB) para competir em ligas femininas.

Na situação de transexuais e travestis, a questão que se apresenta é a de que, em termos de fisiologia, o desenvolvimento do corpo com os níveis de testosterona existentes no homem poderia representar um ganho de performance que não seria perdido nem mesmo com a regulação da produção desse hormônio, no caso de mulheres transgênero.

Caso que ganhou grande notoriedade quanto à participação de pessoas transgênero nos esportes se deu nas Olimpíadas de Tóquio, ocorrida em meados de 2021, que contou com a participação de Laurel Hubbard, uma halterofilista neozelandesa que competiu na categoria acima de 87 kg. Apesar de toda a celeuma criada ante a sua presença nos jogos, ela não conseguiu se classificar para as fases finais da disputa.

Em 2023, a Federação Britânica de Ciclismo (*British Cycling*), que já havia suspendido no ano de 2022 a política que permitia a participação de mulheres transgênero em competições femininas com base na apresentação de controle hormonal por período superior a um ano, decidiu que estabelecerá uma nova categoria em que poderão competir homens e mulheres trans, como se isso fosse algo que equacionasse o problema[11].

Em situações em que claramente não há a incidência de elementos físicos distintivos decorrentes da produção de testosterona, como no caso de competições de crianças e adolescentes que ainda não atingiram a puberdade, não parece haver qualquer razão para se inviabilizar a participação de uma criança ou adolescente que se reconhece transgênero, como se verificou no caso da patinadora brasileira Maria Joaquina Reikdal, que, aos 11 anos de idade, foi impedida de participar do campeonato sul-americano de patinação em 2019.

Após todas as considerações apresentadas, é pertinente se consignar que o E-Alliance, grupo contratado pelo Canadian Centre for Ethics in Sport (CCES)[12], realizou um estudo denominado "Transgender Women Athletes and Elite Sport"[13], no qual faz uma ampla revisão de literatura (artigos publicados em língua inglesa entre 2011 e 2021) sobre a participação de mulheres transgênero em competições esportivas e constatou que os estudos existentes não revelam a existência de vantagens biológicas claras de mulheres transgênero sobre mulheres cisgênero[14].

---

[11] Disponível em: https://www.britishcycling.org.uk/about/article/20230526-about-bc-static-Update--Transgender-and-Non-Binary-Participation-policies-0. Acesso em: 28 maio 2023.

[12] O resumo executivo "Atletas transgênero e esportes de elite: uma revisão científica". A tradução do texto original encontra-se disponível na *Revista Direito e Sexualidade*, v. 4, n. 1.

[13] Disponível em: https://www.cces.ca/transgender-women-athletes-and-elite-sport-scientific-review. Acesso em: 20 abr. 2023.

[14] Principais descobertas biomédicas:

• Os dados biológicos são extremamente limitados e muitas vezes metodologicamente falhos.

Diversamente do que as pessoas leigas pensam, esse estudo de fôlego traz considerações sólidas no sentido de demonstrar que inexistem provas científicas que corroborem o manifesto benefício das mulheres transgênero sobre as mulheres cisgênero nos esportes de elite, afastando boa parte da argumentação utilizada de forma recorrente como fundamentação para tentar apartar as mulheres transgênero das competições esportivas.

Feitas essas explanações, é relevante analisar que a vedação da participação de pessoas transgênero em competições jamais pode ser lastreada em posições que se mostrem preconceituosas e desprovidas de fundamento, uma vez que a inclusão é parâmetro indispensável para a consecução dos preceitos e mandamentos nucleares do nosso Estado Democrático de Direito, sendo certo que o esporte, além do seu enorme potencial de socialização, ainda pode ser a atividade profissional daquela determinada pessoa, e vedar o seu exercício é uma forma de privar a pessoa de meios essenciais para sua mantença.

O que se precisa ponderar com bastante acuidade é: busca-se o equilíbrio esportivo ou trata-se apenas de preconceito velado e escamoteado, com toques de pseudocientificidade?[15]

• Há evidências limitadas sobre o impacto da supressão de testosterona (através, por exemplo, de terapia hormonal de afirmação de gênero ou remoção cirúrgica de gônadas) no desempenho de atletas mulheres transgênero.
• Evidências disponíveis indicam que mulheres trans que sofreram supressão de testosterona não têm vantagens biológicas claras sobre mulheres cis no esporte de elite.
Principais descobertas socioculturais:
• Os estudos biomédicos são supervalorizados nas políticas esportivas em comparação aos estudos das ciências sociais.
• As políticas que impactam a participação de mulheres trans no esporte de elite são a continuação de uma longa história de exclusão de mulheres do esporte competitivo – uma exclusão que resultou na introdução de uma categoria de esporte "feminino".
• Muitas políticas esportivas de "inclusão" trans usam limites arbitrários que não são baseados em evidências.
• Cissexismo, transfobia, transmisoginia e sistemas sobrepostos de opressão precisam ser reconhecidos e abordados para que mulheres trans participem do esporte de elite. (Tradução do autor)

[15] CUNHA, Leandro Reinaldo da. Equilíbrio competitivo ou preconceito velado? Considerações preliminares sobre as mulheres transgênero nas competições esportivas. *Migalhas*, 27 jul. 2023. Disponível em: https://www.migalhas.com.br/coluna/direito-e-sexualidade/390637/equilibrio-competitivo-ou-preconceito-velado. Acesso em: 27 jan. 2024.

14
Educação

A educação, em sentido amplo, reveste-se de grande importância nas análises relativas aos direitos das pessoas transgênero exatamente por ser o meio ordinário para que se consiga fazer com que as pessoas passem a compreender cada um dos elementos vinculados à sexualidade, podendo, com isso, afastar a ignorância como força motriz de atos segregatórios e discriminatórios que atingem as minorias sexuais.

Havendo pleno conhecimento acerca de todos os pilares que sustentam a sexualidade, bem como das características que se vinculam a eles, a perpetuação de condutas ofensivas será reflexo da índole daquele que o faz, não podendo mais escusar-se sob o véu da falta de informação ou de acesso ao que efetivamente constitui a sexualidade[1].

Partidário do entendimento de que educação de qualidade e baseada em conceitos cientificamente consolidados e comprovados é meio imprescindível para a construção de uma sociedade que efetivamente respeita os direitos fundamentais de toda e qualquer pessoa, tendo a cidadania como premissa a ser alcançada, sustento que apenas pela partilha do saber é que se poderá constituir um verdadeiro Estado Democrático de Direito. É inegável que a "educação é a propulsora do desenvolvimento pessoal e profissional do ser humano", sendo imprescindível que seja "inclusiva em seu mais amplo sentido"[2].

A educação, ou a falta de acesso a ela, tem o potencial de ensejar os mais diversos desdobramentos indesejados, passando pela falta de contato com os ensinamentos elementares ofertados pela escola, transitando pelos preocupantes efeitos da ausência de convivência com pessoas diversas, que acaba por fomentar boa parte do preconceito, e culminando com a restrição de inserção e permanência no mercado de trabalho formal.

O fato é que existem sólidas evidências que revelam que níveis educacionais e socioeconômicos baixos têm impacto na saúde das pessoas transgênero, sendo primordial que os profissionais que atuam nas instituições de ensino estejam preparados para oferecer o suporte necessário a esse grupo[3].

A previsão de que todos terão acesso à educação ou a mera possibilidade de frequentar a escola não basta para que a garantia constitucional do direito à educação seja

---

[1] CUNHA, Leandro Reinaldo da. O respeito como parâmetro elementar para a dignidade da comunidade LGBTIANP+. *Migalhas*, 18 maio 2023. Disponível em: https://www.migalhas.com.br/coluna/direito-e-sexualidade/386652/respeito-como-parametro-para-a-dignidade-da-comunidade-lgbtianp. Acesso em: 15 jan. 2024.

[2] CAZELATTO, Caio Eduardo Costa; VIEIRA JUNIOR, Niltom; CUNHA, Leandro Reinaldo da. Direito à educação escolar de qualidade: da inclusão educacional com base na orientação sexual e identidade de gênero. *Cadernos do Programa de Pós-Graduação em Direito da Faculdade de Direito da Universidade Federal do Rio Grande do Sul – UFRGS*, v. 17, n. 2, p. 114-144, 2022. p. 115.

[3] SPIZZIRRI, Giancarlo et al. Proportion of people identifed as transgender and non binary gender in Brazil. *Scientific Reports*, v. 11, 2240, 2021. p. 2.

atingida, havendo de se aferir a qualidade do que está sendo proporcionado ao estudante, sendo a diversidade fato relevante para a efetivação desse objetivo, o qual não se atingirá sem a presença de minorias. É impossível uma educação inclusiva que não abranja "pessoas que, por possuírem determinadas características, não desfrutam, na prática, de um mesmo direito à educação que os demais"[4].

Ciente de tal necessidade e da importância da diversidade, o Governo Federal, ao apresentar o Plano Nacional de Educação em Direitos Humanos (2018), explicitou a necessidade de se fomentar no currículo escolar a inclusão da identidade de gênero entre as temáticas necessárias a uma formação continuada de trabalhadores da educação para que possa lidar criticamente com esses temas[5].

Parece ser bastante óbvio o quanto a realidade experienciada pelas pessoas transgênero impacta em toda a sua vida, sendo dos mais evidentes o fato de que o grau de escolaridade tem o condão de influenciar diretamente sua inclusão no mercado de trabalho e a conquista de uma estabilidade econômica. No entanto, existem outros aspectos menos explícitos, mas com potencial lesivo ainda maior.

Em pesquisa denominada National Transgender Discrimination Survey Report on Health and Health Care, publicada em 2010 nos Estados Unidos, como já apresentado na seção 2.2, constatou-se que o ambiente escolar tem um enorme impacto na saúde mental daquelas pessoas. O estudo revela que, entre os respondentes que tentaram o suicídio durante a vida, 51% deles relataram ter sido intimidados, assediados, agredidos ou expulsos da escola por causa de sua identidade de gênero, número que aumenta quando intimidação (59%), agressão física (76%) ou abuso sexual (69%) são praticados por professores. O nível de escolaridade da vítima também influencia nos números, sendo que os que não completaram o nível superior apresentaram maior percentual de tentativa de suicídio (cerca de 48%), montante que reduz para 33% e 31% entre os que concluíram o ensino superior ou fizeram alguma pós-graduação, respectivamente[6].

São dados estatísticos que não podem ser menosprezados e que revelam a premência de que a violência e o assédio contra estudantes transgênero, perpetrados por seus colegas e por professores, merecem atenção.

Há ainda que se ressaltar que, na esfera da educação, a figura do nome social acaba mantendo uma pertinência maior do que em outras, especialmente quando nos deparamos com a situação de pessoas transgênero que ainda não podem se valer dos parâmetros estabelecidos pelo Superior Tribunal de Justiça (STJ) no REsp 1.626.739 ou pelo Supremo Tribunal Federal (STF) na ADI 4.277 e na sua instrumentalização

---

[4] CAZELATTO, Caio Eduardo Costa; VIEIRA JUNIOR, Niltom; CUNHA, Leandro Reinaldo da. Direito à educação escolar de qualidade: da inclusão educacional com base na orientação sexual e identidade de gênero. *Cadernos do Programa de Pós-Graduação em Direito da Faculdade de Direito da Universidade Federal do Rio Grande do Sul – UFRGS*, v. 17, n. 2, p. 114-144, 2022. p. 115.

[5] Disponível em: https://www.gov.br/mdh/pt-br/navegue-por-temas/educacao-em-direitos-humanos/DIAGRMAOPNEDH.pdf. Acesso em: 15 out. 2023.

[6] GRANT, Jaime M. et al. *National transgender discrimination survey report on health and health care*. Washington, 2010. p. 16.

elaborada pelo Conselho Nacional de Justiça (CNJ) no Provimento n. 73, cujos preceitos foram incorporados ao Provimento n. 149/2023.

Disso se extrai a elevada relevância da Portaria n. 33/2018 do Ministério da Educação ao estabelecer a possibilidade de uso do nome social de travestis e transexuais nos registros escolares da Educação Básica do País para alunos menores de 18 anos "durante a matrícula ou a qualquer momento, por meio de seus pais ou representantes legais" (art. 2º).

Outro aspecto que não pode ser relegado é a necessidade de que toda a documentação acadêmica da pessoa transgênero que tenha alterado seu nome seja também retificada, viabilizando que possa continuar a utilizá-la como comprovação de sua escolaridade e capacitação profissional, sob pena de se incorrer em absurdos como os que se abateram contra João W. Nery, que, ante a realidade da época em que fez sua transição (final dos anos 1970), acabou não conseguindo realizar as alterações em seus documentos escolares e, por isso, não conseguia comprovar sua formação.

Assegurar à pessoa transgênero o direito de requerer a alteração de seu histórico escolar, diplomas e demais documentos estudantis a fim de que deles constem seu prenome e sexo conforme seu gênero de pertencimento, mormente após a retificação desses dados em seus documentos de identificação, é indispensável.

Privar de educação é restringir o acesso efetivo à cidadania, afastando as pessoas transgênero de poder ter uma existência menos marginalizada e mais próxima daquela que se garante à população como um todo. A negativa da instituição de ensino em adequar as informações da pessoa transgênero segundo a sua identidade de gênero importará na possibilidade de pleito judicial visando a responsabilização civil daquele que se negou a fazer os ajustes necessários (responsabilidade objetiva tanto da escola, caso privada, como do Estado, caso pública), bem como a responsabilização penal (ADO 26).

Feita essa breve ponderação, é pertinente compreender que o tema educação há de ser abordado segundo perspectivas diferentes, considerando sua oferta para as pessoas transgênero, de um lado, e, de outro, sua destinação para a população geral com o fim de garantir que tenha consciência dos aspectos relativos à diversidade.

14.1. Garantia do direito à educação para pessoas transgênero

Em que pese o não reconhecimento oficial, é patente que vivemos, no que concerne à questão das pessoas transgênero, um estado de coisas inconstitucional, uma vez que a realidade que assola a existência desse grupo social em nosso País se mostra totalmente apartada dos preceitos que norteiam o nosso texto constitucional[7].

O Brasil, infelizmente, está longe de ser uma nação que preza pela garantia efetiva do direito à educação, ainda que conste de maneira formal em nosso ordenamento jurídico, com a previsão, por exemplo, de educação gratuita e universal para todos.

Entre as incontáveis mazelas que atingem a educação ofertada em território nacional, temos que consignar, para o escopo do presente texto, a questão educacional

---

[7] Tema analisado no Capítulo 2 (Transição física e saúde da pessoa transgênero).

das pessoas transgênero. Ainda que não exista expressamente qualquer sorte de previsão legal que impeça que esse grupo social venha a frequentar os bancos escolares, é patente a constatação da presença de um impeditivo velado para que transexuais e travestis consigam realizar o seu percurso educacional e se inserir no mercado de trabalho como deveria ser para qualquer indivíduo.

Um aspecto delicado que envolve a apreciação do tema está na constatação de que a escola vem se consolidando como um espaço antagônico em que, apesar de buscar ser um lugar de inclusão, compartilhamento, convivência com pessoas diferentes e de partilha democrática e plural do conhecimento, segue sendo, concomitantemente, "um ambiente de segregação, discriminação e marginalização daqueles que não de 'adequam' à padronização heterocisnormativa"[8].

A falta de dados oficiais, manifesto reflexo da invisibilidade e falta de cumprimento dos parâmetros constitucionalmente previstos, é um dos problemas mais graves enfrentados pelas minorias sexuais nessa seara, pois em uma democracia as chamadas minorias existem e precisam de proteção, o que apenas será possível mediante o levantamento dos dados que revelem sua presença na sociedade e demonstrem suas agruras para que se estabeleçam as medidas estatais necessárias para impedir que elas venham a ser exterminadas.

Em que pese a falta de dados governamentais oficiais, alguns estudos desenvolvidos na academia trazem vislumbres de uma realidade que a ausência de dados busca ocultar. Em levantamento elaborado pela Associação Nacional de Travestis e Transexuais (Antra) "estima-se que 13 anos de idade seja a média em que travestis e mulheres transexuais sejam expulsas de casa pelos pais" e que, segundo dados obtidos junto ao projeto Além do Arco-íris, do Afro Reggae, "cerca de 0,02% estão na universidade, 72% não possuem o ensino médio e 56% o ensino fundamental"[9].

Segundo o "Mapeamento das Pessoas Trans no Município de São Paulo", realizado pelo Centro de Estudos de Cultura Contemporânea (CEDEC), constatou-se que a "escolaridade da população trans se concentra em níveis de ensino inferiores aos verificados para a totalidade da população adulta (18 anos ou mais) do município de São Paulo". Considerando todos os acessos e oportunidades existentes na capital do estado mais rico do Brasil, apenas 12% dos entrevistados concluíram o ensino superior, número que corresponde a 27,1% entre as pessoas cisgênero[10].

Esse mesmo levantamento suscita a hipótese de que "a sociedade brasileira pautada, em geral, em valores morais 'machistas' rejeita pessoas com diferentes identidades

---

[8] CAZELATTO, Caio Eduardo Costa; VIEIRA JUNIOR, Niltom; CUNHA, Leandro Reinaldo da. Direito à educação escolar de qualidade: da inclusão educacional com base na orientação sexual e identidade de gênero. *Cadernos do Programa de Pós-Graduação em Direito da Faculdade de Direito da Universidade Federal do Rio Grande do Sul – UFRGS*, v. 17, n. 2, p. 114-144, 2022. p. 130.

[9] BENEVIDES, Bruna G. *Dossiê assassinatos e violências contra travestis e transexuais brasileiras em 2021*. Brasília: Distrito Drag, ANTRA, 2022.

[10] CEDEC – CENTRO DE ESTUDO DE CULTURA CONTEMPORÂNEA. *Mapeamento das pessoas trans na cidade de São Paulo: relatório de pesquisa*. São Paulo, 2021. Disponível em https://www.prefeitura.sp.gov.br/cidade/secretarias/upload/direitos_humanos/LGBT/AnexoB_Relatorio_Final_Mapeamento_Pessoas_Trans_Fase1.pdf. Acesso em: 1º maio 2023.

de gênero", tornando sua permanência na escola difícil, conduzindo a uma larga evasão escolar, diante das ofensas e do *bullying* sofrido, já que constatou-se que "as categorias homens trans e de pessoas não binárias possuem maiores índices de conclusão do ensino médio (64% e 68%, respectivamente) que as mulheres trans (48%) e travestis (39%)"[11].

Um estudo de 2015, intitulado "Juventudes na escola, sentidos e buscas: por que frequentam?", trabalho conjunto da Secretaria de Educação Continuada, Alfabetização, Diversidade e Inclusão do Ministério da Educação, da Diretoria de Políticas de Educação para a Juventude, da Organização dos Estados Ibero-americanos para a Educação, a Ciência e a Cultura (OEI) – Escritório no Brasil e da Faculdade Latino-Americana de Ciências Sociais (Flacso), traz elementos a corroborar a realidade hostil vivenciada no ambiente estudantil por transgêneros.

Ele revela que entre os alunos de escolas públicas com idade entre 15 e 29 anos há uma repulsa quanto à convivência com pessoas pertencentes à comunidade LGBTQIAPN+, com a afirmação de que não gostariam de ter a companhia, em sala de aula, de "travestis, homossexuais, transexuais ou transgêneros", manifestação externada por 19,3% dos alunos[12].

No "Censo Trans", realizado pela Rede Trans Brasil, é notável a quantidade de mulheres trans e travestis que afirmaram já ter se afastado de algum espaço por não terem seu nome social respeitado (79,6%), sendo a escola um dos mais indicados, além de 64,3% terem afirmado que foram expulsas da instituição educacional[13]. Entre as pessoas transgênero, 82% abandonam o Ensino Médio entre os 14 e os 18 anos[14].

Laborar em busca de meios de impedir a evasão escolar e manter as pessoas transgênero na escola, além do impacto econômico, tem o poder de elevar sua expectativa de vida, pois existem dados que revelam que a "escolaridade se mostrou como fator de proteção para as tentativas de suicídio e automutilação/autoagressão, pois aqueles com nível superior de ensino apresentaram menores taxas desses eventos"[15].

Esses dados revelam a preponderância de medidas que garantam não apenas o acesso de pessoas transgênero à educação formal, mas também que viabilizem a sua

---

[11] CEDEC – CENTRO DE ESTUDO DE CULTURA CONTEMPORÂNEA. *Mapeamento das pessoas trans na cidade de São Paulo: relatório de pesquisa*. São Paulo, 2021. Disponível em https://www.prefeitura.sp.gov.br/cidade/secretarias/upload/direitos_humanos/LGBT/AnexoB_Relatorio_Final_Mapeamento_Pessoas_Trans_Fase1.pdf. Acesso em: 1º maio 2023.

[12] ABRAMOVAY, Miriam; CASTRO, Mary Garcia; WAISELFISZ, Júlio Jacobo. *Juventudes na escola, sentidos e buscas*: por que frequentam? Brasília, DF: Flacso – Brasil, OEI, MEC, 2015. p. 94.

[13] SOUZA, Dediane; ARAÚJO, Tathiane (orgs.). *Reflexões sobre os dados do Censo Trans*. Rede Trans. p. 33-34 e 46. Disponível em: https://storage.googleapis.com/wzukusers/user-31335485/documents/1522a23d2de24794adee6101db162ce8/REDE-TRANS_Censo-Trans-2020-pub-web.pdf. Acesso em: 26 nov. 2023.

[14] Disponível em: https://www.institutounibanco.org.br/conteudo/preconceito-contra-travestis-e-transexuais-impacta-no-direito-a-educacao/. Acesso em: 25 jan. 2024.

[15] PEREZ-BRUMER, Amaya et al. Individual- and Structural-Level Risk Factors for Suicide Attempts Among Transgender Adults. *Behav Med.*, v. 41, n. 3, 2015. p. 6; IVEY-STEPHENSON, Asha Z. et al. Suicidal Thoughts and Behaviors Among Adults Aged ≥18 Years – United States, 2015-2019. *MMWR Surveill Summ*, 71, n. SS-1, 2022. p. 5.

permanência nos bancos escolares para que esse não seja mais um aspecto a ser acrescentado aos vários critérios de segregação que lhes são impostos. O afastamento das pessoas transgênero da educação as aparta de um dos elementos mais caros à garantia do mínimo existencial para uma vida digna, que acaba ainda por prejudicar ou até mesmo inviabilizar que consiga pleitear e exercer direitos indissociáveis da "essencialidade humana, desencadeando uma escalada de vulnerabilização"[16].

A educação de qualidade tem o potencial de garantir a emancipação da pessoa, conferindo-lhe a condição de colocar-se socialmente como um "ser crítico, analítico, autônomo e capaz de se autodeterminar a partir de seu conhecimento e escolhas", municiando-o de meios para que possa superar "dogmas e preconceitos enraizados na estrutura da sociedade, sobretudo aqueles que afetam e causam o silenciamento e opressão de minorias sociais vulneráveis"[17].

Os estudos mostram que a segregação que grassa na sociedade encontra seu correlato no universo estudantil, fazendo com que a esperança de uma vida dentro dos parâmetros ordinários da normalidade seja ceifada de sua perspectiva de futuro logo na origem, pois a privação da educação ensejará, quase que de forma inafastável, uma vida de marginalização e severas dificuldades econômicas.

É imprescindível laborar no sentido de se promover estratégias pedagógicas que visem combater os estigmas enfrentados pelas minorias sexuais, ante a promoção de discussões transversais quanto a diversidade sexual (apartada de qualquer ideologia religiosa) e capacitação docente[18].

Por vezes, a implementação de medidas simples revela-se de enorme potencial inclusivo e sem qualquer complexidade para a escola, como a aposição do nome social nas listas de frequência dos alunos, como meio de evitar que venha a ocorrer uma exposição indevida de sua intimidade pelo fato de o professor se referir a ele com um nome distinto daquele que ele ostenta socialmente, o que faz com que surja uma curiosidade dos demais colegas que pode culminar em *bullying*, segregação e discriminação. Esse aspecto já se mostra regulamentado pelo Parecer CNE/CP n. 14, aprovado em 12 de setembro de 2017, que trata da normatização nacional sobre o uso do nome social na educação básica, bem como na Resolução CNE/CP n. 1, de 19 de janeiro de 2018, que define o uso do nome social de travestis e transexuais nos registros escolares.

Nesse contexto, é relevante pontuar um aspecto que vem ganhando espaço no ambiente educacional, que é a previsão de políticas afirmativas de cotas em favor de

---

[16] CAZELATTO, Caio Eduardo Costa; VIEIRA JUNIOR, Niltom; CUNHA, Leandro Reinaldo da. Direito à educação escolar de qualidade: da inclusão educacional com base na orientação sexual e identidade de gênero. *Cadernos do Programa de Pós-Graduação em Direito da Faculdade de Direito da Universidade Federal do Rio Grande do Sul – UFRGS*, v. 17, n. 2, p. 114-144, 2022. p. 119.

[17] CAZELATTO, Caio Eduardo Costa; VIEIRA JUNIOR, Niltom; CUNHA, Leandro Reinaldo da. Direito à educação escolar de qualidade: da inclusão educacional com base na orientação sexual e identidade de gênero. *Cadernos do Programa de Pós-Graduação em Direito da Faculdade de Direito da Universidade Federal do Rio Grande do Sul – UFRGS*, v. 17, n. 2, p. 114-144, 2022. p. 118.

[18] SEFFNER, Fernando. Equívocos e armadilhas na articulação entre diversidade sexual e políticas de inclusão escolar. *In:* JUNQUEIRA, Rogério Diniz (org.). *Diversidade sexual na educação*: problematizações sobre a homofobia nas escolas. Brasília: MEC/Unesco, 2009. p. 135-137.

pessoas transgênero para sua entrada em curso superior, bem como para programas de pós-graduação *stricto sensu*. São medidas de extrema relevância, mas que correm o risco de se tornarem inócuas se não houver a promoção de meios que viabilizem que esse grupo social consiga concluir o ensino básico e fundamental.

Cotas em inúmeras universidades, na graduação e na pós-graduação, têm se mostrado como um importante instrumento de inclusão das pessoas transgênero no universo estudantil, com relevantes desdobramentos para o futuro dessas pessoas. O implemento do sistema de cotas é preponderante e a realidade fática mostra isso. Basta que cada leitor considere o número de pessoas transgênero com as quais teve contato em toda a sua trajetória nos bancos acadêmicos...

Importante ressaltar a existência de projetos que têm por objetivo viabilizar o acesso de pessoas transgênero à educação, como é o caso do Projeto Transcidadania, desenvolvido pela Prefeitura de São Paulo[19] desde meados dos anos 2010, que oferta um valor de auxílio mensal (R$ 1.367,10 no ano de 2023) pelo período de dois anos (além de acompanhamento de profissionais das áreas de psicologia, pedagogia, assistência social e também jurídica) para que a pessoa transgênero possa retornar aos bancos escolares e qualificar-se a fim de que tenha condições mínimas de inserção no mercado de trabalho, ante a promoção de "reintegração social e o resgate da cidadania para travestis, mulheres transexuais e homens trans em situação de vulnerabilidade"[20]. O programa tem demonstrado um importante impacto social, com caráter inovador de proporcionar a transferência de renda e conferir as ferramentas necessárias para que as pessoas transgênero possam se manter por seus próprios meios ao término do período vinculado ao projeto, por conferir instrumentos perenes de inclusão no mercado de trabalho.

Em 2021, foi desenvolvido o projeto "Protagoniza Aí" pela Faculdade Descomplica, pelo Grupo Cia de Talentos e pelo Instituto Ser+, que tem o objetivo de "aumentar a empregabilidade de pessoas pertencentes a grupos minoritários" e que ofereceu 12 bolsas de estudo de 100% para pessoas não binárias ou transgênero cursarem a graduação na Faculdade Descomplica (15 opções de curso), trazendo como requisitos serem pessoas de baixa renda (renda familiar mensal igual ou inferior a R$ 3.992), com ensino médio concluído e residência na cidade de São Paulo ou no Grande ABC[21].

Há também o Projeto Transeducação, parceria entre a Associação Nacional de Travestis e Transexuais (Antra) e o Instituto Wilson Grassi, que, no final de 2020, ofereceu 50 bolsas de estudo para pessoas transgênero em São Paulo, para cursarem

---

[19] Esse programa inspirou a elaboração do PL n. 2.345/2021 proposto pela Deputada Federal pelo Rio Grande do Norte Natália Bonavides, que "institui a Política Nacional de Emprego e Renda para a População Trans – TransCidadania, destinado à promoção da cidadania de travestis e transexuais em situação de vulnerabilidade social", e foi apensado ao PL n. 144/2021 do Deputado Federal por São Paulo Alexandre Padilha, que "dispõe sobre a reserva de vagas de emprego, ou estágio para Mulheres transexuais, travestis e homens transexuais nas empresas privadas e dá outras providências".

[20] Disponível em: https://www.prefeitura.sp.gov.br/cidade/secretarias/direitos_humanos/lgbti/programas_e_projetos/index.php?p=150965#:~:text=O%20Programa%20Transcidadania%20promove%20a,o%20programa%20possui%20660%20vagas. Acesso em: 8 abr. 2023.

[21] Disponível em: https://vagas.ciadetalentos.com.br/hotsite/protagonizaai2021. Acesso em: 2 maio 2023.

Administração de Empresas, Contabilidade, Gestão Financeira, Gestão de RH e Gestão Comercial no Instituto Wilson Grassi[22].

Essas são algumas das poucas iniciativas que podem ser encontradas visando garantir a possibilidade de educação formal a pessoas transgênero, mas que, como se pode notar, não têm a extensão e a capilaridade desejadas e necessárias para atender minimamente a esse grupo social tão vulnerabilizado.

Dessa forma, é de se entender que o pleno acesso ao direito à educação acaba se mostrando ainda mais essencial quando tratamos de grupos sexualmente vulnerabilizados exatamente em decorrência do fato de que seus integrantes já encontrarão dificuldades para sua inserção social em razão de todos os estigmas que perpassam sua vivência dissonante da expectativa socialmente posta, sendo a possibilidade de manejo de todas as ferramentas ofertadas pela educação o mais nuclear elemento a propiciar que se possa suplantar essa condição preexistente.

Uma educação que não se mostre inclusiva, na acepção legal conferida ao termo, é uma manifesta afronta aos objetivos fundamentais preconizados em nossa Constituição Federal, pois não atenderia a busca "do bem de todos, sem preconceitos de origem, raça, sexo, cor, idade e quaisquer outras formas de discriminação", conforme previsto no art. 3º, além de se mostrar contrária aos direitos humanos mais elementares.

Por meio da educação é possível que as pessoas transgênero consigam uma qualificação profissional que permita sua inserção no mercado de trabalho formal e se afastem de empregos marginalizados que não lhes garantem o exercício pleno da cidadania.

14.2. Educação como meio de mitigação dos preconceitos

Outra perspectiva conectada com a educação que merece plena atenção é o poder que o acesso ao conhecimento e à informação possui de mitigar toda sorte de preconceitos baseados em ignorância e desconhecimento.

Inicialmente, é relevante pontuar que a existência de diversidade nos bancos escolares tem o enorme potencial de fazer com que as pessoas passem a conhecer, por meio da convivência, realidades distintas das suas, gerando uma aproximação com mundos e vivências que podem fazer com que venham a eliminar (ou ao menos mitigar) as bases do preconceito que nutrem por tudo aquilo que não conhecem.

Um claro demonstrativo desse posicionamento refratário a quem é diferente do ordinariamente esperado nas escolas pode ser claramente constatado, como já mencionado anteriormente, em pesquisa realizada com jovens entre 15 e 29 anos em São Paulo, estudantes do ensino público, que simplesmente afirmaram desagrado diante da possibilidade de compartilhar a sala de aula com um colega travesti, homossexual, transexual ou transgênero[23].

---

[22] Disponível em: https://www.cartacapital.com.br/diversidade/projeto-em-sp-oferece-bolsas-para-pessoas-trans-cursarem-ensino-superior/. Acesso em: 2 maio 2023.
[23] ABRAMOVAY, Miriam; CASTRO, Mary Garcia; WAISELFISZ, Júlio Jacobo. *Juventudes na escola, sentidos e buscas: por que frequentam?* Brasília, DF: Flacso – Brasil, OEI, MEC, 2015. p. 94.

Contudo, para além da convivência com o diferente, é premente que seja discutida, de forma séria e responsável, desprovida de interesses que não sejam os de implementar de maneira plena os preceitos garantidos por um Estado Democrático de Direito, a educação sexual nas escolas.

Apartadas as discussões criadas com o objetivo de causar temor nos menos esclarecidos, é imprescindível que, desde a infância, as crianças tenham acesso a informações adequadas à sua idade sobre questões atinentes à sexualidade como um todo, como forma de saberem, entre outras coisas, reconhecer situações de abuso e prevenir que estes venham a ser perpetrados, por exemplo.

Obviamente, não nos aprofundaremos em manifestações absolutamente despropositadas e repletas de objetivos vis, mas não é possível tratar do tema sem mencionar expressamente que, ao defender a educação sexual para crianças e adolescentes, o que se exige, como já mencionado, é que a elas sejam transmitidos os conhecimentos compatíveis com sua capacidade de discernimento e idade. A educação sexual de que se fala aqui não tem nenhuma relação com alegações de que seria para ensinar crianças a praticar sexo, transformá-las em homossexuais ou transgênero, ou vinculadas à "mamadeira de piroca"[24], como já tentaram fazer crer os mais reacionários e desprovidos de caráter.

Em meio a uma enormidade de desinformação e tentativa de instalar o medo e o ódio, cresceram em nossa sociedade movimentos como o chamado "escola sem partido", que assevera ser necessário garantir aos estudantes o acesso a uma educação escolar "neutra", afastada de contaminação "político-ideológica", contrapondo-se à ideia de que as escolas estariam "infestadas" de militantes travestidos de professores que, sob a alegação de transmitir uma visão crítica da sociedade, estariam, em verdade, tentando impor a esses jovens a sua concepção de mundo. Esse ideário acabou dando ensejo a inúmeros projetos de lei que tentam estabelecer os parâmetros da liberdade de manifestação dos professores em sala de aula, visando impedir que essa "doutrinação" se estabeleça e determinando que temas como educação moral, sexual e religiosa sejam tratados somente na esfera privada.

O que parece passar ao largo dessa percepção é que as condições sexuais que não se inserem no padrão cis-heteronormativo (que seriam inadequadas, indevidas, pervertidas ou qualquer coisa similar) não dependem de qualquer elemento volitivo. Uma escola "com ou sem partido" não tem o poder de alterar a orientação sexual ou a identidade de gênero de qualquer pessoa. O acesso ao conhecimento não é o que faz com que a pessoa seja transgênero, mas pode permitir que ela entenda sua realidade e não venha a atentar contra a própria vida, por exemplo.

Os defensores dessa necessidade de afastar "militâncias" das atividades educacionais parecem, em verdade, buscar não só que o posicionamento diverso do professor por eles seja afastado, mas sim que o seu viés de visão do mundo seja imposto, propugnando o ódio em face de grupos minoritários, como os sexualmente vulnerabilizados.

---

[24] Disponível em: https://g1.globo.com/fato-ou-fake/noticia/2021/10/28/e-fake-que-pt-distribuiu-mamadeiras-eroticas-para-criancas-em-creches-pelo-pais.ghtml. Acesso em: 27 jan. 2024.

Evidente que toda transmissão de conhecimento estará, em alguma medida, influenciada pelas características e percepções daquele que a realiza, sendo impensável que seja efetivamente possível qualquer ensino neutro no mundo real[25]. Assim, é premente que o educador tenha consciência de que seu mister é o de instrumentalizar o estudante a lidar com as informações recebidas, estimulando o seu senso crítico com o objetivo de conferir-lhe autonomia de pensamento. A função do professor é cada vez menos a de transmitir a informação, visto que esta se mostra, nos dias atuais, totalmente disponível em nossa sociedade, sendo premente que ele passe a compreender sua real função.

Importante ter em mente que, conforme trazido pelo 14ª Anuário Brasileiro de Segurança Pública[26], no Brasil ocorre um estupro a cada 8 minutos, tendo como vítimas mais recorrentes mulheres, vulneráveis e crianças de ambos os sexos, em atos praticados por conhecidos ou parentes, o que revela o quanto a educação sexual na sociedade, mas principalmente nas escolas, com todos os seus desdobramentos, é relevante, bem como o quanto a "concepção equivocada de ideologia de gênero, propagada por religiosos conservadores"[27], é prejudicial para que tal sorte de conduta seja extirpada da nossa sociedade.

Feitas essas ponderações, evidencia-se que a escola há de ser um dos vetores de disseminação de conhecimento, especialmente quando direcionado de forma desprovida de enviesamento. É indispensável que ela venha a cumprir seu dever de criar cidadãos, fator que passa, necessariamente, por transmitir os saberes referentes aos aspectos basilares da sexualidade, o que exige que se discutam os aspectos que vão além da binaridade sexual, bem como da compreensão da identidade de gênero, de maneira científica e responsável, condizente com tudo o que deve ser desenvolvido no âmbito escolar.

O próprio Supremo Tribunal Federal (STF), em exegese baseada no Plano Nacional de Educação (PNE) (Lei n. 13.005/2014), já expressou o entendimento de que é obrigação de escolas públicas e privadas o combate a discriminações por gênero, por identidade de gênero e por orientação sexual (ADI 5.668).

No entanto, esse combate passa, obrigatoriamente, por professores que tenham a expertise necessária para o desempenho de tal função, o que é uma real preocupação em nossa educação tão ineficiente como um todo. Muito do problema educacional instalado é fruto de professores mal remunerados e que não têm (por variados motivos) a capacitação técnica necessária para ministrar as matérias que lhes são designadas, problema que se constata em todos os estágios do ensino.

---

[25] Disponível em: https://g1.globo.com/educacao/noticia/nao-ha-ensino-neutro-diz-procuradora-sobre-escola-sem-partido.ghtml. Acesso em: 2 maio 2023.

[26] FÓRUM BRASILEIRO DE SEGURANÇA PÚBLICA. *Anuário Brasileiro de Segurança Pública*. São Paulo: FBSP, 2023.

[27] ARAÚJO, Tathiane Aquino; NOGUEIRA, Sayonara Naider Bonfim; CABRAL, Euclides Afonso. *Registro Nacional de Assassinatos e Violações de Direitos Humanos das Pessoas Trans no Brasil em 2022*. Série Publicações Rede Trans Brasil. 7. ed. Aracaju: Rede Trans Brasil; Uberlândia: IBTE, 2023. p. 47.

Ressalta-se mais uma vez que as digressões aqui apresentadas nascem de acesso a estudos e de uma considerável experiência no universo da educação, e, entendendo que a questão de fundo do presente trabalho como um todo é a sexualidade, nos parece coerente afirmar que a oferta de educação sexual qualificada tem o poder de fazer com que muito do preconceito e segregação que atinge as pessoas transgênero desapareça, dissipando o temor de alguns de que as condições sexuais divergentes são "transmitidas" ou adquiridas como se por magia. Não é a cor da roupa, o número de identificação da camisa de um esportista ou a convivência com uma pessoa transgênero que terá o condão de definir a identidade de gênero de quem quer que seja[28].

Essa profunda ignorância com relação a questões relacionadas à sexualidade passa necessariamente pelo fato de que as pessoas não recebem conhecimento formal sobre o tema. É indispensável que o conhecimento da sexualidade, seus pilares e aspectos componha a grade básica de matérias a serem ofertadas a todos, como elemento inerente ao conhecimento de quem são e da sociedade em que vivem, a fim de que possam se constituir efetivamente como cidadãos.

---

[28] CUNHA, Leandro Reinaldo da. Sexualidade e o medo da magia. *Revista Direito e Sexualidade*, v. 2, p. I-IV, 2021.

15
Direito do trabalho

Uma das searas em que a discriminação contra aqueles que não se inserem nos parâmetros da cis-heteronormatividade se mostra mais presente e, ato contínuo, mais prejudicial às minorias sexuais é exatamente a do direito do trabalho.

Ainda que formalmente possamos asseverar que há a previsão de igualdade entre todas as pessoas, preconizada no art. 5º da Constituição Federal, bem como as restrições forjadas no âmbito da Organização Internacional do Trabalho (OIT), como na Convenção n. 111, é fato que um dos fatores que consolidam a realidade de profunda segregação vivenciada por pessoas transgênero em nossa sociedade está calcado na discriminação em razão de emprego experienciada por esse grupo vulnerabilizado.

O preconceito que estigmatiza as pessoas transgênero em nossa sociedade tem uma enorme conexão com as questões relacionadas ao universo do direito do trabalho e acesso ao emprego. Ainda que não se possa, segundo o nosso ordenamento, discriminar para o acesso ou permanência no emprego, a verdade é que, no Brasil, grassam atos segregatórios que atingem a presença de pessoas transgênero no mercado de trabalho.

Como indicado em diversos momentos no presente trabalho, um dos aspectos mais complicados de se tratar de temas conexos com as sexualidades instala-se na quase total ausência de dados oficiais, fato que confirma a invisibilização social que atinge as minorias sexuais. Essa carência de dados também se mostra quanto a pontos relacionados à inserção de pessoas transgênero no mercado de trabalho, o que nos conduz a laborar com informações coletadas em estudos e pesquisas produzidas por entidades e pesquisadores independentes.

Na capital do estado mais rico do país, menos de 58% das pessoas transgênero exercem qualquer atividade remunerada, e, entre as travestis e mulheres transexuais, 46% e 34% são profissionais do sexo, respectivamente[1]. Outra pesquisa estima que somente 4% da população transgênero feminina estão vinculados a empregos formais e 6% a atividades informais ou subempregos, enquanto 90% da população de travestis e mulheres transexuais dedicam-se à prostituição como forma primária de obtenção de renda[2]. No Censo Trans, publicado em 2022 pela Rede Trans Brasil, constatou-se que, entre as respondentes (mulheres transexuais e travestis), 89,5% se descreveram

---

[1] CEDEC – CENTRO DE ESTUDO DE CULTURA CONTEMPORÂNEA. *Mapeamento das pessoas trans na cidade de São Paulo: relatório de pesquisa.* São Paulo, 2021. Disponível em https://www.prefeitura.sp.gov.br/cidade/secretarias/upload/direitos_humanos/LGBT/AnexoB_Relatorio_Final_Mapeamento_Pessoas_Trans_Fase1.pdf. Acesso em: 1º maio 2023.
[2] BENEVIDES, Bruna G. *Dossiê assassinatos e violências contra travestis e transexuais brasileiras em 2021.* Brasília: Distrito Drag, ANTRA, 2022. p. 47.

como "profissionais do sexo"[3], o que indica que "o contexto de prostituição é uma realidade para a população de pessoas trans, existindo uma necessidade urgente de se pensarem outras possibilidades"[4].

Quando o universo de pesquisa são pessoas transmasculinas, os dados são ainda mais escassos, mas os relatos indicam como ocupação: estudantes, cozinheiros, autônomos e professores[5].

Segundo o Centro de Documentación y Situación Trans de América Latina y el Caribe (CeDoSTALC), 78% das pessoas alcançadas pelos trabalhos por ele realizados tinham o trabalho sexual como sua única via de sobrevivência, sendo que quase 47% estiveram atreladas a trabalhos informais, esporádicos ou simplesmente ficaram sem qualquer tipo de emprego[6].

A questão que se coloca é que tal realidade conduz a uma série de consequências deletérias, já que o "trabalho sexual é uma categoria profissional marcada por uma série de problemas, como a ausência de garantias trabalhistas, a constante exposição a situações de violência e extorsões e a instabilidade da remuneração"[7].

Quanto à remuneração, conforme levantamento feito pelo Censo Trans da Rede Trans Brasil, a maioria (60,5%) afirmou ganhar até um salário mínimo por mês, 17,5% indicaram rendimentos entre 1 e 3 salários mínimos e 19,9% relataram não possuir qualquer rendimento[8].

Indica-se, ainda, que, dos números coletados pela Rede Trans Brasil referentes ao ano de 2022, de um total de 33 casos de tentativa de homicídio praticado contra pessoas transgênero de que se teve conhecimento, excluídos os 14 em que não se tinha a informação da ocupação da vítima, em quase todos os demais (17) as vítimas eram profissionais do sexo, restando uma vítima faxineira e outra em situação de rua[9]. Outro fator relevante sobre o tema sob a perspectiva das relações trabalhistas é notar que

---

[3] SOUZA, Dediane; ARAÚJO, Tathiane (orgs.). *Reflexões sobre os dados do Censo Trans*. Rede Trans. p. 32. Disponível em: https://storage.googleapis.com/wzukusers/user-31335485/documents/1522a23d2de24794adee-6101db162ce8/REDE-TRANS_Censo-Trans-2020-pub-web.pdf. Acesso em: 26 nov. 2023.

[4] ARAÚJO, Tathiane Aquino; NOGUEIRA, Sayonara Naider Bonfim; CABRAL, Euclides Afonso. *Registro Nacional de Assassinatos e Violações de Direitos Humanos das Pessoas Trans no Brasil em 2022*. Série Publicações Rede Trans Brasil. 7. ed. Aracaju: Rede Trans Brasil; Uberlândia: IBTE, 2023. p. 22.

[5] PFEIL, Bruno; LEMOS, Kaio (orgs.). A dor e a delícia das transmasculinidades no Brasil: das invisibilidades às demandas. *Revista Estudos Transviades*, Rio de Janeiro: Instituto Internacional sobre Raça, Igualdade e Direitos Humanos, 2021. p. 41.

[6] Disponível em: http://redlactrans.org.ar/site/wp-content/uploads/2023/03/PERSEGUIDES-EN-DEMOCRACIA-CEDOSTALC-2022.pdf. Acesso em: 6 jan. 2024.

[7] PEDRA, Caio Benevides. *Acesso a cidadania por travestis e transexuais no Brasil: um panorama da atuação do Estado no enfrentamento das exclusões*. Dissertação (Mestrado em Administração Pública) – Escola de Governo Professor Paulo Neves de Carvalho, Fundação João Pinheiro, Minas Gerais, 2018. p. 57.

[8] SOUZA, Dediane; ARAÚJO, Tathiane (orgs.). *Reflexões sobre os dados do Censo Trans*. Rede Trans. p. 33. Disponível em: https://storage.googleapis.com/wzukusers/user-31335485/documents/1522a23d2de24794adee-6101db162ce8/REDE-TRANS_Censo-Trans-2020-pub-web.pdf. Acesso em: 26 nov. 2023.

[9] ARAÚJO, Tathiane Aquino; NOGUEIRA, Sayonara Naider Bonfim; CABRAL, Euclides Afonso. *Registro Nacional de Assassinatos e Violações de Direitos Humanos das Pessoas Trans no Brasil em 2022*. Série Publicações Rede Trans Brasil. 7. ed. Aracaju: Rede Trans Brasil; Uberlândia: IBTE, 2023. p. 36.

em 21% dos casos de tentativa de homicídio praticado contra pessoas transgênero nesse período os ofensores eram clientes[10].

A isso há de se agregar uma realidade ainda mais complexa quando se trata de uma pessoa transgênero com passagem pelo sistema prisional, hipótese em que a possibilidade de acesso ao mercado de trabalho formal torna-se praticamente impossível[11] ante a sobreposição de condições estigmatizantes.

Importante deixar claro que não há qualquer problema no exercício das atividades desenvolvidas por profissionais do sexo, o que se pontua aqui é o fato de que para esse grupo de pessoas a prostituição não é uma escolha, mas sim a única alternativa que resta em decorrência do preconceito e do estigma que as acompanham desde os bancos escolares.

A realidade de contínuas exclusões impostas às pessoas transgênero as conduz a um "território constituído e marcado pela prostituição", já que a interdição de sua presença em ambientes como escola, casa, atividades laborais tradicionais e formais "as levam a buscar espaço onde possam, além de sobreviver, sentirem-se desejadas, já que desejo e admiração por elas estão banidos de outros espaços"[12].

Se tivessem oportunidade, 65% das pessoas transgênero profissionais do sexo entrevistadas estariam em outras atividades, indicando, entre outros fatores, "o medo de serem vítima de transfobia no ambiente laboral, devido ao assédio (sexual e moral) e os baixos salários", enquanto outros 12% "prefeririam não ter que decidir entre um e outro, e sugeriram que mesmo empregadas seguiriam fazendo uma espécie de complementação de renda na prostituição"[13].

Não são poucos os relatos de pessoas transgênero que se deparam com a discriminação no momento da entrevista de emprego ou apresentação de documentos[14], quando a sua identidade de gênero é efetivamente exposta, após a aprovação em todo o processo seletivo prévio à contratação[15], reforçando a percepção de que as empresas não estariam preparadas para contratar e garantir a permanência de uma pessoa transgênero em seus quadros, como manifestado por 88% dos entrevistados de reportagem realizada pela France Presse e publicada no Portal G1[16].

---

[10] ARAÚJO, Tathiane Aquino; NOGUEIRA, Sayonara Naider Bonfim; CABRAL, Euclides Afonso. *Registro Nacional de Assassinatos e Violações de Direitos Humanos das Pessoas Trans no Brasil em 2022*. Série Publicações Rede Trans Brasil. 7. ed. Aracaju: Rede Trans Brasil; Uberlândia: IBTE, 2023. p. 38.

[11] BENEVIDES, Bruna G. *Dossiê trans Brasil*: um olhar acerca do perfil de travestis e mulheres transexuais no sistema prisional. Brasília: Distrito Drag, ANTRA, 2022. p. 59.

[12] ARAÚJO, Tathiane Aquino; NOGUEIRA, Sayonara Naider Bonfim; CABRAL, Euclides Afonso. *Registro Nacional de Assassinatos e Violações de Direitos Humanos das Pessoas Trans no Brasil em 2022*. Série Publicações Rede Trans Brasil. 7. ed. Aracaju: Rede Trans Brasil; Uberlândia: IBTE, 2023. p. 22.

[13] BENEVIDES, Bruna G. *Dossiê assassinatos e violências contra travestis e transexuais brasileiras em 2021*. Brasília: Distrito Drag, ANTRA, 2022. p. 47-48.

[14] Disponível em: https://www.migalhas.com.br/quentes/368993/transgenero-sera-indenizado-por-discriminacao-em-processo-seletivo.

[15] Disponível em: https://portal.trt3.jus.br/internet/conheca-o-trt/comunicacao/noticias-juridicas/jurisprudencia-do-trt-mg-sobre-o-tema-discriminacao-de-transexuais-e-transgeneros.

[16] Disponível em: https://g1.globo.com/economia/concursos-e-emprego/noticia/2021/07/20/a-passos-lentos-pessoas-trans-chegam-ao-mercado-de-trabalho-formal-brasileiro.ghtml. Acesso em: 3 maio 2023.

Trabalhando com perspectiva similar à apresentada por Cida Bento[17], é inegável que, ainda que não existam regras institucionalmente formalizadas no sentido de se barrar a contratação de pessoas transgênero, o preconceito existente nas pessoas que realizam os processos seletivos admissionais tem papel essencial na baixa inserção das minorias sexuais no mercado de trabalho formal.

Não se pode esquecer que um dos critérios que mais impactam na prática de atos discriminatórios contra pessoas transgênero instala-se na passabilidade apresentada pelo candidato à vaga de emprego, pois o que influencia nesse tipo de conduta é o fato de se poder constatar que aquela pessoa se encontra em algum espectro da transgeneridade. Com isso, evidencia-se um parâmetro econômico que incide e aprofunda a vulnerabilidade daquela pessoa transgênero que não teve condições financeiras para realizar seu processo de transição de modo a garantir que possa transitar em sociedade sem que sua identidade de gênero seja detectada[18].

As práticas discriminatórias ocorrem tanto na iniciativa privada quanto no setor público, sendo de se ponderar que, nesse segundo caso, a situação assoma-se de um grau ainda mais reprovável, exatamente por ser praticada pelo Estado.

Como exemplo de como a conduta discriminatória é praticada e, por vezes, se mostra escamoteada de uma tecnicidade que pode conduzir a uma ideia de que não se trata de qualquer sorte de preconceito, mas de mero cumprimento da lei, trago uma situação que foi julgada pela 19ª Vara Federal da Seção Judiciária do Rio de Janeiro em 2022. Uma candidata em um concurso público da Marinha, classificada em 1º lugar na fase das provas escritas, foi desclassificada sob a alegação de que possuiria uma espécie de deficiência hormonal, quando de fato se tratava de uma mulher transgênero que fazia uso de medicamentos relativos à sua hormonioterapia. Com a decisão proferida, a Marinha foi compelida a permitir que a candidata participasse das demais etapas do certame[19].

Existem inúmeros projetos desenvolvidos pela iniciativa privada com o objetivo de conferir capacitação e inserção no mercado de trabalho de pessoas transgênero, podendo-se mencionar, a título de exemplo, o Transgarçonne, o Capacitrans e o Transempregos, além de empresas com ideias inclusivas, como a lanchonete Castro Burger, em São Paulo, que busca contratar, essencialmente, pessoas da comunidade LGBTQIAPN+.

Até mesmo quem goza de estabilidade por ser servidor público enfrenta discriminação, com a tentativa de demissão após a realização da transição, como o caso relatado pela major da Polícia Militar Lumen Müller Lohn, que está há 25 anos na corporação e que, após ter iniciado sua transição em agosto de 2022, se deparou, no final de abril de 2023, com uma determinação do Governador de Santa Catarina para a

---

[17] BENTO, Cida. *O pacto da branquitude*. São Paulo: Companhia das Letras, 2022. p. 72.

[18] CUNHA, Leandro Reinaldo da. Além do gênero binário: repensando o direito ao reconhecimento legal de gênero. *Revista Direito e Sexualidade*, Salvador, v. 1, n. 1, p. 1-16, jan.-jun. 2020. p. 8.

[19] Disponível em: https://www.jfrj.jus.br/conteudo/noticia/19a-vf-juiz-suspende-decisao-da-marinha-que-impediu-candidata-trans-de-seguir-em-um. Acesso em: 4 nov. 2023.

instalação de um procedimento com o objetivo de avaliar sua "capacidade moral e profissional"[20].

Nota-se que a criação de mecanismos de inclusão de pessoas transgênero no mercado de trabalho encontra enorme refração, chegando a ser inviabilizadas, como a tentativa de oferta de processo seletivo direcionado exclusivamente para transexuais e travestis para vaga de estágio no Tribunal de Justiça do Estado da Bahia apresentado pelo magistrado Mário Caymmi no início de 2023[21].

Percebe-se também um elemento vinculado ao trabalho quando se afere o cumprimento de pena por pessoas transgênero, uma vez que no sistema prisional isso pode ensejar uma redução da pena. Em que pese o esforço relatado por mulheres transexuais e travestis em trabalhar, normalmente na cozinha ou na limpeza, "muitas são reinseridas no sistema de prostituição, ou de exploração sexual, sendo obrigadas a manter relações sexuais para conseguir itens básicos de limpeza, cuidados pessoas, cigarros ou outros produtos, às vezes até comida e segurança", com relatos de muitas que "tiveram que se prostituir para pagar o endividamento proveniente do incentivo ao consumo" de álcool e/ou drogas ilícitas[22].

Como ressaltado na seção 2.2, é importante se consignar que, nos termos constatados pela National Transgender Discrimination Survey Report on Health and Health Care nos Estados Unidos, a taxa de pessoas transgênero que tentaram o suicídio durante a vida é de 41%, contudo, esse montante salta a 54% quando se considera os que receberam até US$ 10.000,00 (dez mil dólares) anuais, caindo para 26% entre aqueles que recebiam mais de US$ 100.000,00 (cem mil dólares) anuais, percentual extremamente mais elevado do incidente entre pessoas cisgênero (1,6%)[23].

Não se pode olvidar que os ambientes de trabalho devem estar estruturados de forma a atender as pessoas transgênero, impondo-se que tenham banheiros e vestiários inclusivos, viabilizando a utilização efetiva desses espaços também por quem não seja cisgênero, sem que esses trabalhadores tenham que se programar para usar o banheiro antes de sair de casa para evitar confrontamentos e ataques[24].

Fato é que, em larga medida, pouco se pode discorrer na prática sobre as questões trabalhistas vinculadas às pessoas transgênero, principalmente ante a baixa incidência da presença dessa população no mercado de trabalho formal. A escassez de julgados tratando do tema é exatamente um reflexo da realidade vivenciada pelas pessoas

---

[20] Disponível em: https://www1.folha.uol.com.br/cotidiano/2023/04/governador-de-sc-manda-investigar-conduta-moral-de-pm-em-transicao-de-genero.shtml. Acesso em: 3 maio 2023.
[21] Disponível em: https://oglobo.globo.com/brasil/noticia/2023/06/cnj-mantem-decisao-que-barrou-processo-seletivo-exclusivo-para-trans-no-tj-ba.ghtml. Acesso em: 27 jan. 2024.
[22] BENEVIDES, Bruna G. *Dossiê trans Brasil*: um olhar acerca do perfil de travestis e mulheres transexuais no sistema prisional. Brasília: Distrito Drag, ANTRA, 2022. p. 46.
[23] GRANT, Jaime M. et al. *National transgender discrimination survey report on health and health care*. Washington, 2010. p. 16.
[24] HERMAN, Jody L. Gendered restrooms and minority stress: the public regulation of gender and its impact on transgender people's lives. *Journal of Public Management & Social Policy*, v. 19, n. 1, 2013. p. 74.

transgênero no mercado de trabalho, pois não há como se pensar na existência de empregados pleiteando seus direitos perante a justiça do trabalho de forma robusta se a sua presença nesse âmbito é ínfima.

A existência de poucos julgados tratando de pleitos trabalhistas de pessoas trans não significa que o mercado de trabalho é um ambiente que recebe as pessoas transgênero de forma desprovida de preconceito, mas sim que o preconceito é tamanho que essas pessoas nem sequer conseguem chegar a esse espaço. A discriminação que experimentam se mostra como um obstáculo prévio, restando a elas apenas os trabalhos invisíveis e informais, sendo raras as hipóteses em que conseguem transpor essa bolha[25].

O que se constata é que, ao fim e ao cabo, as pessoas transgênero seguem enfrentando, mesmo com a existência de legislação vedando tal sorte de prática, uma robusta realidade de segregação e discriminação relacionada ao mercado de trabalho e emprego.

15.1. Consequências para práticas discriminatórias

O ordenamento jurídico como um todo, lastreado na previsão constitucional de que um dos fundamentos do nosso Estado Democrático de Direito está na promoção do bem de todos, sem preconceitos de origem, raça, sexo, cor, idade e quaisquer outras formas de discriminação (art. 3º), ladeado pelo princípio da igualdade insculpido no art. 5º, tenta estabelecer parâmetros no sentido de criar consequências para atos de natureza discriminatória, não sendo diferente no âmbito do direito do trabalho, que tem previsões expressas no sentido de penalizar condutas desse jaez.

Em que pese existir a discricionariedade do empregador com relação à manutenção ou não de um empregado nos seus quadros, tal liberdade não autoriza que uma dispensa imotivada seja, na verdade, uma dispensa motivada e baseada em discriminação escamoteada de liberalidade.

O tema também pode ser apreciado sob a perspectiva das determinações oriundas da Organização Internacional do Trabalho (OIT), sendo de se ressaltar o disposto na Convenção n. 111 sobre a discriminação em matéria de emprego e profissão, que remonta a meados do século passado (1958) e que ressalta, logo em suas considerações iniciais, "que a discriminação constitui uma violação dos direitos enunciados na Declaração Universal dos Direitos Humanos" para estabelecer a vedação de tal conduta. Em uma perspectiva includente, a Convenção n. 111 da Organização Internacional do Trabalho (OIT) prevê uma série de providências (art. 3º) a serem tomadas visando impedir qualquer distinção, exclusão ou preferência fundada, entre outras, em sexo (art. 1º, 1, a), ou "que tenha por efeito anular ou reduzir a igualdade de oportunidade ou tratamento no emprego ou profissão" (art. 1º, 1, b).

Na esfera nacional, a Lei n. 9.029/95 traz expressamente em seu art. 1º que "É proibida a adoção de qualquer prática discriminatória e limitativa para efeito de acesso à relação de trabalho, ou de sua manutenção, por motivo de sexo, origem, raça, cor,

---

[25] CHAVES, Débora Caroline Pereira. *Afinal, quem sou eu para o direito?* Reflexões sobre a tutela do transgênero no Brasil. Rio de Janeiro: Lumen Juris, 2017. p. 221.

estado civil, situação familiar, deficiência, reabilitação profissional, idade, entre outros, ressalvadas, nesse caso, as hipóteses de proteção à criança e ao adolescente previstas no inciso XXXIII do art. 7º da Constituição Federal".

Fique claro que, quando a Convenção n. 111 da Organização Internacional do Trabalho (OIT) e a Lei n. 9.029/95 aduzem sobre a vedação de discriminação por motivo de "sexo", o fazem utilizando tal expressão no sentido mais amplo, o que, para fins hermenêuticos, congrega todos os espectros da sexualidade, em entendimento consolidado. Sendo o fim vedar a discriminação, é patente que a previsão vai muito além da mera questão da constituição física genital das pessoas, abrangendo também gênero, orientação sexual e identidade de gênero[26].

Com isso, a discriminação de natureza sexual, que pode atingir pessoas transgênero, há de ser punida com (i) "multa administrativa de dez vezes o valor do maior salário pago pelo empregador, elevado em cinquenta por cento em caso de reincidência", e (ii) "proibição de obter empréstimo ou financiamento junto a instituições financeiras oficiais", como fixado no art. 3º da lei.

Caso tenha ocorrido "o rompimento da relação de trabalho por ato discriminatório", cabe à vítima, além de reparação por danos morais (art. 4º, *caput*), a possibilidade de optar entre "a reintegração com ressarcimento integral de todo o período de afastamento, mediante pagamento das remunerações devidas, corrigidas monetariamente e acrescidas de juros legais", e "a percepção, em dobro, da remuneração do período de afastamento, corrigida monetariamente e acrescida dos juros legais", sem prejuízo de responsabilização penal (ADO 26).

Mesmo com a proteção formal, a realidade revela que tais previsões não são efetivamente respeitadas, com condutas de natureza discriminatória muitas vezes praticadas de forma dissimulada, tentando fazer crer que não encerram "propriamente atos de racismo"[27].

A realidade é de discriminação contínua contra pessoas transgênero, sendo que o "Censo Trans" realizado pela Rede Trans Brasil revela que 78,7% das mulheres transexuais e travestis que responderam à pesquisa afirmaram ter se sentido discriminadas quando buscavam trabalho, enquanto 71,5% disseram ter sido discriminadas ou demitidas de um trabalho[28].

Na fase pré-contratual, podemos indicar o caso noticiado pelo TRT-2, que condenou uma empresa de logística a pagar R$ 20 mil a trabalhadora transexual que "teve expectativa de contratação frustrada após passar por processo seletivo e exame admissional na firma"[29].

---

[26] CUNHA, Leandro Reinaldo da; MACHADO, Michelle Maria C. Direito fundamental ao trabalho dos transgêneros. *Revista dos Tribunais*, São Paulo: RT, v. 1020, p. 165-191, 2020. p. 179.

[27] BENTO, Cida. *O pacto da branquitude*. São Paulo: Companhia das Letras, 2022. p. 108.

[28] SOUZA, Dediane; ARAÚJO, Tathiane (orgs.). *Reflexões sobre os dados do Censo Trans*. Rede Trans. p. 45. Disponível em: https://storage.googleapis.com/wzukusers/user-31335485/documents/1522a23d2de24794ade-e6101db162ce8/REDE-TRANS_Censo-Trans-2020-pub-web.pdf. Acesso em: 26 nov. 2023.

[29] Disponível em: https://ww2.trt2.jus.br/noticias/noticias/noticia/promessa-de-emprego-nao-cumprida-por--transfobia-gera-indenizacao. Acesso em: 10 jan. 2024.

Considerando contratos já estabelecidos, é interessante o julgado da 11ª Vara do Trabalho da Zona Sul de São Paulo, que condenou a Atento Brasil, empresa multinacional de call center, a pagar indenização, a título de danos morais, equivalente a vinte vezes o último salário de seu empregado transgênero que foi vítima de discriminação no ambiente de trabalho por ser chamado pelo nome civil em vez do nome social[30].

Outro caso a se mencionar foi a imposição de indenização por danos morais (R$ 40 mil) por atos ilícitos praticados pelo empregador que não respeitou a identidade de gênero do empregado, proibindo o uso de banheiro feminino e a aposição do nome social feminino no crachá, impondo o uso de uniforme masculino e a obrigatoriedade de cortar o cabelo curto[31].

A 17ª Turma do Tribunal Regional do Trabalho da 2ª Região (TRT-2) condenou empresa do setor de serviços financeiros a pagar R$ 10 mil em danos morais para um empregado transexual que teve "desrespeitada sua identidade de gênero e seu pedido pelo uso do nome social no ambiente de trabalho". No caso, quando "um dos colegas conversava com uma cliente sobre uma venda realizada pelo reclamante (...) o agressor insistiu em usar o nome civil feminino em vez do nome social do profissional", o que foi aprofundado pelo fato de "a empresa não ter se preocupado em retificar todos os documentos do trabalhador com seu nome social. Na carta de dispensa, por exemplo, ainda constava seu nome civil"[32].

Esses exemplos são alguns indicativos de como as pessoas transgênero são tratadas nas poucas vezes que conseguem acessar o mercado de trabalho formal, revelando que se faz necessário muito mais do que a existência de legislação para a efetiva garantia dos direitos.

15.2. Dever de fomento da inclusão de pessoas transgênero no mercado de trabalho

Tendo por base a baixa inserção das pessoas transgênero no mercado de trabalho formal, com 90% da população de travestis e mulheres transexuais exercendo a prostituição como fonte primária de sua renda[33], faz-se imprescindível que o Estado atue, com o estabelecimento de medidas institucionais, visando reverter esse quadro.

Além de medidas direcionadas ao acesso à educação e à formação profissional, impõem-se outras soluções buscando o estímulo à contratação de pessoas transgênero, como o implemento de medida similar à prevista no art. 93 da Lei n. 8.213/91, estabelecendo a destinação de um percentual obrigatório de 2% das vagas para as

---

[30] Disponível em: https://www.jota.info/coberturas-especiais/diversidade/call-center-e-condenado-por-nao-tratar-atendente-trans-masculino-por-nome-social-16052023?utm_campaign=jota_info__ultimas_noticias__destaques__17052023&utm_medium=email&utm_source=RD+Station. Acesso em: 6 jun. 2023.

[31] TRT-15ª Reg., Processo 0001620.67.2013.5.15.0028, citado em CHAVES, Débora Caroline Pereira. *Afinal, quem sou eu para o direito?* Reflexões sobre a tutela do transgênero no Brasil. Rio de Janeiro: Lumen Juris, 2017. p. 204.

[32] Disponível em: https://www.conjur.com.br/2023-jul-01/empresa-condenada-indenizar-trabalhador-transfobia/. Acesso em: 10 jan. 2024.

[33] Disponível em: https://antrabrasil.org/2019/11/21/antra-representa-o-brasil-em-audiencia-na-cidh/. Acesso em: 30 abr. 2022.

empresas que tenham de 100 a 200 empregados, de 3% para aquelas que tenham de 201 a 500 empregados, de 4% para as que tenham de 501 a 1000 empregados, e de 5% para as que possuam mais de 1000 empregados. Além dos percentuais, a concessão de benefícios fiscais, preferências no desempate em processos licitatórios e premiação com o selo Empresa Inclusiva e socialmente responsável a ser criado, concedido e renovado a cada biênio pelo Estado[34].

Não se olvida a existência de projetos legislativos que buscam a inclusão de pessoas transgênero no mercado de trabalho, como o PL n. 2.345/2021 visando instituir a "Política Nacional de Emprego e Renda para a População Trans – TransCidadania", inspirado no projeto homônimo desenvolvido em São Paulo[35] com o objetivo de "promoção da cidadania de pessoas transgênero em situação de vulnerabilidade social", apensado ao PL n. 144/2021, que "dispõe sobre a reserva de vagas de emprego, ou estágio para Mulheres transexuais, travestis e homens transexuais nas empresas privadas e dá outras providências". Esses projetos se propõem a transpor a omissão do Estado, bem como a sua conduta de "agente direto de diversas violações e violências"[36].

15.3. Licença parental e identidade de gênero

A estruturação atual do ordenamento jurídico da licença-maternidade e da licença-paternidade gera a necessidade de algumas considerações com relação aos genitores transgênero, diante do recorte de gênero que permeia o tema.

O ordenamento jurídico prevê à empregada gestante o direito à licença do trabalho por 120 dias, sem qualquer prejuízo ao seu salário, garantida a estabilidade até o quinto mês após o parto (art. 7º, XIII, da CF, cumulado com o art. 10, II, *b*, do ADCT e o art. 392 da CLT). Outro direito que se garante à empregada é o de dois intervalos de 30 minutos para amamentar o filho até os 6 meses de idade (art. 396 da CLT). Ao empregado confere-se a licença-paternidade (art. 7º, XIX, da CF, cumulado com o art. 10, § 1º, do ADCT), que disciplina que o prazo, enquanto não for regulamentado, será de 7 dias[37].

Os prazos definidos para a licença-maternidade e a licença-paternidade atentam contra os parâmetros de igualdade constitucionalmente previstos, praticamente eximindo os homens dos deveres da paternidade, sendo que essa "radical diferença produz impactos negativos e desproporcionais sobre igualdade de gênero e sobre direitos das crianças. Institucionaliza óbice e manutenção das mulheres no mercado de trabalho em oposição aos homens. Contribui para sobrecarga imposta a mulheres"[38].

---

[34] CHAVES, Débora Caroline Pereira. *Afinal, quem sou eu para o direito? Reflexões sobre a tutela do transgênero no Brasil*. Rio de Janeiro: Lumen Juris, 2017. p. 230.

[35] O projeto foi objeto de análise no Capítulo 14 (Educação).

[36] BENEVIDES, Bruna G. *Dossiê assassinatos e violências contra travestis e transexuais brasileiras em 2022*. Brasília: Distrito Drag, ANTRA, 2023. p. 41.

[37] Haverá maior extensão dos prazos quando o trabalhador estiver vinculado a uma empresa que tenha aderido ao Programa Empresa Cidadã, instituído pela Lei n. 11.770/2008 e regulamentado pelo Decreto n. 7.052/2009, que passa a 180 dias para a licença-maternidade e a 20 dias para a licença-paternidade.

[38] STF, ADO 20.

Enquanto não se estabelecer uma licença que permita que tanto o homem quanto a mulher efetivamente possam cuidar dos seus filhos que acabaram de nascer, tornar-se-á praticamente impossível a mudança desse cenário de imposição às mulheres de uma sobrecarga maior de deveres em relação aos cuidados familiares[39]. Trata-se de uma mudança cultural imprescindível já em andamento em outros países.

Ainda que se tenha o entendimento ordinário de que a licença-maternidade seja direito garantido à mulher e a licença-paternidade aos homens, é evidente que, se estivermos diante de uma pessoa transgênero, a discussão será acrescida de outros contornos.

O primeiro aspecto indissociável da discussão é que a perspectiva adotada pela legislação pátria ainda está totalmente vinculada a uma concepção segundo a qual não haveria qualquer tipo de discussão acerca do gênero da pessoa que estaria gestando o filho e, automaticamente, dando à luz ele.

Ocorre que nem a Constituição Federal nem a Consolidação das Leis do Trabalho ponderaram quanto à possibilidade da existência de pessoas transgênero, fazendo com que o elemento que de fato é preponderante para que exista uma gestação (ter um útero) seja sumariamente ignorado para concessão de direitos. Mesmo que os poucos dados existentes demonstrem que apenas um pequeno número de homens transgênero gesta (3%)[40], essa é uma realidade que não pode ser ignorada.

Ainda que seja necessária uma profunda discussão acerca dos motivos pelos quais a lei confere licença aos genitores em razão do nascimento de um filho, não se pode ignorar que eles vão além dos aspectos biológicos, como fica evidenciado pela concessão de tal direito em favor de adotantes[41].

Considerando a perspectiva da identidade de gênero, é de se afirmar que existe a possibilidade de que um homem transexual venha a gestar e parir uma criança, uma vez que seus aspectos biológicos lhe conferem tal possibilidade. Ainda que possa trazer ou causar alguma estranheza visualizar ou se deparar com uma pessoa que expressa socialmente o gênero masculino gestando uma criança, não se pode ignorar que tal possibilidade decorre não de sua expressão de gênero, mas de um simples fator biológico.

Importante reiterar mais uma vez, como já trazido de forma bastante sólida no decorrer da presente obra, que a identidade de gênero das pessoas transgênero independe da realização de qualquer sorte de intervenção cirúrgica, prevalecendo sua total autonomia e liberdade de escolher se passará ou não por intervenções cirúrgicas buscando adequar seu corpo às características ordinariamente associadas ao seu gênero de pertencimento.

---

[39] CHAIMOVICH, Mariana; ZAPPELINI, Thaís Duarte; BURLE, Caroline. Licença-paternidade é mecanismo de igualdade de gênero. *Consultor Jurídico*, 27 dez. 2023. Disponível em: https://www.conjur.com.br/2023-dez-27/licenca-paternidade-e-mecanismo-de-igualdade-de-genero/. Acesso em: 8 jan. 2024.

[40] PFEIL, Cello Latini et al. Gravidez, aborto e parentalidade nas transmasculinidades: um estudo de caso das políticas, práticas e experiências discursivas. *Revista Brasileira de Estudos da Homocultura*, v. 6, n. 19, jan.-abr. 2023. p. 18.

[41] RE 778.889 (Tema 782 da repercussão geral).

Com isso, nada impede que um homem transgênero se expresse socialmente performando as características do masculino, mas possua um aparelho reprodutor feminino que lhe permita engravidar, gestar e dar à luz uma criança. Ato contínuo, também não se pode ignorar a possibilidade de que esse mesmo homem transexual, caso não tenha realizado a mastectomia, venha também a amamentar seu filho.

A prevalência em nosso ordenamento da ideia de que os deveres de cuidado com relação ao filho cabem ao feminino, fato que fundamenta a existência de um prazo amplo para a licença-maternidade e exíguo para a licença-paternidade, gera uma dificuldade na compreensão de como será ou como deverá ser exercida essa licença no caso de pessoas transgênero.

Assim, parece evidente que a perspectiva legislativa é de conferir a licença em favor daquela pessoa que gestou e deu à luz a criança, bem como a que irá amamentá-la. Contudo, as pessoas transgênero são a clara expressão de que essas condições não estão vinculadas ao gênero, mas sim a aspectos físicos que permitem que isso aconteça.

Dessa forma, não se sustenta uma compreensão de que quem deu à luz e amamenta não faça jus aos benefícios legais garantidos pelo fato de ser um homem transgênero e performar o masculino em razão de sua identidade de gênero. Vedar a essa pessoa transgênero tais direitos é uma completa e total injustiça, lastreada por uma interpretação equivocada e totalmente dissociada da realidade que haveria de nortear o entendimento do tema.

Seja como for, atendendo aos critérios mais basilares dos direitos fundamentais previstos em nossa Constituição Federal, bem como aos princípios balizadores da Consolidação das Leis do Trabalho, mostra-se evidente que, quanto aos aspectos vinculados a gestação, parto e amamentação, estes devem ser associados efetivamente àquela pessoa que gestou, pariu e vai amamentar, independentemente do gênero que ela venha a expressar. De sorte que os intervalos para a amamentação obrigatoriamente serão oportunizados àquela pessoa que, seja por meios naturais ou com fornecimento de leite pela mamadeira, cumprirá tal encargo, independentemente de sua identidade de gênero.

A restrição ao desempenho dessa atividade importa em indenização por danos morais, como já decidido pelo judiciário em favor de mães que não possuíam leite próprio e amamentavam seus filhos por meio de mamadeira[42]. Independentemente da identidade de gênero, o cumprimento dos deveres de cuidados do recém-nascido, oriundos da relação de filiação e não da sexualidade, deve ser resguardado.

De se consignar que a questão da licença-paternidade é objeto de questionamento perante o Supremo Tribunal Federal (STF) na ADO 20, que, em dezembro de 2023, reconheceu a omissão do Congresso Nacional e determinou que o Poder Legislativo há de regulamentar tal questão no prazo de 18 meses[43].

---

[42] CHAVES, Débora Caroline Pereira. *Afinal, quem sou eu para o direito?* Reflexões sobre a tutela do transgênero no Brasil. Rio de Janeiro: Lumen Juris, 2017. p. 178.

[43] Tese:

"1 – Existe omissão inconstitucional relativamente à edição da lei regulamentadora da licença-paternidade prevista no artigo 7º, inciso XIX, da Constituição.

15.4. Direitos trabalhistas especiais em razão do gênero

A legislação trabalhista prevê algumas hipóteses de direitos especiais baseados em aspectos da sexualidade do empregado.

O art. 198 da Consolidação das Leis do Trabalho, por exemplo, fixa que o peso máximo que um empregado pode remover individualmente é de 60 kg, estabelecendo uma ressalva com relação ao trabalho de menores e de mulheres, lastreado na concepção de que, ordinariamente, homens adultos são fisicamente mais fortes para o exercício de um trabalho braçal do que mulheres e menores. Por ser um aspecto associado a um elemento biológico vinculado à força, é evidente que o que norteia tal previsão não se relaciona com gênero, bem como que haveria de levar em consideração as características individuais de cada trabalhador.

Ainda no mesmo espectro da força física, o art. 390 da Consolidação das Leis do Trabalho assevera que "ao empregador é vedado empregar a mulher em serviço que demande o emprego de força muscular superior a 20 (vinte) quilos para o trabalho contínuo, ou 25 (vinte e cinco) quilos para o trabalho ocasional", excepcionando "a remoção de material feita por impulsão ou tração de vagonetes sobre trilhos, de carros de mão ou quaisquer aparelhos mecânicos" (art. 390, parágrafo único).

Pautando-se simplesmente no aspecto da força física, é evidente que existem homens que não reúnem condições de "remover individualmente" 60 kg, assim como existem mulheres que podem tranquilamente carregar pesos superiores a 25 kg sem que isso caracterize um risco para a sua integridade.

É patente que estabelecer uma relação direta entre sexo e força física já não se mostra mais adequado nos dias atuais, contudo, caso se entenda que é plausível essa construção, a fim de se evitar discriminações, que haja a prevalência do gênero de pertencimento e, eventualmente, se ela demonstrar que não reúne condições efetivas para atender a regra fixada na lei, que seja afastada a incidência do disposto na Consolidação das Leis do Trabalho em razão de suas características personalíssimas, respeitando sua individualidade.

Importante consignar que aqui não se está a discutir os mesmos parâmetros indicados anteriormente, quando da análise da presença de pessoas transgênero em competições esportivas, pois não se trata de quem faz mais, melhor ou mais rápido. A previsão legal tem por escopo resguardar a integridade física do(a) trabalhador(a), visando estabelecer parâmetros para que o trabalho seja realizado respeitando as condições individuais da pessoa que em tal atividade tenha que carregar algum peso.

Seja um homem (cisgênero ou transgênero) ou uma mulher (cisgênero ou transgênero), não será possível, regra geral, o desempenho da atividade laboral de carregar sacas de soja de 50 kg se o seu peso for de 40 kg.

A Consolidação das Leis do Trabalho traz ainda um capítulo destinado especificamente à "proteção do trabalho da mulher", no qual consta o art. 390, sobre o qual acabo de comentar. Mas ele não se restringe a isso.

---

2 – Fica estabelecido o prazo de 18 meses para o Congresso sanar a omissão apontada.

3 – Não sobrevindo a lei regulamentadora no prazo acima estabelecido, caberá a este tribunal fixá-lo".

Inicia-se o capítulo com o art. 372, que expressa o problema clássico que venho relatando no decorrer da presente obra de tratar sexo e gênero como sinônimos, pois assevera que "os preceitos que regulam o trabalho masculino são aplicáveis ao trabalho feminino, naquilo em que não colidirem com a proteção especial instituída por este Capítulo". Como amplamente exposto, "mulher", como consta do título do capítulo, é expressão relacionada a sexo, enquanto "masculino" e "feminino", como consignados no artigo, referem-se a gênero.

Na sequência, o art. 373-A traz algumas vedações, que, em larga medida, visam garantir que mulheres não sejam discriminadas, ganhando relevo para o objetivo da presente obra a proibição de que o empregador proceda a revista íntima em suas empregadas ou funcionárias. Nesse caso, ainda que a expressão usada no artigo tenha sido "mulher", o que se visa resguardar é também o gênero feminino, já que o objetivo do legislador parece ter sido a maior vulnerabilidade, bem como a maior incidência de violência e abuso praticados contra as mulheres e pessoas que performam o feminino socialmente, ainda que se possa pugnar que qualquer sorte de revista íntima se mostra vexatória, seja ela realizada em um empregado do gênero masculino ou feminino.

Essencialmente não faz qualquer sentido que a norma infraconstitucional venha a laborar no sentido de resguardar a privacidade e a honra apenas de mulheres, uma vez que qualquer empregado pode ser vítima de violação de seus direitos fundamentais ante uma revista realizada por seu empregador, o que é capaz de o expor a situações extremamente vexatórias, com o potencial de causar danos na esfera extrapatrimonial[44]. Nesse caso, não se pode pensar em afastar a igualdade em favor de todo trabalhador, como reconhecido no Enunciado n. 15 da I Jornada de Direito Material e Processual da Justiça do Trabalho[45]. Mas é de se entender que a previsão busca oferecer maior proteção a quem é mais atingido com violações nesse tipo de procedimento.

Partindo-se dessa premissa, é claro que, se a legislação se preocupa que essa revista ou inspeção possa ser ofensiva quando realizada em uma pessoa cisgênero, é de se imaginar que a situação adquirirá contornos ainda mais delicados e preocupantes se esse trabalhador for uma pessoa transgênero, exatamente pelo fato de já estar inserida em uma condição tida como fora da normalidade sexual socialmente posta.

Em que pese professor o entendimento de que qualquer sorte de revista íntima há de ser vedada, seja em um empregado homem ou mulher, por entender se tratar de uma coerção abusiva, que atenta contra o direito à privacidade, caso se entenda pela prevalência do disposto na Consolidação das Leis do Trabalho, necessário se faz que tal

---

[44] CHAVES, Débora Caroline Pereira. *Afinal, quem sou eu para o direito?* Reflexões sobre a tutela do transgênero no Brasil. Rio de Janeiro: Lumen Juris, 2017. p. 183.

[45] "15. Revista de empregado.
I – Revista – Ilicitude. Toda e qualquer revista, íntima ou não, promovida pelo empregador ou seus prepostos em seus empregados e/ou seus pertences, é ilegal, por ofensa aos direitos fundamentais da dignidade e intimidade do trabalhador.
II – Revista íntima – Vedação a ambos os sexos. A norma do art. 373-A, inc. VI, da CLT, que veda revistas íntimas nas empregadas, também se aplica aos homens em face da igualdade entre os sexos inscrita no art. 5º, inc. I, da Constituição da República".

proteção seja estendida a qualquer pessoa que tenha o sexo biológico de mulher ou expresse o gênero feminino, seja uma mulher cisgênero ou transgênero.

Em suma, é de se entender que, quando diante de uma hipótese de proteção legislativa em razão do sexo ou gênero, há de prevalecer, num primeiro momento, a identidade de gênero autodeclarada do empregado, sendo certo que, na eventualidade de se verificar que seja merecedor da mesma garantia, ainda que não seja originalmente deferida em favor do seu sexo ou gênero, poderá dela se valer, exigindo o implemento do direito fundamental à igualdade nos termos consignados na Constituição Federal.

16
Previdência

Sob uma perspectiva de respeito à dignidade da pessoa humana como um dos fundamentos da República Federativa do Brasil, conforme descrito no art. 3º da Constituição Federal, surge o direito previdenciário no campo dos direitos sociais, objetivando garantir, a todos, meios mínimos para sua mantença e sustento, quando o desempenho das atividades laborais se mostrar reduzido ou impossibilitado de forma temporária ou permanente.

Uma das poucas searas em que ainda prevalece uma clara distinção na concessão de direitos entre homens e mulheres é a previdenciária, que, em que pese a proposta de afastamento de tal distinção na mais recente reforma, ainda manteve regras que viabilizam a aposentadoria, segundo o critério etário, de forma mais célere para mulheres. Os argumentos que tradicionalmente levaram a essa distinção lastreavam-se em aspectos de cunho biológico (em decorrência da diferença da compleição física), porém a motivação mais verdadeira dessa discriminação positiva assenta-se na concepção clássica da divisão sexual do trabalho, que sempre impôs à mulher o desempenho das atividades domésticas e de cuidados[1].

É fato que o Regime Geral de Previdência Social, nos termos fixados pelo art. 201 da Constituição Federal, apresenta caráter contributivo e de filiação obrigatória, e tem a finalidade de propiciar, conforme previsto na lei, a cobertura de riscos sociais, que são decorrentes de incapacidades (permanentes ou mesmo temporárias) e de idade.

Segundo a regra atual, a aposentadoria programada, tratando-se de trabalhadores urbanos, pode ser pleiteada aos 65 anos para os homens e aos 62 anos para as mulheres; tratando-se de trabalhadores rurais em regime de economia familiar, pode ser pleiteada aos 60 anos para os homens e aos 55 anos para as mulheres, conforme estabelecido no art. 201, § 7º, da Constituição Federal, nos termos firmados pela Emenda Constitucional n. 103/2019.

Ao parâmetro etário ainda se soma a imposição de que homens tenham ao menos 20 anos de contribuição e mulheres, 15 anos, em conformidade com o disposto no art. 19 da Emenda Constitucional n. 103/2019.

Não se ignore, ainda, que a aposentadoria da pessoa com deficiência também estabelece parâmetros atrelados ao gênero, assim como a por idade, deixando evidente que aspectos da sexualidade ainda se mostram decisivos para a concessão da aposentadoria no sistema atual[2].

---

[1] PANCOTTI, Heloísa Helena Silva. *Previdência social e transgêneros*: proteção previdenciária, benefícios assistenciais e atendimento à saúde para transexuais e travestis. Curitiba: Juruá, 2019. p. 122.

[2] MIGUELI, Priscilla Milena Simonato de; SANTOS, Denise Tanaka dos. Os direitos constitucionais dos transexuais e as suas repercussões no direito previdenciário. *Revista Brasileira de Direito Previdenciário*, n. 64, 2021. p. 116.

Considerando que, obviamente, o escopo neste momento não está na discussão efetiva dos parâmetros fixados pela Previdência para permitir que as pessoas se aposentem, teço algumas breves linhas discorrendo sobre a condição da pessoa transgênero quanto ao acesso a tal direito.

Primordialmente, o Instituto Nacional do Seguro Social (INSS) considera, para a concessão da aposentadoria, as informações constantes da documentação do requerente, razão pela qual se pode asseverar que a definição das regras a serem atendidas para o aposentamento de todo e qualquer cidadão será regida segundo o parâmetro do sexo consignado na certidão de nascimento.

Com isso, parece ser bastante simples a conclusão de que, caso o requerente apresente documentação indicando no campo sexo a sua condição de homem/masculino, haverá que atender à idade mínima de 65 ou de 62 anos, sendo de 60 ou 55 anos caso a informação consignada seja de mulher/feminino.

No entanto, a questão pode ganhar contornos complexos a partir do instante em que a apreciação se aprofunda e passamos a aferir alguns aspectos da sexualidade que podem se mostrar conflituosos na compreensão do tema, que, não se pode ignorar, não encerraria qualquer tipo de celeuma não fosse a previsão de distinção de regras para a aposentadoria de homens e mulheres[3].

Para se tratar do tema, é importante que se consigne de maneira expressa que a questão dos direitos previdenciários para pessoas transgênero não chega a ser objeto de estudo aprofundado em nossa academia, tampouco ganha destaque na jurisprudência, exatamente em decorrência da baixa inclusão das pessoas transgênero no mercado de trabalho formal, associada a uma realidade de elevado número de homicídios e suicídios, que faz com que poucas sejam aquelas que efetivamente conseguem atingir os requisitos mínimos exigidos para ter direito a uma aposentadoria por tempo de serviço.

De qualquer sorte, é premente que mais uma vez se ressalte a conduta omissiva do Poder Público, reforçando a já comentada característica de um Estado Esquizofrênico[4], que padece de uma doença que prevê certos direitos, mas ignora outros ou não confere meios para que eles se efetivem, numa clara e manifesta leniência legislativa[5] que coloca em risco a existência de um grupo social amplamente vulnerabilizado e que clama pela simples implementação a si dos direitos garantidos a todos os cidadãos[6].

---

[3] MIGUELI, Priscilla Milena Simonato de; SANTOS, Denise Tanaka dos. Os direitos constitucionais dos transexuais e as suas repercussões no direito previdenciário. *Revista Brasileira de Direito Previdenciário*, n. 64, 2021. p. 117.

[4] CUNHA, Leandro Reinaldo da. *Identidade e redesignação de gênero*: aspectos da personalidade, da família e da responsabilidade civil. 2. ed. rev. e ampl. Rio de Janeiro: Lumen Juris, 2018. p 17.

[5] CUNHA, Leandro Reinaldo da. Identidade de gênero e a responsabilidade civil do Estado pela leniência legislativa. *Revista dos Tribunais*, São Paulo: RT, n. 962 p. 37-52, 2015.

[6] CUNHA, Leandro Reinaldo da. *Identidade e redesignação de gênero*: aspectos da personalidade, da família e da responsabilidade civil. 2. ed. rev. e ampl. Rio de Janeiro: Lumen Juris, 2018. p. 312.

16.1. Transição e aposentadoria

Como exposto anteriormente, a questão da pessoa transgênero que já tenha realizado sua transição com a adequação dos documentos de identificação pessoal faz com que não haja muita celeuma no que tange ao pedido de aposentadoria, tendo por base que a concessão haverá de considerar a informação constante da documentação apresentada pelo requerente e, caso conste no campo sexo a indicação de homem/masculino ou mulher/feminino, será esse o parâmetro a ser seguido.

A questão que se coloca é a daquelas pessoas que ainda não tenham realizado a alteração de seus documentos (aspecto de natureza administrativa), mas que já se reconheçam como transgênero e performem socialmente um gênero distinto daquele esperado em razão do sexo consignado nos registros legais.

De plano, é de se considerar que, ante a decisão da ADI 4.277 proferida pelo Supremo Tribunal Federal (STF), com o consequente Provimento n. 73 do Conselho Nacional de Justiça (CNJ), incorporado pelo Provimento n. 149/2023, que criou o Código Nacional de Normas da Corregedoria Nacional de Justiça do Conselho Nacional de Justiça (CNJ) – Foro Extrajudicial (CNN/CN/CNJ-Extra), ficou muito mais simples e célere para que as pessoas transgênero venham a solicitar a adequação da informação relativa ao sexo em seus documentos, ressaltando-se (sempre e mais uma vez) que ainda inexiste a positivação de tal questão em nosso ordenamento.

Essa situação pode dar azo à afirmação de que a pessoa transgênero apenas poderá realizar seu pleito segundo sua identidade de gênero a partir do momento em que tal situação estiver devidamente consignada em seus documentos. Todavia, entendemos que, apesar de se tratar de um pleito formal em que o Instituto Nacional do Seguro Social (INSS) há de se ater ao que consta da documentação apresentada pelo requerente, é essencial asseverar que a condição de pessoa transgênero é constatada independentemente da realização de intervenções cirúrgicas ou tratamentos, e de reconhecimento formal.

Dessa forma, deve-se garantir à pessoa transgênero o direito a aposentar-se com base nos critérios fixados segundo sua identidade de gênero, independentemente de alteração dos documentos, caso em que haveria de prevalecer a autoidentificação da pessoa no momento em que vier a apresentar o seu requerimento de aposentadoria perante o Instituto Nacional do Seguro Social (INSS).

Apenas de forma preventiva e já tendo ciência do tipo de oposição que a presente diretriz há de enfrentar, afirmo que, havendo qualquer sorte de questionamento acerca da afirmação realizada pelo requerente de ser pessoa transgênero, tal questão há de ser resolvida pelas vias judiciais específicas, sob a argumentação de uma eventual prática de falsidade, mas prevalecendo o entendimento de boa-fé e respeito à autodeclaração formulada.

De se consignar que, em 2022, foi apresentado o PL n. 684/2022 pelo Deputado Federal Alex Santana, da Bahia, com o objetivo de fixar que os critérios de idade e tempo de contribuição a serem considerados para quem tiver realizado "mudança de gênero no registro civil" sejam os do sexo biológico de nascimento, em manifesta ofensa aos preceitos da identidade de gênero, replicando um preconceito histórico, além de revelar um conhecimento questionável acerca do tema ao afirmar que o que se altera no registro civil é o gênero[7].

Conforme o apresentado até aqui, fica patente que entendo não ser cabível a solução apresentada por alguns previdenciaristas no sentido de que, para a concessão de benefícios previdenciários para a pessoa transgênero, haveria de ser considerado um critério de proporcionalidade, ponderando o tempo em que a pessoa exerceu suas atividades laborais performando o gênero masculino e o gênero feminino.

No que se convencionou nomear de teoria formalista, haveria a contabilização das contribuições realizadas considerando o gênero apresentado pela pessoa no momento de sua efetivação, ante a realização de uma análise proporcional, em perspectiva que tem por escopo a proteção do equilíbrio econômico do sistema previdenciário[8]. Considerando a realidade fática que permeia a existência transgênero, é utópico acreditar que a aposentação de mais mulheres transgênero do que homens transgênero venha a gerar um real impacto econômico. Mas espero o tempo em que tal consideração possa se mostrar verdadeiramente preocupante.

A objeção que se apresenta a tal solução é a de que a pessoa transgênero é transgênero ainda que não tenha revelado tal condição socialmente, não sendo plausível crer que ela só passou a ser quem sempre foi a partir do instante em que declarou socialmente sua identidade transgênero.

De outra sorte, apresentou-se também uma teoria materialista no âmbito previdenciário, propugnando pela garantia do direito a se aposentar segundo o gênero indicado ante a autodeterminação da pessoa no momento do pedido, aspecto tangenciado pelo Ministro Edson Fachin em seu voto na ADI 4.275.

Haveria, portanto, a determinação da regra de regência com base na identidade de gênero expressa pela pessoa no momento em que houvesse o implemento de todos os requisitos para a concessão do benefício, seguindo o preceito de que o tempo rege o ato, tendo em mente que, antes de cumprir todos os parâmetros fixados, haveria mera expectativa de direito, ressaltando-se, ainda, que a contribuição realizada não leva em consideração o gênero de quem a faz[9].

Esse posicionamento é objeto de refuta segundo a alegação de que poderia encerrar um eventual desequilíbrio ante a possibilidade de redução da contribuição de

---

[7] "Art. 1º A Lei nº 8.213, de 24 de julho de 1991, passa a vigorar acrescida do seguinte art. 100-A:
'Art. 100-A. Os critérios de idade e tempo de contribuição previstos nos arts. 19 e 22 da Emenda Constitucional nº 103, de 12 de novembro de 2019, bem como os requisitos constantes das regras de transição previstas em seus arts. 15, 16, 17, 18, 20 e 21, deverão ser observados de acordo com o sexo biológico de nascimento, na concessão dos benefícios de aposentadoria de pessoas que obtiverem mudança de gênero no registro civil'." (NR)

[8] ALVES, Hélio Gustavo. A transexualidade e seus reflexos no direito previdenciário. *Revista de Previdência Social*, São Paulo, n. 448, mar. 2018. p. 187.

[9] MIGUELI, Priscilla Milena Simonato de; SANTOS, Denise Tanaka dos. Os direitos constitucionais dos transexuais e as suas repercussões no direito previdenciário. *Revista Brasileira de Direito Previdenciário*, n. 64, 2021. p. 118-119.

grande parcela dos transexuais em face de uma prevalência de mulheres transgênero em relação a homens transgênero[10].

Há, ainda, a previsão de uma última teoria, nomeada de constitucionalista, que preconiza a possibilidade de aposentadoria segundo os critérios mais benéficos apresentados pela legislação, independentemente de ser um homem ou uma mulher transgênero, considerando o contexto social e as condições que permeiam a existência desse grupo social como um todo.

Em que pese ser perspectiva que se coaduna com os princípios protetivos e de bem-estar social previstos pela Constituição Federal para a Seguridade e Previdência Social, essa teoria traz uma manifesta ofensa ao preceito de tratamento diferenciado conferido a homens e mulheres que norteia o sistema previdenciário vigente[11], o que pode ser suscitado como uma objeção à sua acolhida.

Ante todo o exposto, pontuamos que a identidade de gênero autodeclarada pelo requerente no momento do pleito há de ser o parâmetro a ser considerado para a fixação dos critérios da aposentadoria a ser requerida pela pessoa transgênero, independentemente de qualquer tipo de cálculo, ponderando, ainda, que, caso a regra prevista para o outro gênero se mostre mais benéfica, com o fim de atender a proteção máxima do bem-estar e integridade da pessoa transgênero, esta prevaleça.

Ainda que possa parecer conflitante, considerando todas as premissas trazidas, parece-nos ser medida de justiça que, diante de toda a vulnerabilidade vivenciada pela pessoa transgênero, bem como pela enorme dificuldade que venha a efetivamente cumprir todos os requisitos, seja sempre aplicada a ela a regra que se mostrar mais acessível, ou seja, os parâmetros fixados para mulheres.

16.2. Transição após aposentadoria

A transição segundo a identidade de gênero após a aposentadoria também não há de ser considerada, em nosso entendimento, como aspecto relevante a gerar qualquer tipo de discussão sobre a concessão anteriormente realizada.

Uma das argumentações apresentadas (lastreadas em uma visão absurdamente precária do tema), de que a pessoa se afirmaria como mulher apenas para conseguir acesso a benefícios previdenciários de forma mais rápida, não encontra qualquer sustentação, havendo de se tratar os casos de fraude de maneira pontual e não como uma desculpa para inviabilizar o acesso aos direitos a uma minoria.

Feita tal ponderação, é de se sustentar que, caso a alteração dos documentos ocorra após a aposentadoria, tal fato não terá o condão de gerar qualquer sorte de questionamento com relação ao benefício concedido, especialmente por se considerar que se trata de um ato jurídico perfeito, uma vez que, segundo os critérios formais existentes à época, o deferimento do benefício atendeu ao que a lei preconizava. Agrega-se a isso

---

[10] SOUSA, Victor Gabriel Salazar de; LIMA, Helton Carlos Praia de. A (in)suficiência legislativa para concessão de aposentadoria para pessoas transexuais. *Revista Jurídica Cesumar*, v. 21, n. 1, p. 9-26, 2021. p. 22.

[11] SOUSA, Victor Gabriel Salazar de; LIMA, Helton Carlos Praia de. A (in)suficiência legislativa para concessão de aposentadoria para pessoas transexuais. *Revista Jurídica Cesumar*, v. 21, n. 1, p. 9-26, 2021. p. 24.

o posicionamento expresso no final da seção anterior de que para a pessoa transgênero há de prevalecer sempre a regra que se mostrar mais acessível.

Contudo, em respeito à responsabilidade acadêmica e à idoneidade de raciocínio que conduz todo este trabalho, não podemos ignorar ser possível se suscitar que o pleito formulado pela pessoa sem a devida atenção à sua identidade de gênero poderia encerrar uma falsidade ideológica, pois, mesmo que seus documentos revelem a informação utilizada para a concessão do benefício, ela está em desacordo com a realidade fática.

Tal situação, em nosso sentir, apenas teria algum impacto para os critérios previdenciários no caso de um homem transgênero que venha a fazer o pleito dentro dos parâmetros etários fixados para uma mulher (62 anos), beneficiando-se dessa distinção de forma indevida. Nessas situações, caso não prevaleça o entendimento de que a pessoa transgênero faz jus aos requisitos mais favoráveis, como apresentado na seção anterior, sendo comprovado o dolo, caberia ao Instituto Nacional do Seguro Social (INSS) a possibilidade de exigir a devolução do que foi pago indevidamente ante o abuso de direito.

Outra questão que pode eventualmente trazer algum tipo de celeuma reside na hipótese das filhas solteiras e irmãs germanas e consanguíneas de militares a quem a lei oferecia proteção especial de pensionista, fato que não mais persiste desde o novo texto do art. 7º, II e V, da Lei n. 3.765/60, dado pela Medida Provisória n. 2.215-10/2001. No entanto, aquelas que já haviam sido beneficiadas com a previsão revogada seguem gozando das benesses de percepção dos benefícios, eventualmente, de forma vitalícia.

Caso uma pessoa destinatária desse benefício venha a fazer sua transição em decorrência de se reconhecer como um homem transgênero, questiona-se: há de perder tal benesse previdenciária por não mais se enquadrar nas condições previstas à época pela legislação que concedeu o benefício ou há de manter sua pensão, já que segundo o preceito de que o tempo rege o ato (*tempus regit actum*) ao momento da concessão atendia aos parâmetros legais fixados para tanto?

De um lado, pode-se sustentar que a mutabilidade da condição que ensejou a caracterização da condição de pensionista fez com que o requisito basilar da concessão do benefício não mais exista. Caberia, assim, como se dá no caso do casamento dessa pensionista, a cessação de benefício previdenciário ante o "desaparecimento" de um requisito essencial para a concessão.

Em que pese compreender que tal afirmação é válida, sustento que, em uma interpretação sistemática do nosso ordenamento, faz-se imperioso que essa solução não seja aplicada e que a pessoa mantenha o direito ao benefício previdenciário existente, visto que sua identidade de gênero não está indicada na lei como uma condição para a concessão do benefício ou que sua alteração venha a ser elemento a ensejar a cessação da condição de pensionista, ao que há de se agregar o fato de que jamais se pode conceber a ideia de que a autodeclaração possa desaguar em qualquer tipo de apenação para aquela pessoa que apenas busca o simples direito de ser reconhecida socialmente por ser quem realmente é.

Permitir que a autodeclaração do indivíduo quanto a sua identidade de gênero reconhecendo sua condição de pessoa transgênero, mais especificamente como um homem transgênero, venha a culminar na perda da condição de beneficiário previdenciário é retirar daquela pessoa o seu sustento, fato que pode até mesmo fazer com que venha a não realizar nenhum ato formal de transição (seja no âmbito civil ou físico), aprisionando-a por motivos financeiros a uma vida que não reflete quem ela é, ofendendo de maneira frontal aspectos vinculados aos seus direitos fundamentais.

Por todo o exposto, o entendimento que sustento é o de que a transição física ou mesmo a alteração dos documentos de uma pessoa transgênero após a concessão de sua aposentadoria não tem, de regra, o condão de gerar qualquer alteração em seus direitos previdenciários já adquiridos.

Contudo, há de se ponderar a hipótese inversa, na qual a transição para o feminino venha a ocorrer após a morte daquele de quem seria beneficiária da pensão. Quando do falecimento, a pessoa não teve o direito à pensão, pois ainda constava como "filho", condição não acolhida pela legislação. A questão encontra-se sob análise do Supremo Tribunal Federal (STF) no Recurso Extraordinário 1.471.538, que teve repercussão geral reconhecida (Tema 1.298)[12].

Como bem pontua Luna Leite, existem dois aspectos a serem considerados na presente situação fática: (a) se mulher transgênero atenderia à premissa legal de "filha" para fins de percepção do benefício previdenciário; e (b) se o momento da alteração registral é relevante[13].

Inquestionavelmente, uma mulher transgênero há de ser inserida na perspectiva de "filha" para os fins previdenciários, pois, ao se reconhecer como alguém do gênero feminino, não haveria como se conceber que continuasse a ostentar o *status* de alguém do gênero masculino. As expressões "filho" e "filha" nesse contexto são usadas como substitutivos de homem/masculino e mulher/feminino.

Quanto ao momento da alteração registral, é evidente que este se revela como mera consagração de uma situação fática existente, não podendo impor qualquer tipo de restrição aos direitos dessa pessoa transgênero, que haverá de receber o benefício previdenciário em comento. A transgeneridade não surgiu quando a pessoa conseguiu sua alteração documental, estando ela presente em sua vida desde tenra idade, mas soterrada sob uma série de imposições socioculturais que impediram que ela pudesse ser exposta desde sempre.

É evidente que os detratores dos direitos das pessoas transgênero levantarão a clássica bandeira de que as pessoas passariam a alegar sua transgeneridade exclusivamente para fins de obtenção do benefício, o que não passa de mais um dos mecanismos de terror utilizados para privar as minorias sexuais de seus direitos. Calcado

---

[12] Tema 1.298 – Recebimento de pensão previdenciária por mulher transexual, na condição de filha maior solteira, em que a alteração do registro civil ocorreu após a morte do servidor.

[13] LEITE, Luna. Direito de filha maior solteira trans à pensão previdenciária. *Consultor Jurídico*, 27 jun. 2024. Disponível em: https://www.conjur.com.br/2024-jun-27/direito-de-filha-maior-solteira-trans-a-pensao-previdenciaria/. Acesso em: 27 jun. 2024.

no preceito da presunção de boa-fé que rege nosso ordenamento jurídico, o benefício há de ser prontamente deferido, sendo certo que, caso venha a ser comprovada alguma ilicitude, esta haverá de ser tratada de maneira pontual, ressaltando-se que essa conduta não teria sido praticada por uma pessoa transgênero, mas sim por uma pessoa cisgênero.

16.3. O Benefício da Prestação Continuada (BPC) para pessoas trans

Considerando toda a realidade que permeia a vivência das pessoas transgênero, é indispensável a criação de políticas públicas que tenham por objetivo dar eficácia aos parâmetros mais elementares da dignidade da pessoa humana.

O fato é que efetivamente inexiste no Brasil um estudo que traga qual seria o real impacto econômico da concessão de benefícios previdenciários específicos em favor da população transgênero no sentido de se estabelecer uma renda mínima que lhes garantiria uma existência digna, resguardando-as da extrema violência, segregação e riscos presentes em seu cotidiano[14].

Contudo, existem possibilidades no âmbito do Instituto Nacional do Seguro Social (INSS) que podem conferir proventos para pessoas transgênero com o objetivo de garantir sua mantença e sua (re)integração social, visando resguardar de forma efetiva a cidadania para esse grupo social tão vulnerabilizado, mitigando a realidade de mera sobrevivência que atinge a maioria das pessoas transgênero.

O Benefício da Prestação Continuada (BPC) foi concebido inicialmente pela Lei n. 8.742/93 com o objetivo de proteger os interesses de pessoas com deficiência e os maiores de 70 anos que demonstrassem não reunir meios de prover sua própria mantença, tampouco condições de ter sua subsistência subvencionada por sua família. Posteriormente, em 2013, com a Lei n. 10.741, houve a alteração do critério etário para 65 anos, mas o intuito continuava sendo o mesmo, fixando o pagamento de um salário mínimo mensal a quem não conseguiu contribuir de modo a receber o benefício por incapacidade e que se encontre em condição de miserabilidade, considerando a acepção jurídica do termo.

Evidencia-se, portanto, que o Benefício da Prestação Continuada (BPC) pode ser requerido em duas situações distintas, quais sejam, por quem se insira no contexto daquilo que a lei entendeu como sendo "pessoa com deficiência" ou na hipótese de maiores de 65 anos.

No caso das pessoas transgênero, nos ateremos ao critério da dita deficiência, com os aspectos fixados pela legislação, uma vez que, segundo o parâmetro etário, o benefício se garante por simples implemento, independente da verificação de características vinculadas à sexualidade de quem faz o pleito.

Sendo um programa assistencial de acesso universal e não contributivo, o Benefício da Prestação Continuada (BPC) acaba por efetivar-se como um instrumento a

---

[14] PANCOTTI, Heloísa Helena Silva. *Previdência social e transgêneros*: proteção previdenciária, benefícios assistenciais e atendimento à saúde para transexuais e travestis. Curitiba: Juruá, 2019. p. 121.

viabilizar a inserção social que pode vir a ser destinado a pessoas transgênero que se insiram em seus parâmetros de risco e vulnerabilidade ante a demonstração de que enfrentam impedimento de longa duração que inviabiliza o exercício de atividade laborativa que garanta sua subsistência, atrelada à existência de uma condição estigmatizante, similar à construção jurisprudencial que concedeu o Benefício da Prestação Continuada (BPC) a portadores assintomáticos de HIV[15].

Evidente que não pugnamos aqui por uma volta à perspectiva de patologização da condição vivenciada pela pessoa transgênero, sendo certo que ela não padece de uma deficiência, todavia não se pode olvidar que sua realidade a insere em um contexto de vulnerabilidade social que a priva de "participação plena e efetiva na sociedade em igualdade de condições com as demais pessoas", como preconizado no art. 20, § 2º, da Lei n. 8.742/93, que dispõe sobre a organização da Assistência Social, ao especificar o conceito de deficiência que será por ela considerado.

O entendimento que se mostra consolidado na jurisprudência ao tratar do Benefício da Prestação Continuada (BPC) assenta-se no sentido de que a incapacidade laboral é o critério fundamental para sua concessão, e não a existência de uma condição física em si que inviabiliza o exercício de atividade laborativa com o fim de garantir a própria mantença.

A restrição ao exercício de trabalho, especialmente no mercado formal, é traço característico da realidade das pessoas transgênero, como já descrito nesta obra, mormente ao se ponderar o absurdo nível de evasão escolar que faz com que apenas uma ínfima parcela desse grupo social tenha acesso à educação (56% sem ensino fundamental, 72% sem ensino médio e somente 0,02% na universidade)[16], o que culmina na baixa inserção no mercado de trabalho, com 4% da população transgênero feminina em empregos formais, 6% em atividades informais/subempregos e 90% tendo na prostituição a fonte primária de sua renda[17].

O deferimento do Benefício da Prestação Continuada (BPC) em favor de pessoas transgênero atende exatamente a finalidade do instituto, estando em perfeita conformidade com os preceitos que regem a Assistência Social no Brasil. Negar tal benefício, ignorando a condição vivenciada por essa pessoa e todo o estigma social que a acompanha, só pode ser entendida como mais uma forma de imposição da discriminação, reforçando uma prática de genocídio contra a população transgênero[18].

Não se trata da solução ideal, pois todo o estigma que recai sobre a população transgênero haveria de ser extirpado de nossa sociedade, contudo, enquanto isso não

---

[15] PANCOTTI, Heloísa Helena Silva. *Previdência social e transgêneros*: proteção previdenciária, benefícios assistenciais e atendimento à saúde para transexuais e travestis. Curitiba: Juruá, 2019. p. 157.

[16] Disponível em: https://antrabrasil.files.wordpress.com/2022/01/dossieantra2022-web.pdf. Acesso em: 30 abr. 2023.

[17] Disponível em: https://antrabrasil.org/2019/11/21/antra-representa-o-brasil-em-audiencia-na-cidh/. Acesso em: 30 abr. 2022.

[18] CUNHA, Leandro Reinaldo da. Genocídio trans: a culpa é de quem? *Revista Direito e Sexualidade*, Salvador, v. 3, n. 1, p. I-IV, 2022.

se efetiva e não temos um instituto específico visando garantir a sua mantença, é imprescindível o reconhecimento da possibilidade de recebimento do Benefício da Prestação Continuada (BPC), uma vez que perfeitamente coerente com o entendimento que se criou no entorno de tal benefício[19].

---

[19] PANCOTTI, Heloísa Helena Silva. *Previdência social e transgêneros*: proteção previdenciária, benefícios assistenciais e atendimento à saúde para transexuais e travestis. Curitiba: Juruá, 2019. p. 163.

17
Forças Armadas

No Brasil, atualmente, é garantida tanto aos homens quanto às mulheres a possibilidade de que venham a servir voluntariamente nas Forças Armadas, não havendo qualquer restrição para tanto. Em que pese tal possibilidade, nota-se que a figura do machismo institucional se faz bastante presente nessa seara, o que pode ser facilmente constatado quando se verifica a total falta de presença de mulheres nos cargos mais elevados do Exército, Marinha e Aeronáutica[1].

Contudo, é exatamente nesse contexto que se verifica um dos aspectos mais evidentes da sociedade nacional, em que há uma distinção relacionada à sexualidade quanto aos deveres.

A prestação de serviço militar obrigatório, nos termos descritos no art. 143 da Constituição Federal, "consiste no exercício de atividades específicas desempenhadas pelas Forças Armadas (Marinha, Exército e Aeronáutica) e compreenderá, na Mobilização de Pessoal, todos os encargos com a Defesa Nacional e terá a duração normal de 12 (doze) meses", sendo que tal obrigação, "em tempo de paz, começa no 1º dia de janeiro do ano em que o cidadão completar 18 (dezoito) anos de idade e subsistirá até 31 de dezembro do ano em que completar 45 (quarenta e cinco) anos"[2].

No referido artigo que afirma ser o serviço militar obrigatório há, no § 2º, a indicação expressa de que "as mulheres e os eclesiásticos ficam isentos do serviço militar obrigatório em tempo de paz, sujeitos, porém, a outros encargos que a lei lhes atribuir", indicando um parâmetro da sexualidade como aspecto a ser aferido.

Em linhas simples, podemos afirmar que cabe aos homens o dever de, antes de completar 18 anos, realizar o alistamento militar, podendo ser convocado a cumprir tal serviço ou ser dispensado. Em qualquer dessas hipóteses é fornecido um documento indispensável para a vida civil de um "homem", o Certificado de Alistamento Militar (CAM), que revela sua condição de reservista ou de dispensado, indicando se o indivíduo cumpriu com seus deveres perante as Forças Armadas.

Para além da discussão da coerência ou não da prestação do serviço militar obrigatório, bem como do sentido de que haja a isenção de mulheres para tanto (considerando que podem fazer parte das Forças Armadas de forma voluntária), o fato é que o descumprimento desse dever encerra em si uma série de consequências sociais, uma vez que a apresentação da comprovação do cumprimento das obrigações militares para os homens é exigida para tirar passaporte, inscrever-se em concursos, exercer função pública, entre outros.

---

[1] A questão da aposentadoria de militares e dos benefícios existentes em razão do gênero é objeto de apreciação no Capítulo 16 (Previdência).
[2] Disponível em: https://www.gov.br/pt-br/servicos/alistar-se-no-servico-militar-obrigatorio. Acesso em: 23 fev. 2023.

Feitas tais considerações é premente que se entenda aqui que o conceito originalmente posto para que a pessoa seja obrigada a fazer seu alistamento está vinculado à informação quanto ao seu sexo consignada em seu Registro Civil de Nascimento (RCN). Assim, o entendimento presente é o de que o que rege o dever de alistamento militar é o sexo da pessoa, conforme consignado em seus documentos oficiais, não sendo a figura do gênero ou da identidade de gênero relevante para tanto.

Tal concepção, contudo, faz com que surjam questões a serem apreciadas no caso das pessoas transgênero.

17.1. Serviço militar obrigatório e pessoas transgênero

O primeiro ponto a se ponderar é o daquelas pessoas transgênero que já iniciaram o seu processo de transição na adolescência e que, ordinariamente, não poderiam ter realizado uma operação transgenitalizadora, segundo os parâmetros hoje estabelecidos pelo Conselho Federal de Medicina (CFM) (ainda que possam já ter iniciado a hormonioterapia), mas que já se apresentam socialmente segundo o seu gênero de pertencimento.

Considerando que a identidade de gênero transgênero é condição reconhecida independentemente de realização da afirmação de gênero ou da alteração documental, é necessário que tal situação seja apreciada no contexto do alistamento militar obrigatório.

Diante da ausência de legislação específica, a previsão atualmente existente para a alteração extrajudicial de prenome e sexo nos documentos, conforme descrito no Provimento n. 73/2018 do Conselho Nacional de Justiça (CNJ), incorporado ao Provimento n. 149/2023, que criou o Código Nacional de Normas da Corregedoria Nacional de Justiça do Conselho Nacional de Justiça – Foro Extrajudicial (CNN/CN/CNJ-Extra), determina que esta apenas poderá ocorrer após os 18 anos (art. 2º), fazendo com que não possa dela se valer antes do momento do alistamento militar.

Caso não tenha atingido o objetivo de alterar o sexo nos documentos pela via judicial antes dos 18 anos, haverá necessidade de se ponderar a questão da imposição do dever de alistamento obrigatório a uma mulher transgênero em face do sexo que consta de seu Registro Civil de Nascimento (RCN).

Mostra-se amplamente contrária aos parâmetros de proteção à dignidade da pessoa humana a ideia de se determinar que uma mulher transgênero, com caracteres externos de gênero atrelados ao feminino, se veja obrigada a comparecer para o alistamento militar.

Além de ter sua passabilidade questionada e ver a sua intimidade devassada ao ter que se apresentar para o cumprimento de um dever que tornará pública a sua identidade de gênero, será exposta de maneira vexatória e desnecessária a um exame médico extremamente invasivo. Não se pode ignorar aqui o aspecto masculino e sexista que permeia o alistamento, que já culminou em condutas ilícitas de desrespeito a pessoas transgênero[3].

---

[3] A 3ª Turma do TRF da 3ª Região, em 2018, no Processo 0049184-73.2015.4.03.6144, condenou a União a indenizar em R$ 60.000,00 (sessenta mil reais), a título de danos morais, mulher trans que foi fotografada em

Evidente que muitas vezes, tendo a sensibilidade que se espera em tais casos, há a realização dos procedimentos oficiais para o alistamento e a imediata dispensa da mulher transgênero, evitando a exposição desnecessária e garantindo-lhe o efetivo acesso ao Certificado de Dispensa de Incorporação. Contudo, nem sempre tal conduta é adotada, o que pode se mostrar extremamente preocupante e ensejador de atos discriminatórios e, consequentemente, responsabilização.

Assim, no caso das mulheres transgênero, é bastante plausível que, após a realização dos procedimentos de retificação do registro civil e demais documentos de identificação, a existência ou não de um Certificado de Reservista ou de Dispensa de Incorporação torne-se totalmente irrelevante, visto que tal documento não será exigido de alguém que tenha a indicação de mulher/feminino em seus documentos.

Todavia, é pertinente que essa informação seja levada a conhecimento das Forças Armadas para que seja consignado nos registros daquela pessoa, tornando-o sigiloso, bem como determinando a exclusão da informação de que aquele cidadão possui um Certificado de Alistamento Militar (CAM) a fim de se evitar que, ainda que de forma reflexa, haja a exposição indevida de sua intimidade.

De outro lado, a questão do Certificado de Reservista ou de Dispensa de Incorporação passa a ser um problema real para o homem transgênero, uma vez que muito provavelmente, no momento em que deveria se alistar, ainda não reunia os requisitos formais para que o fizesse.

Nesse caso, é de se considerar que uma das consequências automáticas da alteração documental do prenome e sexo da pessoa transgênero seja exatamente a emissão de ofício para o órgão militar competente a fim de que expeça o Certificado de Dispensa Militar (CAM), garantindo que a referida pessoa tenha condições plenas de exercer os atos da vida civil que impõem a apresentação de tal documento.

A adequação documental da pessoa transgênero, como asseveramos durante toda esta obra, há de se mostrar plena e cobrir todos os aspectos pertinentes, sendo indispensável que atinja os desdobramentos na esfera militar no que tange à questão do alistamento militar.

17.2. Transição de gênero do militar das Forças Armadas

O universo das Forças Armadas, ainda que, como já asseverado anteriormente, admite a presença de mulheres em seus quadros, é eminentemente masculino, machista e centrado numa perspectiva cis-heteronormativa, sendo certo que uma transição de gênero não será entendida como algo simples e natural, gerando impactos ainda mais severos do que aqueles verificados na sociedade de maneira geral[4].

Para tanto, basta que se verifique que, segundo noticiado, apenas em 2021 uma mulher conseguiu ascender a um cargo de oficial-general nas Forças Armadas, mais

---

quartel sem sua permissão, durante alistamento militar, e que teve sua imagem exposta via WhatsApp e Facebook.

[4] Para uma visão sobre a realidade enfrentada por pessoas transgênero nas Forças Armadas Brasileiras, indica-se a obra *Deixadas para trás*, de Bianca Figueira Santos.

especificamente na Aeronáutica, a brigadeiro médica Carla Lyrio Martins, Diretora do Hospital Central da Aeronáutica. Impossível não notar a correlação existente entre o cargo exercido pela brigadeiro e sua vinculação a uma perspectiva de "cuidado" que é ordinariamente conferida às mulheres na sociedade.

Considerando toda essa realidade, é evidente que a transição de gênero de um militar pode ter impactos bastante delicados, atingindo de maneiras distintas o transgênero masculino (FTM) e o feminino (MTF), mas, certamente, nunca de maneira benéfica.

Para um transgênero masculino (FTM), a transição não facilitará na carreira, pois muito provavelmente aquele militar será visto na corporação com resquícios da condição feminina que possuía anteriormente, sem lhe conferir os "benefícios" plenos da masculinidade na esfera militar, não passando de "uma mulher travestida de homem".

Para a transexual feminina (MTF), é bastante plausível que venha a ser entendida como um homem que perdeu sua condição masculina, até mesmo em condição inferior àquela ordinariamente experimentada pelas mulheres assim nascidas, com enorme potencial de impor obstáculos ao prosseguimento da carreira militar que seria traçada caso não tivesse realizado a transição.

Importante nessa composição como um todo é que, caso se constate que o militar transgênero venha a sofrer qualquer tipo de prejuízo em sua carreira em decorrência de sua transição, tal fato será ensejador de responsabilidade civil, podendo, além da imposição de indenização por danos morais, ensejar o dever de indenizar o equivalente à diferença dos vencimentos recebidos e os que seriam pagos em caso de ocorrência das promoções das quais foi privado pelo preconceito sofrido (lucros cessantes) ou mesmo das oportunidades de aumento de vencimento de que tenha sido privado de concorrer (perda de uma chance).

Nesse contexto, não se pode olvidar a conduta reiteradamente utilizada pelas Forças Armadas de reformar compulsoriamente aqueles servidores que revelam a sua condição de pessoas transgênero, o que deu azo até mesmo à abertura de um inquérito civil pelo Ministério Público Federal (1.30.001.000522/2014-11) com o objetivo de aferir eventuais violações aos direitos humanos pelo Exército, Marinha e Aeronáutica.

Em investigação que abrangeu a análise de quatro casos de servidores das Forças Armadas que foram jubilados contra sua vontade logo após comunicarem a seus superiores o intento de darem início ao processo de redesignação sexual e que perderam, também, promoções de patente a que fariam jus, o resultado foi a constatação da utilização da estrutura previdenciária como meio de punição a essas pessoas que acabavam expurgadas das Forças Armadas contra sua vontade pelo simples fato de declararem que eram pessoas transgênero[5].

---

[5] PANCOTTI, Heloísa Helena Silva. *Previdência social e transgêneros*: proteção previdenciária, benefícios assistenciais e atendimento à saúde para transexuais e travestis. Curitiba: Juruá, 2019. p. 128.

Incabível, como reconhecido pelo Superior Tribunal de Justiça (STJ) no AREsp 1.552.655, que pessoas transgênero possam ser compulsoriamente aposentadas sob o argumento de que são portadoras de uma doença (transexualismo). De se consignar que, nesse caso, garantiu-se ainda à oficial da FAB "o direito de se aposentar no último posto da carreira militar no quadro de praças, o de suboficial", e não no de cabo, como ocorrera.

Ainda que seja evidente que pouco a pouco a inserção do feminino mostre seu poder no âmbito das Forças Armadas, ainda não é possível afirmar que se trata da corporação mais diversa que existe, sendo preponderante que a discussão seja estabelecida e que ela venha a se inserir na realidade da sociedade, incorporando de forma plena em suas fileiras todas as minorias sexuais.

18
Refúgio/asilo às pessoas trans[1]

Um dos inúmeros avanços em favor da preservação da humanidade trazidos com a Declaração Universal dos Direitos Humanos, em 1948, encontra-se no disposto no seu art. 14, que traz as diretrizes norteadoras dos institutos do refúgio e do asilo político[2]. A premissa básica fixada é a de garantir "a recepção de pessoas estrangeiras em um determinado país quando estas estejam enfrentando em seu território de origem alguma modalidade de perseguição que possa colocar em risco a sua liberdade ou integridade"[3].

O asilo, no Brasil, encontra previsão no corpo do texto da Constituição Federal, em que pese não trazer a indicação específica de critérios objetivos para sua utilização, sendo cabível quando exista uma perseguição lastreada em fato de cunho essencialmente ideológico e político. A visão consagrada é de que o Estado que recebe alguém sob o véu do asilo está tomando uma posição política.

Já o refúgio, regulamentado no Brasil pelo Estatuto dos Refugiados (Lei n. 9.474/97), é modalidade mais bem estruturada, fixando de maneira bastante específica as diretrizes para a sua concessão[4]. O art. 1º da lei assevera que será reconhecida "a condição de refugiado a todo aquele que, sendo apátrida ou não, se veja obrigado a deixar o seu país em busca de proteção em outro em decorrência de temor fundado de perseguição em razão de raça, nacionalidade, grupo social, opiniões políticas, ou ainda grave e generalizada violação de direitos humanos"[5].

A questão do refúgio é objeto de atenção do Alto Comissariado das Nações Unidas para Refugiados (ACNUR), que no art. 1º, 2, da Convenção de 1951 (Estatuto das Pessoas Refugiadas) fixa os parâmetros do que haverá de ser compreendido como um pleito legítimo de refúgio e determina que a acolhida em país estrangeiro será admitida havendo temor ou perseguição fundada em "raça, religião, nacionalidade, grupo social ou opiniões políticas".

Assim, ainda que institutos distintos, o preceito norteador do asilo e do refúgio é o mesmo, sendo o asilo regulamentado por meio de tratados multilaterais específicos

---

[1] O tema foi desenvolvido originalmente no artigo "Refúgio/asilo político para pessoas LGBTI+", publicado na *Revista Direito e Sexualidade*, v. 3, n. 2.

[2] "Artigo 14-1. Todo ser humano, vítima de perseguição, tem o direito de procurar e de gozar asilo em outros países. 2. Esse direito não pode ser invocado em caso de perseguição legitimamente motivada por crimes de direito comum ou por atos contrários aos objetivos e princípios das Nações Unidas".

[3] CUNHA, Leandro Reinaldo da. Refúgio/asilo político para pessoas LGBTI+. *Revista Direito e Sexualidade*, Salvador, v. 3, n. 2, p. 189-204, 2022. p. 193.

[4] WAISBERG, Tatiana. Asilo político, refúgio e extradição. *Revista de Direito Constitucional e Internacional*, v. 86, p. 381-400, jan.-mar. 2014. p. 381-382.

[5] CUNHA, Leandro Reinaldo da. Refúgio/asilo político para pessoas LGBTI+. *Revista Direito e Sexualidade*, Salvador, v. 3, n. 2, p. 189-204, 2022. p. 193.

e regional (normalmente nas Américas), enquanto o refúgio mostra alcance mais amplo baseado nas diretrizes firmadas pelo Alto Comissariado das Nações Unidas para Refugiados (ACNUR) da Organização das Nações Unidas (ONU)[6].

Dentre as causas que podem gerar medo e perseguição encontram-se aspectos atrelados à sexualidade, fato este reconhecido pelo Alto Comissariado das Nações Unidas para Refugiados (ACNUR). Em que pese a Convenção de 1951 sobre o Estatuto das Pessoas Refugiadas não trazer menção expressa a perseguições motivadas por orientação sexual e/ou identidade de gênero (indicadas pela sigla OSIG), o tema foi logo objeto de apreciação da doutrina, chegando, ato contínuo, às decisões e normativas, ante a utilização de uma interpretação abrangente e inclusiva.

O tema da sexualidade foi expressamente incluído na nota sobre a posição do Alto Comissariado das Nações Unidas para Refugiados (ACNUR) em relação à perseguição baseada no gênero apresentada em 2000, seguida, no ano de 2002, pela Diretriz de Proteção Internacional n. 1 (perseguição baseada no gênero, no contexto do artigo 1A(2) da Convenção de 1951 e/ou Protocolo de 1967 relativos ao Estatuto dos Refugiados), que afirma de maneira expressa que homossexuais, transexuais e travestis haveriam de ser compreendidos como grupos sociais vítimas de perseguições e, portanto, fazer jus à proteção.

Na Diretriz de Proteção Internacional n. 9, versando sobre "Solicitações de Refúgio baseadas na Orientação Sexual e/ou Identidade de Gênero no contexto do Artigo 1A(2) da Convenção de 1951 e/ou Protocolo de 1967 relativo ao Estatuto dos Refugiados", o Alto Comissariado das Nações Unidas para Refugiados (ACNUR) reitera a necessidade de proteção, trazendo, ainda, ponto de extrema relevância, que é o da possibilidade de que a perseguição ocorra contra quem apenas aparente integrar a comunidade LGBTI, o que também seria passível de fundamentar o pleito de refúgio[7].

Toda a construção estabelecida sobre o tema tem lastro no fato de que em aproximadamente 35% dos Estados-membros da Organização das Nações Unidas (ONU) relações sexuais entre pessoas do mesmo sexo são tidas como ilegais, com a criminalização em 76 países de atos sexuais consentidos entre pessoas adultas do mesmo sexo. Está mais do que evidenciado que a apresentação de uma condição sexual dissonante, que fuja dos parâmetros estabelecidos da "pseudonormalidade", é causa para que a pessoa seja vítima de perseguição social e estatal, o que incide sobre pessoas transgênero.

Dados do Alto Comissariado das Nações Unidas para Refugiados (ACNUR) revelam que aproximadamente 40 países preveem a possibilidade de acolhida baseada em

---

[6] MAZZUOLI, Valerio de Oliveira. *Curso de direito internacional público.* São Paulo: RT, 2006. p. 429.

[7] "41. Indivíduos podem vir a ser submetidos a uma perseguição em razão da sua orientação sexual ou identidade de gênero real ou percebida. A opinião, crença ou filiação podem ser atribuídas ao solicitante por um agente de perseguição do Estado ou não-estatal, mesmo que ele não seja de fato LGBTI, e, com base nessa percepção, eles podem ser perseguidos. Por exemplo, mulheres e homens que não se enquadram nas aparências e papéis estereotipados podem ser percebidos como LGBTI. Não é preciso que eles sejam de fato LGBTI. Indivíduos transgênero com frequência sofrem danos em razão da sua orientação sexual imputada. Parceiros de indivíduos transgênero podem ser percebidos como gays ou lésbicas ou simplesmente como pessoas que não seguem os papéis e comportamentos de gênero esperados, ou como pessoas que se associam a indivíduos transgênero".

pleito de refúgio de pessoas que afirmam fundado temor relacionado a perseguições motivadas por orientação sexual e por identidade de gênero.

A grande diversidade cultural existente entre países faz surgir a possibilidade de se estabelecer uma gradação entre os países quanto à forma como tratam as pessoas transgênero, permitindo que alguns países sejam ao mesmo tempo destino e origem de pessoas que buscam refúgio em decorrência da sua identidade de gênero.

18.1. O Brasil como destino para refugiados

O Brasil está longe de ser o paraíso para pessoas transgênero, contudo é possível se verificar ao redor do mundo locais em que a realidade se apresenta ainda mais perigosa para aqueles que não se enquadram nos parâmetros da normalidade sexual imposta. Há quem puna como crime a prática de atos que não estejam em conformidade com os preceitos majoritários, como se constata em 31 países da África, havendo apenação com restrição da liberdade[8] e penas corporais[9].

No Brasil, o Comitê Nacional para os Refugiados (Conare) constatou que, ao final do ano de 2021, existiam 60.011 pessoas reconhecidas como refugiadas no País (3.086 pessoas apenas naquele ano), vindas de 117 países diferentes (a maioria venezuelanos). Todavia, os dados não trouxeram informações quanto a identidade de gênero e orientação sexual, reforçando a invisibilidade que grassa quanto aos levantamentos estatísticos no que concerne às minorias sexuais.

No período entre 2010 e 2016, segundo levantamento realizado pelo Alto Comissariado das Nações Unidas para Refugiados (ACNUR), 369 solicitações de refúgio foram fundadas expressamente em temor de perseguição relacionado a questões ligadas à orientação sexual e/ou à identidade de gênero, ressaltada a ciência quanto a um elevado índice de subnotificação. Desses pedidos, Nigéria (121), Gana (45) e Camarões (43) foram os países com o maior contingente de solicitantes, não se podendo olvidar que eles fixam pena de prisão para quem mantenha relações sexuais com pessoas do mesmo sexo. Dentre os que requereram asilo, "87% foram homens cisgêneros, 12,5% mulheres cisgêneros e 0,5% de mulheres trans, sendo que, quanto à orientação sexual, 65,3% se declararam gays, 13,5% não apresentaram informação quanto ao tema, 10,3% afirmaram-se lésbicas, 7,6% heterossexuais e 3,2% bissexuais"[10].

Constata-se, por fim, que, mesmo o Brasil vivendo uma situação de assustadora perseguição, segregação, discriminação e genocídio[11] contra a população transgênero, continua sendo visto por outros cidadãos do mundo como um possível refúgio diante da realidade ainda mais devastadora experimentada em seus países de origem.

---

[8] Em Camarões, a pena é de até 5 anos, e na Eritreia, de até 7 anos, por exemplo.
[9] O Irã fixa pena de 31 a 72 chibatadas e a Arábia Saudita estabelece morte por apedrejamento para casos de relações sexuais entre pessoas do mesmo sexo.
[10] CUNHA, Leandro Reinaldo da. Refúgio/asilo político para pessoas LGBTI+. *Revista Direito e Sexualidade*, Salvador, v. 3, n. 2, p. 189-204, 2022. p. 198.
[11] CUNHA, Leandro Reinaldo da. Genocídio trans: a culpa é de quem? *Revista Direito e Sexualidade*, Salvador, v. 3, n. 1, p. I-IV, 2022.

18.2. Transgêneros do Brasil em busca de asilo no mundo

Ainda que muitos busquem o Brasil como um porto seguro para poder viver sua vida em plenitude, fugindo dos riscos de ser quem é em seus países de origem, entendemos que a realidade do País é extremamente preocupante para as pessoas transgênero, haja vista nosso entendimento de que vivemos uma situação de genocídio trans[12].

É impossível ignorar o fato de que vivemos no País que mais mata pessoas transgênero no mundo (mais de 40% do total de assassinatos ocorridos no mundo entre 2008 e 2021 – 1.645 pessoas) como constatado pelo Trans Murder Monitoring – TMM, realizado pela Transrespct versus Transphobia Wordwild[13]. Essa realidade de temor constante que pode acompanhar uma pessoa transgênero caracteriza os requisitos autorizadores para o pleito de refúgio em outros países.

Entre os brasileiros, as razões mais recorrentes que levam pessoas transgênero a sair do Brasil são a constante discriminação, violência e exclusão por parte da sociedade em geral e também dentro da família[14].

Deixar o "Brasil gera várias expectativas: melhorar as condições econômicas, fugir da violência familiar, ganhar dinheiro e, inclusive, a possibilidade de encontrar um(a) parceiro(a)", este último, segundo a economista Lucy Victoria Ojeda Suárez, decorrente da crença de que "lá poderão construir um relacionamento afetivo, pois acreditam que os homens europeus são mais cultos e evoluídos"[15].

Nesse sentido, é de se ressaltar que muitos brasileiros buscam refúgio na Europa, continente com cerca de 25 países com a previsão expressa de acolhida de pessoas em razão de sua identidade de gênero, com Portugal figurando como um dos destinos mais procurados. A questão é positivada na legislação portuguesa pela Lei n. 27, de 30 de junho de 2008, que "Estabelece as condições e procedimentos de concessão de asilo ou protecção subsidiária e os estatutos de requerente de asilo, de refugiado e de protecção subsidiária". O texto da lei prevê de forma expressa que pertencer a um grupo social específico, o que inclui orientação sexual ou identidade de gênero distintas do esperado, insere-se entre os motivos para a concessão de asilo, nos termos dos arts. 2º, 2[16], e 3º.

---

[12] CUNHA, Leandro Reinaldo da. Genocídio trans: a culpa é de quem? *Revista Direito e Sexualidade*, Salvador, v. 3, n. 1, p. I-IV, 2022.

[13] Disponível em: https://transrespect.org/en/trans-murder-monitoring/.

[14] ARAÚJO, Tathiane Aquino; NOGUEIRA, Sayonara Naider Bonfim; CABRAL, Euclides Afonso. *Registro Nacional de Assassinatos e Violações de Direitos Humanos das Pessoas Trans no Brasil em 2022*. Série Publicações Rede Trans Brasil. 7. ed. Aracaju: Rede Trans Brasil; Uberlândia: IBTE, 2023. p. 14.

[15] ARAÚJO, Tathiane Aquino; NOGUEIRA, Sayonara Naider Bonfim; CABRAL, Euclides Afonso. *Registro Nacional de Assassinatos e Violações de Direitos Humanos das Pessoas Trans no Brasil em 2022*. Série Publicações Rede Trans Brasil. 7. ed. Aracaju: Rede Trans Brasil; Uberlândia: IBTE, 2023. p. 14.

[16] "2 – Para efeitos do disposto na subalínea iv) da alínea n) do número anterior, dependendo das circunstâncias no país de origem, um grupo social específico pode incluir um grupo baseado na identidade de gênero ou numa característica comum de orientação sexual, não podendo esta ser entendida como incluindo atos tipificados como crime, de acordo com a lei, bem como considerar os aspectos relacionados com o gênero, embora este por si só não deva criar uma presunção para a qualificação como grupo".

A mesma concepção estabelecida em Portugal é encontrada em outros países europeus, fato que também é replicado em alguns estados dos Estados Unidos da América, outro destino bastante procurado por brasileiros, para onde foram 110 nacionais do Brasil, apenas entre 2007 e 2017, com pleitos de asilo fundados em questões vinculadas à sexualidade, conforme levantamento realizado em 2021.

Itália, França, Espanha, Portugal, Suíça e Alemanha são os países que mais recebem brasileiros, sendo que a barreira linguística (salvo em Portugal), a falta de informação geral e com relação a seus direitos, além da falta de recursos econômicos, revelam-se como grandes obstáculos para a sua consolidação nesses novos destinos[17].

Assim, fica patente o entendimento de que as pessoas transgênero brasileiras podem encontrar refúgio/asilo fora do Brasil em razão do temor e das perseguições sofridas em território nacional.

---

[17] ARAÚJO, Tathiane Aquino; NOGUEIRA, Sayonara Naider Bonfim; CABRAL, Euclides Afonso. *Registro Nacional de Assassinatos e Violações de Direitos Humanos das Pessoas Trans no Brasil em 2022*. Série Publicações Rede Trans Brasil. 7. ed. Aracaju: Rede Trans Brasil; Uberlândia: IBTE, 2023. p. 14.

19
Direito Penal

A discriminação sofrida pelas pessoas transgênero em nossa sociedade ocorre de maneiras distintas, podendo alcançar os níveis mais vis, chegando a caracterizar figuras tipificadas na seara do Direito Penal.

Tal assertiva se presta a demonstrar que muitas vezes as ofensas perpetradas contra esse grupo em específico acabam por transpor os limites admissíveis para uma convivência social minimamente pacífica, com contornos que geralmente revelam um ódio incompreensível diante de quem apenas apresenta uma condição sexual distinta daquela experimentada pela maioria da população.

Não poucas vezes a conduta visando atingir as pessoas transgênero se manifesta por meio de atos que revelam claramente uma tentativa de extermínio dessa minoria sexual.

Como já indicado anteriormente, não se pode jamais ignorar as questões de fundo penal quando os dados demonstram que o Brasil é o país que mais mata pessoas transgênero no mundo, ato normalmente atrelado a uma motivação fútil e de extrema brutalidade e crueldade (apedrejamento, imolação), acompanhado, até mesmo, de rituais de expurgo, como a retirada do coração das vítimas[1], o que faz com que as pessoas transgênero que conseguem chegar à velhice sejam "consideradas verdadeiras sobreviventes"[2].

O fato é que não se pode ignorar os desdobramentos penais decorrentes da realidade vivenciada pela população transgênero no Brasil, sendo premente que se traga algumas breves considerações sobre essa perspectiva.

19.1. Licitude dos atos redesignatórios

Como indicado anteriormente, os procedimentos cirúrgicos realizados visando a afirmação do gênero de pertencimento têm natureza terapêutica, estando plenamente afastada concepção que já vigorou outrora de que tais intervenções poderiam ser tidas como lesão corporal, como se deu no caso clássico ocorrido na década de 1970, em que o médico Roberto Farina foi condenado por lesões corporais (art. 129, § 2º, III, do CP) por ter realizado operação de redesignação sexual em uma pessoa transexual (Processo 799/76, 17ª Vara Criminal de São Paulo)[3].

---

[1] Disponível em: https://www12.senado.leg.br/noticias/especiais/especial-cidadania/expectativa-de-vida-de--transexuais-e-de-35-anos-metade-da-media-nacional. Acesso em: 6 jun. 2023.
[2] ANTUNES, Pedro Paulo Sammarco; MERCADANTE, Elisabeth Frohlich. Travestis, envelhecimento e velhice. Revista Kairós-Gerontologia, [S.l.], v. 14, Especial10, p. 109-132, 2012. p. 109.
[3] CUNHA, Leandro Reinaldo da. Identidade de gênero e a licitude dos atos redesignatórios. Revista do Curso de Direito da Universidade Metodista de São Paulo, São Bernardo do Campo: Metodista, v. 10, 2013.

De se notar que, nesse caso, a operação visando a construção de uma estrutura genital adequada e funcional foi um sucesso, tendo proporcionado um resultado psíquico extremamente relevante[4], mas a visão da época foi que o médico teria praticado lesão corporal gravíssima, por ter retirado órgãos sadios da paciente, o que atentaria contra a sua integridade física. O processo contou com parecer de Heleno Cláudio Fragoso, que pontuou o consentimento do paciente e o interesse médico para refutar qualquer possibilidade de conduta típica, caracterizando o ato tão somente como o exercício regular de um direito[5].

As intervenções cirúrgicas realizadas visando a afirmação do gênero de pertencimento estão longe de constituírem uma conduta criminosa, sendo mesmo de se afirmar que a sua negativa é que comporta essa concepção, por apartar a pessoa transgênero do acesso aos cuidados médicos que podem ser preponderantes para a manutenção de sua vida, haja vista o elevado índice de tentativas de suicídio que atinge essa minoria sexual[6].

Ao conferir maior passabilidade à pessoa transgênero, com a realização da maior amplitude de procedimentos possíveis, permite-se que ela venha a transitar livremente na sociedade sem que sua identidade de gênero possa ser de conhecimento de todos[7], mitigando toda a violência que é destinada a quem não se insere perfeitamente no padrão de sexualidade posto.

O recorte discriminatório contra as questões que atinem aos interesses de pessoas transgênero fica patente ao se considerar que não se vê qualquer tipo de questionamento ou sugestão de ilícito quando um médico realiza a amputação de um dedo em caso de polidactilia, contudo um procedimento visando a afirmação de gênero de uma pessoa transgênero faz com que ainda se faça necessário empreender esforços a fim de refutar falas que reputam às intervenções dessa natureza uma pecha de ilicitude e ofensa ao corpo.

Caso as assertivas contrárias aos atos visando a afirmação de gênero venham acompanhadas de algum viés de discriminação, faz-se possível o enquadramento no tipo penal do racismo, nos termos consagrados pela ADO 26, trazidos a seguir.

19.2. Criminalização da transfobia

Partindo da premissa elementar de que o conceito de raça extrapola as linhas da questão envolvendo a cor da pele das pessoas, podemos considerar que o racismo se revela como uma expressão de poder de um grupo que se reconhece como superior a

---

[4] SZANIAWSKI, Elimar. *Limites e possibilidades do direito de redesignação do estado sexual*: estudo sobre o transexualismo: aspectos médicos e jurídicos. São Paulo: RT, 1998. p. 88-89.

[5] FRAGOSO, Heleno Cláudio. Transexualismo – cirurgia. Lesão corporal. *Revista de Direito Penal*, Rio de Janeiro: Forense, n. 27, p. 25-34, jul.-dez. 1979. p. 30.

[6] CUNHA, Leandro Reinaldo da. Identidade de gênero e a licitude dos atos redesignatórios. *Revista do Curso de Direito da Universidade Metodista de São Paulo*, São Bernardo do Campo: Metodista, v. 10, 2013.

[7] CUNHA, Leandro Reinaldo da. Além do gênero binário: repensando o direito ao reconhecimento legal de gênero. *Revista Direito e Sexualidade*, Salvador, v. 1, n. 1, p. 1-16, jan.-jun. 2020. p. 8.

outro e, em razão dessa percepção, considera que tem a prerrogativa de subjugar aqueles que considera inferiores.

Importante consignar que, diversamente do que se sustentava, lastreado em uma pseudocientificidade, os seres humanos não são divididos em raças, fato que restou plenamente demonstrado com o mapeamento do genoma humano. Tal conclusão reforça a concepção de que o conceito de raça está fundado em elementos de cunho social e não biológicos.

No entanto, seguimos vivendo em uma sociedade em que alguns se consideram seres humanos de maior valia por integrarem grupos tidos como majoritários, o que não se expressa como uma questão numérica, mas sim com base na condição de detentores de um poder estabelecido.

Tradicionalmente no Brasil a questão racial esteve vinculada aos negros, vítimas da escravização, que até os dias atuais sentem os reflexos e as mazelas desse período sombrio da humanidade em que pessoas foram retiradas do continente africano e trazidas para as Américas para atender às necessidades dos colonizadores[8]. Sua condição de origem lhes estigmatizou e faz com que ainda sofram uma enormidade de discriminações em nossa sociedade, mesmo que se possa afirmar que pretos e pardos compõem a maior parcela da população brasileira.

Com o objetivo de garantir a humanidade de todas as pessoas e tentar afastar do nosso Estado Democrático de Direito discriminações prejudiciais ao reconhecimento da igualdade e da dignidade da pessoa humana, o texto da Constituição Federal de 1988 assevera, em seu art. 5º, que todos são iguais perante a lei, sendo que consta dos objetivos fundamentais da República Federativa do Brasil "promover o bem de todos, sem preconceitos de origem, raça, sexo, cor, idade e quaisquer outras formas de discriminação" (art. 3º, IV).

Essa previsão já evidencia aspecto relevante para a compreensão do tema ao deixar patente que o conceito de raça não é sinônimo do de cor, visto que a Constituição Federal traz as duas expressões em seu corpo. Com lastro em um dos princípios hermenêuticos mais elementares, *verba cum effectu sunt accipienda* (não existem palavras inúteis na lei), é evidente que raça não é apenas cor, ao menos para fins jurídicos.

Com isso, pode-se afirmar que o texto constitucional compreende raça como concepção que não se restringe à cor de pele das pessoas, sendo cabível a compreensão de que o entendimento do conceito extrapola o que é ordinariamente adotado pela população como um todo. Assim, o conceito jurídico de raça goza de uma abrangência maior do que a acepção ordinariamente conferida ao termo.

No ordenamento jurídico pátrio, a conceituação de raça não se faz presente, o que nos remete à necessidade da fixação do que exatamente compreenderia tal expressão. A definição de raça é preponderante ao se considerar que se trata de elemento nuclear para a compreensão do que sejam atos discriminatórios, e ainda dá sustentação aos tipos penais previstos na Lei n. 7.716/89.

---

[8] NASCIMENTO, Abdias do. *O genocídio do negro brasileiro*. Rio de Janeiro: Paz e Terra, 1978.

De plano, é importante se consignar que a Lei n. 7.716/89, ao tratar dos crimes resultantes de preconceito de raça ou de cor, evidencia, logo no seu primeiro artigo, que não está a penalizar apenas condutas discriminatórias ou preconceituosas relacionadas à cor, mas também à raça, etnia, religião ou procedência nacional. Dessa forma, é possível compreender que raça deve ser entendida como algo distinto, para fins legais, de cor, etnia, religião ou procedência nacional, já que tais expressões constam de maneira específica no corpo da lei ao lado da palavra raça.

Tal concepção abrangente já vem sendo adotada de longa data pelo Supremo Tribunal Federal (STF), como se deu no julgamento do Caso Ellwanger (HC 82.424-2), em que o editor de livros antissemitas e que negavam os terrores do Holocausto tentava se livrar de condenação de racismo proferida pelo Tribunal de Justiça do Rio Grande do Sul.

Em linhas bastante superficiais, é de se afirmar que o conceito jurídico de raça no Brasil se conecta com a perspectiva social, no que se tem denominado de racismo social, que hierarquiza as pessoas não apenas segundo aspectos físicos, mas também segundo aspectos morais, intelectuais, culturais, étnicos, geográficos, entre outros. O denominador comum para a separação segundo essa perspectiva racial está na crença de superioridade de um grupo e de inferioridade de outro, que é vítima de discriminação e segregação em razão do seu pertencimento ao grupo tido como minoritário[9].

Acompanhando essa compreensão, o Supremo Tribunal Federal (STF), quando do julgamento da ADO 26, em 2019, entendeu que as condutas segregatórias em decorrência de orientação sexual e identidade de gênero (homotransfobia) se enquadrariam no tipo penal do racismo ao interpretar o que encerraria o conceito de raça. Relevante se consignar que, mesmo tendo sido convencionado denominar a conduta como "homotransfóbica", é essencial não se afastar do entendimento de que se está diante de uma situação complexa e vinculada a dois conceitos distintos afeitos à sexualidade.

Quando pensamos na homofobia, o cerne do ato discriminatório está atrelado à orientação sexual dissonante apresentada pela pessoa, ou seja, as ofensas perpetradas têm como pano de fundo sua homossexualidade, bissexualidade, assexualidade ou pansexualidade. Já em sede de transfobia, o aspecto motivador incide sobre a identidade de gênero daquela pessoa que não se insere nos preceitos da cisgeneridade esperada. Tal consideração é relevante já que explicita como a condição da pessoa transgênero é complexa, talvez a mais delicada entre as minorias sexuais, pois pode ser, concomitantemente, vítima da transfobia e também da homofobia, que muitas vezes é confundida por seus agressores.

De toda sorte, mesmo que possam ser "vítimas de homofobia, lesbofobia e/ou bifobia, é a transfobia que tem sido a maior responsável pela violência e violações de direitos humanos que pessoas transgênero têm sofrido. Isso se dá, em larga medida, pela forma como o cissexismo é colocado como ponto central, atuando através da transfobia para negar a existência, a humanidade e, portanto, qualquer

---

[9] CUNHA, Leandro Reinaldo da. Transgêneros: conquistas e perspectivas. *In:* LISBOA, Roberto Senise (coord.). *Direito na Sociedade da Informação V.* São Paulo: Almedina, 2020. p. 170.

possibilidade de acesso a cidadania e direito para travestis, transexuais e demais pessoas transgênero"[10].

Importante assinalar que a morosidade do Poder Legislativo em elaborar legislação específica criminalizando a transfobia foi um dos elementos considerados pela decisão proferida pelo Supremo Tribunal Federal (STF) para admitir a compreensão de elementos vinculados à sexualidade como um dos parâmetros de raça, fato que, em alguma medida, se coaduna com a perspectiva de que a leniência legislativa[11] não pode seguir prosperando. A "criminalização da homotransfobia é demandada pela lógica do princípio da proporcionalidade na acepção de proibição de proteção insuficiente e os consequentes deveres de proibição, proteção e ação do estado relativamente à população LGBTI"[12].

Sempre importante ressaltar que, diversamente do que muitos professam equivocadamente, não se trata de aplicação de analogia ou mesmo interpretação ampliativa, vedadas no âmbito do direito penal, mas apenas da fixação do conceito de raça como direcionado a grupos socias inferiorizados por aqueles que se colocam como majoritários, no exato espectro da dimensão social de raça.

Nesse mesmo diapasão, em agosto de 2023, o Supremo Tribunal Federal (STF), em julgamento pelo Plenário Virtual, entendeu que o preconceito contra pessoas transgênero há de ser entendido também sob a perspectiva da injúria racial, decorrente de questionamento em sede de embargos de declaração à decisão que inseriu tais condutas no crime de racismo (ADO 26 e MI 4.733), no qual se aduziu obscuridade ao não tratar expressamente da hipótese. No relatório, o Ministro Edson Fachin ponderou que, "... tendo em vista que a injúria racial constitui uma espécie do crime de racismo, e que a discriminação por identidade de gênero e orientação sexual configura racismo por raça, a prática da homotransfobia pode configurar crime de injúria racial".

Quanto à figura da injúria racial, relevante se faz consignar as alterações trazidas pela Lei n. 14.532/2023 à Lei n. 7.716/89 e ao Código Penal, para "tipificar como crime de racismo a injúria racial, prever pena de suspensão de direito em caso de racismo praticado no contexto de atividade esportiva ou artística e prever pena para o racismo religioso e recreativo e para o praticado por funcionário público"[13].

Com a nova redação, tem-se que, em linhas gerais, "injuriar alguém, ofendendo-lhe a dignidade ou o decoro, em razão de raça, cor, etnia ou procedência nacional", enseja pena de reclusão, de dois a cinco anos, e multa (art. 2º-A), a qual será "aumentada de metade se o crime for cometido mediante concurso de 2 (duas) ou mais

---

[10] BENEVIDES, Bruna G. *Dossiê assassinatos e violências contra travestis e transexuais brasileiras em 2022*. Brasília: Distrito Drag, ANTRA, 2023. p. 119.

[11] CUNHA, Leandro Reinaldo da. Identidade de gênero e a responsabilidade civil do Estado pela leniência legislativa. *Revista dos Tribunais*, São Paulo: RT, n. 962 p. 37-52, 2015.

[12] VECCHIATTI, Paulo Roberto Iotti. *O STF, a homotransfobia e o seu reconhecimento como crime de racismo*. Bauru, SP: Spessotto, 2020. p. 23.

[13] Entendo que algumas considerações são necessárias com relação às atividades artísticas, contudo estas serão objeto de análise em outro momento, ante a complexidade e a amplitude do tema que extrapolam os limites da presente obra.

pessoas" (parágrafo único). Além disso, todos os crimes tipificados na Lei n. 7.716/89 terão suas penas aumentadas em um terço até a metade quando praticados em contexto ou com intuito de descontração, diversão ou recreação (art. 20-A), e um terço for cometido por funcionário público no exercício de suas funções ou a pretexto de exercê-las (art. 20-B).

Houve também a previsão de agravante no caso de "praticar, induzir ou incitar a discriminação ou preconceito de raça, cor, etnia, religião ou procedência nacional", que estabelece reclusão de um a três anos e multa (art. 20, *caput*), e no de "fabricar, comercializar, distribuir ou veicular símbolos, emblemas, ornamentos, distintivos ou propaganda que utilizem a cruz suástica ou gamada para fins de divulgação do nazismo", com previsão de reclusão de dois a cinco anos e multa (art. 20, § 1º), os quais, se praticados "por intermédio dos meios de comunicação social, de publicação em redes sociais, da rede mundial de computadores ou de publicação de qualquer natureza", passam a ser apenados com reclusão de dois a cinco anos e multa (art. 20, § 2º). Prevê, ainda, que "Se qualquer dos crimes previstos neste artigo for cometido no contexto de atividades esportivas, religiosas, artísticas ou culturais destinadas ao público", caberá pena de "reclusão, de 2 (dois) a 5 (cinco) anos, e proibição de frequência, por 3 (três) anos, a locais destinados a práticas esportivas, artísticas ou culturais destinadas ao público" (§ 2º-A), e que, "Sem prejuízo da pena correspondente à violência, incorre nas mesmas penas previstas no *caput* deste artigo quem obstar, impedir ou empregar violência contra quaisquer manifestações ou práticas religiosas" (§ 2º-B).

Dessa forma, o entendimento vigente, enquanto não houver qualquer legislação que venha a definir o que compreende exatamente a concepção de raça, é o de que prevalece a perspectiva do racismo social, e as discriminações e os preconceitos praticados contra pessoas transgênero estariam inseridos no tipo penal do racismo, com todos os seus desdobramentos.

Portanto, toda sorte de comportamento transfóbico, assim entendidos aqueles que se mostrem "inferiorizantes, degradantes ou humilhantes", acompanhados ou não de "agressões físicas, verbais, simbólicas, materiais, patrimoniais e/ou psicológicas manifestadas com o intuito de violar direitos, negar acesso ou dificultar a cidadania, coibir a livre expressão de gênero, assim como a de negar o reconhecimento da autodeclaração de gênero de travestis, transexuais e demais pessoas trans, quando sua identidade de gênero for um fator determinante para essas violências ou violações, seja por ação direta ou por omissão"[14], é passível de penalização, nos termos previstos pela legislação antirracista.

19.3. Homicídios e a banalização das vidas transgênero

A violência contra as pessoas LGBTQIAPN+ é uma triste realidade em nosso País, que, apesar de conhecida por todos, segue sendo continuamente ignorada pelo

---

[14] BENEVIDES, Bruna G. *Dossiê assassinatos e violências contra travestis e transexuais brasileiras em 2022*. Brasília: Distrito Drag, ANTRA, 2023. p. 18.

Estado com suas estatísticas oficiais que pouco informam[15] e sua leniência legislativa[16] que fomenta uma invisibilização social persistente e letal, fazendo com que as minorias sexuais sejam vitimadas "não por 'monstros' inimagináveis, mas por pessoas 'normais', ditas 'de bem' que geralmente não cometem atos de opressão contra terceiros, mas que, por algum motivo, se sentem detentores do pseudo-'direito' de ofender, discriminar, agredir e/ou até mesmo matar pessoas LGBTI"[17] pelo simples fato de serem quem são.

Antes mesmo de me ater à questão da ampla gama de violências perpetradas contra as pessoas transgênero, é importante pontuar que o problema enfrentado pelas minorias sexuais vai muito além da agressão em si, havendo que se mencionar uma preocupação revelada pela Comissão Interamericana de Direitos Humanos (CIDH) que indica que, quando tais pessoas vão buscar ajuda, deparam-se com "abusos policiais, como tortura, tratamento desumano e degradante, e ataques verbais e físicos"[18].

O número de homicídios que atinge pessoas transgênero coloca o Brasil, já há vários anos, como o país que mais mata essa minoria sexual no mundo. Segundo a TGEU Trans Murder Monitoring – TMM, da Transrespct versus Transphobia Wordwild[19], mais de 40% dos homicídios de pessoas transgênero ocorridos no mundo entre 2008 e 2021 (1.645 pessoas) se deu em território nacional, sendo que, dos 321 casos reportados em 2023 (1º de outubro de 2022 e 30 de setembro de 2023), cerca de 100 deles (31%) foram no Brasil[20].

Como se pode vislumbrar do estudo feito pela Rede Trans Brasil, se forem acrescidos os casos de pessoas transgênero suicidadas (15) e os de vítimas da aplicação industrial de silicone (3), o total de mortes violentas e sociais em 2022 no Brasil foi de 118[21].

Nota-se também a existência de uma perspectiva de gênero quando da análise da violência sofrida por pessoas transgênero. Mulheres transexuais e travestis são brutalmente mais atingidas por atos atentatórios contra a sua integridade, o que, segundo a Comissão Interamericana de Direitos Humanos (CIDH), "é o resultado de uma combinação de fatores: exclusão, discriminação e violência dentro da família, escolas e

---

[15] FÓRUM BRASILEIRO DE SEGURANÇA PÚBLICA. *Anuário Brasileiro de Segurança Pública*. São Paulo: FBSP, 2023. p. 114. Disponível em: https://forumseguranca.org.br/wp-content/uploads/2023/07/anuario-2023.pdf. Acesso em: 23 nov. 2023.

[16] CUNHA, Leandro Reinaldo da. Identidade de gênero e a responsabilidade civil do Estado pela leniência legislativa. *Revista dos Tribunais*, São Paulo: RT, n. 962 p. 37-52, 2015.

[17] VECCHIATTI, Paulo Roberto Iotti. *O STF, a homotransfobia e o seu reconhecimento como crime de racismo*. Bauru, SP: Spessotto, 2020. p. 23.

[18] IACHR. *An overview of violence against LGBTI persons. A registry documenting acts of violence between January 1, 2013 and March 31, 2014*. Washington, D.C., December 17, 2014. p. 3. (Tradução do autor) Disponível em: https://www.oas.org/en/iachr/lgtbi/docs/Annex-Registry-Violence-LGBTI.pdf. Acesso em: 23 nov. 2023.

[19] Disponível em: https://transrespect.org/en/trans-murder-monitoring/. Acesso em: 23 nov. 2023.

[20] Disponível em: https://transrespect.org/en/trans-murder-monitoring-2023/. Acesso em: 23 nov. 2023.

[21] ARAÚJO, Tathiane Aquino; NOGUEIRA, Sayonara Naider Bonfim; CABRAL, Euclides Afonso. *Registro Nacional de Assassinatos e Violações de Direitos Humanos das Pessoas Trans no Brasil em 2022*. Série Publicações Rede Trans Brasil. 7. ed. Aracaju: Rede Trans Brasil; Uberlândia: IBTE, 2023. p. 12.

sociedade em geral; falta de reconhecimento de sua identidade de gênero; envolvimento em ocupações que os colocam em maior risco de violência; e alta criminalização"[22].

Segundo os dados coletados em 2022 pela Rede Trans Brasil, "100% dos casos monitorados se referem à identidade de gênero feminina, ou seja, as vítimas identificadas eram mulheres trans ou travestis" (em 2021, homens transgênero foram 2,7% das vítimas), o que leva à conclusão de que a concepção social, cultural e histórica do feminino está associada a um maior risco de ser vítima de violência[23].

Os números da Associação Nacional de Travestis e Transexuais (Antra) constatam que, não fosse absurdo o bastante toda a violência sofrida, há um aspecto ainda mais ignóbil a ladear esse vergonhoso recorde ostentado pelo Brasil: um considerável montante desses assassinatos é praticado de forma excessivamente violenta e, por vezes, acompanhada de requintes de crueldade, o que se constatou em 65% dos casos ocorridos em 2022, nos quais houve a utilização concomitante de mais de um método (em 11 dos casos), emprego de extrema violência e elevada repetição de golpes, condutas bastante características de crimes de ódio[24].

O mesmo foi revelado pela Comissão Interamericana de Direitos Humanos (CIDH), que verificou ser comum a presença de altos níveis de violência e crueldade nas agressões praticadas contra pessoas transgênero que "incluem armas, facas e outras armas, queimaduras, decapitações, morte por espancamento brutal e severo, apedrejamento, morte por tijolos ou martelos, asfixia e esquartejamento, entre outros"[25].

Considerando os homicídios ocorridos em 2022, em 11 deles (9%) não se encontrou informações sobre os meios utilizados para o cometimento do crime, porém nos demais tem-se que em 41% se utilizou armas de fogo (24 deles com elevado número de tiros ou à queima-roupa) e em 24%, arma branca. Mas o que realmente é assustador é constatar que em 16% das mortes houve espancamento, apedrejamento, asfixia e/ou estrangulamento, e em 10%, outros meios, como pauladas, tijoladas, degolamento e emprego de fogo, sendo os corpos das vítimas encontrados carbonizados[26]. Nos números da Rede Trans Brasil houve o uso de arma de fogo em 43% dos casos, facadas em 27%, uso de violência em 17%, além de aproximadamente 5% tendo

---

[22] IACHR. *An overview of violence against LGBTI persons. A registry documenting acts of violence between January 1, 2013 and March 31, 2014*. Washington, D.C., December 17, 2014. p. 4. (Tradução do autor) Disponível em: https://www.oas.org/en/iachr/lgtbi/docs/Annex-Registry-Violence-LGBTI.pdf. Acesso em: 23 nov. 2023.

[23] ARAÚJO, Tathiane Aquino; NOGUEIRA, Sayonara Naider Bonfim; CABRAL, Euclides Afonso. *Registro Nacional de Assassinatos e Violações de Direitos Humanos das Pessoas Trans no Brasil em 2022*. Série Publicações Rede Trans Brasil. 7. ed. Aracaju: Rede Trans Brasil; Uberlândia: IBTE, 2023. p. 17.

[24] BENEVIDES, Bruna G. *Dossiê assassinatos e violências contra travestis e transexuais brasileiras em 2022*. Brasília: Distrito Drag, ANTRA, 2023. p. 52-53.

[25] IACHR. *An overview of violence against LGBTI persons. A registry documenting acts of violence between January 1, 2013 and March 31, 2014*. Washington, D.C., December 17, 2014. p. 3. (Tradução do autor) Disponível em: https://www.oas.org/en/iachr/lgtbi/docs/Annex-Registry-Violence-LGBTI.pdf. Acesso em: 23 nov. 2023.

[26] BENEVIDES, Bruna G. *Dossiê assassinatos e violências contra travestis e transexuais brasileiras em 2022*. Brasília: Distrito Drag, ANTRA, 2023. p. 51-52.

pedradas como *modus operandi*, além de relatos de "uso de machado e picareta, atropelamento intencional e o uso de fogo"[27].

De se notar também que em 61% dos casos os crimes ocorreram em espaço público, sendo recorrente que os corpos fossem encontrados "em terrenos baldios e obras abandonadas, dentro de rios e lagos, praças e na zona rural de cidades do interior", onde ocorreram 64% dos casos[28]. A situação ganha contornos ainda mais delicados ao se ponderar que um dos poucos espaços que lhes concedem acolhida e permitem que elas vivam como são, conferindo-lhes a sensação de pertencimento a "algum lugar", é, ao mesmo tempo, onde estão mais expostas, revelando a "frágil linha que separa o desejo do ódio, e a vida da morte, [que] estrutura a cotidianidade travesti"[29].

Quanto ao ofensor, considerando os casos monitorados pela Rede Trans Brasil em 2022, em 30% não houve qualquer menção à existência de um relacionamento com a vítima, enquanto que em cerca de 51% deles não havia tal sorte de relacionamento. Contudo, em 6% os crimes foram praticados por clientes, em 9% por companheiros, em 2% por namorados, havendo, ainda, um caso praticado pelo irmão da vítima e outro que se deu em decorrência de disputa de ponto[30].

Considerando dados internacionais, o TGEU Trans Murder Monitoring – TMM constatou que, das 321 pessoas transgênero e de gênero diverso vitimadas entre outubro de 2022 e setembro de 2023, a maioria delas era de mulheres transgênero (94%) negras ou racializadas (80%), das quais 48% exercem atividades laborativas associadas ao sexo, 45% eram migrantes ou refugiadas na Europa, tendo como local do crime, em 28% dos casos, as ruas e, em 26%, suas residências, asseverando, ainda, que em 46% dos casos houve o emprego de arma de fogo[31].

Não se pode olvidar que tais dados são claramente subnotificados, ante a total falta de informações oficiais, uma vez que não há, em regra, qualquer menção quanto à identidade de gênero das pessoas vítimas de homicídio, o que também foi impactado, a partir de 2018, com a possibilidade de alteração extrajudicial de nome e sexo nos documentos nos termos firmados pelo Supremo Tribunal Federal (STF) e instrumentalizado pelo Conselho Nacional de Justiça (CNJ) no Provimento n. 73, o que fez com que mortes violentas ocorridas não fossem registradas como sofridas por pessoas transgênero[32].

---

[27] ARAÚJO, Tathiane Aquino; NOGUEIRA, Sayonara Naider Bonfim; CABRAL, Euclides Afonso. *Registro Nacional de Assassinatos e Violações de Direitos Humanos das Pessoas Trans no Brasil em 2022*. Série Publicações Rede Trans Brasil. 7. ed. Aracaju: Rede Trans Brasil; Uberlândia: IBTE, 2023. p. 23.

[28] BENEVIDES, Bruna G. *Dossiê assassinatos e violências contra travestis e transexuais brasileiras em 2022*. Brasília: Distrito Drag, ANTRA, 2023. p. 53.

[29] VARTABEDIAN, Julieta. Travestis brasileiras trabalhadoras do sexo algumas notas além da heteronormatividade. *Bagoas – Estudos gays: gêneros e sexualidades*, [S.l.], v. 11, n. 17, 2018. p. 79.

[30] ARAÚJO, Tathiane Aquino; NOGUEIRA, Sayonara Naider Bonfim; CABRAL, Euclides Afonso. *Registro Nacional de Assassinatos e Violações de Direitos Humanos das Pessoas Trans no Brasil em 2022*. Série Publicações Rede Trans Brasil. 7. ed. Aracaju: Rede Trans Brasil; Uberlândia: IBTE, 2023. p. 25.

[31] Disponível em: https://transrespect.org/en/trans-murder-monitoring-2023/. Acesso em: 23 nov. 2023.

[32] ARAÚJO, Tathiane Aquino; NOGUEIRA, Sayonara Naider Bonfim; CABRAL, Euclides Afonso. *Registro Nacional de Assassinatos e Violações de Direitos Humanos das Pessoas Trans no Brasil em 2022*. Série Publicações Rede Trans Brasil. 7. ed. Aracaju: Rede Trans Brasil; Uberlândia: IBTE, 2023. p. 13.

Essa subnotificação é uma realidade presente em inúmeros estudos realizados mundo afora, e está expressamente reportada pela Comissão Interamericana de Direitos Humanos (CIDH), que assevera que muitas pessoas com "medo de represálias, relutantes em identificar-se como LGBT ou descrentes quanto a atuação da polícia e do sistema de justiça", acabam por não relatar as violências sofridas[33].

Não se pode, tampouco, ignorar que em muitas situações se vê a insidiosa prática, tanto da sociedade quanto daqueles que têm o dever de investigar tais crimes, de culpabilizar a vítima pela própria morte[34].

Há ainda que se agregar as hipóteses de homicídio tentado, os quais seguem a mesma dificuldade de constatação, haja vista que inexiste campo, por exemplo, nos documentos e formulários preenchidos nas delegacias para indicar a identidade de gênero das vítimas.

Entre os casos de tentativa de homicídio que chegaram ao conhecimento da Rede Trans Brasil em 2022, 94% das vítimas eram mulheres transgênero ou travestis, enquanto apenas 6% eram homens transgênero de um universo de 33 casos. Em 14 situações não havia a identificação da atividade profissional das vítimas, mas, entre aqueles nos quais constava tal informação, quase todos tinham como ofendidas profissionais do sexo (17), sendo as restantes uma faxineira e uma pessoa em situação de rua[35]. Já os dados coletados pela Associação Nacional de Travestis e Transexuais (Antra) revelaram ao menos 84 tentativas de homicídio, das quais apenas 2 tiveram como vítimas homens transgênero, reportando, ainda, que os números dos anos anteriores foram de 79 vítimas em 2021, 77 em 2020, 50 em 2019, 72 em 2018 e 58 em 2017.

Os dados colacionados pela Associação Nacional de Travestis e Transexuais (Antra) indicam que 21% das tentativas de homicídio foram praticadas por clientes, 9,1% por companheiros e em um deles o ato foi praticado pelo pai do companheiro[36].

De se notar que um traço comum nas violências perpetradas contra toda a comunidade LGBTQIAPN+, e que obviamente tem o seu peso no caso específico das pessoas transgênero, é o fato de que aqueles que praticam os ataques consideram-se legitimados a agir de tal forma por entenderem que suas vítimas transgrediram as normas de gênero aceitas[37].

---

[33] IACHR. *An overview of violence against LGBTI persons. A registry documenting acts of violence between January 1, 2013 and March 31, 2014*. Washington, D.C., December 17, 2014. p. 2. (Tradução do autor) Disponível em: https://www.oas.org/en/iachr/lgtbi/docs/Annex-Registry-Violence-LGBTI.pdf. Acesso em: 23 nov. 2023.

[34] ARAÚJO, Tathiane Aquino; NOGUEIRA, Sayonara Naider Bonfim; CABRAL, Euclides Afonso. *Registro Nacional de Assassinatos e Violações de Direitos Humanos das Pessoas Trans no Brasil em 2022*. Série Publicações Rede Trans Brasil. 7. ed. Aracaju: Rede Trans Brasil; Uberlândia: IBTE, 2023. p. 25.

[35] ARAÚJO, Tathiane Aquino; NOGUEIRA, Sayonara Naider Bonfim; CABRAL, Euclides Afonso. *Registro Nacional de Assassinatos e Violações de Direitos Humanos das Pessoas Trans no Brasil em 2022*. Série Publicações Rede Trans Brasil. 7. ed. Aracaju: Rede Trans Brasil; Uberlândia: IBTE, 2023. p. 36.

[36] ARAÚJO, Tathiane Aquino; NOGUEIRA, Sayonara Naider Bonfim; CABRAL, Euclides Afonso. *Registro Nacional de Assassinatos e Violações de Direitos Humanos das Pessoas Trans no Brasil em 2022*. Série Publicações Rede Trans Brasil. 7. ed. Aracaju: Rede Trans Brasil; Uberlândia: IBTE, 2023. p. 38.

[37] IACHR. *An overview of violence against LGBTI persons. A registry documenting acts of violence between January 1, 2013 and March 31, 2014*. Washington, D.C., December 17, 2014. p. 1. (Tradução do autor) Disponível em: https://www.oas.org/en/iachr/lgtbi/docs/Annex-Registry-Violence-LGBTI.pdf. Acesso em: 23 nov. 2023.

Não se pode ignorar também a incidência de violência sexual contra homens transgênero, os quais, quando vítimas de estupro, buscam o atendimento médico e policial/judicial necessário e acabam enfrentando mais discriminação, pois podem apresentar um prenome masculino, ter como sexo indicado nos documentos homem/masculino, e ainda assim necessitar de atendimento ordinariamente destinado a mulheres.

Se essa violência sexual resultar em gravidez, o que, segundo a lei, autorizaria o aborto legal, também fará com que ele enfrente as mesmas dificuldades, sendo esse um tema analisado de maneira superficial em sede de saúde pública, e quase inexistente nos bancos jurídicos, o que acaba por aprofundar ainda mais as agruras suportadas por essa vítima na hora de abortar[38]. E, se decidir ter o filho, poderá acabar sendo vítima de violência obstétrica[39], experienciando uma vulnerabilidade majorada pela transfobia[40].

Toda essa gama de dados é a clara expressão da vulnerabilidade que permeia as existências transgênero, que deixa patente o genocídio[41] que elas enfrentam, bem como a premência da atuação do Poder Público, sob pena de ruptura do tecido social e quebra dos parâmetros instituidores do Estado Democrático de Direito ante sua leniência legislativa[42].

19.4. *Bullying* e *cyberbullying*

As condutas de intimidação e ofensas reiteradas praticadas contra uma pessoa, conhecidas como *bullying* (ou *cyberbullying* quando praticadas em ambiente virtual), são constantemente enfrentadas por pessoas transgênero, desde a infância até a vida adulta.

A Lei n. 14.811/2024 criou o art. 146-A, tipificando a intimidação sistemática (*bullying*) no *caput* e a intimidação sistemática virtual (*cyberbullying*) no parágrafo único, com pena que pode chegar a 4 anos de reclusão e multa, caso não constitua crime mais grave. Ainda que se possa questionar a construção do tipo penal[43], trata-se de uma medida importante no sentido de mostrar a relevância da questão, merecendo atenção do direito penal.

---

[38] OLIVEIRA JÚNIOR, Helio Fernando de; DREHMER Anna Paula. Homens trans e pessoas transmasculinas frente ao aborto legal: um ponto cego na formação jurídica? *Revista Brasileira de Estudos da Homocultura*, v. 6, n. 19, jan.-abr. 2023. p. 72.

[39] PFEIL, Cello Latini; PFEIL, Bruno Latini. Em defesa de parentalidades transmasculinas: uma crítica transviada ao [cis]feminismo. *Revista Brasileira de Estudos da Homocultura*, v. 6, n. 19, jan.-abr. 2023. p. 59.

[40] YOSHIOKA, Anara Rebeca Ciscoto; OLIVEIRA, José Sebastião de. Violência obstétrica e a vulnerabilidade dos homens trans diante de seus direitos de personalidade nos serviços de saúde do Brasil. *Observatório de La Economía Latinoamericana*, [S.l.], v. 21, n. 12, p. 26626-26655, 2023.

[41] CUNHA, Leandro Reinaldo da. Genocídio trans: a culpa é de quem? *Revista Direito e Sexualidade*, Salvador, v. 3, n. 1, p. I-IV, 2022.

[42] CUNHA, Leandro Reinaldo da. Identidade de gênero e a responsabilidade civil do Estado pela leniência legislativa. *Revista dos Tribunais*, São Paulo: RT, n. 962 p. 37-52, 2015. p. 48.

[43] O art. 146-A traz no tipo, por exemplo, que a intimidação é sistemática, e depois assevera que há de ser uma conduta repetitiva, o que se mostra redundante.

Caso a conduta de intimidação sistemática, ocorrida tanto no mundo físico quanto no virtual, seja praticada perante atos que revelem a intenção de humilhar ou discriminar, que tenham por fundo a identidade de gênero da pessoa transgênero, pode configurar o tipo penal descrito no art. 146-A do Código Penal. Todavia, entendo que a conduta praticada haverá de ser apreciada com bastante atenção, haja vista a possibilidade de poder configurar o crime de racismo, nos termos descritos na ADO 26. Ponderamos que, visando demonstrar maior preocupação com a extensão da vulnerabilidade que se impõe às pessoas transgênero, seria salutar que o tipo penal tivesse trazido que, quando a perseguição fosse fundada na identidade de gênero da vítima, caberia a imposição de uma agravante.

Questão relevante que nos toca aduzir é a referente à prática de tais condutas no âmbito familiar, tendo como agentes genitores, irmãos, primos, tios ou padrasto/madrasta, e como vítimas crianças e adolescentes[44], situação dotada de um potencial lesivo ainda mais prejudicial por se dar onde ordinariamente haveria de encontrar proteção[45]. Nesse caso, há também de se aferir a incidência de elementos relativos ao direito de família (perda do poder familiar, alienação parental e afastamento do convívio) e à responsabilidade civil.

Há também o risco de que tais atos sejam praticados em espaços educacionais, culminando até mesmo na privação da vítima do convívio escolar[46], como revelam os elevados dados de evasão escolar que atingem as pessoas transgênero. Nessas hipóteses, além da possibilidade de caracterização do tipo penal, há de se considerar, em sede de responsabilidade civil, que, em se tratando de conduta praticada por menores de 18 anos, lastreada no disposto no art. 942 do Código Civil, impõe-se a solidariedade entre os pais e as instituições de ensino pelo *bullying* praticado pela criança ou adolescente em suas dependências[47], sem olvidar a possibilidade da responsabilidade direta do incapaz (de natureza subsidiária) prevista no art. 928 do Código Civil, além da responsabilidade objetiva do Estado quando os fatos se derem nas dependências de uma escola pública (art. 37, § 6º, da CF), ou da responsabilidade objetiva pela prestação de serviços da escola com base no Código de Defesa do Consumidor[48].

---

[44] CUNHA, Leandro Reinaldo da. *Identidade e redesignação de gênero*: aspectos da personalidade, da família e da responsabilidade civil. 2. ed. rev. e ampl. Rio de Janeiro: Lumen Juris, 2018. p. 241.

[45] CARDIN, Valéria Silva Galdino. Do *bullying* ao transexual no seio familiar como violência velada: uma afronta à dignidade da pessoa humana. In: CONPEDI/UNICURITIBA. *Biodireito*. Florianópolis: FUNJAB, 2013. p. 14.

[46] BROWN, David. Making room for sexual orientation and gender identity in international human rights law: an introduction to the Yogyakarta principles. *Michigan Journal of International Law*, v. 31, p. 821-879, 2010. p. 830-831.

[47] TARTUCE, Flávio. A responsabilidade civil dos pais pelos filhos e o *bullying*. In: PEREIRA, Rodrigo da Cunha (coord.). *Família e responsabilidade*: teoria e prática do direito de família. Porto Alegre: Magister/IBDFAM, 2010. p. 286.

[48] CUNHA, Leandro Reinaldo da. *Identidade e redesignação de gênero*: aspectos da personalidade, da família e da responsabilidade civil. 2. ed. rev. e ampl. Rio de Janeiro: Lumen Juris, 2018. p. 293-295.

19.5. Falta de alteração dos documentos e alegação de falsidade ideológica

A alteração dos documentos pessoais visando a adequação do prenome e sexo ao gênero de pertencimento da pessoa transgênero pode trazer reflexos também no direito penal. Ainda que tenha havido uma facilitação no acesso aos documentos em consonância com a identidade de gênero com a ADI 4.275 e regulamentação do Conselho Nacional de Justiça (CNJ) para a realização administrativa das mudanças documentais, é patente que a exclusão dos menores de 18 anos e a ausência de gratuidade plena representam obstáculos para que as pessoas transgênero consigam efetivamente viver uma cidadania plena.

O que se constata é que aquelas pessoas transgênero que já iniciaram o seu processo de afirmação de gênero, tendo ou não realizado qualquer intervenção cirúrgica, acabam por vivenciar uma realidade que traz consequências delicadas para a sua vivência em sociedade, já que podem portar documentos que indicam um nome e uma imagem distintos daqueles utilizados por elas no seu cotidiano.

Um dos riscos de ser conhecido com um nome distinto daquele que consta de seus documentos de identificação pessoal, como também de apresentar-se socialmente como alguém diverso da imagem e sexo ali assinalados, está na alegação de que tal pessoa estaria cometendo o crime de falsidade documental ou de falsidade ideológica.

A falsidade documental prevê como tipo, no art. 297, "falsificar, no todo ou em parte, documento público, ou alterar documento público verdadeiro", com uma pena de reclusão de dois a seis anos e multa. A incompatibilidade entre o que a pessoa apresenta no seu modo de ser e o que consta de seus documentos pode levar a autoridade policial a suspeitar da prática do crime.

O mesmo pode ser dito quanto à falsidade ideológica, tipificada no art. 299 do Código Penal como "omitir, em documento público ou particular, declaração que dele devia constar, ou nele inserir ou fazer inserir declaração falsa ou diversa da que devia ser escrita, com o fim de prejudicar direito, criar obrigação ou alterar a verdade sobre fato juridicamente relevante", com pena de "reclusão, de um a cinco anos, e multa, se o documento é público, e reclusão de um a três anos, e multa, de quinhentos mil réis a cinco contos de réis, se o documento é particular".

Evidente que a pessoa transgênero não cometeu tais crimes ao expressar sua identidade de gênero, não sendo um ilícito penal performar socialmente os caracteres de gênero condizentes com a sua transgeneridade. Contudo, tal realidade pode dar azo ao seu encaminhamento ao distrito policial para que venha a se explicar, tendo que expor elementos de sua intimidade apenas por não ter conseguido, em face da absurda leniência do Estado[49], a expedição de documentos que expressem quem ela efetivamente é.

Nesse sentido, é importante indicar o caso ocorrido com Keila Simpson, presidenta da Associação Nacional de Travestis e Transexuais (Antra) e diretora da Associação

---

[49] CUNHA, Leandro Reinaldo da. Identidade de gênero e a responsabilidade civil do Estado pela leniência legislativa. *Revista dos Tribunais*, São Paulo: RT, n. 962 p. 37-52, 2015.

Brasileira de Organizações Não Governamentais (Abong), integrante da delegação brasileira no Fórum Social Mundial que foi impedida de entrar no México em maio de 2022. Ela teve sua entrada no país "inadmitida por inconsistências", sendo determinado seu retorno imediato no próximo voo ao Brasil, por não constar em seu passaporte o seu nome feminino[50]. O Estado mexicano, por meio da Comissão Nacional de Direitos Humanos (CNDH), reconheceu a transfobia ocorrida em recomendação encaminhada ao Instituto Nacional de Migração (INM), mas sem tomar qualquer providência adicional.

A falta da confluência da expressão de gênero da pessoa transgênero nos seus documentos pode dar azo a uma série de percalços, alguns deles chegando a indevidamente imprimir nessa pessoa já tão estigmatizada a pecha de criminosa, aprofundando ainda mais as mazelas que acompanham esse grupo já tão vulnerabilizado, o que impõe o dever de uma atenção ainda maior das autoridades policiais a fim de evitar que esse tipo de ocorrência venha a atingir aqueles que não são criminosos, mas apenas expressam socialmente o seu gênero de pertencimento.

19.6. Lei Maria da Penha e feminicídio

Inegavelmente, um dos marcos mais importantes na proteção da mulher no Brasil se deu com a Lei Maria da Penha (Lei n. 11.340/2006), que cria mecanismos visando coibir a violência doméstica e familiar contra a mulher. Entendendo a vulnerabilidade do feminino em nossa sociedade, a legislação busca assegurar oportunidades e facilidades para garantir à mulher uma vida sem violência, como preconizado no art. 2º da lei.

Tendo por fim precípuo a perspectiva de minimizar as "desigualdades com tratamento diferenciado razoável aplicável às mulheres vítimas de violência, que pode ser oriunda de relacionamento heterossexual ou homossexual quando relacionada a pessoas com envolvimento amoroso"[51], a Lei Maria da Penha não ofende qualquer preceito constitucional ao estabelecer uma proteção especial ao feminino, ante a manifesta vulnerabilidade que recai sobre as integrantes desse grupo.

O texto da Lei Maria da Penha trabalha com a premissa da ampla proteção ao feminino, pois assevera expressamente a proteção a toda mulher, sem fazer qualquer sorte de exceção ou restrição, de modo que, sendo mulher, cisgênero ou transgênero, "biológica" ou não, há de ser-lhe garantidos todos os elementos protetivos consignados na Lei Maria da Penha. A lei ainda pontua que "classe, raça, etnia, orientação sexual, renda, cultura, nível educacional, idade e religião" não serão elementos restritivos para o gozo dos direitos fundamentais resguardados na legislação (art. 2º).

---

[50] BENEVIDES, Bruna G. *Dossiê assassinatos e violências contra travestis e transexuais brasileiras em 2022*. Brasília: Distrito Drag, ANTRA, 2023. p. 66.

[51] ALMEIDA, Gabrielle Souza O' de; CUNHA, Leandro Reinaldo da. Aplicação integral da Lei Maria da Penha para mulheres trans e travestis: a inconstitucionalidade da desconsideração da categoria gênero como critério qualitativo de observância da lei. *In*: COSTA, Fabrício Veiga; DIAS, Renato Duro; TAVARES, Silvana Beline (coords.). *Gênero, sexualidades e direito*. Florianópolis: Conpedi, 2021. p. 139.

No entanto, a falta de menção quanto à identidade de gênero no texto da lei deu ensejo ao questionamento acerca da extensão dos seus efeitos também às mulheres transexuais e travestis, bem como aos homens transexuais, tendo por foco a premissa de que aquelas não seriam "biologicamente mulheres".

O escopo da lei é claramente a proteção da vulnerabilidade do feminino, não se vinculando necessariamente ao aspecto biológico ou genital da pessoa, mas sim ao papel de gênero desempenhado por ela na família e na sociedade. A violência que se busca coibir com a Lei Maria da Penha é a decorrente da concepção de superioridade do masculino sobre o feminino, o que se revela pela expressão de gênero apresentada pela pessoa, sem que isso tenha relação indissociável com a estrutura genital daquela pessoa.

É prioritário que se compreenda que a Lei Maria da Penha não se destina exclusivamente a quem tem em seus documentos a indicação de mulher/feminino ou revela ter vagina ou seios em sua compleição física (que, de regra, estão sob as vestimentas), mas sim a quem traga consigo aspectos atrelados ao feminino, que é o que essencialmente torna as mulheres vulneráveis e carecedoras de proteção especial do Poder Público por "serem historicamente subjugadas pela lógica patriarcal de que seriam mais frágeis"[52].

Após uma série de discussões sobre o tema, muitas delas pautadas em manifesto preconceito, a questão chegou ao Superior Tribunal de Justiça (STJ) e, com decisão proferida pela 6ª Turma no REsp 1.977.124, com relatoria do Ministro Rogerio Schietti Cruz, estabeleceu-se a aplicação da Lei Maria da Penha em favor de toda vítima mulher, independentemente do seu sexo biológico[53], de sorte que qualquer pessoa que ostente um elemento feminino, seja no sexo ou no gênero, gozará das prerrogativas previstas na legislação especial.

Assim, mulheres cisgênero e mulheres transgênero fazem jus aos benefícios firmados na Lei Maria da Penha, como também o fazem os homens transgênero que ainda seguem sendo vulnerabilizados por possuírem genitais de mulher ou pelo fato de os terem tido, apesar de performarem o masculino. Homens transgênero jamais gozarão dos privilégios experimentados pelos homens cisgênero.

A mesma concepção lógica há de ser aplicada à qualificadora do feminicídio no crime de homicídio, incluída pela Lei n. 13.104/2015, que majora a pena quando o crime é praticado "contra a mulher por razões da condição de sexo feminino" (art. 121, IV, do CP), as quais se verificam "quando o crime envolve: I – violência doméstica e familiar; II – menosprezo ou discriminação à condição de mulher" (art. 121, § 2º-A).

---

[52] ALMEIDA, Gabrielle Souza O' de; CUNHA, Leandro Reinaldo da. Aplicação integral da Lei Maria da Penha para mulheres trans e travestis: a inconstitucionalidade da desconsideração da categoria gênero como critério qualitativo de observância da lei. In: COSTA, Fabrício Veiga; DIAS, Renato Duro; TAVARES, Silvana Beline (coords.). *Gênero, sexualidades e direito*. Florianópolis: Conpedi, 2021. p. 141.

[53] "Recurso especial. Mulher trans. Vítima de violência doméstica. Aplicação da Lei n. 11.340/2006, Lei Maria da Penha. Critério exclusivamente biológico. Afastamento. Distinção entre sexo e gênero. Identidade. Violência no ambiente doméstico. Relação de poder e *modus operandi*. Alcance teleológico da lei. Medidas protetivas. Necessidade. Recurso provido".

A qualificadora visa atingir os homicídios praticados em clara demonstração de desprezo, ódio e misoginia com relação à condição feminina. É a identificação da vítima como sendo mulher, portanto o gênero que ostenta socialmente, que está no cerne do tipo penal, mormente ao se considerar que o agressor não tem, necessariamente, conhecimento da compleição física genital daquela pessoa contra quem direciona sua conduta. Caso o tenha, até mesmo o homicídio de um homem transgênero pode ensejar a qualificadora do feminicídio.

Como é recorrente quando se trata de questões atinentes à sexualidade, o legislador, nas parcas vezes que se digna a tratar do tema, não o faz com atenção à mais escorreita técnica no que concerne aos termos relacionados aos elementos referentes a sexo, gênero, orientação sexual e identidade de gênero, o que fica evidente na mescla entre os conceitos de sexo (mulher) e gênero (feminino) que constam das expressões "condição de sexo feminino" (art. 121, VI) e "condição de mulher" (art. 121, § 2º-A, II) presentes no Código Penal.

E essa imprecisão, mais uma vez, conduziu a discussão do tema por mares que se mostraram segregatórios e que acabavam dando azo a um entendimento de que a qualificadora não haveria de ser aplicada se a vítima do crime de homicídio fosse uma mulher transgênero, sob a argumentação de que não seria possível a analogia ou a ampliação da compreensão do vocábulo mulher para não ferir o princípio da tipicidade.

Esse foi exatamente o entendimento adotado por André Luiz Nicolitt e Janaína Silveira Castro Bickel, que afirmam não ser possível ampliar ou aplicar analogia "sob pena de violarmos o imprescindível princípio da tipicidade penal", ressaltando a existência de um incalculável "custo político em prejuízo às garantias fundamentais de uma interpretação" que ofenderia o princípio da tipicidade, complementando que "a qualificadora só incide quando a vítima ostentar, seja em razão do sexo biológico, seja em razão de decisão judicial, o registro de nascimento com a indicação do sexo feminino"[54].

Discordo do posicionamento apresentado, pois não se trata de uma ampliação do conceito ou mesmo de analogia, mas sim da adequada compreensão do que a qualificadora visa coibir e que, por uma clara atecnia legislativa, acabou não restando plenamente compreensível, impondo a necessidade da interpretação da lei compreendendo o real significado das expressões ali consignadas e utilizadas sem a acuidade necessária, da mesma forma que se deu quanto à acepção da expressão raça na ADO 26, tratada anteriormente nesta obra.

Esperar que o conhecimento acerca do sexo biológico ou das informações constantes dos documentos de identificação ou registro de nascimento da pessoa seja o parâmetro para a incidência da qualificadora é ignorar exatamente o objetivo da legislação de resguardar o feminino.

---

[54] NICOLITT, André Luiz; BICKEL, Janaína Silveira Castro. Sistema penal e transexualidade: reflexões necessárias à tutela de direitos fundamentais. *Revista dos Tribunais*, São Paulo: RT, v. 986, p. 63-85, 2017. p. 80.

A proteção da lei visa atender toda a amplitude do conceito atrelado ao feminino, seja quanto a sua manifestação física/genital (sexo), seja na sua acepção sociocultural (gênero), autorizando a imposição da qualificadora quando o homicídio tenha como vítima tanto quem possui genitália tradicionalmente associada à mulher (mulheres cisgênero e homens transgênero) como também a quem performe o gênero feminino (mulheres cisgênero e mulheres transgênero).

Qualquer interpretação que se desvie da compreensão de que a Lei Maria da Penha e a qualificadora do feminicídio têm por fim a proteção do feminino ou a forma como a feminilidade se apresenta na sociedade se mostra contrária ao escopo da lei, dando ao texto legal uma interpretação falha e que não confere o devido respaldo a quem deveria. O objetivo precípuo é a proteção daquelas pessoas que socialmente manifestam o feminino e seus caracteres, não sendo necessário o acesso à intimidade ou aos documentos da vítima para que venha gozar da proteção especial estabelecida ou mesmo para que a pena do homicídio seja majorada.

19.7. "Pânico trans" (*trans panic*) como fundamento de legítima defesa

Em sede de direito penal é recorrente a utilização de argumentos dos mais questionáveis quando da apresentação de uma defesa, mormente perante o júri popular. E é exatamente nesse contexto que trago breves considerações acerca do "pânico trans", uma manifesta tentativa de transferir a responsabilidade pelos atos ilícitos praticados, justificando a conduta em uma forma enviesada de legítima defesa.

A discussão recebe alguma atenção em outros países, como nos Estados Unidos da América, tendo seu embrião na figura do denominado "gay panic", entendido, em linhas panorâmicas, como a defesa utilizada por um heterossexual quando pratica crime violento sob a argumentação de que teria perdido o controle ou mesmo tido uma reação exacerbada decorrente de uma investida indesejada de uma pessoa homossexual[55].

A questão como um todo está baseada em um contexto de criação de pânico moral similar ao estabelecido nos anos 1980 contra gays e lésbicas, que eram descritos pela chamada "grande mídia" como pedófilos que, por meio de uma "agenda gay", buscavam "converter" as crianças. A antiga "agenda gay" foi transformada em "agenda trans". A tática é baseada em "exagerar coisas, considerar incidentes isolados como se indicassem problemas generalizados ou até mesmo inventar coisas"[56].

A discussão lá se espraiou, atingindo todo o espectro de sexualidade que destoa do ordinariamente esperado, tendo sido cunhado o termo "LGBTQ+ panic defense", que pode ser entendido como uma estratégia de defesa, normalmente utilizada para reforçar outras, que busca que o júri considere a orientação sexual ou a identidade de gênero da vítima como culpada pela reação violenta do réu, usada até mesmo em casos de homicídio. A ideia básica é demonstrar que a orientação sexual ou a identidade de

---

[55] MICHALSKI, Nicholas D.; NUNEZ, Narita. When Is "Gay Panic" Accepted? Exploring Juror Characteristics and Case Type as Predictors of a Successful Gay Panic Defense. *Journal of Interpersonal Violence*, v. 37, n. 1-2, p. 782--803, 2022. p. 782.

[56] Disponível em: https://www.opendemocracy.net/en/5050/lisa-power-stonewall-anti-trans-moral-panic-homophobia-1980s/. Acesso em: 10 jan. 2024.

gênero da vítima não apenas explica, mas também valida a agressão, afastando a culpa do agressor por ter perdido o controle e agido de forma delituosa, tentando, com isso, argumentar que sua atitude foi legítima, implicando, ainda, uma concepção de que vidas LGBTQ+ como um todo seriam menos importantes que as demais[57].

A questão atinge contornos tão severos nos Estados Unidos da América, que 17 estados já haviam expressamente proibido o uso de tal estratégia de defesa até 2022, e outros 12 tinham proposto que tal proibição fosse estabelecida[58].

No Brasil, a figura poderia ser apreciada de maneira coligada com o que se tinha como recorrente em casos de violência doméstica e feminicídio quando o agressor aduzia como escusa a figura da legítima defesa da honra, a qual já foi declarada inconstitucional pelo Supremo Tribunal Federal (STF) quando do julgamento da ADPF 779, que reconheceu que tal argumento atentaria contra a dignidade humana, a proteção à vida e a igualdade de gênero, princípios constitucionais basilares.

Da mesma forma que se dava com a legítima defesa da honra, a argumentação do chamado "pânico trans" se sustenta no preconceito arraigado em nossa sociedade de que algumas condutas seriam permitidas contra minorias, bem como que atitudes praticadas por integrantes desses grupos sociais minoritários confeririam uma permissão para a prática de agressões, reforçando a vulnerabilidade que os acompanha.

Sempre acompanhado de um recorte de gênero, nesse contexto, um simples olhar de uma pessoa transgênero poderia ser tido como uma ofensa à masculinidade do agressor, que estaria autorizado a "revidar" com agressões e ofensas a fim de se defender. O estigma e a baixa valia social que acompanham a pessoa transgênero trariam consigo, segundo essa perspectiva, o permissivo para que fossem violentados. Peculiar e bastante significativo notar que tal conduta, muitas vezes praticada com requintes de crueldade, é consequência da cobrança por serviços sexuais prestados por travestis e não pagos[59].

No Brasil, uma terra em que os homicídios com motivação fútil contra pessoas transgênero são constantes, a ponto de nos colocar na vexatória condição de país que mais mata pessoas transgênero no mundo, é premente que se tenha toda atenção para que o argumento do "pânico trans" não passe a figurar como a estratégia de defesa básica de todos aqueles que atentam contra quem apresente uma identidade de gênero que não se enquadre na cisgeneridade.

Essa situação ganha contornos mais preocupantes nos casos de crimes contra a vida, em que a presença do júri popular, representando a população em todas as suas características e preconceitos, pode considerar que tais atitudes motivadas pelo estigma e pela discriminação seriam admissíveis e, portanto, autorizadoras da agressão praticada.

---

[57] Disponível em: https://lgbtqbar.org/programs/advocacy/gay-trans-panic-defense/. Acesso em: 28 mar. 2023.
[58] PLENDERLEITH, Kijana. Panic! At the Courthouse: A New Proposal for Amending Enacted Legislation Banning the LGBTQ+ Panic Defense. *Vermont Law Review*, v. 46, n. 4, p. 690-716, Summer 2022. p. 690.
[59] BENEVIDES, Bruna G. *Dossiê assassinatos e violências contra travestis e transexuais brasileiras em 2022*. Brasília: Distrito Drag, ANTRA, 2023. p. 54.

Outra vertente do *trans panic* que tem sido construída é a relativa ao uso do banheiro feminino por travestis e mulheres trans, como se isso encerrasse em si um automático risco a meninas e mulheres cisgênero, ensejando o impedimento do acesso[60] e até mesmo agressões a mulheres cisgênero por serem "confundidas" com pessoas transgênero (como se isso justificasse)[61], como tratado anteriormente[62].

19.8. Criminalidade e pessoas transgênero

Um dos estigmas que acompanham as pessoas transgênero é o de que elas seriam pessoas "afeitas ao crime", um estereótipo tão arraigado que se reflete em decisões judiciais e no funcionamento do sistema de justiça como um todo[63]. É fato que um grande número de pessoas transgênero acaba enfrentando problemas na esfera penal em decorrência de crimes totalmente circunscritos à realidade vivenciada pela população como um todo, mas isso está longe de se constituir um problema social ou uma condição intrínseca de quem apresenta essa identidade de gênero.

Como já aduzido anteriormente, a existência e a imagem da pessoa transgênero atraem atenção diferenciada exatamente pela quebra da expectativa com relação à sexualidade, fazendo com que qualquer situação vinculada à pessoa transgênero acabe ganhando destaque, o que também se dá quando da ocorrência de alguma prática criminosa. Contudo, é de se constatar também que a excepcionalidade de tais eventos continua fazendo com que ganhem maior relevo, o que revela que não se trata de uma situação tão corriqueira a ponto de passar despercebida.

É, portanto, primordial afirmar que os casos em que efetivamente se tem uma pessoa transgênero como autora de um crime são excepcionais. Em uma analogia simples, basta pensar na absurda quantidade de acidentes automobilísticos que acontecem todos os dias que, de tão recorrentes, nem são mais noticiados, porém um acidente de avião, por ser algo inusitado, ganha atenção. Quando as pessoas conseguem mencionar a existência de um caso ou outro, é exatamente pelo fato de ser excepcional.

Ressaltada tal característica, é importante analisar os motivos mais recorrentes em que se associa a transgeneridade à criminalidade, sendo a prostituição fator nuclear nesse contexto, considerando ser essa a ocupação de quase a totalidade das mulheres transexuais e travestis[64]. É ela que está no cerne de muitos problemas, como

---

[60] BENEVIDES, Bruna G. *Dossiê assassinatos e violências contra travestis e transexuais brasileiras em 2022*. Brasília: Distrito Drag, ANTRA, 2023. p. 72.

[61] Disponível em: https://g1.globo.com/pe/pernambuco/noticia/2023/12/24/mulher-e-agredida-por-cliente-em-restaurante-no-recife-ao-usar-banheiro-feminino-pensou-que-eu-uma-mulher-trans.ghtml. Acesso em: 20 jan. 2024.

[62] Tema abordado com maior atenção no Capítulo 9 (O uso de banheiros e vestiários).

[63] SERRA, Vitor Siqueira. *"Pessoa afeita ao crime": criminalização de travestis e o discurso judicial criminal paulista*. 128 f. Dissertação (Mestrado) – Faculdade de Ciências Humanas e Sociais, Universidade Estadual Paulista "Júlio de Mesquita Filho", São Paulo, 2018.

[64] BENEVIDES, Bruna G. *Dossiê assassinatos e violências contra travestis e transexuais brasileiras em 2021*. Brasília: Distrito Drag, ANTRA, 2022. p. 47.

agressões sofridas e praticadas por e contra clientes, bem como o "furto" de bens desses mesmos clientes quando se negam a pagar pelos serviços sexuais prestados.

Questões relacionadas a uso, posse e venda de entorpecentes também estão na pauta dos assuntos que atingem as pessoas transgênero.

Porém, tem se constatado cada vez mais a precarização do trabalho e a vulnerabilidade extrema que caminham ao lado da população transgênero como fatores que acabam conduzindo muitas pessoas transgênero para a prática de crimes, o que já foi até mesmo reconhecido judicialmente em outros países. Na Argentina houve a absolvição de 18 mulheres transgênero de uma acusação de comercialização de drogas, reconhecendo que a situação de extrema vulnerabilidade que as acometia estava relacionada de forma indissociável com o ato por elas praticado[65].

O fato é que a não inclusão das pessoas transgênero no mercado de trabalho formal restringe o seu acesso a meios que viabilizem prover sua própria subsistência, como já trazido no presente trabalho, conduzindo cerca de 90% das mulheres transexuais e travestis para o mercado da prostituição que se desenvolve, eminentemente, na rua. A discriminação impõe uma realidade às pessoas transgênero que lhes confere pouco espaço para experienciar os parâmetros ordinários de uma vida vivida por uma pessoa cisgênero, o que é muito conexo com a questão laboral, onde há tão pouco espaço que "a associação travesti-prostituição é muito grande"[66], a ponto de alguns chegarem a entender que travesti seria uma profissão.

E é na rua, onde a sua existência é permitida, que normalmente passam a ter, efetivamente, contato com a criminalidade, já que são espaços "atravessados por diferentes processos de criminalização"[67], que acabam imprimindo sua face nas existências das pessoas transgênero.

A região geográfica em que se circunscreve como autorizada a presença social de travestis é bastante específica e conhecida em cada cidade de médio e grande porte, e a necessidade de sobrevivência nesses espaços marginalizados acaba impondo a constituição de redes de proteção extremamente complexas, normalmente associadas a criminosos, o que reforça a errônea percepção de que toda pessoa transgênero é, automaticamente, dada à prática de ilícitos, segundo uma "expectativa de que as travestis sejam criminosas [o que] se torna argumento legitimador de sua criminalização, numa prática de sujeição criminal que atribui a ela o rótulo de criminosa independentemente de vir a praticar qualquer ato dessa natureza"[68].

---

[65] Disponível em: https://www.pagina12.com.ar/439642-absuelven-a-18-mujeres-trans-acusadas-de-comercializar-droga?ampOptimize=1. Acesso em: 26 nov. 2023.

[66] VARTABEDIAN, Julieta. Travestis brasileiras trabalhadoras do sexo algumas notas além da heteronormatividade. *Bagoas – Estudos gays: gêneros e sexualidades*, [S.l.], v. 11, n. 17, 2018. p. 75.

[67] SERRA, Vitor Siqueira. *"Pessoa afeita ao crime": criminalização de travestis e o discurso judicial criminal paulista*. 128 f. Dissertação (Mestrado) – Faculdade de Ciências Humanas e Sociais, Universidade Estadual Paulista "Júlio de Mesquita Filho", São Paulo, 2018. p. 17.

[68] SERRA, Vitor Siqueira. *"Pessoa afeita ao crime": criminalização de travestis e o discurso judicial criminal paulista*. 128 f. Dissertação (Mestrado) – Faculdade de Ciências Humanas e Sociais, Universidade Estadual Paulista "Júlio de Mesquita Filho", São Paulo, 2018. p. 75-77.

Essa concepção é tão fortemente arraigada que infecta até mesmo o sistema de justiça, o qual se mostra tão tendencioso a fazer valer os estigmas construídos que chega a entender que, "à luz das regras da experiência comum", não se faz necessário "avaliar cautelosamente as diferentes narrativas apresentadas sobre os fatos, a produção de provas e o contexto social em que se deu o conflito" para "condenar uma travesti – que já cumpria pena privativa de liberdade – a mais sete anos, onze meses e oito dias de reclusão e ao pagamento de 793 dias-multa"[69].

O estigma revela a existência de uma concepção de que pessoas transgênero, principalmente as com baixa passabilidade, são perigosas, afeitas ao crime, com um vínculo praticamente indissociável com a prostituição e o tráfico de drogas, ao que se agrega a concepção de que, principalmente no caso das travestis, há ali uma mentira de um homem camuflado atrás ou dentro dela, que acaba maculando a realidade como um todo, estabelecendo "estereótipos, construções sociais, que ao surgirem no discurso jurídico assombram ações policiais, lavraturas de boletins de ocorrência, produção de provas, tipificação de condutas, fixação de penas e regimes de cumprimento"[70].

A percepção dessa predisposição em criminalizar a existência das travestis é constatada nos inúmeros casos em que sua presença nos plantões policiais se dá em razão do inadimplemento por parte dos clientes que lhes contrataram para prestar serviços de cunho sexual, sendo-lhes exigida a comprovação de que a cobrança é legítima. Mesmo sendo a vítima, sua manifestação recebe pouco valor, sendo-lhe imposto que produza provas formais, o que desconsidera suas condições de trabalho e existência, entendendo, ainda, que suas tentativas de receber o que lhe é devido são violentas, excessivas e abusivas[71].

É absolutamente inadmissível, lastreado em preconceitos e estigmas, negar-se a alguém preceitos basilares do nosso Estado Democrático de Direito, como a presunção de inocência, com base em percepções distorcidas da realidade, ou ainda sustentar como evidência de que todas as pessoas transgênero são perigosas em face de um determinado ato praticado por uma delas, em uma generalização discriminatória[72].

O fato de a ocorrência se dar em um local tido rotineiramente como reduto de prostituição de travestis não é bastante para que se pressuponha que sua exigência é válida. Impõe-se a ela a prova de um contrato verbal, entabulado de maneira íntima pelas partes. Assim, o "sistema de justiça criminal opera evidentemente dois pesos e duas medidas: a clandestinidade em que acontecem tais conflitos transforma as

---

[69] SERRA, Vitor Siqueira. *"Pessoa afeita ao crime": criminalização de travestis e o discurso judicial criminal paulista.* 128 f. Dissertação (Mestrado) – Faculdade de Ciências Humanas e Sociais, Universidade Estadual Paulista "Júlio de Mesquita Filho", São Paulo, 2018. p. 39.

[70] SERRA, Vitor Siqueira. *"Pessoa afeita ao crime": criminalização de travestis e o discurso judicial criminal paulista.* 128 f. Dissertação (Mestrado) – Faculdade de Ciências Humanas e Sociais, Universidade Estadual Paulista "Júlio de Mesquita Filho", São Paulo, 2018. p. 52.

[71] SERRA, Vitor Siqueira. *"Pessoa afeita ao crime": criminalização de travestis e o discurso judicial criminal paulista.* 128 f. Dissertação (Mestrado) – Faculdade de Ciências Humanas e Sociais, Universidade Estadual Paulista "Júlio de Mesquita Filho", São Paulo, 2018. p. 87-88.

[72] BENEVIDES, Bruna G. *Dossiê assassinatos e violências contra travestis e transexuais brasileiras em 2022.* Brasília: Distrito Drag, ANTRA, 2023. p. 92-93.

travestis em pessoas desviantes, suas narrativas perdem credibilidade e demandam comprovação, ao mesmo tempo em que transforma os homens em vítimas e suas narrativas, mesmo quando frágeis ou contraditórias, são legitimadas"[73].

A falta de dados estatísticos confiáveis sobre o tema dificulta uma apreciação mais abalizada, contudo é relevante ponderar, apenas à guisa de exemplificação, que nos Estados Unidos da América se relatou, em 2023, pela primeira vez, a execução de pena de morte a uma mulher transgênero, considerando-se que, até aquela data, 1.558 pessoas haviam sido executadas, das quais apenas 17 não eram homens[74].

Outra conduta típica que se vincula às pessoas transgênero, mais especificamente a mulheres transexuais e travestis, de que sua identidade de gênero seria apenas uma forma de praticar ataques e violências sexuais contra mulheres e crianças cisgênero, não passa de tentativa de fomentar terror moral e pânico, uma vez que não existem dados ou indícios de aumento de casos dessa natureza em espaços unissexuais (como banheiros) ou utilizados conjuntamente[75].

Para finalizar, é interessante suscitar, quanto aos crimes praticados por pessoa transgênero, o aborto, tema ordinariamente desconsiderado nos discursos clássicos do direito penal, em que não se pensa ordinariamente em um homem praticando um aborto, ignorando-se a figura dos homens transgênero que podem engravidar e interromper tal gestação[76]. Contudo, tal questão encontra ocorrência prática bastante reduzida, considerando a baixa incidência de gravidez em homens transgênero (3%)[77].

Com isso, tem-se que a criminalidade não é uma marca indissociável das pessoas transgênero, como muitos acreditam ou querem impor.

19.9. Estupro corretivo

A concepção equivocada de que a sexualidade estaria lastreada em um parâmetro volitivo[78] faz com que toda característica vinculada à sexualidade que escapa aos parâmetros ordinários seja vista pelos ignorantes como passível de mudança ou conversão, o que tem impactos nefastos na realidade das minorias sexuais.

---

[73] SERRA, Vitor Siqueira. *"Pessoa afeita ao crime": criminalização de travestis e o discurso judicial criminal paulista*. 128 f. Dissertação (Mestrado) – Faculdade de Ciências Humanas e Sociais, Universidade Estadual Paulista "Júlio de Mesquita Filho", São Paulo, 2018. p. 88.

[74] Disponível em: https://www.nbcconnecticut.com/news/national-international/transgender-missouri-inmate-scheduled-to-be-executed-tuesday/2946873/. Acesso em: 7 jan. 2023.

[75] BENEVIDES, Bruna G. A autodeclaração de gênero de mulheres trans expõe mulheres cis a predadores sexuais? *Medium*, 28 fev. 2021. Disponível em: https://brunabenevidex.medium.com/a-autodeclara%C3%A7%C3%A3o--de-g%C3%AAnero-de-mulheres-trans-exp%C3%B5e-mulheres-cis-a-predadores-sexuais-11b27e1ff85e. Acesso em: 8 jan. 2024.

[76] OLIVEIRA JÚNIOR, Helio Fernando de; DREHMER Anna Paula. Homens trans e pessoas transmasculinas frente ao aborto legal: um ponto cego na formação jurídica? *Revista Brasileira de Estudos da Homocultura*, v. 6, n. 19, jan.-abr. 2023. p. 69.

[77] PFEIL, Cello Latini et al. Gravidez, aborto e parentalidade nas transmasculinidades: um estudo de caso das políticas, práticas e experiências discursivas. *Revista Brasileira de Estudos da Homocultura*, v. 6, n. 19, jan.-abr. 2023. p. 18.

[78] CUNHA, Leandro Reinaldo da. Direitos dos transgêneros sob a perspectiva europeia. *Debater a Europa*, v. 19, p. 47-56, jul.-dez. 2018. p. 49.

Nesse campo, surge a nefasta figura do estupro corretivo, uma das condutas mais abjetas que recaem sobre as pessoas transgênero, com impacto ainda mais severo quando atrelado ao gênero feminino, surgindo quase como que uma "versão caseira da cura gay", normalmente acompanhada da assertiva do agente de que após aquele ato sexual aquela vítima passará a "gostar do que deveria gostar" em razão da normalidade posta.

Não é de se espantar que no universo de trevas em que boa parte de nossa sociedade repousa floresça a arrogância, a prepotência ou a crença de que aquele que impõe uma relação sexual não consentida seja detentor de poderes mágicos[79] para fazer com que a vítima se "normalize" ou seja "curada".

Como em qualquer hipótese de estupro, a questão central está no poder que acompanha toda sorte de violência de gênero, contudo, nesse caso, está permeado de um fator diferencial autoatribuído de nuances de altruísmo, já que a violência sexual praticada nesse contexto teria o fim de "corrigir ou curar" a sexualidade divergente daquela pessoa.

Esse tipo de conduta passou a integrar o Código Penal, com a Lei n. 13.718/2018, que inseriu a figura do "estupro corretivo" como elemento que majora a pena de 1/3 a 2/3 quando o crime é praticado "para controlar o comportamento social ou sexual da vítima" (art. 226, IV, *b*). O que o caracteriza, em linhas gerais, é a inconformidade do autor quanto à sexualidade da vítima, associado a uma visão de que ele, com sua conduta, seria capaz de corrigir a condição sexual que ele considera uma transgressão moral, biológica e social[80].

Não existem dados oficiais sobre estupros corretivos no Brasil, mas, com base em informações obtidas no Sistema de Informação de Agravos de Notificação (Sinan, parte do Ministério da Saúde), via Lei de Acesso à Informação, chegou-se a um número assustador: "6 lésbicas foram estupradas por dia em 2017, em um total de 2.379 casos registrados", sendo que em 61% destes a agressão ocorreu em sua residência, tendo homens como ofensores em 96% das vezes[81].

Ainda que não se tenha dados oficiais, basta considerar a vulnerabilidade experienciada pelas pessoas transgênero para se entender a necessidade de que haja especial atenção com relação aos estupros corretivos.

19.10. Adequado recolhimento no sistema prisional[82]

O adequado local em que uma pessoa transgênero cumprirá pena é mais um problema a ser analisado, considerando a estrutura segregada do sistema prisional,

---

[79] CUNHA, Leandro Reinaldo da. Sexualidade e o medo da magia. *Revista Direito e Sexualidade*, v. 2, p. I-IV, 2021.
[80] Disponível em: https://www.generonumero.media/reportagens/no-brasil-6-mulheres-lesbicas-sao-estupradas-por-dia/#:~:text=N%C3%A3o%20h%C3%A1%20dados%20oficiais%20de,assim%20C%C3%A9%20um%20crime%20subnotificado. Acesso em: 27 nov. 2023.
[81] Disponível em: https://www.generonumero.media/reportagens/no-brasil-6-mulheres-lesbicas-sao-estupradas-por-dia/#:~:text=N%C3%A3o%20h%C3%A1%20dados%20oficiais%20de,assim%20C%C3%A9%20um%20crime%20subnotificado. Acesso em: 27 nov. 2023.
[82] Parte da ideia desenvolvida nesta seção está presente em texto comentando a decisão da ADPF 527, publicado na *Revista dos Tribunais*, n. 1.060.

constituída com o objetivo de garantir a integridade das pessoas condenadas. Nos estabelecimentos prisionais há a separação de homens e mulheres em unidades distintas, mormente considerando a vulnerabilidade feminina e todas as violências contra elas perpetradas na sociedade como um todo. Todavia, é imprescindível compreender qual há de ser o parâmetro da sexualidade que será considerado para a indicação do local em que cada pessoa será recolhida[83].

Da mesma forma que se dá na sociedade como um todo, também nesse microcosmo do sistema prisional as pessoas transgênero são vulnerabilizadas e, se forem inseridas em presídios e cadeias sem a devida atenção, passarão a viver em uma situação de vulnerabilidade ainda mais complexa do que a vivenciada antes de terem sua liberdade atingida. Um dado relevante e pouco difundido é que, "na prisão, travestis e transexuais são reinseridas em um sistema de violações que se agravam devido a sua identidade, e são alvos preferenciais em casos de rebeliões"[84].

O Brasil[85] apresenta uma das maiores massas carcerárias do planeta e, segundo dados do Departamento Penitenciário Nacional (Depen), 10.161 pessoas desse contingente são LGBTI, sendo 1.027 travestis, 611 mulheres transexuais e 353 homens transgênero, conforme dados de 2020[86]. A esses números deve-se ainda agregar a enorme quantidade de subnotificações "tendo em vista as dinâmicas de autodeterminação, dinâmicas administrativas das unidades ou mesmo medo em se assumir pessoa LGBTQIA+ no ambiente prisional"[87].

Como constatado no "Dossiê trans Brasil: um olhar acerca do perfil de travestis e mulheres transexuais no sistema prisional"[88], realizado pela Associação Nacional de Travestis e Transexuais (Antra), a maioria das mulheres transgênero encarceradas é negra (cerca de 85%), pobre, periférica e tem baixa escolaridade, sendo muitas "presas por pequenos roubos ou falsas acusações de roubo quando um cliente se recusa a pagar por um programa sexual após realizá-lo", mas a maioria por "comercializar ou portar pequenas quantidades de drogas", ou seja, crimes de menor potencial nocivo[89].

---

[83] CUNHA, Leandro Reinaldo da. Transgêneros: conquistas e perspectivas. *In:* LISBOA, Roberto Senise (coord.). *Direito na Sociedade da Informação V.* São Paulo: Almedina, 2020. p. 171.

[84] BENEVIDES, Bruna G. *Dossiê trans Brasil*: um olhar acerca do perfil de travestis e mulheres transexuais no sistema prisional. Brasília: Distrito Drag, ANTRA, 2022. p. 43.

[85] O Brasil conta com a 3ª maior população carcerária do mundo, com cerca de 667.541 presos em celas físicas estaduais e 594 em celas físicas federais, bem como 139.010 presos em prisão domiciliar, segundo o Levantamento Nacional de Informações Penitenciárias (Infopen). Disponível em: https://app.powerbi.com/view?r=eyJrIjoiZTU2MzVhNWYtMzBkNi00NzJlLTllOWItZjYwY2ExZjBiMWNmIiwidCI6ImViMDkwNDIwLTQ0NGMtNDNmNy05MWYyLTRiOGRhNmJmZThlMSJ9. Acesso em: 4 abr. 2023.

[86] Disponível em: https://www.stj.jus.br/sites/portalp/Paginas/Comunicacao/Noticias/2022/11122022-Transformando-a-prisao-diferentes-olhares-sobre-direitos--dilemas-e-esperancas-de-presos-e-presas-transgenero.aspx. Acesso em: 29 jan. 2024.

[87] BENEVIDES, Bruna G. *Dossiê trans Brasil*: um olhar acerca do perfil de travestis e mulheres transexuais no sistema prisional. Brasília: Distrito Drag, ANTRA, 2022. p. 50.

[88] BENEVIDES, Bruna G. *Dossiê trans Brasil*: um olhar acerca do perfil de travestis e mulheres transexuais no sistema prisional. Brasília: Distrito Drag, ANTRA, 2022.

[89] BENEVIDES, Bruna G. *Dossiê trans Brasil*: um olhar acerca do perfil de travestis e mulheres transexuais no sistema prisional. Brasília: Distrito Drag, ANTRA, 2022. p. 41.

Ainda considerando a composição do contingente prisional transgênero, é de se ressaltar fato que atinge de modo bastante particular os homens transgênero, "que permanecem ainda mais invisibilizados, seja pelas pesquisas e literaturas que tratam sobre a situação de pessoas LGBTQIA+ no cárcere, seja pelos movimentos sociais e pelas próprias unidades penitenciárias que não trazem à superfície a presença dessas pessoas", mormente por serem tradicionalmente identificadas como "mulheres lésbicas masculinizadas"[90].

No universo de unidades prisionais existente no Brasil (cerca de 1.380), apenas um número bastante reduzido (aproximadamente 106) possui alas/galerias ou celas destinadas ao público LGBT, conforme relatório elaborado pelo Departamento de Promoção dos Direitos de LGBT do Ministério da Mulher, Família e Direitos Humanos em 2020[91], "sendo certo que onde elas não existem grassam a violência física e sexual contra essas pessoas, em uma situação de grave atentado aos direitos humanos e à dignidade da pessoa humana"[92].

A questão prisional no Brasil é trágica, tendo o Supremo Tribunal Federal (STF) reconhecido, em 2015, quando do julgamento da ADPF 347, o estado de coisas inconstitucional, caracterizado, em linhas breves, pela verificação de violações generalizadas, contínuas e sistemáticas de direitos fundamentais, como consignado no Informativo n. 798. Ante a vulnerabilidade que lhe é inerente, é de se considerar que a realidade da população carcerária transgênero se revele ainda mais preocupante, aspecto que é objeto da ADPF 527.

A realidade específica das pessoas transgênero mostra-se ainda mais perigosa do que a constatada de forma geral, sendo que a mesma vulnerabilidade que recai sobre quem ostenta qualquer caractere associado ao feminino na sociedade é replicado no sistema prisional, o que impõe a necessidade de que, a fim de resguardar a dignidade da pessoa humana do encarcerado, como também garantir sua higidez física e psicológica, a identidade de gênero do detento seja considerada quando da indicação da unidade em que a pessoa transgênero ficará recolhida, "sob pena de vir a sofrer uma gama de violência e assédio que muito possivelmente se mostrará insuportável e insuperável"[93].

Em nosso sistema prisional, "pessoas trans estão submetidas a todo tipo de violência. Da compulsoriedade dos cortes de cabelo, casamentos arranjados ou sexo forçado em troca de bens alimentícios à utilização de seus corpos para esconder ou mesmo traficar drogas (que na prisão, é conhecido como 'mula')", além de uma estrutura consolidada que "estabelece a partir de suas próprias dinâmicas internas que as

---

[90] BENEVIDES, Bruna G. *Dossiê trans Brasil*: um olhar acerca do perfil de travestis e mulheres transexuais no sistema prisional. Brasília: Distrito Drag, ANTRA, 2022. p. 50.

[91] LGBT nas prisões do Brasil: diagnóstico dos procedimentos institucionais e experiências de encarceramento. Disponível em: https://direitoshumanos.dpu.def.br/wp-content/uploads/2021/07/SEI_DPU-4137965-Manifestac%CC%A7a%CC%83o.pdf. Acesso em: 4 abr. 2023.

[92] CUNHA, Leandro Reinaldo da. *Identidade e redesignação de gênero*: aspectos da personalidade, da família e da responsabilidade civil. 2. ed. rev. e ampl. Rio de Janeiro: Lumen Juris, 2018. p. 281.

[93] CUNHA, Leandro Reinaldo da. *Identidade e redesignação de gênero*: aspectos da personalidade, da família e da responsabilidade civil. 2. ed. rev. e ampl. Rio de Janeiro: Lumen Juris, 2018. p. 281.

travestis e mulheres transexuais exerçam o trabalho sexual e sejam submetidas a redes de exploração dessa atividade"[94], sendo o estupro carcerário e toda sorte de abuso ou violência sexual uma realidade que majora a sua vulnerabilidade nesse ambiente[95].

Estudo realizado pelo Center for Evidence – Based Corrections da Universidade da Califórnia – Irvine, em 2007, revela que, "para a grande maioria dos presos transexuais, a violência nas prisões é esmagadoramente sexual; 53% relatam ter sido vitimizados sexualmente e não sexualmente; apenas 13% relatam nunca ter sofrido violência" em estabelecimentos prisionais na Califórnia, estando 13,4 vezes mais expostos a tais violências que homens cis-heterossexuais que estejam cumprindo pena no mesmo local, em um percentual de 4,4% para 59%, respectivamente. Outro dado interessante é que os oficiais da unidade prisional tinham conhecimento da agressão ocorrida em 60% dos casos envolvendo a amostra geral, porém em 70,7% dos casos envolvendo presos transgênero não tinham ciência do ocorrido[96].

Para as travestis, nas prisões masculinas, surge claramente um "processo de engendramento que as posiciona de forma muito peculiar no funcionamento social local. Não podem dividir copos, talheres, cigarros; assumem trabalhos considerados femininos, como lavar roupas e limpar barracos; e cabe a elas também o trabalho sexual, rigidamente disciplinado pelas facções e outras normas de controle social informal"[97].

Não se pode ignorar as ofensas psicológicas como a que se constata ante o encaminhamento de uma mulher transgênero para uma prisão masculina, que tem o condão de logo de cara encerrar em si uma conduta extremamente ofensiva para a identidade daquela pessoa que se reconhece como alguém do gênero feminino e é inserida em um ambiente que não se direciona ao seu gênero de pertencimento, impondo até mesmo a compulsoriedade do corte do cabelo, privando-a de um dos marcadores mais evidentes da sua identidade de gênero feminina.

Considerando toda essa realidade, seria de se esperar que o Poder Público já houvesse regulamentado através de legislação uma questão tão preocupante que coloca em risco a existência de uma pessoa que se encontra encarcerada sob os cuidados do Estado. Contudo, como recorrente em sede de defesa e proteção das minorias sexuais, a leniência legislativa[98] faz-se presente.

---

[94] BENEVIDES, Bruna G. *Dossiê trans Brasil*: um olhar acerca do perfil de travestis e mulheres transexuais no sistema prisional. Brasília: Distrito Drag, ANTRA, 2022. p. 14.

[95] BENEVIDES, Bruna G. *Dossiê trans Brasil*: um olhar acerca do perfil de travestis e mulheres transexuais no sistema prisional. Brasília: Distrito Drag, ANTRA, 2022. p. 43.

[96] JENNESS, Valerie et al. *Violence in California Correctional Facilities*: An Empirical Examination of Sexual Assault. Disponível em: www.prearesourcecenter.org/sites/default/files/library/55-preapresentationpreareportucijennessetal.pdf.

[97] SERRA, Vitor Siqueira. *"Pessoa afeita ao crime"*: criminalização de travestis e o discurso judicial criminal paulista. 128 f. Dissertação (Mestrado) – Faculdade de Ciências Humanas e Sociais, Universidade Estadual Paulista "Júlio de Mesquita Filho", São Paulo, 2018. p. 101.

[98] CUNHA, Leandro Reinaldo da. Identidade de gênero e a responsabilidade civil do Estado pela leniência legislativa. *Revista dos Tribunais*, São Paulo: RT, n. 962 p. 37-52, 2015.

Ainda que tenha sido expressamente mencionada no terceiro Plano Nacional de Direitos Humanos (PNDH-3) de 2009[99], a atenção às necessidades específicas de pessoas transgênero restou ignorada, como boa parte das diretrizes ali estabelecidas. Tampouco se olvida a existência de medidas estaduais que fixaram regramentos para o cumprimento de pena considerando a identidade de gênero, como ocorrido em Minas Gerais[100] e São Paulo[101], por exemplo.

Em 2014, o Conselho Nacional de Política Criminal e Penitenciária (CNPCP) e o Conselho Nacional de Combate à Discriminação (CNCD) elaboraram a Resolução Conjunta n. 1, que estabeleceu "os parâmetros para a custódia de LGBT em privação de liberdade no Brasil" em que se garantiam o respeito ao nome social (art. 2º), espaços de vivência específicos (art. 3º), e a fixação de que pessoas transexuais masculinas e femininas haveriam de ser encaminhadas às unidades prisionais femininas (art. 4º), havendo tratamento isonômico entre mulheres transgênero e cisgênero (art. 4º, parágrafo único), sendo facultado às mulheres transexuais e travestis o "uso de roupas femininas ou masculinas, conforme o gênero, e a manutenção de cabelos compridos, se o tiver, garantindo seus caracteres secundários de acordo com sua identidade de gênero" (art. 5º).

---

[99] A Diretriz 16 estabelece a necessidade da "modernização da política de execução penal, priorizando a aplicação de penas e medidas alternativas à privação de liberdade e melhoria do sistema penitenciário", e, ao tratar da necessidade de reestruturação do sistema carcerário (objetivo estratégico I), prevê, entre as ações programáticas, que se elabore projeto de reforma da Lei de Execução Penal a fim de "assegurar e regulamentar as visitas íntimas para a população carcerária LGBT", com recomendação de que estados e Distrito Federal garantam o direito à visita íntima, ofertando espaços adequados nos estabelecimentos prisionais que considerem as diferentes orientações sexuais, bem como "debater, por meio de grupos de trabalho interministerial, ações e estratégias que visem assegurar o encaminhamento para o presídio feminino de mulheres transexuais e travestis que estejam em regime de reclusão".

[100] Resolução Conjunta SEDS e SEDESE n. 01/2013, da Secretaria de Estado de Defesa Social, tratando do Programa de Reabilitação, Reintegração Social e Profissionalização – PRRSP, e Resolução SEJUSP n. 173, de 21 de julho de 2021, que "estabelece diretrizes e normativas para o atendimento e tratamento das pessoas lésbicas, gays, bissexuais, travestis, transexuais, queer, intersexo e assexual (LGBTQIA+) no âmbito do Sistema Prisional do Estado de Minas Gerais", assevera que "A autodeterminação de orientação sexual e de identidade de gênero será o princípio norteador do acolhimento da pessoa LGBTQIA+ em privação de liberdade" (art. 4º, § 1º) e "ofertará espaços separados e específicos para pessoas LGBTQIA+" (art. 4º, § 2º), além de uma série de outras diretrizes buscando "assegurar a integridade física, psicológica e mental das pessoas LGBTQIA+ em privação de liberdade".

[101] Resolução SAP n. 11, de 30 de janeiro de 2014, que "Dispõe sobre a atenção às travestis e transexuais no âmbito do sistema penitenciário", e que garantiu os direitos tanto das pessoas privadas de liberdade ou que integram o rol de visitas das pessoas presas o respeito à sua identidade de gênero (art. 1º). O texto garante, ainda, "às travestis e transexuais o uso de peças íntimas, feminina ou masculina, conforme seu gênero" (§ 1º), e a faculdade de manter o "cabelo na altura dos ombros" (§ 2º), autorizando às unidades prisionais "implantar, após análise de viabilidade, cela ou ala específica para população de travestis e transexuais de modo a garantir sua dignidade, individualidade e adequado alojamento" (art. 2º). No art. 3º, atesta expressamente a possibilidade de que "as pessoas que passaram por procedimento cirúrgico de transgenitalização poderão ser incluídas em Unidades Prisionais do sexo correspondente" e o respeito ao nome social tanto das pessoas privadas de liberdade quanto de seus visitantes (art. 5º), os quais passarão pelos procedimentos de ingresso na unidade prisional realizados "por agente de segurança penitenciária conforme sexo biológico" (art. 6º), e, caso "tenha feito à cirurgia de transgenitalização, deverá ser identificado(a) e revistado(a) por servidor do mesmo sexo" (§ 1º).

A resolução garantia ainda o direito à visita íntima (art. 6º), atenção integral à saúde (art. 7º), "igualdade de condições, o acesso e a continuidade da sua formação educacional e profissional sob a responsabilidade do Estado" (art. 9º) e a garantia de, "em igualdade de condições, o benefício do auxílio reclusão aos dependentes do segurado recluso, inclusive ao cônjuge ou companheiro do mesmo sexo".

Contudo, tal orientação não garantia o respeito à integridade das pessoas transgênero, tendo a Associação Brasileira de Lésbicas, Gays, Bissexuais, Travestis e Transexuais proposto, em junho de 2018, a ADPF 527[102] perante o Supremo Tribunal Federal (STF), na qual, em junho de 2019, o Ministro Luís Roberto Barroso, cioso e atento à realidade do sistema prisional, em decisão cautelar, determinou que presas "transexuais femininas" fossem transferidas para presídios femininos, sem a extensão dessa mesma prerrogativa às travestis, sob o argumento de carência de elementos suficientes para considerar que tal inclusão seria a mais adequada, apesar de já revelar uma compreensão bastante próxima à apresentada neste trabalho acerca de transexuais e travestis.

Posteriormente, em 2020, o Ministério da Justiça e Segurança Pública apresentou, no âmbito do Processo 08016.018784/2018-01, a Nota Técnica n. 7/2020/DIAMGE/CGCAP/DIRPP/DEPEN/MJ, relativa aos "procedimentos quanto à custódia de pessoas LGBTI no sistema prisional brasileiro", ressaltando que a "principal e mais importante demanda da população presa LGBTI é a proteção contra a violência, inclusive sexual, perpetrada, na maioria das vezes, por outros privados de liberdade"[103].

Dentre as recomendações apresentadas pela nota técnica está o encaminhamento das "presas travestis" e das "mulheres transexuais presas", independentemente da retificação dos documentos ou cirurgias, à unidade prisional feminina ou masculina, dependendo de sua manifestação de vontade, sendo colocadas em espaço de vivência específico separado do convívio com os demais. Quanto aos homens transexuais, haveriam de ser encaminhados, para sua segurança, para unidades prisionais femininas, mas também separados do convívio com os demais.

Em seguida, em março de 2021, houve nova decisão na ADPF 527, também cautelar, fundamentada na "notável evolução no tratamento a ser dado à matéria no âmbito do Poder Executivo, evolução decorrente de diálogo institucional ensejado pela judicialização da matéria, que permitiu uma saudável interlocução entre tal poder, associações representativas de interesses de grupos vulneráveis e o Judiciário", na qual se conferiu a "transexuais e travestis com identidade de gênero feminina o direito de opção por cumprir pena: (i) em estabelecimento prisional feminino; ou (ii) em estabelecimento prisional masculino, porém em área reservada, que garanta a sua segurança", nos termos fixados no princípio 9 (Direito a tratamento humano durante a detenção) dos Princípios de Yogyakarta.

---

[102] CUNHA, Leandro Reinaldo da. STF – Arguição de Descumprimento de Preceito Fundamental 527/DF. *Revista dos Tribunais*, São Paulo: RT, v. 1060, ano 113, p. 267-278, fev. 2024.

[103] Disponível em: https://static.poder360.com.br/2020/03/notatecnica.pdf. Acesso em: 28 nov. 2023.

Na sequência, em setembro de 2021, o Ministro Luís Roberto Barroso (Relator) converteu a cautelar em julgamento de mérito, dando procedência ao pedido nos mesmos termos, no que foi acompanhado pelos Ministros Cármen Lúcia, Dias Toffoli, Rosa Weber e Edson Fachin. E, desde então, a ADPF encontrava-se com o julgamento suspenso.

A ADPF 527 contava também com o voto do Ministro Ricardo Lewandowski, que não conhecia da ação direta, em vista da alteração substancial do panorama normativo descrito na inicial, no que foi acompanhado pelos Ministros Luiz Fux (Presidente), Alexandre de Moraes, Nunes Marques e Gilmar Mendes, tendo ido a conclusão ao relator em 6 de abril de 2022.

Em agosto de 2023, houve o julgamento de mérito. O Ministro Luís Roberto Barroso manifestou-se pela confirmação do entendimento da liminar deferida e restou vencido, prevalecendo o voto do Ministro Ricardo Lewandowski, seguido pelos Ministros Luiz Fux, Alexandre de Moraes, Nunes Marques, Gilmar Mendes e André Mendonça, no sentido de prevalência da regulamentação realizada pelo Conselho Nacional de Justiça (CNJ), na Resolução n. 348, de 13 de outubro de 2020, considerando que a atuação do Supremo Tribunal Federal (STF) há de ocorrer apenas de forma excepcional e quando indispensável aos direitos envolvidos, o que não se verificaria mais no caso concreto ante a atuação do Conselho Nacional de Justiça (CNJ).

Na Resolução n. 348, de 13 de outubro de 2020[104], que veio a ter alguns artigos alterados pela Resolução n. 366, de 20 de janeiro de 2021, o Conselho Nacional de Justiça (CNJ) "Estabelece diretrizes e procedimentos a serem observados pelo Poder Judiciário, no âmbito criminal, com relação ao tratamento da população lésbica, gay, bissexual, transexual, travesti ou intersexo que seja custodiada, acusada, ré, condenada, privada de liberdade, em cumprimento de alternativas penais ou monitorada eletronicamente".

A resolução do Conselho Nacional de Justiça (CNJ) reconhece a autodeclaração colhida em audiência (em qualquer fase processual) para a definição de aspectos da sexualidade da pessoa, garantidas sua privacidade e integridade (art. 4º), cabendo ao magistrado, ao ser informado de que se trata de alguém da comunidade LGBTI, o dever de cientificá-la "acerca da possibilidade da autodeclaração e informá-la, em linguagem acessível, os direitos e garantias que lhe assistem, nos termos da presente Resolução" (art. 4º, parágrafo único).

Dados levantados pela Associação Nacional de Travestis e Transexuais (Antra)[105] revelaram um alto nível de inobservância e desconhecimento dos direitos consignados na Resolução n. 348/2020 do Conselho Nacional de Justiça (CNJ), o que revela a

---

[104] Em junho de 2024, o Conselho Nacional de Justiça (CNJ) disponibilizou versões em inglês e espanhol da Resolução n. 348/2020, bem como do seu Manual e da Cartilha para implementação no sistema prisional, que encontram-se disponíveis em: https://www.cnj.jus.br/cnj-traduz-para-ingles-e-espanhol-publicacoes-sobre-pessoas-lgbtqia-em-conflito-com-a-lei/.
[105] BENEVIDES, Bruna G. *Dossiê trans Brasil*: um olhar acerca do perfil de travestis e mulheres transexuais no sistema prisional. Brasília: Distrito Drag, ANTRA, 2022. p. 14.

relevância de que tal conhecimento seja disseminado e possa ser efetivado buscando a garantia das pessoas transgênero encarceradas.

Feita a autodeclaração, esta haverá de constar nos sistemas informatizados (art. 5º), garantindo o direito ao tratamento pelo nome social "mesmo que distinto do nome que conste de seu registro civil" (art. 6º).

No que concerne ao local do cumprimento da pena em si, o art. 7º definia que este seria decidido pelo magistrado "após consulta à pessoa acerca de sua escolha", contudo, na alteração trazida pela Resolução n. 366, de 20 de janeiro de 2021, tal consulta foi suprimida, passando a figurar no § 1º, no qual se vislumbra que "A decisão que determinar o local de privação de liberdade será proferida após questionamento da preferência da pessoa presa", sendo que essa possibilidade "de manifestação da preferência quanto ao local de privação de liberdade e de sua alteração deverá ser informada expressamente à pessoa pertencente à população LGBTI no momento da autodeclaração" (art. 7º, § 1º-A).

Em complemento ao mesmo art. 7º, o seu § 3º afirma ainda que "A alocação da pessoa autodeclarada parte da população LGBTI em estabelecimento prisional, determinada pela autoridade judicial após escuta à pessoa interessada, não poderá resultar na perda de quaisquer direitos relacionados à execução penal em relação às demais pessoas custodiadas no mesmo estabelecimento, especialmente quanto ao acesso a trabalho, estudo, atenção à saúde, alimentação, assistência material, assistência social, assistência religiosa, condições da cela, banho de sol, visitação e outras rotinas existentes na unidade".

Visando garantir que aquele que cumprirá a pena possa exercer de forma plena sua manifestação, o art. 8º assevera que há de ser esclarecido, em linguagem acessível, "acerca da estrutura dos estabelecimentos prisionais disponíveis na respectiva localidade, da localização de unidades masculina e feminina, da existência de alas ou celas específicas para a população LGBTI, bem como dos reflexos dessa escolha na convivência e no exercício de direitos" (inciso I).

Cumpre ao magistrado, ainda, "indagar à pessoa autodeclarada parte da população transexual acerca da preferência pela custódia em unidade feminina, masculina ou específica, se houver, e, na unidade escolhida, preferência pela detenção no convívio geral ou em alas ou celas específicas, onde houver (art. 8º, II), bem como às autodeclaradas "parte da população gay, lésbica, bissexual, intersexo e travesti acerca da preferência pela custódia no convívio geral ou em alas ou celas específicas" (art. 8º, III).

A Resolução n. 348/2020 do Conselho Nacional de Justiça (CNJ) determina ainda que "A preferência de local de detenção declarada pela pessoa constará expressamente da decisão ou sentença judicial, que determinará seu cumprimento" (art. 8º, § 2º).

Ante a decisão da ADPF 527, a Resolução n. 348/2020 do Conselho Nacional de Justiça (CNJ) reveste-se de contornos legislativos regulamentando o tema, ainda que não tenha sido elaborada pelo Poder Legislativo. E é importante notar que uma análise fria do texto conduz apenas à conclusão de que a pessoa transgênero será informada, manifestará onde prefere cumprir a pena e tal informação constará expressamente da decisão judicial, contudo não está prevista a obrigatoriedade de que o magistrado atenda ao intento manifestado, competindo-lhe decidir de forma fundamentada (art. 7º)[106].

De se consignar que o Superior Tribunal de Justiça (STJ), no HC 861.817, manifestou-se pela atenção à manifestação de vontade da pessoa transgênero quanto ao local de cumprimento de sua pena, questionando à pessoa autodeclarada se prefere ficar custodiada em unidade feminina, masculina ou específica (quando existir), bem como, na unidade indicada, se deseja ficar em ala de convívio geral ou naquelas especificamente designadas para pessoas transgênero.

Traçado o parâmetro normativo existente, é premente que a manifestação de vontade da pessoa transgênero seja considerada no momento da definição do local de cumprimento da pena, contudo não se pode ignorar os critérios ordinariamente estatuídos visando a garantia da integridade da pessoa presa.

Nesse contexto como um todo, merece especial atenção a hipótese do encarceramento do homem transgênero que, apesar de expressar o gênero masculino, segue apresentando uma genitália associada ao feminino, em razão da baixa incidência prática de neofaloplastias. De início, em face de sua compleição física/genital, é de se entender que ele estaria constantemente em risco em um ambiente prisional masculino[107], sendo que o seu encaminhamento de forma compulsória a "unidades prisionais cis-masculinas seria equivalente a condená-los à morte"[108].

Dados coletados pela Secretaria da Administração Penitenciária (SAP) do Estado de São Paulo mostram que 82,4% dos homens transgênero questionados declararam preferir cumprir sua pena em estabelecimentos prisionais femininos[109].

No entanto, entre as mulheres transexuais constatou-se a preferência pelos espaços masculinos em 63,2% e travestis em 84,5% dos casos[110], escolha muitas vezes atribuída à preocupação com sua segurança e aos relacionamentos afetivos constituídos[111].

Para tais escolhas, é evidente que pesa a discussão acerca da possibilidade de manutenção de relações sexuais (consentidas ou forçadas) entre as pessoas encarceradas no mesmo espaço, fazendo com que a existência de pessoas "de um espectro de sexo ou gênero distinto daquele apresentado pela maioria dos presos" se encerre

---

[106] CUNHA, Leandro Reinaldo da. STF – Arguição de Descumprimento de Preceito Fundamental 527/DF. *Revista dos Tribunais*, São Paulo: RT, v. 1060, ano 113, p. 267-278, fev. 2024.

[107] LGBT nas prisões do Brasil: diagnóstico dos procedimentos institucionais e experiências de encarceramento, p. 125. Disponível em: https://direitoshumanos.dpu.def.br/wp-content/uploads/2021/07/SEI_DPU-4137965-Manifestac%CC%A7a%CC%83o.pdf. Acesso em: 4 abr. 2023.

[108] BENEVIDES, Bruna G. *Dossiê trans Brasil*: um olhar acerca do perfil de travestis e mulheres transexuais no sistema prisional. Brasília: Distrito Drag, ANTRA, 2022. p. 71.

[109] GOVERNO DO ESTADO DE SÃO PAULO. Secretaria da Administração Penitenciária. Painel Diversidados. Disponível em: http://www.sap.sp.gov.br/download_files/pdf_files/diversidados.pdf. Acesso em: 9 nov. 2023.

[110] GOVERNO DO ESTADO DE SÃO PAULO. Secretaria da Administração Penitenciária. Painel Diversidados. Disponível em: http://www.sap.sp.gov.br/download_files/pdf_files/diversidados.pdf. Acesso em: 9 nov. 2023.

[111] BENEVIDES, Bruna G. *Dossiê trans Brasil*: um olhar acerca do perfil de travestis e mulheres transexuais no sistema prisional. Brasília: Distrito Drag, ANTRA, 2022. p. 50-51.

numa delicada dinâmica social[112]. Contudo, a crença de que a presença de mulheres transexuais e travestis em unidades femininas ensejaria um maior risco para as demais presas não é uma realidade diagnosticada nos estudos, ressaltando-se que inexiste "qualquer indício de que garantir o acesso de travestis e mulheres transexuais a espaços femininos aumentaria o risco de crimes sexuais ou facilitaria o acesso de predadores sexuais"[113].

Com isso, entendemos que a manutenção de um homem transgênero em uma unidade prisional masculina, em razão da sua compleição genital, mormente caso não tenha realizado intervenções cirúrgicas para a implantação de um neofalo, poderia ser extremamente arriscada. De outra sorte, também não se mostra plenamente adequada a sua manutenção em uma unidade feminina em razão de sua identidade de gênero, o que nos remete à imposição de que seu cumprimento de pena ocorra sempre em uma ala/galeria separada e exclusiva para homens transgênero a fim de garantir o pleno cumprimento dos deveres legais do Estado de proteção de sua integralidade.

Em verdade, o primordial seria que o Estado garantisse a integridade da pessoa presa, independentemente de seu sexo, gênero, orientação sexual ou identidade de gênero, mas a realidade mostra que isso não é possível.

Contudo, ainda que a manifestação de vontade da pessoa transgênero seja parâmetro relevante a ser considerado no momento da definição do local de cumprimento da pena, entendendo-se que ela tem condições de indicar o lugar no qual sente que estará mais protegida, não se pode olvidar que, de qualquer modo, segue existindo a responsabilidade objetiva do Estado (art. 37, § 6º, da CF) quanto à integridade daquele que se encontra custodiado sob seus cuidados[114].

A manutenção de pessoas transgênero em ambiente prisional que ignora sua identidade de gênero dá azo a situações que expõem a enorme vulnerabilidade dessa minoria sexual no sistema prisional, como se deu no Presídio Estadual de Vila Velha, em que uma mulher transgênero foi vítima de homicídio. Em julgamento da 5ª Vara da Fazenda Pública Estadual, Municipal, Registros Públicos, Meio Ambiente e Saúde de Vitória, o Governo do Estado foi condenado a indenizar os familiares da vítima de homicídio por espancamento ao pagamento de danos morais no montante de R$ 15.000,00 (quinze mil reais), bem como "com 2/3 de R$ 1.175,00 até a data em que a vítima completaria 25 anos e com 1/3 desse mesmo montante até a data em que completaria 76 anos ou até a morte da beneficiária"[115].

Fato é que a integridade de uma pessoa transgênero no sistema prisional se mostra ainda mais exposta a riscos, sendo certo que qualquer ofensa que venha a sofrer

---

[112] CUNHA, Leandro Reinaldo da. Transexuais e travestis nos estabelecimentos prisionais. *Boletim Revista dos Tribunais Online*, v. 16, 2021. p. 3.

[113] BENEVIDES, Bruna G. *Dossiê trans Brasil*: um olhar acerca do perfil de travestis e mulheres transexuais no sistema prisional. Brasília: Distrito Drag, ANTRA, 2022. p. 43.

[114] CUNHA, Leandro Reinaldo da. *Identidade e redesignação de gênero*: aspectos da personalidade, da família e da responsabilidade civil. 2. ed. rev. e ampl. Rio de Janeiro: Lumen Juris, 2018. p. 281.

[115] Disponível em: https://www.seculodiario.com.br/justica/justica-condena-governo-do-estado-a-indenizar-familia-de-detenta-morta-em-presidio. Acesso em: 15 jul. 2022.

pode estar vinculada à sua sexualidade, considerando que "o sistema prisional insere as travestis e demais pessoas trans em um movimento que oscila entre tentativas de invisibilização, aniquilamento e hiper-estereotipação de seus corpos e subjetividades, reiterando dinâmicas sociais estruturais de desprezo e abjeção dessas pessoas"[116], razão pela qual a atenção aos cuidados visando garantir sua integridade deve ser ainda maior, sob pena de responsabilização.

---

[116] BENEVIDES, Bruna G. *Dossiê trans Brasil*: um olhar acerca do perfil de travestis e mulheres transexuais no sistema prisional. Brasília: Distrito Drag, ANTRA, 2022. p. 71.

Referências Filmográficas

A garota dinamarquesa (Danish Girl). Direção de Tom Hooper. Estados Unidos da América. 2015. 120 min, colorido, legendado.

A papisa Joana (Die Päpstin). Direção de Sönke Wortmann. Alemanha. 2009. 149 min, colorido, legendado.

A pele que habito (La piel que habito). Direção de Pedro Almodóvar. Espanha. 2011. 113 min, colorido, legendado.

A troca – Conexão repórter. SBT. Documentário. Brasil. 2013. 43 min, colorido.

American transgender. National Geografic Channel. Documentário. Estados Unidos da América. 2012. 60 min, colorido, legendado.

Chaz Bono: mudança de sexo (Becoming Chaz). Direção de Fenton Bailey e Randy Barbato. Documentário. Estados Unidos da América. 2011. 80 min, colorido, legendado.

Disclosure. Direção de Sam Feder. Documentário. Estados Unidos da América. 2020. 100 min, colorido, legendado.

Divinas divas. Direção de Leandra Leal. Documentário/musical. Brasil. 2017. 110 min, colorido.

Eu sou Jazz: uma família em transição (I'm Jazz: a family in transition). Direção de Jennifer Stocks. Estados Unidos da América. 2011. 42 min.

Meninos não choram (Boys don't cry). Direção de Kimberly Peirce. Estados Unidos da América. 1999. 118 min, colorido, legendado.

Meu eu secreto – histórias de crianças trans. Direção de Barbara Walter. Documentário. Estados Unidos da América. 2007. 44 min, colorido, legendado.

Minha vida em cor de rosa (Ma vie en rose). Direção de Alain Berliner. 1997. 88 min, colorido, legendado.

Mistérios da sexualidade (Science of gender). Direção de David Elisco. National Geographic Channel. Documentário. Estados Unidos da América. 2012. 46 min, colorido, legendado.

Mutilações sexuais – Tabu América Latina. Direção de David Elisco. National Geographic Channel. Documentário. Estados Unidos da América. 2010. 51 min, colorido, dublado.

Os transexuais do Irã. Direção de Tanaz Eshaghian. Documentário. Estados Unidos da América. 2010. 53 min, colorido, legendado.

Questão de gênero. Direção de Rodrigo Najar. Documentário. Brasil. 2011. 90 min, colorido.

Sense8. Direção de Lilly Wachowski, Lana Wachowski, Tom Tykwer, James McTeigue e Dan Glass. Série. 2015 (2 temporadas). Netflix, colorido.

Striking Vipers. Direção de Owen Harris. Série: Black Mirror (Episódio 1, Temporada 5). Reino Unido. 2019. Netflix, 61 min.

Tabu Brasil – Mudança de sexo. Direção de Eduardo Rajabally. National Geographic Channel. Documentário. Brasil. 2013. 44 min, colorido.

Tangerine. Direção de Sean S. Baker. Estados Unidos da América. 2015. 88 min, colorido, legendado.

Transamérica. Direção de Duncan Tucker. Estados Unidos da América. 2005. 103 min, colorido, legendado.

Transparent. Direção de Jill Soloway. Estados Unidos da América. Série. 2014 (4 temporadas). Amazon Vídeos, colorido.

Um dia de cão (Dog Day afternoon). Direção de Sidney Lumet. Estados Unidos da América. 1975. 124 min, colorido, legendado.

Uma mulher fantástica (A fantastic womam). Direção de Sebastián Lelio. Chile. 2017. 104 min, colorido, legendado.

Vera. Direção de Sérgio Toledo Segall. Brasil. 1983. 83 min, colorido.

Referências Bibliográficas

ABRAMOVAY, Miriam; CASTRO, Mary Garcia; WAISELFISZ, Júlio Jacobo. *Juventudes na escola, sentidos e buscas*: por que frequentam? Brasília, DF: Flacso – Brasil, OEI, MEC, 2015.

ABREU, Luiz Eduardo. Justiça e desigualdade no direito brasileiro. *Revista de Direito Brasileira*, São Paulo: Conpedi, ano 3, v. 5, maio-ago. 2013.

ALCANTARA, Maria Emilia Mendes. *Responsabilidade do Estado por atos legislativos e judiciais*. São Paulo: RT, 1988.

ALDAO, Martín. El matrimonio igualitario y su impacto en el derecho de familia: antes y después de la reforma. *In:* CLÉRICO, Laura; ALDAO, Martín (coords.). *Matrimonio igualitario*: perspectivas sociales, políticas y jurídicas. Buenos Aires: Eudeba, 2010.

ALEXY, Robert. *Teoria dos direitos fundamentais*. São Paulo: Malheiros, 2007.

ALLEN, Anita L. Gender and Privacy in Cyberspace. *Stanford Law Review*, v. 52, 2000.

ALMEIDA, Gabrielle Souza O' de; CUNHA, Leandro Reinaldo da. Aplicação integral da Lei Maria da Penha para mulheres trans e travestis: a inconstitucionalidade da desconsideração da categoria gênero como critério qualitativo de observância da lei. *In:* COSTA, Fabrício Veiga; DIAS, Renato Duro; TAVARES, Silvana Beline (coords.). *Gênero, sexualidades e direito*. Florianópolis: Conpedi, 2021.

ALVES, Fernando de Brito; PANCOTTI, Heloísa Helena Silva. O benefício de prestação continuada à população transgênera em situação de risco. *Revista de Direito do Trabalho*, São Paulo, v. 45, n. 206, p. 123-141, out. 2019

ALVES, Hélio Gustavo. A transexualidade e seus reflexos no direito previdenciário. *Revista de Previdência Social*, São Paulo, n. 448, mar. 2018.

ALVIM, Arruda. *Manual de direito processual civil*. 14. ed. rev., atual. e ampl. São Paulo: RT, 2011.

AMARAL, Sylvia Mendonça do. *Manual prático dos direitos de homossexuais e transexuais*. São Paulo: Edições Inteligentes, 2003.

ANTUNES, Pedro Paulo Sammarco. *Travestis envelhecem?* 268 f. Dissertação (Mestrado em Gerontologia) – Pontifícia Universidade Católica de São Paulo, São Paulo, 2010.

ANTUNES, Pedro Paulo Sammarco; MERCADANTE, Elisabeth Frohlich. Travestis, envelhecimento e velhice. *Revista Kairós-Gerontologia*, [S.l.], v. 14, Especial10, p. 109-132, 2012.

ARÁN, Márcia; LIONÇO, Tatiana. Normas de gênero e diversidade sexual no SUS: considerações sobre as políticas de saúde para transexuais no Brasil. *In:* BUGLIONE, Samantha; VENTURA, Miriam (orgs.). *Direito à reprodução e à sexualidade*: uma questão de ética e justiça. Rio de Janeiro: Lumen Juris, 2010.

ARANTES, Apollo. Da gestação à parentalidade: relato de uma gestação transmasculina, controle da reprodução humana e o reforço do estigma para população trans. *Revista Brasileira de Estudos da Homocultura*, v. 6, n. 19, jan.-abr. 2023.

ARARIPE, Jales de Alencar. Direitos da personalidade: uma introdução. *In:* LOTUFO, Renan (coord.). *Direito civil constitucional*. São Paulo: Malheiros, 2002.

ARAUJO, Luiz Alberto David. *A pessoa transexual e o princípio da dignidade da pessoa humana*: aplicação da principiologia constitucional. Disponível em: https://egov.ufsc.br/portal/sites/default/files/anexos/14183-14184-1-PB.htm. Acesso em: 31 mar. 2012.

ARAUJO, Luiz Alberto David. *A proteção constitucional do transexual*. São Paulo: Saraiva, 2000.

ARAUJO, Luiz Alberto David; NUNES JÚNIOR, Vidal Serrano. *Curso de direito constitucional*. 12. ed. rev. e atual. São Paulo: Saraiva, 2008.

ARAÚJO, Sandra Maria Baccara. O genitor alienador e as falsas acusações de abuso sexual. *In:* DIAS, Maria Berenice. *Incesto e alienação parental*. São Paulo: RT, 2013.

ARAÚJO, Tathiane Aquino; NOGUEIRA, Sayonara Naider Bonfim; CABRAL, Euclides Afonso. *Registro Nacional de Assassinatos e Violações de Direitos Humanos das Pessoas Trans no Brasil em 2022*. Série Publicações Rede Trans Brasil. 7. ed. Aracaju: Rede Trans Brasil; Uberlândia: IBTE, 2023.

ARGENTIERI, Simona. Travestismo, transexualismo, transgêneros: identificação e imitação. *Jornal de Psicanálise*, São Paulo, v. 42, n. 77, p. 167-185, dez. 2009.

ASCENSÃO, José de Oliveira. *Direito civil*: teoria geral: introdução, as pessoas, os bens. 3. ed. São Paulo: Saraiva, 2010. v. 1.

ASSENSIO, Cibele Barbalho; SOARES, Roberta. Estigma – Erving Goffman. *Enciclopédia de Antropologia*. São Paulo: Universidade de São Paulo, Departamento de Antropologia, 2022. Disponível em: https://ea.fflch.usp.br/conceito/estigma-erving-goffman. Acesso em: 15 maio 2024.

AZEVEDO, Álvaro Villaça. Ética, direito e reprodução assistida. *Revista dos Tribunais*, São Paulo, v. 729, p. 43-51, jul. 1996.

AZEVEDO, Álvaro Villaça. *Teoria geral das obrigações e responsabilidade civil*. 12. ed. São Paulo: Atlas, 2011.

AZEVEDO, Álvaro Villaça. *Teoria geral do direito civil*: parte geral. São Paulo: Atlas, 2012.

AZEVEDO, Antônio Junqueira de. Réquiem para uma certa dignidade da pessoa humana. *In:* PEREIRA, Rodrigo da Cunha (coord.). *Família e cidadania*: o novo CCB e a *vacatio legis*. Belo Horizonte: IBDFAM/Del Rey, 2002.

BANDEIRA DE MELLO, Celso Antônio. Eficácia das normas constitucionais sobre justiça social. *Revista de Direito Público*, n. 57/58, jan.-jun. 1991.

BARBEDO, Cláudia Gay. Uma reflexão sobre o idoso e o jovem serem sujeitos de alienação parental. *In:* DIAS, Maria Berenice. *Incesto e alienação parental*. São Paulo: RT, 2013.

BARBEE, Harry; HASSAN, Bashar; LIANG, Fan. Postoperative Regret Among Transgender and Gender-Diverse Recipients of Gender-Affirming Surgery. *JAMA Surgery*, Dec. 2023.

BARBOSA, Bruno Cesar. "Doidas e putas": usos das categorias travesti e transexual. *Sexualidad, Salud y Sociedad – Revista Latinoamericana*, n. 14, ago. 2013.

BARBOSA, Guilherme Vieira; SABINO, Mauro César Cantareira. Direito da personalidade e transexualismo: a dignidade da pessoa humana sob uma ótica plural da intimidade e identidade sexual. *Revista Jurídica Cesumar – Mestrado*, v. 10, n. 1, p. 69-89, jan.-jun. 2010.

BARROSO, Luís Roberto. *O direito constitucional e a efetividade de suas normas*. Rio de Janeiro: Renovar, 2002.

BARUFI, Melissa Telles. Alienação parental – interdisciplinaridade: um caminho para o combate. *In*: DIAS, Maria Berenice. *Incesto e alienação parental*. São Paulo: RT, 2013.

BAUER, Greta R.; SCHEIM, Ayden I.; PYNE, Jake; TRAVERS, Robb; HAMMOND, Rebecca. Intervenable factors associated with suicide risk in transgender persons: a respondent driven sampling study in Ontario, Canada. *BMC Public Health*, 15:525, 2015.

BELTRÃO, Silvio Romero. Tutela jurídica da personalidade humana após a morte: conflitos em face da legitimidade ativa. *Revista de Processo*, São Paulo, v. 40, n. 247, p. 177-195, set. 2015.

BENEVIDES, Bruna G. A autodeclaração de gênero de mulheres trans expõe mulheres cis a predadores sexuais? *Medium*, 28 fev. 2021. Disponível em: https://brunabenevidex.medium.com/a-autodeclara%C3%A7%C3%A3o-de-g%C3%AAnero-de--mulheres-trans-exp%C3%B5e-mulheres-cis-a-predadores-sexuais-11b27e1ff85e. Acesso em: 8 jan. 2024.

BENEVIDES, Bruna G. *Dossiê assassinatos e violências contra travestis e transexuais brasileiras em 2021*. Brasília: Distrito Drag, ANTRA, 2022.

BENEVIDES, Bruna G. *Dossiê assassinatos e violências contra travestis e transexuais brasileiras em 2022*. Brasília: Distrito Drag, ANTRA, 2023.

BENEVIDES, Bruna G. Dossiê trans Brasil: um olhar acerca do perfil de travestis e mulheres transexuais no sistema prisional. Brasília: Distrito Drag, ANTRA, 2022.

BENEVIDES, Bruna G. Lésbicas cis estariam sendo 'pressionadas a fazer sexo com mulheres trans'? *Medium*, 31 maio 2022. Disponível em: https://brunabenevidex.medium.com/l%C3%A9sbicas-cis-estariam-sendo-pressionadas-a-fazer-sexo--com-mulheres-trans-ee4a0edcd9b8. Acesso em: 8 jan. 2024.

BENEVIDES, Bruna G.; NOGUEIRA, Sayonara Naider Bonfim. *Dossiê dos assassinatos e da violência contra travestis e transexuais brasileiras em 2020*. São Paulo: Expressão Popular, ANTRA, IBTE, 2021.

BENEVIDES, Bruna G.; NOGUEIRA, Sayonara Naider Bonfim. *Dossiê assassinatos e violências contra travestis e transexuais brasileiras em 2021*. Brasília: Distrito Drag, ANTRA, 2022.

BENEVIDES, Bruna G.; YORK, Sara Wagner. Feminismos exclusivos ou excludentes? *Revista Docência e Cibercultura*, jan. 2023. Disponível em: https://www.e-publicacoes.uerj.br/index.php/re-doc/announcement/view/1571. Acesso em: 8 jan. 2024.

BENTO, Berenice. *A reinvenção do corpo*: sexualidade e gênero na experiência transexual. São Paulo: Garamond, 2006.

BENTO, Berenice. Da transexualidade oficial às transexualidades. *In:* PISCITELLI, Adriana; GREGORI, Maria Filomena; CARRARA, Sérgio (orgs.). *Sexualidade e saberes*: convenções e fronteiras. Rio de Janeiro: Garamond, 2004.

BENTO, Berenice. *O que é transexualidade*. São Paulo: Brasiliense, 2008.

BENTO, Cida. *O pacto da branquitude*. São Paulo: Companhia das Letras, 2022.

BERGSTEDT, A. Spencer. Estate planning and the transgender client. *Western New England Law Review*, v. 30, n. 3, p. 675-712, 2008.

BERTONCINI, Mateus Eduardo Siqueira Nunes; TONETTI, Felipe Laurini. Convenção internacional sobre a eliminação de todas as formas de discriminação racial, constituição e responsabilidade social das empresas. *Revista de Direito Brasileira*, São Paulo: Conpedi, ano 3, v. 5, maio-ago. 2013.

BLACKLESS, Melanie et al. How sexually dimorphic are we? Review and synthesis. *American Journal of Human Biology*, v. 12, p. 151-166, 2000.

BOGAERT, Anthony F. Asexuality: prevalence and associated factors in a national probability sample. *J Sex Res.*, 41, p. 279-287, 2004.

BOLEN, Jean Shinoda. *As deusas e a mulher*: nova psicologia das mulheres. São Paulo: Paulinas, 1990.

BONAVIDES, Paulo. *Curso de direito constitucional*. 25. ed. São Paulo: Malheiros, 2010.

BONSIGNORI, Franco. Diferencia, igualdad, democracia: modelos de relación. *In:* LÓPEZ, Víctor Cuesta; VEJA, Dulce M. Santana (dir.). *Estado de derecho y discriminación por razón de género, orientación e identidad sexual*. Pamplona: Thomson Reuters Arazandi, 2014.

BORGES, Roxana Cardoso Brasileiro. Dos direitos da personalidade. *In:* LOTUFO, Renan; NANNI, Giovanni Ettore (coords.). *Teoria geral do direito civil*. São Paulo: Atlas, 2008.

BORGOGNO, Ignacio Gabriel Ulises. *La transfobia en America Latina y el Caribe*: un estudio en el marco de REDLACTRANS. Buenos Aires: Redlactrans, 2009.

BORRILLO, Daniel. *Bioéthique*. Paris: Dalloz, 2011.

BORRILLO, Daniel. *Matrimônio entre pessoas do mesmo sexo e homoparentalidade: uma nova etapa da modernidade política e jurídica*. Conferência proferida no Fórum do Casamento entre Pessoas do Mesmo Sexo, no Centro de Estudos de Antropologia Social – ILGA Portugal. Disponível em: https://www.ilga-portugal.pt/ficheiros/pdfs/DanielBorrillo.pdf. Acesso em: 30 nov. 2023.

BORRILLO, Daniel. O sexo e o direito: a lógica binária dos gêneros e a matriz heterossexual da lei. *Meritum – Revista de Direito da Universidade Fumec*, Belo Horizonte: Universidade Fumec, v. 5, n. 2, jul.-dez. 2010.

BROWN, David. Making room for sexual orientation and gender identity in international human rights law: an introduction to the Yogyakarta principles. *Michigan Journal of International Law*, v. 31, p. 821-879, 2010.

BRUCE, Lauren et al. Long-Term Regret and Satisfaction With Decision Following Gender-Affirming Mastectomy. *JAMA Surgery*, v. 158, n. 10, p. 1070-1077, 2023.

BUCCI, Maria Paula Dallari. *Direito administrativo e políticas públicas*. São Paulo: Saraiva, 2008.

BUCCI, Maria Paula Dallari. *Políticas públicas*: reflexões sobre o conceito jurídico. São Paulo: Saraiva, 2010.

BUGLIONE, Samantha. Um direito da sexualidade na dogmática jurídica: um olhar sobre as disposições legislativas e políticas públicas da América Latina e Caribe. In: RIOS, Roger Raupp (og.). *Em defesa dos direitos sexuais*. Porto Alegre: Livraria do Advogado, 2007.

BUGLIONE, Samantha; VENTURA, Miriam; ALVES, Marcelle. Os tribunais brasileiros e os direitos sexuais e reprodutivos. *In:* BUGLIONE, Samantha; VENTURA, Miriam (orgs.). *Direito à reprodução e à sexualidade*: uma questão de ética e justiça. Rio de Janeiro: Lumen Juris, 2010.

BUTLER, Judith. *Problemas de gênero*: feminismo e subversão da identidade. Rio de Janeiro: Civilização Brasileira, 2003.

CANOTILHO, José Joaquim Gomes. *Direito constitucional e teoria da Constituição*. 7. ed. Coimbra: Almedina, 2003.

CANOTILHO, José Joaquim Gomes. *Estudos sobre direitos fundamentais*. Coimbra: Coimbra Ed., 2004.

CANOTILHO, José Joaquim Gomes. *O problema da responsabilidade do Estado por actos lícitos*. Coimbra: Almedina, 1974.

CANOTILHO, José Joaquim Gomes; CORREIA, Marcus Orione Gonçalves; CORREIA, Érica Paula Barcha. *Direitos fundamentais sociais*. São Paulo: Saraiva, 2009.

CARDIN, Valéria Silva Galdino. Do *bullying* ao transexual no seio familiar como violência velada: uma afronta à dignidade da pessoa humana. *In:* CONPEDI/UNICURITIBA. *Biodireito*. Florianópolis: FUNJAB, 2013.

CARDIN, Valéria Silva Galdino; BENVENUTO, Fernanda Moreira. Do reconhecimento dos direitos dos transexuais como um dos direitos da personalidade. *Revista Jurídica Cesumar – Mestrado*, v. 13, n. 1, p. 113-130, jan.-jun. 2013.

CARNEIRO NETO, Durval. Direitos sociais e responsabilidade civil do Estado por omissão: quando ignorar a reserva do possível significa admitir o risco integral. *In:* CUNHA JUNIOR, Dirley; BORGES, Lázaro Alves; SANTOS, Yago da Costa Nunes dos. *Os 30 anos da Constituição Federal de 1988*. Salvador: Paginae, 2018.

CARVALHO, Dimas Messias de. *Direito de família*. 2. ed. Belo Horizonte: Del Rey, 2009.

CASSETTARI, Christiano. *Elementos de direito civil*. São Paulo: Saraiva, 2011.

CAZELATTO, Caio Eduardo Costa; VIEIRA JUNIOR, Niltom; CUNHA, Leandro Reinaldo da. Direito à educação escolar de qualidade: da inclusão educacional com base na orientação sexual e identidade de gênero. *Cadernos do Programa de*

Pós-Graduação em Direito da Faculdade de Direito da Universidade Federal do Rio Grande do Sul – UFRGS, v. 17, n. 2, p. 114-144, 2022.

CEDEC – CENTRO DE ESTUDO DE CULTURA CONTEMPORÂNEA. *Mapeamento das pessoas trans na cidade de São Paulo: relatório de pesquisa*. São Paulo, 2021. p. 25. Disponível em https://www.prefeitura.sp.gov.br/cidade/secretarias/upload/direitos_humanos/LGBT/AnexoB_Relatorio_Final_Mapeamento_Pessoas_Trans_Fase1.pdf. Acesso em: 1º maio 2023.

CERVI, Taciana Marconatto Damo. A transexualidade na sociedade multicultural: repercussões jurídicas da redesignação sexual. *Diálogo e entendimento*: direito e multiculturalismo & cidadania e novas formas de solução de conflitos. Rio de Janeiro: Forense, 2009.

CERVI, Taciana Marconatto Damo. Transexualidade, redesignação sexual e livre desdobramento da personalidade. *Revista Jurídica Cesumar – Mestrado*, v. 9, n. 2, p. 487-503, jul.-dez. 2009.

CHAIMOVICH, Mariana; ZAPPELINI, Thaís Duarte; BURLE, Caroline. Licença-paternidade é mecanismo de igualdade de gênero. *Consultor Jurídico*, 27 dez. 2023. Disponível em: https://www.conjur.com.br/2023-dez-27/licenca-paternidade-e-mecanismo-de-igualdade-de-genero/. Acesso em: 8 jan. 2024.

CHAPPETTA, Kelsey C.; BARTH, Joan M. Gaming roles versus gender roles in online gameplay. *Information, Communication & Society*, v. 25, n. 2, p. 162-183, 2022.

CHAVES, Antônio. *Direito à vida e ao corpo*: intersexualidade, transexualidade, transplantes. 2. ed. rev. e ampl. São Paulo: RT, 1994.

CHAVES, Débora Caroline Pereira. *Afinal, quem sou eu para o direito?* Reflexões sobre a tutela do transgênero no Brasil. Rio de Janeiro: Lumen Juris, 2017.

CHAVES, Marianna. Parentalidade homoafetiva a procriação natural e medicamente assistida por homossexuais. *In*: DIAS, Maria Berenice. *Diversidade sexual e direito homoafetivo*. São Paulo: RT, 2011.

CHOERI, Raul Cléber da Silva. *O conceito de identidade e a redesignação sexual*. Rio de Janeiro, São Paulo e Recife: Renovar, 2004.

CLÉRICO, Laura. El matrimonio igualitario y los principios constitucionales estructurantes de igualdad y/o autonomia. *In*: ALDAO, Martín; CLÉRICO, Laura (coords.). *Matrimonio igualitario*: perspectivas sociales, políticas y jurídicas. Buenos Aires: Eudeba, 2010.

COFFMAN, Katherine B.; COFFMAN, Lucas C.; ERICSON, Keith M. Marzilli. The size of the LGBT population and the magnitude of anti-gay sentiment are substantially underestimated. *National Bureau of Economic Research*, Working Paper nº 19.508, Cambridge, October 2013.

COMPARATO, Fábio Konder. *A afirmação histórica dos direitos humanos*. 6. ed. São Paulo: Saraiva, 2008.

COMPARATO, Fábio Konder. Os 60 anos da Declaração e nossa Constituição. *In*: BRASIL. Presidência da República. *Brasil direitos humanos 2008*: a realidade do país aos 60 anos da Declaração Universal. Brasília: SEDH, 2008.

CORDEIRO, Desirée Monteiro; VIEIRA, Tereza Rodrigues. Transgêneros – travestis: a dura aceitação social. *In:* VIEIRA, Tereza Rodrigues (org.). *Minorias sexuais:* direitos e preconceitos. Brasília: Consulex, 2012.

CORRÊA, Fábio Henrique Mendonça et al. Pensamento suicida entre a população transgênero: um estudo epidemiológico. *Jornal Brasileiro de Psiquiatria*, v. 69, n. 1, jan.-mar. 2020.

COSSI, Rafael Kalaf. *Transexualismo, psicanálise e gênero*. Dissertação (Mestrado) – Instituto de Psicologia da Universidade de São Paulo, São Paulo, 2010.

COSTA, Diego Carneiro. *O viés do algoritmo e a discriminação por motivos relacionados à sexualidade*. Dissertação (Mestrado em Direito) – Universidade Federal da Bahia, Bahia, 2020.

COUTINHO, Adriana Rocha de Holanda. A importância dos princípios constitucionais na concretização do direito privado. *In:* LOTUFO, Renan (coord.). *Direito civil constitucional*. São Paulo: Malheiros, 2002.

CUNHA, Leandro Reinaldo da. A adoção por homossexuais e transgêneros: a Resolução 532/23 do CNJ. *Migalhas*, 7 dez. 2023. Disponível em: https://www.migalhas.com.br/coluna/direito-e-sexualidade/398591/a-adocao-por-homossexuais-e-transgeneros-a-resolucao-532-23-do-cnj. Acesso em: 15 jan. 2024.

CUNHA, Leandro Reinaldo da. A atual situação jurídica dos transgêneros no Brasil. *Interfaces Científicas – Direito*, v. 7, n. 3, p. 25-38, 2019.

CUNHA, Leandro Reinaldo da. A confusão entre sexo e gênero e seus impactos jurídicos. *Migalhas*, 22 jun. 2023. Disponível em: https://www.migalhas.com.br/coluna/direito-e-sexualidade/388613/a-confusao-entre-sexo-e-genero-e-seus-impactos-juridicos. Acesso em: 15 jan. 2024.

CUNHA, Leandro Reinaldo da. A família, sua constituição fática e a (in)existência de proteção ou atribuição de direitos. *Revista Conversas Civilísticas*, v. 2, p. III-VII, 2022.

CUNHA, Leandro Reinaldo da. A proteção constitucional da identidade de gênero. *In:* CUNHA JUNIOR, Dirley; BORGES, Lázaro Alves; SANTOS, Yago da Costa Nunes dos. *Os 30 anos da Constituição Federal de 1988*. Salvador: Paginae, 2018.

CUNHA, Leandro Reinaldo da. A responsabilidade civil face à objeção ao tratamento do transgênero sob o argumento etário. *In:* ROSENVALD, Nelson; MENEZES, Joyceane Bezerra de; DADALTO, Luciana (org.). *Responsabilidade civil e Medicina*. 2. ed. Indaiatuba, SP: Editora Foco, 2021.

CUNHA, Leandro Reinaldo da. A restrição etária ao processo transexualizador. *In:* FERNANDES, Ana Carolina Souza et al. (org.). *Educação jurídica e a pós-graduação no século XXI – FEPODI*. São Paulo: Clássica Editora, 2014. v. 1.

CUNHA, Leandro Reinaldo da. A união homossexual ou homoafetiva e o atual posicionamento do STF sobre o tema (ADI 4277). *Revista do Curso de Direito da Universidade Metodista de São Paulo*, São Bernardo do Campo: Metodista, v. 8, 2010.

CUNHA, Leandro Reinaldo da. Acesso à reprodução humana assistida por homoafetivos e transgêneros. *In:* MASCARENHAS, Igor; DADALTO, Luciana (coords.). *Direitos reprodutivos e planejamento familiar*. Indaiatuba, SP: Editora Foco, 2023.

CUNHA, Leandro Reinaldo da. Além do gênero binário: repensando o direito ao reconhecimento legal de gênero. *Revista Direito e Sexualidade*, Salvador, v. 1, n. 1, p. 1-16, jan.-jun. 2020.

CUNHA, Leandro Reinaldo da. Breves considerações sobre a relação entre o direito de família e os direitos humanos. In: MARTINS, Rui Decio; SPARAPANI, Priscila (coords.). *Direitos humanos*: um enfoque multidisciplinar. São Paulo: Suprema Cultura, 2009.

CUNHA, Leandro Reinaldo da. Casamento e união estável homoafetiva: apontamentos críticos acerca da nomenclatura atual. *Migalhas*, 6 abr. 2023. Disponível em: https://www.migalhas.com.br/coluna/direito-e-sexualidade/384402/casamento-e-uniao-estavel-homoafetiva. Acesso em: 15 jan. 2024.

CUNHA, Leandro Reinaldo da. Da invisibilidade à exposição indevida: as agruras que seguem permeando a vida das pessoas trans no Brasil. *Revista Direito e Sexualidade*, Salvador, v. 3, n. 2, p. I-IV, 2022.

CUNHA, Leandro Reinaldo da. Direito à indenização decorrente da ofensa à dignidade da pessoa humana do intersexual. *In:* DIAS, Maria Berenice (coord.). *Intersexo*. São Paulo: RT, 2018.

CUNHA, Leandro Reinaldo da. Direito à intimidade da pessoa transgênero. *Migalhas*, 14 set. 2023. Disponível em: https://www.migalhas.com.br/coluna/direito-e-sexualidade/393456/direito-a-intimidade-da-pessoa-transgenero. Acesso em: 15 jan. 2024.

CUNHA, Leandro Reinaldo da. Direito civil pensado. A importância de não se repetir velhos dogmas de forma indiscriminada. *Revista Conversas Civilísticas*, v. 1, n. 2, p. I-IV, 2021.

CUNHA, Leandro Reinaldo da. Direitos dos transgêneros sob a perspectiva europeia. *Debater a Europa*, v. 19, p. 47-56, jul.-dez. 2018.

CUNHA, Leandro Reinaldo da. Do dever de especial proteção dos dados de transgêneros. *Revista Direito e Sexualidade*, Salvador, v. 2, n. 2, p. 213-231, jul.-dez. 2021.

CUNHA, Leandro Reinaldo da. Doação de ascendente para descendente: antecipação de herança e não de legítima. *Revista Conversas Civilísticas*, Salvador, v. 3, n. 2, p. 164-195, 2023.

CUNHA, Leandro Reinaldo da. Equilíbrio competitivo ou preconceito velado? Considerações preliminares sobre as mulheres transgênero nas competições esportivas. *Migalhas*, 27 jul. 2023. Disponível em: https://www.migalhas.com.br/coluna/direito-e-sexualidade/390637/equilibrio-competitivo-ou-preconceito-velado. Acesso em: 27 jan. 2024.

CUNHA, Leandro Reinaldo da. Genocídio trans: a culpa é de quem? *Revista Direito e Sexualidade*, Salvador, v. 3, n. 1, p. I-IV, 2022.

CUNHA, Leandro Reinaldo da. Identidade de gênero, dever de informar e responsabilidade civil. *Revista IBERC*, v. 2, n. 1, maio 2019.

CUNHA, Leandro Reinaldo da. Identidade de gênero, efetividade e responsabilidade civil. Transgêneros e o processo transexualizador. *Coluna Direito Civil*, Editora Fórum, 8 ago. 2022. Disponível em: https://www.editoraforum.com.br/noticias/

coluna-direito-civil/identidade-de-genero-efetividade-e-responsabilidade-civil-transgeneros-e-o-processo-transexualizador/. Acesso em: 25 jun. 2024.

CUNHA, Leandro Reinaldo da. Identidade de gênero e a licitude dos atos redesignatórios. *Revista do Curso de Direito da Universidade Metodista de São Paulo*, São Bernardo do Campo: Metodista, v. 10, 2013.

CUNHA, Leandro Reinaldo da. Identidade de gênero e a responsabilidade civil do Estado pela leniência legislativa. *Revista dos Tribunais*, São Paulo: RT, n. 962 p. 37-52, 2015.

CUNHA, Leandro Reinaldo da. Identidade de gênero sob a atual perspectiva dos tribunais superiores. A possibilidade da mudança de nome e gênero nos documentos independente da realização de procedimentos cirúrgicos prévios. *Revista dos Tribunais*, São Paulo: RT, v. 106, n. 986, p. 111-126, dez. 2017.

CUNHA, Leandro Reinaldo da. *Identidade e redesignação de gênero*: aspectos da personalidade, da família e da responsabilidade civil. 2. ed. rev. e ampl. Rio de Janeiro: Lumen Juris, 2018.

CUNHA, Leandro Reinaldo da. Inserção social do transexual pela educação: Projeto Transcidadania e Resolução nº 12/2015 do Conselho Nacional de Combate à Discriminação e Promoção dos Direitos de Lésbicas, Gays, Bissexuais, Travestis e Transexuais. In: TREVISAM, Elisaide; KNOERR, Fernando Gustavo (coords.). *Direitos sociais e políticas públicas I*. Florianópolis: CONPEDI, 2015.

CUNHA, Leandro Reinaldo da. Intersexo. Indicação do termo -ignorado- ou -diverso- no campo destinado ao sexo/gênero no registro civil do bebê Intersexo. *Revista Direito e Sexualidade*, v. 2, p. 1-10, 2021.

CUNHA, Leandro Reinaldo da. Jogos olímpicos e sexualidade. *Migalhas*, 15 ago. 2024. Disponível em: https://www.migalhas.com.br/coluna/direito-e-sexualidade/413299/jogos-olimpicos-e-sexualidade. Acesso em: 15 ago. 2024.

CUNHA, Leandro Reinaldo da. Linguagem neutra: ofensa à língua portuguesa ou preconceito velado? *Revista Direito e Sexualidade*, v. 2, n. 2, p. I-III, 2021.

CUNHA, Leandro Reinaldo da. Não é tolerância. É respeito. *Migalhas*, 13 jul. 2023. Disponível em: https://www.migalhas.com.br/coluna/direito-e-sexualidade/389870/nao-e-tolerancia-e-respeito. Acesso em: 15 jan. 2024.

CUNHA, Leandro Reinaldo da. O esvaziamento do preceito do nome social diante das atuais decisões dos tribunais superiores. *Revista dos Tribunais*, São Paulo: RT, n. 1011, p. 67-81, 2020.

CUNHA, Leandro Reinaldo da. O posicionamento da Corte Interamericana de Direitos Humanos quanto à identidade de gênero. *Revista dos Tribunais*, São Paulo: RT, v. 107, n. 991, p. 227-244, maio 2018.

CUNHA, Leandro Reinaldo da. O respeito como parâmetro elementar para a dignidade da comunidade LGBTIANP+. *Migalhas*, 18 maio 2023. Disponível em: https://www.migalhas.com.br/coluna/direito-e-sexualidade/386652/respeito-como-parametro-para-a-dignidade-da-comunidade-lgbtianp. Acesso em: 15 jan. 2024.

CUNHA, Leandro Reinaldo da. O STF e o banheiro: mais vale o processo do que a vida? *Revista Direito e Sexualidade*, Salvador, v. 5, n. 1, p. III-VIII, 2024.

CUNHA, Leandro Reinaldo da. Proteção da identidade de género em Portugal. *In:* VALENTE, Isabel Maria Freitas; NASCIMENTO, Eliane Cristina da Silva (org.). *Direitos humanos*: novas abordagens, velhos desafios. Imprensa da Universidade de Coimbra, 2021.

CUNHA, Leandro Reinaldo da. Refúgio/asilo político para pessoas LGBTI+. *Revista Direito e Sexualidade*, Salvador, v. 3, n. 2, p. 189-204, 2022.

CUNHA, Leandro Reinaldo da. Relacionamentos e seu fim inevitável. *Revista Conversas Civilísticas*, v. 1, p. 147-148, 2021.

CUNHA, Leandro Reinaldo da; DOMINGOS, Terezinha de Oliveira. Reprodução humana assistida: a Resolução 2013/13 do Conselho Federal de Medicina (CFM). *Revista de Direito Brasileira*, ano 3, v. 6, p. 273-290, set.-dez. 2013.

CUNHA, Leandro Reinaldo da. Sexualidade e o medo da magia. *Revista Direito e Sexualidade*, v. 2, p. I-IV, 2021.

CUNHA, Leandro Reinaldo da. STF – Arguição de Descumprimento de Preceito Fundamental 527/DF. *Revista dos Tribunais*, São Paulo: RT, v. 1060, ano 113, p. 267-278, fev. 2024.

CUNHA, Leandro Reinaldo da. *Sucessão*: colação e sonegados. Indaiatuba, SP: Editora Foco, 2022.

CUNHA, Leandro Reinaldo da. Transexuais e travestis nos estabelecimentos prisionais. *Boletim Revista dos Tribunais Online*, v. 16, 2021.

CUNHA, Leandro Reinaldo da. Transgêneros: conquistas e perspectivas. *In:* LISBOA, Roberto Senise (coord.). *Direito na Sociedade da Informação V*. São Paulo: Almedina, 2020.

CUNHA, Leandro Reinaldo da; ASSIS, Vivian S. Divórcio *post mortem*. *Revista dos Tribunais*. São Paulo: RT, v. 1004, p. 51-60, 2019.

CUNHA, Leandro Reinaldo da; CASSETTARI, Christiano. A desnecessária exposição pública da informação quanto ao sexo nos documentos de identificação pessoal. *Migalhas*, 23 nov. 2023. Disponível em: https://www.migalhas.com.br/coluna/direito-e-sexualidade/397350/a-desnecessaria-exposicao-publica-da-informacao-quanto-ao-sexo. Acesso em: 15 jan. 2024.

CUNHA, Leandro Reinaldo da; CAZELATTO, Caio Eduardo Costa. Pluralismo jurídico e movimentos LGBTQIA+: do reconhecimento jurídico da liberdade de expressão sexual minoritária enquanto uma necessidade básica humana. *Revista Jurídica – Unicuritiba*, [S.l.], v. 1, n. 68, p. 486-526, mar. 2022.

CUNHA, Leandro Reinaldo da; COSTA, Diego Carneiro. A Opinião Consultiva 24/17 da Corte Interamericana de Direitos Humanos e seus reflexos no combate à discriminação contra pessoas trans nas relações de trabalho. *Revista Interdisciplinar de Direitos Humanos*, v. 8, p. 208-227, 2020.

CUNHA, Leandro Reinaldo da; COSTA, Diego Carneiro. A ordem jurídica trabalhista e a Constituição Federal de 1988: reflexões sobre o desmonte de direitos sociais à luz da teoria da eficácia dos direitos fundamentais. *Revista do Tribunal Superior do Trabalho*, v. 81, p. 71-88, 2020.

CUNHA, Leandro Reinaldo da; COSTA, Diego Carneiro. O posicionamento da Corte Interamericana de Direitos Humanos sobre a discriminação em razão da orientação sexual e identidade de gênero e seus reflexos nas relações de trabalho. *Revista dos Tribunais*, São Paulo: RT, v. 1018, p. 209-226, 2020.

CUNHA, Leandro Reinaldo da; D'ALBUQUERQUE, Teila Rocha Lins. Responsabilidade civil ante a violação póstuma da identidade de gênero. *In:* CUNHA, Leandro Reinaldo da; MATOS, Ana Carla Harmatiuk; ALMEIDA, Vitor. *Responsabilidade civil, gênero e sexualidade*. Indaiatuba, SP: Editora Foco, 2024.

CUNHA, Leandro Reinaldo da; DOMINGOS, Terezinha de Oliveira. A nova perspectiva da adoção nacional e o capitalismo humanista. *Revista do Curso de Direito da Universidade Metodista de São Paulo*, São Bernardo do Campo: Metodista, v. 9, n. 9, 2012.

CUNHA, Leandro Reinaldo da; DUARTE, Pedro de Oliveira. O ser e a arte: o papel pedagógico da cultura pop na naturalização da(s) sexualidade(s) no direito. *Revista Direito UNIFACS*, v. 278, 2023.

CUNHA, Leandro Reinaldo da; MACHADO, Michelle Maria C. Direito fundamental ao trabalho dos transgêneros. *Revista dos Tribunais*, São Paulo: RT, v. 1020, p. 165-191, 2020.

CUNHA, Leandro Reinaldo da; MELO, Vanessa de Castro Dória. A responsabilidade civil do Estado pela insuficiência de unidades hospitalares credenciadas para a realização do processo transexualizador. *In:* CUNHA, Leandro Reinaldo da; MATOS, Ana Carla Harmatiuk; ALMEIDA, Vitor. *Responsabilidade civil, gênero e sexualidade*. Indaiatuba, SP: Editora Foco, 2024.

CUNHA, Leandro Reinaldo da; MENDONÇA, Júlia. Reflexões entre a morte real e a vida digna: ensaio sobre o uso de sistemas de inteligência artificial que buscam substituir pessoas que morreram e suas implicações no direito brasileiro. *In:* EHRHARDT JR., Marcos; CATALAN, Marcos; NUNES, Cláudia Ribeiro Pereira (org.). *Inteligência artificial e relações privadas*. Belo Horizonte: Fórum, 2023. v. 2.

CUNHA, Leandro Reinaldo da; RIOS, Vinícius Custódio. Mercado transgênero e a dignidade da pessoa humana sob a perspectiva do capitalismo humanista. *Revista dos Tribunais*, São Paulo: RT, v. 105, n. 972, p. 165-184, out. 2016.

CUNHA, Leandro Reinaldo da; SANTOS, Thais Emilia de Campos dos; FREITAS, Dionne do Carmo Araújo. Intersexolidade e intersexualidade da pessoa intersexo: confusão e invisibilidade. *Revista Direito e Sexualidade*, Salvador, v. 4, n. 2, p. 147-165, 2023.

CUPIS, Adriano de. *Os direitos da personalidade*. Lisboa: Livraria Morais Ed., 1961.

DIANGELO, Robin. *Não basta não ser racista*: sejamos antirracistas. São Paulo: Faro Editorial, 2020.

DIAS, Joaquim José de Barros. Direito Civil Constitucional. *In:* LOTUFO, Renan (coord.). *Direito civil constitucional*. São Paulo: Malheiros, 2002.

DIAS, Maria Berenice. Alienação parental: um crime sem punição. *In:* DIAS, Maria Berenice (coord.). *Incesto e alienação parental*. São Paulo: RT, 2013.

DIAS, Maria Berenice. Liberdade sexual e direitos humanos. *In:* PEREIRA, Rodrigo da Cunha (coord.). *Família e cidadania*: o novo CCB e a *vacatio legis*. Belo Horizonte: IBDFAM/Del Rey, 2002.

DIAS, Maria Berenice. *Manual de direito das famílias*. 8. ed. rev. e atual. São Paulo: RT, 2011.

DIAS, Maria Berenice. Rumo a um novo ramo do direito. *In:* DIAS, Maria Berenice (coord.). *Diversidade sexual e direito homoafetivo*. São Paulo: RT, 2011.

DIAS, Maria Berenice. Uniões homoafetivas. *In:* PEREIRA, Rodrigo da Cunha (coord.). *Família e responsabilidade*: teoria e prática do direito de família. Porto Alegre: Magister/IBDFAM, 2010.

DÍAZ, Jorge Alberto Álvarez. Reproduccion asistida para minorias sexuales. In: VIEIRA, Tereza Rodrigues (org.). *Minorias sexuais*: direitos e preconceitos. Brasília: Consulex, 2012.

DIAZ LAFUENTE, José. El derecho a la igualdad y a la no discriminación por motivos de orentación sexual e identidade de género. *In:* LÓPEZ, Víctor Cuesta; VEGA, Dulce M. Santana (dir.). *Estado de derecho y discriminación por razón de género, orientación e identidad sexual*. Pamplona: Thomson Reuters Arazandi, 2014.

DINIZ, Maria Helena. *Compêndio de introdução à ciência do direito*. 17. ed. São Paulo: Saraiva, 2005.

DINIZ, Maria Helena. *Curso de direito civil brasileiro*: direito de família. 26. ed. São Paulo: Saraiva, 2011. v. 5.

DINIZ, Maria Helena. *Curso de direito civil brasileiro*: responsabilidade civil. 25. ed. São Paulo: Saraiva, 2011.

DINIZ, Maria Helena. *Curso de direito civil brasileiro*: teoria geral do direito civil. 28. ed. São Paulo: Saraiva, 2011.

DINIZ, Maria Helena. *O estado atual do biodireito*. 8. ed. rev., aum. e atual. São Paulo: Saraiva, 2011.

DUARTE, Lenita Pacheco Lemos. Qual a posição da criança envolvida em denúncias de abuso sexual quando o litígio familiar culmina em situações de alienação parental: inocente, vítima ou sedutora. *In:* DIAS, Maria Berenice (coord.). *Incesto e alienação parental*. São Paulo: RT, 2013.

DUARTE, Marcos. A Lei de Alienação Parental em auxílio aos diplomas internacionais de proteção da criança e do adolescente. *In:* DIAS, Maria Berenice (coord.). *Incesto e alienação parental*. São Paulo: RT, 2013.

DUQUE, Thiago. *Montagens e desmontagens*: vergonha, estigma e desejo na construção das travestilidades na adolescência. Dissertação (Mestrado em Sociologia) – Departamento de Sociologia, Universidade Federal de São Carlos, São Paulo, 2009.

D'URSO, Luiz Flávio Borges. O transexual, a cirurgia e o registro. *Revista Jurídica*, n. 229, nov. 1996.

ENGELS, Friedrich. *A origem da família, da propriedade privada e do estado*. 14. ed. Rio de Janeiro: Bertrand Brasil, 1997.

ERNST, Michelle M. et al. Disorders of sex development (DSD) web-based information: quality survey of DSD team websites. *Int J Pediatr Endocrinol.*, 2019.

FACHIN, Luiz Edson. *Direito de família*. 2. ed. Rio de Janeiro: Renovar, 2003.

FACHIN, Luiz Edson. O corpo do registro no registro do corpo; mudança de nome e sexo sem cirurgia de redesignação. *Revista Brasileira de Direito Civil*, v. 1, São Paulo: IBDCivil, p. 39-65, jul.-set. 2014.

FACHIN, Luiz Edson; FACHIN, Melina Girardi. A proteção dos direitos humanos e a vedação à discriminação por orientação sexual. *In:* DIAS, Maria Berenice (coord.). *Diversidade sexual e direito homoafetivo*. São Paulo: RT, 2011.

FACHIN, Luiz Edson; FACHIN, Melina Girardi. Família, direito e uma nova cidadania. *In:* PEREIRA, Rodrigo da Cunha (coord.). *Família e cidadania*: o novo CCB e a *vacatio legis*. Belo Horizonte: IBDFAM/Del Rey, 2002.

FACHIN, Luiz Edson; PIANOVSKI, Carlos Eduardo. *A dignidade da pessoa humana no direito contemporâneo*: uma contribuição à crítica da raiz dogmática do neopositivismo constitucionalista. *Revista trimestral de direito civil: RTDC*, v. 9, n. 35, p. 101-119, jul.-set. 2008.

FACHIN, Rosana. Em busca da família do novo milênio. *In:* PEREIRA, Rodrigo da Cunha (coord.). *Família e cidadania*: o novo CCB e a *vacatio legis*. Belo Horizonte: IBDFAM/Del Rey, 2002.

FARIAS, Cristiano Chaves de; ROSENVALD, Nelson. *Curso de direito civil*: famílias. 7. ed. rev., ampl. e atual. São Paulo: Atlas, 2015.

FARIAS, Cristiano Chaves de; ROSENVALD, Nelson. *Curso de direito civil*: parte geral e LINDB. 13. ed. rev., ampl. e atual. São Paulo: Atlas, 2015.

FARIAS, Cristiano Chaves de; ROSENVALD, Nelson. *Curso de direito civil*: sucessões. 7. ed. rev., ampl. e atual. São Paulo: Atlas, 2015.

FÉO, Christina; VIEIRA, Tereza Rodrigues. Reflexões acerca da reprodução artificial em casais homoafetivos. *In:* VIEIRA, Tereza Rodrigues (org.). *Minorias sexuais*: direitos e preconceitos. Brasília: Consulex, 2012.

FERNÁNDEZ SESSAREGO, Carlos. Sexualidad y bioética. La problemática del transexualismo. *Revista Peruana de Jurisprudencia*, Trujillo, ano 8, n. 6, 2006.

FERRAZ JR., Tércio Sampaio. *Função social da dogmática jurídica*. São Paulo: Max Limonad, 1998

FERREIRA FILHO, Manoel Gonçalves. *Aspectos do direito constitucional contemporâneo*. São Paulo: Saraiva, 2006.

FERREIRA FILHO, Manoel Gonçalves. *Direitos humanos fundamentais*. 10. ed. São Paulo: Saraiva, 2008.

FERREIRA, Maria Helena Mariante. Memórias falsas ou apuração inadequada? *In:* DIAS, Maria Berenice (coord.). *Incesto e alienação parental*. São Paulo: RT, 2013.

FICO, Bernardo de Souza Dantas; NOBREGA, Henrique Meng. The Brazilian Data Protection Law for LGBTQIA+ People: Gender identity and sexual orientation as sensitive personal data. *Rev. Direito e Práx.*, Rio de Janeiro, v. 13, n. 2, p. 1262-1288, 2022.

FIGUEIREDO, Dayse Gracielle Soares de Araújo de. *Transexuais*: a questão da aposentadoria. Rio de Janeiro: Lumen Juris, 2018.

FIUZA, César. *Direito civil*: curso completo. 13. ed. Belo Horizonte: Del Rey, 2009.

FÓRUM BRASILEIRO DE SEGURANÇA PÚBLICA. *Anuário Brasileiro de Segurança Pública*. São Paulo: FBSP, 2023.

FOUCAULT, Michel. *História da sexualidade 1*: a vontade de saber. 13. ed. Rio de Janeiro: Graal, 1999.

FOUCAULT, Michel. *História da sexualidade 2*: o uso dos prazeres. 8. ed. Rio de Janeiro: Graal, 1998.

FOUCAULT, Michel. *História da sexualidade 3*: o cuidado de si. 8. ed. Rio de Janeiro: Graal, 2005.

FRAGOSO, Heleno Cláudio. Provocação ou auxílio ao suicídio. *Revista de Direito Penal*, São Paulo: RT, 11/12, p. 35-47, jul.-dez. 1973.

FRAGOSO, Heleno Cláudio. Transexualismo – cirurgia. Lesão corporal. *Revista de Direito Penal*, Rio de Janeiro: Forense, n. 27, p. 25-34, jul.-dez. 1979.

FRANÇA, Kelly Bedin. Corpo, gênero e sexualidade: discussões. *Revista Estudos Feministas*, v. 13, n. 1, p. 186-190, abr. 2005.

FREITAS, Dionne. Cirurgias em bebês e crianças intersexo: procedimentos que propiciam a pedofilia? *Revista Direito e Sexualidade*, Salvador, Especial Audiência Pública DPU, p. 12-20, 2022.

FREITAS, Marta. Transgêneros (travestilidades). *In:* VIEIRA, Tereza Rodrigues (org.). *Minorias sexuais*: direitos e preconceitos. Brasília: Consulex, 2012.

FRIGNET, Henry. *O transexualismo*. Rio de Janeiro: Companhia de Freud, 2000.

FRITZ, Karina Nunes. Tribunal Constitucional Alemão admite a existência de um terceiro gênero (comentário e tradução). *Civilistica.com*, ano 6, n. 2, 2017.

FRITZ, Karina Nunes. A responsabilidade pré-contratual por ruptura injustificada das negociações. *Civilistica.com*, v. 1, n. 2, p. 1-40, nov. 2012.

FUJITA, Jorge. *Filiação*. 2. ed. São Paulo: Atlas, 2011.

GAGLIANO, Pablo Stolze. *Contrato de doação*. 2. ed. São Paulo: Saraiva, 2021.

GALARNEAU, Charlene. Structural Racism, White Fragility, and Ventilator Rationing Policies. *The Hastings Center*, 20 abr. 2020. Disponível em: https://www.thehastingscenter.org/structural-racism-white-fragility-and-ventilator-rationing-policies/. Acesso em: 24 abr. 2020.

GÂNDAVO, Pero de Magalhães. *Tratado da Terra do Brasil*: história da província Santa Cruz. Belo Horizonte: Itatiaia, 1980.

GARCIA, Bruno Erbisti. É impossível estimar a expectativa de vida da população trans, professor explica. *Quem? Números*, 30 abr. 2019. Disponível em: https://naomatouhoje.wordpress.com/2019/04/30/expectativa/. Acesso em: 25 nov. 2023.

GARCÍA DE SOLAVAGIONE, Alicia. *Transexualismo*: analisis jurídico y soluciones registrales. Córdoba: Avocatus, 2008.

GARGARELLA, Roberto. Matrimonio y diversidad sexual: el peso del argumento igualitario. *In:* ALDAO, Martín; CLÉRICO, Laura (coords.). *Matrimonio igualitario*: perspectivas sociales, políticas y jurídicas. Buenos Aires: Eudeba, 2010.

GERLERO, Mario Silvio. El pluralismo jurídico y la diversidad sexual. *In:* GERLERO, Mario Silvio (coord.). *Derecho a la sexualidad*. Buenos Aires: David Grinberg Libros Jurídicos, 2009.

GERLERO, Mario Silvio. La construcción de identidades desde los agrupamientos GLT. *In:* GERLERO, Mario Silvio (coord.). *Derecho a la sexualidad*. Buenos Aires: David Grinberg Libros Jurídicos, 2009.

GERVASSIS, Nicholas J. The 20 Questions Game the Journey to Personhood. *Masaryk University Journal of Law and Technology*, v. 1, Issue 1, p. 155-186, Summer 2007.

GIMENES, Amanda Pegorini; VIEIRA, Tereza Rodrigues. Homoafetividade: de Sodoma ao STF. *In:* VIEIRA, Tereza Rodrigues (org.). *Minorias sexuais*: direitos e preconceitos. Brasília: Consulex, 2012.

GIORGIS, José Carlos Teixeira. A natureza jurídica da relação homoerótica. *In:* PEREIRA, Rodrigo da Cunha (coord.). *Família e cidadania*: o novo CCB e a *vacatio legis*. Belo Horizonte: IBDFAM/Del Rey, 2002.

GOFFMAN, Erving. *Stigma* – Notes on the Management of Spoiled Identity. Englewood Cliffs, New Jersey: Prentice-Hall, 1963.

GOMES, Flávia Zoé. Identidad sexual y discurso político: sus vínculos desde los gêneros de opinión. *In:* GERLERO, Mario Silvio (coord.). *Derecho a la sexualidad*. Buenos Aires: David Grinberg Libros Jurídicos, 2009.

GONÇALVES, Camila de Jesus Mello. *Transexualidade e direitos humanos*. Curitiba: Juruá, 2014.

GONÇALVES, Carlos Roberto. *Direito civil brasileiro*: direito de família. São Paulo: Saraiva, 2012. v. 6.

GONÇALVES, Carlos Roberto. *Direito civil brasileiro*: responsabilidade civil. 9. ed. São Paulo: Saraiva, 2014.

GONÇALVES JÚNIOR, Sara Wagner Pimenta. A travesti, o vaticano e a sala de aula. *SOMANLU: Revista de Estudos Amazônicos – UFAM*, ano 19, n. 1, ago.-dez. 2019.

GOVERNO DO ESTADO DE SÃO PAULO. Secretaria da Administração Penitenciária. *Painel Diversidados*. Disponível em: http://www.sap.sp.gov.br/download_files/pdf_files/diversidados.pdf. Acesso em: 9 nov. 2023.

GRANT, Jaime M. et al. *National transgender discrimination survey report on health and health care*. Washington, 2010.

GREEN, James N.; POLITO, Ronald. *Frescos trópicos*. São Paulo: José Olympio, 2006.

GUAZZELLI, Mônica. A falsa denúncia de abuso sexual. *In:* DIAS, Maria Berenice (coord.). *Incesto e alienação parental*. São Paulo: RT, 2013.

GUERRA FILHO, Willis Santiago. *Processo constitucional e direitos fundamentais*. 4. ed. rev. e ampl. São Paulo: RCS Editora, 2005.

GUIMARÃES, Anibal. Sexualidade heterodiscordante no mundo antigo. *In:* DIAS, Maria Berenice (coord.). *Diversidade sexual e direito homoafetivo*. São Paulo: RT, 2011.

GUIMARÃES, Anibal. Os princípios de Yogyakarta. *In:* DIAS, Maria Berenice (coord.). *Diversidade sexual e direito homoafetivo*. São Paulo: RT, 2011.

HENGSTSCHLÄGER, Markus; TROTSENBURG, Michael van. Sex chromosome aberrations and transsexualism. *Fertil Steril*, v. 3, n. 79, p. 639-640, 2003.

HERMAN, Jody L. Gendered restrooms and minority stress: the public regulation of gender and its impact on transgender people's lives. *Journal of Public Management & Social Policy*, v. 19, n. 1, 2013.

HERMAN, Jody L. *The potential impact of a strict voter identification law on transgender voters in North Carolina*. Los Angeles: The Williams Institute, UCLA School of Law, 2013.

HIGHWATER, Jamake. *Mito e sexualidade*. São Paulo: Saraiva, 1992.

HILDER, Renata. Matrimonio igualitario y espacio público em Argentina. *In:* ALDAO, Martín; CLÉRICO, Laura (coord.). *Matrimonio igualitario*: perspectivas sociales, políticas y jurídicas. Buenos Aires: Eudeba, 2010.

HOOFT, Pedro Frederico; VIEIRA, Tereza Rodrigues. Autorização para realização da cirurgia e adequação do nome e sexo na Argentina. *In:* VIEIRA, Tereza Rodrigues (org.). *Minorias sexuais*: direitos e preconceitos. Brasília: Consulex, 2012.

HU, Weilie et al. A preliminary report of penile transplantation. *European Urology*, Milan: Elsevier B. V., 50, p. 851-853, 2006.

IACHR. *An overview of violence against LGBTI persons. A registry documenting acts of violence between January 1, 2013 and March 31, 2014*. Washington, D.C., December 17, 2014. p. 5. (Tradução do autor) Disponível em: https://www.oas.org/en/iachr/lgtbi/docs/Annex-Registry-Violence-LGBTI.pdf. Acesso em: 23 nov. 2023.

IVEY-STEPHENSON, Asha Z. et al. Suicidal Thoughts and Behaviors Among Adults Aged ≥18 Years – United States, 2015-2019. *MMWR Surveill Summ*, 71, n. SS-1, 2022.

JAULIN, Robert. *La paz blanca*. Buenos Aires: Editorial Tiempo Contemporaneo, 1973.

JESUS, Jaqueline Gomes de. *Orientações sobre a população transgênero*: conceitos e termos. Brasília: Autor, 2012.

KLABIN, Aracy Augusta Leme. *Aspectos jurídicos do transexualismo*. Dissertação (Mestrado) – Departamento de Direito Civil – Faculdade de Direito da Universidade de São Paulo, São Paulo, 1977.

LAFUENTE, José Díaz. El derecho de la igualdad y la no discriminación por motivos de orientación sexual e identidade de género. *In:* LÓPEZ, Víctor Cuesta; VEJA, Dulce M. Santana (dir.). *Estado de derecho y discriminación por razón de género, orientación e identidade sexual*. Pamplona: Thomson Reuters Arazandi, 2014.

LAGRASTA NETO, Caetano. *Direito de família*: a família brasileira no final do século XX. São Paulo: Malheiros, 2000.

LAQUEUR, Thomas. *Inventando o sexo*: corpo e gênero dos gregos à Freud. Rio de Janeiro: Relume Dumará, 2001.

LARRATÉA, Roberta Vieira. Dano moral por discriminação. *In:* DIAS, Maria Berenice (coord.). *Diversidade sexual e direito homoafetivo*. São Paulo: RT, 2011.

LEITE, Luna. Direito de filha maior solteira trans à pensão previdenciária. *Consultor Jurídico*, 27 jun. 2024. Disponível em: https://www.conjur.com.br/2024-jun-27/direito-de-filha-maior-solteira-trans-a-pensao-previdenciaria/. Acesso em: 27 jun. 2024.

LEITE JR., Jorge. *Nossos corpos também mudam: sexo, gênero e a invenção das categorias "travesti" e "transexual" no discurso científico*. Tese (Doutorado) – Departamento de Ciências Sociais – Pontifícia Universidade Católica de São Paulo, São Paulo, 2008.

LEIVAS, Paulo Gilberto Cogo. A rejeição da conduta homossexual por John Finnis. *In:* RIOS, Roger Raupp (org.). *Em defesa dos direitos sexuais*. Porto Alegre: Livraria do Advogado, 2007.

LIMA, Francielle Elisabet Nogueira. *Tutela jurídica de pessoas trans*: análise crítica a partir do transfeminismo. Rio de Janeiro: Lumen Juris, 2018.

LISBOA, Roberto Senise. *Manual de direito civil*: direito de família e sucessões. 5. ed. São Paulo: Saraiva, 2009.

LISSNER, Ivar. *Os césares*. Belo Horizonte: Itatiaia, 1964.

LISTA, Carlos Alberto. Heteronomia vs. autonomía: derecho, moral pública y homossexualidad en los noventa. *In:* GERLERO, Mario S. (coord.). *Derecho a la sexualidad*. Buenos Aires: David Grinberg Libros Jurídicos, 2009.

LITARDO, Emiliano. Tensiones y conflictos entre los principales agrupamientos políticos GLBTTTBI: antecedentes y desarrollo. *In:* GERLERO, Mario S. (coord.). *Derecho a la sexualidad*. Buenos Aires: David Grinberg Libros Jurídicos, 2009.

LÔBO, Paulo Luiz Netto. Entidades familiares constitucionalizadas: para além dos *numerus clausus*. *In:* PEREIRA, Rodrigo da Cunha (coord.). *Família e cidadania*: o novo CCB e a *vacatio legis*. Belo Horizonte: IBDFAM/Del Rey, 2002.

LÔBO, Paulo Luiz Netto. *Famílias*. 2. ed. São Paulo: Saraiva, 2009.

LOPES, Caetano Levi. Direito ao conhecimento da ascendência genética – conveniência e oportunidade. *In:* PEREIRA, Rodrigo da Cunha (coord.). *Família e responsabilidade*: teoria e prática do direito de família. Porto Alegre: Magister/IBDFAM, 2010.

LOPES, José Reinaldo de Lima. Liberdade e direitos sexuais: o problema a partir da moral moderna. *In:* RIOS, Roger Raupp (org.). *Em defesa dos direitos sexuais*. Porto Alegre: Livraria do Advogado, 2007.

LOPES, Karin Becker. *Igualdade substancial entre os sexos*: estudo sobre a participação da mulher brasileira na política. Rio de Janeiro: Lumen Juris, 2017.

LOREA, Roberto Arriada. A influência religiosa no enfrentamento jurídico de questões ligada à cidadania sexual: análise de um acórdão do Tribunal de Justiça do RS. *In:* RIOS, Roger Raupp (org.). *Em defesa dos direitos sexuais*. Porto Alegre: Livraria do Advogado, 2007.

LOREA, Roberto Arriada. Intolerância religiosa e casamento gay. *In:* DIAS, Maria Berenice (coord.). *Diversidade sexual e direito homoafetivo*. São Paulo: RT, 2011.

LOU, Jing-Kai et al. Gender swapping and user behaviors in online social games. *Proceedings of the 22nd international conference on World Wide Web*, p. 827-836, 2013.

LÖWE, Ilana. Intersexe et transsexualités: les technologies de la médecine et la séparation du sexe biologique du sexe social. *Cahiers du Genre*, Paris: Harmattan, 1, n. 34, p. 81-104, 2003.

LÖWE, Ilana; ROUCH, Hélène. Genèse et développement du genre: les sciences et les origines de la distinction entre sexe et genre. *Cahiers du Genre*, Paris: Harmattan, 1, n. 34, p. 81-104, 2003.

LÖWE, Ilana; ROUCH, Hélène. *La distinction entre sexe e genre*: une histoire entre biologie et culture. Paris: Harmattan, 2003.

LUCHI, Cínthia Sebenello Barden. *Bioética, direito e sexualidade*. São Paulo: Lawbook, 2007.

LUZ, Pedro Henrique Machado da; WACHOWICZ, Marcos. O "direito à desindexação": repercussões do caso González vs. Google Espanha. *Espaço Jurídico Journal of Law [EJJL]*, v. 19, n. 2, p. 581-592, 2018.

MADALENO, Rolf. *Curso de direito de família*. 5. ed. rev., atual. e ampl. Rio de Janeiro: Forense, 2013.

MALLORY, Christy; LIEBOWITZ, Sarah. *Local Laws and Government Policies Prohibiting Discrimination Based on Gender Identity in New York*. Los Angeles: The Williams Institute, UCLA School of Law, 2013.

MALUF, Adriana Caldas do Rego Freitas Dabus. *Curso de bioética e biodireito*. São Paulo: Atlas, 2010.

MALUF, Carlos Alberto Dabus; MALUF, Adriana Caldas do Rego Freitas Dabus. *Curso de direito de família*. São Paulo: Saraiva, 2013.

MARCHIORI, Alvaro; COCO, Nicola. *Il transessuale e la norma*. Roma: Kappa, 1993.

MARTEY, Rosa Mikeal et al. The strategic female: gender-switching and player behavior in online games. *Information, Communication & Society*, v. 17, n. 3, p. 286-300, 2014.

MASCARENHAS, Igor de Lucena; COSTA, Ana Paula Correia de Albuquerque da; MATOS, Ana Carla Harmatiuk. Direito médico à objeção de consciência e a recusa em realizar procedimentos de reprodução assistida em casais homossexuais: a discriminação travestida de direito. *Civilistica.com*, ano 10, n. 1, 2021.

MATOS, Ana Carla Harmatiuk. Perspectiva civil-constitucional. *In:* DIAS, Maria Berenice (coord.). *Diversidade sexual e direito homoafetivo*. São Paulo: RT, 2011.

MAZARO, Juliana Luiza. *A tutela jurídica e o reconhecimento da 'pessoa virtual' e da 'sexualidade virtual' no ciberespaço*. 285 f. Tese (Doutorado em Ciências Jurídicas) – Universidade Cesumar, Paraná, 2023.

MAZZUOLI, Valerio de Oliveira. *Curso de direito internacional público*. São Paulo: RT, 2006.

MECCIA, Ernesto. Los peregrinos a la ley. Una tipología sobre discursos de expertos, jueces y legisladores em torno a las demandas LGTB y al matrimônio igualitário. *In:* ALDAO, Martín; CLÉRICO, Laura (coords.). *Matrimonio igualitario*: perspectivas sociales, políticas y jurídicas. Buenos Aires: Eudeba, 2010.

MELO, Rogério Amador de; VIEIRA, Tereza Rodrigues. A heteronormatividade das representações midiáticas; símbolos presentes na construção da subjetividade homoafetiva. *In:* VIEIRA, Tereza Rodrigues (org.). *Minorias sexuais*: direitos e preconceitos. Brasília: Consulex, 2012.

MENDES, Beatriz Lourenço; COSTA, José Ricardo Caetano. Transgeneridade e previdência social: novos horizontes para segurados(as) trans frente às mudanças jurídicas no contexto nacional. *Revista de Direitos Sociais, Seguridade e Previdência Social*, Porto Alegre, v. 4, n. 2, p. 1-16, 2018.

MENDES, Gilmar Ferreira; COELHO, Inocêncio Martires; BRANCO, Paulo Gustavo Gonet. *Curso de direito constitucional*. 5. ed. São Paulo: Saraiva, 2010.

MERLO, Marina Camps. *Identidad sexual y derecho*: estudio interdisciplinario del transexualismo. Navarra: Eunsa, 2007.

MEYEROWITZ, Joanne. *How sex changed*: a history of transexuality in the United States. Cambridge: Harvard University Press, 2002.

MICHALSKI, Nicholas D.; NUNEZ, Narita. When Is "Gay Panic" Accepted? Exploring Juror Characteristics and Case Type as Predictors of a Successful Gay Panic Defense. *Journal of Interpersonal Violence*, v. 37, n. 1-2, p. 782-803, 2022.

MIGUELI, Priscilla Milena Simonato de. *Pensão por morte e os dependentes no Regime Geral de Previdência Social*: de acordo com a Reforma da Previdência (EC 103/2019. 2. ed. rev. e atual. Curitiba: Juruá, 2020.

MIGUELI, Priscilla Milena Simonato de; SANTOS, Denise Tanaka dos. Os direitos constitucionais dos transexuais e as suas repercussões no direito previdenciário. *Revista Brasileira de Direito Previdenciário*, n. 64, 2021.

MINUCI, Geraldo. *Doutrinas Essenciais de Direitos Humanos*, v. 6, ago. 2011.

MIRAGEM, Bruno. *Teoria geral do direito civil*. Rio de Janeiro: Forense, 2021.

MIZRAHI, Mauricio Luis. *Homosexualidad y transexualismo*. Buenos Aires: Astrea, 2006.

MOLD, Cristian Fetter. Alienação parental recíproca. *In:* DIAS, Maria Berenice (coord.). *Incesto e alienação parental*. São Paulo: RT, 2013.

MONTEIRO, Washington de Barros. *Curso de direito civil*: direito de família. 33. ed. São Paulo: Saraiva, 1996.

MONTEZUMA, Márcia Amaral. Síndrome de alienação parental: diagnóstico médico ou jurídico. *In:* DIAS, Maria Berenice (coord.). *Incesto e alienação parental*. São Paulo: RT, 2013.

MORA, Edinei Aparecido; LOPES, Fernando Augusto Montai y; PRANDI, Luiz Roberto. A utilização do nome social por travestis e transexuais na rede de ensino como forma de inclusão social. *In:* VIEIRA, Tereza Rodrigues (org.). *Minorias sexuais*: direitos e preconceitos. Brasília: Consulex, 2012.

MORAES, Alexandre de. *Direito constitucional*. 24. ed. São Paulo: Atlas, 2009.

MORAES, Maria Celina Bodin de. Apresentação do autor e da obra. *In:* RODOTÀ, Stefano. *A vida na sociedade de vigilância*: a privacidade hoje. Trad. Danilo Doneda e Luciana Cabral Doneda. Rio de Janeiro: Renovar, 2008.

MORÉGOLA, Priscila. Pessoas intersexo e as competições esportivas. *In:* DIAS, Maria Berenice (coord.). *Intersexo.* São Paulo: RT, 2018.

MOREIRA, Alexandre Magno Augusto; VIEIRA, Tereza Rodrigues. Homofobia: a discriminação por orientação sexual e por identidade de gênero na relação de trabalho. *In:* VIEIRA, Tereza Rodrigues (org.). *Minorias sexuais*: direitos e preconceitos. Brasília: Consulex, 2012.

MOREIRA, Silvana do Monte. Adoção por casais homoafetivos. *In:* VIEIRA, Tereza Rodrigues (org.). *Minorias sexuais*: direitos e preconceitos. Brasília: Consulex, 2012.

MOTT, Luiz. Raízes persistentes da homofobia no Brasil. *In:* VIEIRA, Tereza Rodrigues (org.). *Minorias sexuais*: direitos e preconceitos. Brasília: Consulex, 2012.

NASCIMENTO, Abdias do. *O genocídio do negro brasileiro.* Rio de Janeiro: Paz e Terra, 1978.

NERY, Rosa Maria de Andrade. *Manual de direito de família.* São Paulo: RT, 2013.

NERY JR., Nelson; NERY, Rosa Maria de Andrade. *Código Civil comentado.* 7. ed. São Paulo: RT, 2009.

NICOLITT, André Luiz; BICKEL, Janaína Silveira Castro. Sistema penal e transexualidade: reflexões necessárias à tutela de direitos fundamentais. *Revista dos Tribunais*, São Paulo: RT, v. 986, p. 63-85, 2017.

NUNES, Rizzatto. *Manual da monografia jurídica.* 4. ed. rev., ampl. e atual. São Paulo: Saraiva, 2003.

OASTER, Zachariah Graydon. *Cisgender Fragility.* Master's Theses, 2019.

O'DWYER, Brena; HEILBORN, Maria Luiza. Jovens transexuais: acesso a serviços médicos, medicina e diagnóstico. *Revista Interseções*, v. 20, n. 1, p. 196-219, jun. 2018.

OLIVEIRA, Elisabete Regina Baptista de. Assexualidade e medicalização na mídia televisiva norte-americana. *In:* VIEIRA, Tereza Rodrigues (org.). *Minorias sexuais*: direitos e preconceitos. Brasília: Consulex, 2012.

OLIVEIRA, Euclides de. Alienação parental. *In:* PEREIRA, Rodrigo da Cunha (coord.). *Família e responsabilidade*: teoria e prática do direito de família. Porto Alegre: Magister/IBDFAM, 2010.

OLIVEIRA, Maria Rita de Holanda Silva. Reflexos da constitucionalização nas relações de família. *In:* LOTUFO, Renan (coord.). *Direito civil constitucional.* São Paulo: Malheiros, 2002.

OLIVEIRA JÚNIOR, Albino Queiroz de. Direitos e garantias fundamentais da pessoa humana, inclusive seus direitos sociais. *In:* LOTUFO, Renan (coord.). *Direito civil constitucional.* São Paulo: Malheiros, 2002.

OLIVEIRA JÚNIOR, Helio Fernando de; DREHMER Anna Paula. Homens trans e pessoas transmasculinas frente ao aborto legal: um ponto cego na formação jurídica? *Revista Brasileira de Estudos da Homocultura*, v. 6, n. 19, jan.-abr. 2023.

OVÍDIO. *The metamorphosis.* Virgínia: A. S. Kline, 2000.

PANCOTTI, Heloísa Helena Silva. *Previdência social e transgêneros*: proteção previdenciária, benefícios assistenciais e atendimento à saúde para transexuais e travestis. Curitiba: Juruá, 2019.

PEÇANHA, Leonardo Morjan Britto; JESUS, Jaqueline Gomes de; MONTEIRO, Anne Alencar. Transfeminismo das transmasculinidades: diálogos sobre direitos sexuais e reprodutivos de homens trans brasileiros. *Revista Brasileira de Estudos da Homocultura*, v. 6, n. 19, jan.-abr. 2023.

PECHENY, Mario; DEHESA, Rafael de la. Sexualidades y políticas en América Latina: el matrimonio igualitario en contexto. *In:* ALDAO, Martín; CLÉRICO, Laura (coords.). *Matrimonio igualitario*: perspectivas sociales, políticas y jurídicas. Buenos Aires: Eudeba, 2010.

PEDRA, Caio Benevides. *Acesso a cidadania por travestis e transexuais no Brasil: um panorama da atuação do Estado no enfrentamento das exclusões*. Dissertação (Mestrado em Administração Pública) – Escola de Governo Professor Paulo Neves de Carvalho, Fundação João Pinheiro, Minas Gerais, 2018.

PEDRIDO, Odile. Reparo de la identidad de gays-lesbianas-trans (GLT) en el área jurídica. *In:* GERLERO, Mario S. (coord.). *Derecho a la sexualidad*. Buenos Aires: David Grinberg Libros Jurídicos, 2009.

PEREIRA, Ana Letícia da Silva et al. Visibilidade *post mortem*: análise do direito ao uso do nome social nos registros de óbito. *Revista Feminismos*, v. 11, n. 1, 2023.

PEREIRA, Carolina Grant. Bioética e transexualidade: o "fenômeno transexual" e a construção do dispositivo da transexualidade (transexualismo) – o paradigma do "transexual verdadeiro" vigente no direito brasileiro. *In:* Conpedi; UNICURITIBA (org.). *Biodireito*. Florianópolis: FUNJAB, 2013.

PEREIRA, Carolina Grant. Bioética e transexualidade: para além da patologização, uma questão de identidade de gênero. *Anais do XIX Encontro Nacional do CONPEDI*. Florianópolis: Fundação Boiteux, 2010.

PEREIRA, Pedro Paulo Gomes. A teoria queer e a reinvenção do corpo. *Cadernos Pagu* (27), São Paulo, p. 469-477, jul.-dez. 2006.

PEREIRA, Rodrigo da Cunha. Alienação parental: uma inversão da relação sujeito e objeto. *In:* DIAS, Maria Berenice (coord.). *Incesto e alienação parental*. São Paulo: RT, 2013.

PEREIRA, Rodrigo da Cunha. Princípio da afetividade. *In:* DIAS, Maria Berenice (coord.). *Diversidade sexual e direito homoafetivo*. São Paulo: RT, 2011.

PERES, Ana Paula Ariston Barion. *Transexualismo*: o direito a uma nova identidade sexual. Rio de Janeiro, São Paulo e Recife: Renovar, 2001.

PERES, Elizio Luiz. Breves comentários acerca da Lei da Alienação Parental (Lei 12.318/2010). *In:* DIAS, Maria Berenice (coord.). *Incesto e alienação parental*. São Paulo: RT, 2013.

PEREZ-BRUMER, Amaya et al. Individual- and Structural-Level Risk Factors for Suicide Attempts Among Transgender Adults. *Behav Med.*, v. 41, n. 3, 2015.

PERONA, Javier López-Galiacho. *La problemática jurídica de la transexualidad*. Madrid: McGraw-Hill, 1998.

PFEIL, Bruno; LEMOS, Kaio (orgs.). A dor e a delícia das transmasculinidades no Brasil: das invisibilidades às demandas. *Revista Estudos Transviades*, Rio de Janeiro: Instituto Internacional sobre Raça, Igualdade e Direitos Humanos, 2021.

PFEIL, Cello Latini et al. Gravidez, aborto e parentalidade nas transmasculinidades: um estudo de caso das políticas, práticas e experiências discursivas. *Revista Brasileira de Estudos da Homocultura*, v. 6, n. 19, jan.-abr. 2023.

PFEIL, Cello Latini; PFEIL, Bruno Latini. Em defesa de parentalidades transmasculinas: uma crítica transviada ao [cis]feminismo. *Revista Brasileira de Estudos da Homocultura*, v. 6, n. 19, jan.-abr. 2023.

PINTO, Mónica. La igualdad de la democracia. *In:* ALDAO, Martín; CLÉRICO, Laura (coords.). *Matrimonio igualitario*: perspectivas sociales, políticas y jurídicas. Buenos Aires: Eudeba, 2010.

PIOVESAN, Flávia. *Direitos humanos e direito constitucional internacional*. 10. ed. São Paulo: Saraiva, 2009.

PIOVESAN, Flávia; SILVA, Roberto B. Dias da. Igualdade e diferença: o direito à livre orientação sexual na Corte Européia de Direitos Humanos e no judiciário brasileiro. *In:* BUGLIONE, Samantha; VENTURA, Miriam (orgs.). *Direito à reprodução e à sexualidade*: uma questão de ética e justiça. Rio de Janeiro: Lumen Juris, 2010.

PIRES, Barbara Gomes. "Integridade" e "debilidade" como gestão das variações intersexuais no esporte de alto rendimento. *In:* DIAS, Maria Berenice (coord.). *Intersexo*. São Paulo: RT, 2018.

PLENDERLEITH, Kijana. Panic! At the Courthouse: A New Proposal for Amending Enacted Legislation Banning the LGBTQ+ Panic Defense. *Vermont Law Review*, v. 46, n. 4, p. 690-716, Summer 2022.

PODESTÀ, Lucas Lima de. Ensaio sobre o conceito de transfobia. *Periódicus*, Salvador, v. 1, n. 11, maio-out. 2019.

PONTES DE MIRANDA, Francisco Cavalcanti. *Tratado de direito privado*. 3. ed. São Paulo: Max Limonad, 1947. t. VII.

PORTILLO, Wendy; PAREDES, Raúl. Asexualidad. *Revista Digital Universitaria*, Universidad Autonoma de Mexico, v. 12, n. 3, 2011.

PRADO, Marco Aurélio Máximo; JUNQUEIRA, Rogério Diniz. Homofobia, hierarquização e humilhação social. *In:* VENTURI, Gustavo; BOKANY, Vilma (coord.). *Diversidade sexual e homofobia no Brasil*. São Paulo: Editora Perseu Abramo, 2011.

QUINTEROS, Nicolás. La representación de la homossexualidad en el cine comercial: una mirada sociojurídica. *In:* GERLERO, Mario S. (coord.). *Derecho a la sexualidad*. Buenos Aires: David Grinberg Libros Jurídicos, 2009.

RAGAZZI, José Luiz; GARCIA, Thiago Munaro. Princípios constitucionais. *In:* DIAS, Maria Berenice (coord.). *Diversidade sexual e direito homoafetivo*. São Paulo: RT, 2011.

RAO, Diego. La diversidad sexual en la formación del abogado. *In:* GERLERO, Mario S. (coord.). *Derecho a la sexualidad*. Buenos Aires: David Grinberg Libros Jurídicos, 2009.

RAPOSO, Paulo Marcelo Wanderley. Autonomia privada e autonomia da vontade em face das normas constitucionais. *In:* LOTUFO, Renan (coord.). *Direito civil constitucional.* São Paulo: Malheiros, 2002.

REALE, Miguel. *Filosofia do direito.* 20. ed. São Paulo: Saraiva, 2009.

REALE, Miguel. *Função social da família no Código Civil.* 11.10.2003. Disponível em: http://www.miguelreale.com.br/artigos/funsoc.htm. Acesso em: 25 jul. 2024.

REIS, Carine Delgado Caúla. A dignidade da pessoa humana como limite ao exercício da liberdade de expressão. *In:* LOTUFO, Renan (coord.). *Direito civil constitucional.* São Paulo: Malheiros, 2002.

RENAULT, Mary. *O gênio de Alexandre.* Rio de Janeiro: Nova Fronteira, 1976.

RIOS, Roger Raupp. Notas para o desenvolvimento de um direito democrático da sexualidade. *In:* RIOS, Roger Raupp (org.). *Em defesa dos direitos sexuais.* Porto Alegre: Livraria do Advogado, 2007.

RIOS, Roger Raupp. O conceito de homofobia na perspectiva dos direitos humanos e no contexto dos estudos sobre preconceito e discriminação. *In:* RIOS, Roger Raupp (org.). *Em defesa dos direitos sexuais.* Porto Alegre: Livraria do Advogado, 2007.

RIOS, Roger Raupp; RESADORI, Alice Hertzog. Direitos humanos, transexualidade e "direito dos banheiros". *Revista Direito e Práxis,* [S.l.], v. 6, n. 3, p. 196-227, 2015.

ROBERTS, Lynne D.; PARKS, Malcolm R. The social geography of gender-switching in virtual environments on the internet. *Information, Communication & Society,* London, n. 2, v. 4, p. 521-540, 2009.

ROCHA, Maria Elizabeth Guimarães Teixeira. A união homossexual à luz dos princípios constitucionais. *In:* DIAS, Maria Berenice (coord.). *Diversidade sexual e direito homoafetivo.* São Paulo: RT, 2011.

ROCHA, Silvio Luis Ferreira da. *Direito civil:* direito de família. São Paulo: Malheiros, 2011. v. 4.

ROCLAW, Patricio Andrés. Travestismo y criminalización: hacia la búsqueda de la indiferencia. *In:* GERLERO, Mario S. (coord.). *Derecho a la sexualidad.* Buenos Aires: David Grinberg Libros Jurídicos, 2009.

RODOTÀ, Stefano. A antropologia do *homo dignus.* Trad. Maria Celina Bodin de Moraes. *Civilistica.com,* Rio de Janeiro, ano 6, n. 2, jan.-mar. 2017.

ROSENVALD, Nelson. O fato jurídico da transexualidade. *In:* SALOMÃO, Luis Felipe; TARTUCE, Flávio. *Direito civil:* diálogos entre a doutrina e a jurisprudência. São Paulo: Atlas, 2018.

ROUGHGARDEN, Joan. *Evolução do gênero e da sexualidade.* Londrina: Planta, 2005.

ROUGHGARDEN, Joan. *Evolution's rainbow:* diversity, gender, and sexuality in nature and people. Los Angeles: University of California Press, 2004.

ROVINSKI, Sonia Liane Reichert. Repensando a síndrome de alienação parental. *In:* DIAS, Maria Berenice (coord.). *Incesto e alienação parental.* São Paulo: RT, 2013.

RUGGIERI, Vezio; RAVENNA, Anna Rita. *Transessualismo e identità di genere.* Roma: Gli Incontri, 1999.

SAADEH, Alexandre. *Transtorno de identidade sexual: um estudo psicopatológico de transexualismo masculino e feminino*. Tese (Doutorado) – Departamento de Psiquiatria, Faculdade de Medicina da Universidade de São Paulo, São Paulo, 2004.

SAMPAIO, Liliana Lopes Pedral; COELHO, Maria Thereza Ávila Dantas. Quando o estranhamento se traduz em preconceito: trajetórias de vida de pessoas transexuais. *In:* VIEIRA, Tereza Rodrigues (org.). *Minorias sexuais*: direitos e preconceitos. Brasília: Consulex, 2012.

SAMPAIO, Pedro. *Divórcio e separação judicial*. Rio de Janeiro: Forense, 1978.

SANCHES, Patrícia Corrêa. Mudança de nome e da identidade de gênero. *In:* DIAS, Maria Berenice (coord.). *Diversidade sexual e direito homoafetivo*. São Paulo: RT, 2011.

SANCHES, Patrícia Corrêa. O reconhecimento da família homoafetiva no Brasil. *In:* VIEIRA, Tereza Rodrigues (org.). *Minorias sexuais*: direitos e preconceitos. Brasília: Consulex, 2012.

SANTOS, Moara de Medeiros Rocha. *Desenvolvimento da identidade de gênero em casos de intersexualidade: contribuições da psicologia*. Tese (Doutorado) – Instituto de Psicologia da Universidade de Brasília, Brasília, 2006.

SANTOS, Thais Emilia de Campos dos; ALBUQUERQUE, Céu Ramos; FREITAS, Dionne do Carmo Araújo. *150 variações intersexo*. Paraná: CRV, 2024.

SANTOS, Thais Emilia de Campos dos; CUNHA, Leandro Reinaldo da; MARTINS, Raul Aragão. O registro de crianças intersexo no Brasil. *Revista Contemporânea*, v. 3 n. 9, p. 14270-14294, 2023.

SARLET, Ingo Wolfgang. *Da eficácia dos direitos fundamentais*. 10. ed. Porto Alegre: Livraria do Advogado, 2010.

SARLET, Ingo Wolfgang. *Dignidade da pessoa humana e direitos fundamentais na Constituição Federal de 1988*. 9. ed. rev. e atual. 2. tir. Porto Alegre: Livraria do Advogado, 2012.

SARLET, Ingo Wolfgang. *Direitos fundamentais sociais*: estudos de direito constitucional, internacional e comparado. Rio de Janeiro: Renovar, 2008.

SARLET, Ingo Wolfgang. O 'direito ao esquecimento' por ora não foi e nem deve ser olvidado. *Consultor Jurídico*, 17 mar. 2024. Disponível em: https://www.conjur.com.br/2024-mar-17/o-direito-ao-esquecimento-por-ora-nao-foi-e-nem-deve-ser-olvidado/. Acesso em: 17 mar. 2024.

SCALQUETTE, Ana Cláudia S. *Estatuto da Reprodução Assistida*. São Paulo: Saraiva, 2010.

SCHEUERMAN, Morgan Klaus; PAUL, Jacob M.; BRUBAKER, Jed R. How Computers See Gender: An Evaluation of Gender Classification in Commercial Facial Analysis and Image Labeling Services. *Proc. ACM Hum.-Comput. Interact.*, v. 3, 2019.

SCHREIBER, Anderson. *Direitos da personalidade*. 2. ed. rev. e atual. São Paulo: Atlas, 2013.

SCHREIBER, Anderson. *Novos paradigmas da responsabilidade civil*: da erosão dos filtros da reparação à diluição dos danos. 5. ed. São Paulo: Atlas, 2013.

SEFFNER, Fernando. Equívocos e armadilhas na articulação entre diversidade sexual e políticas de inclusão escolar. *In:* JUNQUEIRA, Rogério Diniz (org.). *Diversidade sexual na educação*: problematizações sobre a homofobia nas escolas. Brasília: MEC/Unesco, 2009.

SEFFNER, Fernando. Identidade de gênero, orientação sexual e vulnerabilidade social. *In:* VENTURI, Gustavo; BOKANY, Vilma (coord.). *Diversidade sexual e homofobia no Brasil*. São Paulo: Perseu Abramo, 2011.

SERRA, Vitor Siqueira. *"Pessoa afeita ao crime"*: criminalização de travestis e o discurso judicial criminal paulista. 128 f. Dissertação (Mestrado) – Faculdade de Ciências Humanas e Sociais, Universidade Estadual Paulista "Júlio de Mesquita Filho", São Paulo, 2018.

SERRAVALLE, Paola D'Addino; PERLINGIERI, Pietro; STANZIONE, Pasquale. *Problemi giuridici del transessualismo*. Napoli: Edizioni Scientifiche Italiane, 1981.

SHARMA, Rupal. Inheritance Rights of Transgender: A Cry of Humanity. *International Journal of Law Management & Humanities*, v. 1, n. 3, 2018.

SILVA, José Afonso da. *Curso de direito constitucional positivo*. 33. ed. São Paulo: Malheiros, 2010.

SILVA, Marcos Alves da. *Da monogamia*: a sua superação como princípio estruturante do direito de família. Curitiba: Juruá, 2013.

SILVA, Simone Schuck da. O papel das reivindicações sociais na gramática do direito: uma análise a partir da dogmática jurídica nas demandas de pessoas trans por nome e sexo civis. *Revista de Sociologia, Antropologia e Cultura Jurídica*, Salvador, v. 4, n. 1, p. 1-21, jan.-jun. 2018.

SILVA, Virgílio Afonso da. *Direitos fundamentais*: conteúdo essencial, restrições e eficácia. 2. ed. São Paulo: Malheiros, 2010.

SILVA, Vitória Régia da. LGBTfobia nos partidos: violência política, omissão e falta de financiamento. *Gênero e Número*, 17 maio 2022. Disponível em: https://www.generonumero.media/reportagens/lgbtfobia-partidos/. Acesso em: 20 jun. 2024.

SILVA JÚNIOR, Enézio de Deus. Diversidade sexual e suas nomenclaturas. *In:* DIAS, Maria Berenice (coord.). *Diversidade sexual e direito homoafetivo*. São Paulo: RT, 2011.

SILVA JÚNIOR, Enézio de Deus. Homossexualidade: caracterização, panorama histórico, evolução terminológica e direito fundamental. *In:* VIEIRA, Tereza Rodrigues (org.). *Minorias sexuais*: direitos e preconceitos. Brasília: Consulex, 2012.

SILVA JÚNIOR, Jonas Alves. Uma explosão de cores: sexo, sexualidade, gênero e diversidade. *In:* VIEIRA, Tereza Rodrigues (org.). *Minorias sexuais*: direitos e preconceitos. Brasília: Consulex, 2012.

SILVEIRA, Vladmir Oliveira da; ROCASOLANO, Maria Mendez. *Direitos humanos*: conceitos, significados e funções. São Paulo: Saraiva, 2010.

SIMÕES, Júlio Assis; FACCHINI, Regina. *Na trilha do arco-íris*: do movimento homossexual ao LGBT. São Paulo: Perseu Abramo, 2009.

SOARES, Flaviana Rampazzo. Objeção de consciência médica no direito brasileiro. *In:* ROSENVALD, Nelson; MENEZES, Joyceane Bezerra de; DADALTO, Luciana. *Responsabilidade civil e Medicina.* 2. ed. Indaiatuba, SP: Editora Foco, 2021.

SOCOLOFF, Nadia Soledad. La diversidad sexual en el derecho internacional. *In:* GERLERO, Mario S. (coord.). *Derecho a la sexualidad.* Buenos Aires: David Grinberg Libros Jurídicos, 2009.

SONG, Haeyeop; JUNG, Jaemin. Antecedents and Consequences of Gender Swapping in Online Games. *Journal of Computer-Mediated Communication*, v. 20, Issue 4, p. 434-449, July 2015.

SOUSA, Tuanny Soeiro. *O nome que eu (não) sou*: retificação do nome e sexo de pessoas transexuais e travestis. Rio de Janeiro: Lumen Juris, 2016.

SOUSA, Victor Gabriel Salazar de; LIMA, Helton Carlos Praia de. A (in)suficiência legislativa para concessão de aposentadoria para pessoas transexuais. *Revista Jurídica Cesumar*, v. 21, n. 1, p. 9-26, 2021.

SOUZA, Dediane; ARAÚJO, Tathiane (orgs.). *Reflexões sobre os dados do Censo Trans.* Rede Trans. Disponível em: https://storage.googleapis.com/wzukusers/user-31335485/documents/1522a23d2de24794adee6101db162ce8/REDE-TRANS_Censo-Trans-2020-pub-web.pdf. Acesso em: 26 nov. 2023.

SPIZZIRRI, Giancarlo et al. Proportion of people identifed as transgender and non binary gender in Brazil. *Scientific Reports*, v. 11, 2240, 2021.

STOCO, Rui. *Tratado de responsabilidade civil.* 5. ed. rev., atual. e ampl. São Paulo: RT, 2001.

STREED JR., Carl G.; PERLSON, Jacob E.; ABRAMS, Matthew P.; LETT, Elle. On, With, By—Advancing Transgender Health Research and Clinical Practice. *Health Equity*, 7:1, p. 161-165.

SUTTER, Matilde Josefina. *Determinação e mudança de sexo: aspectos médico-legais.* São Paulo: RT, 1993.

SZANIAWSKI, Elimar. *Limites e possibilidades do direito de redesignação do estado sexual*: estudo sobre o transexualismo: aspectos médicos e jurídicos. São Paulo: RT, 1998.

TARTUCE, Flávio. A responsabilidade civil dos pais pelos filhos e o *bullying. In:* PEREIRA, Rodrigo da Cunha (coord.). *Família e responsabilidade*: teoria e prática do direito de família. Porto Alegre: Magister/IBDFAM, 2010.

TARTUCE, Flávio. *Direito civil*: Lei de Introdução e parte geral. 9. ed. São Paulo: Método, 2013. v. 1.

TARTUCE, Flávio. *Direito civil*: direito das obrigações e responsabilidade civil. 8. ed. rev., atual. e ampl. São Paulo: Método, 2013. v. 2.

TARTUCE, Flávio; SIMÃO, José Fernando. *Direito civil*: direito de família. 8. ed. São Paulo: Método, 2013. v. 5.

TEFFÉ, Chiara Spadaccini de. Art. 11 (Do Tratamento de Dados Pessoais Sensíveis). *In:* MARTINS, Guilherme Magalhães; LONGHI, João Victor Rozatti; FALEIROS JÚNIOR, José Luiz de Moura (coord.). *Comentários à Lei Geral de Proteção de Dados Pessoais (Lei nº 13.709/2018)*. Indaiatuba, SP: Editora Foco, 2022.

TEPEDINO, Gustavo. Normas constitucionais e relações de direito civil na experiência brasileira. *Boletim da Faculdade de Direito*, Coimbra: Coimbra Ed., n. 48, p. 323-345.

TEPEDINO, Gustavo. O Código Civil, os chamados microssistemas e a Constituição: premissas para uma reforma legislativa. *In:* TEPEDINO, Gustavo (coord.). *Problemas de direito civil-constitucional*. Rio de Janeiro: Renovar, 2000.

TEPEDINO, Gustavo. *Temas de direito civil*. 2. ed. Rio de Janeiro: Renovar, 2001.

TREVISAN, João Silvério. *Devassos no paraíso*: a homossexualidade no Brasil, da colônia à atualidade. 3. ed. rev. e ampl. Rio de Janeiro: Record, 2000.

TRINDADE, Jorge. Síndrome de alienação parental. *In:* DIAS, Maria Berenice (coord.). *Incesto e alienação parental*. São Paulo: RT, 2013.

TOZZI, Piero A. *Six problems with "Yogyakarta Principles"*. Whashington, DC: C-FAM, 2007.

TVT. *Damares vai ao Senado e defende escola sem partido e ensino a distância*. 2020. Disponível em: https://www.tvt.org.br/damares-defende-escola-sem-partido-e-ensino-a-distancia/.

VAGGIONE, Juan Marco. La sexualidad en un mundo post secular. El activismo religioso y los derechos sexuales y reproductivos. *In:* GERLERO, Mario S. (coord.). *Derecho a la sexualidad*. Buenos Aires: David Grinberg Libros Jurídicos, 2009.

VALLE, Mariano Fernández. Después de "matrimonio igualitario". *In:* ALDAO, Martín; CLÉRICO, Laura (coords.). *Matrimonio igualitario*: perspectivas sociales, políticas y jurídicas. Buenos Aires: Eudeba, 2010.

VAN GELDER, Lindsy. The strange case of the electronic lover. *In:* KLING, R. (ed.). Computerization and Controversy. 2. ed. San Diego: Academic Press, 1996.

VARTABEDIAN, Julieta. Travestis brasileiras trabalhadoras do sexo algumas notas além da heteronormatividade. *Bagoas – Estudos gays: gêneros e sexualidades*, [S.l.], v. 11, n. 17, 2018.

VECCHIATTI, Paulo Roberto Iotti. A hermenêutica jurídica. *In:* DIAS, Maria Berenice (coord.). *Diversidade sexual e direito homoafetivo*. São Paulo: RT, 2011.

VECCHIATTI, Paulo Roberto Iotti. Colisão e antinomia entre princípios e regras. *In:* DIAS, Maria Berenice (coord.). *Diversidade sexual e direito homoafetivo*. São Paulo: RT, 2011.

VECCHIATTI, Paulo Roberto Iotti. Constitucionalidade da classificação da homofobia como racismo. *In:* DIAS, Maria Berenice (coord.). *Diversidade sexual e direito homoafetivo*. São Paulo: RT, 2011.

VECCHIATTI, Paulo Roberto Iotti. Minorias sexuais e ações afirmativas. *In:* VIEIRA, Tereza Rodrigues (org.). *Minorias sexuais*: direitos e preconceitos. Brasília: Consulex, 2012.

VECCHIATTI, Paulo Roberto Iotti. O direito do transexual com filhos à cirurgia de transgenitalização. *In:* DIAS, Maria Berenice (coord.). *Diversidade sexual e direito homoafetivo*. São Paulo: RT, 2011.

VECCHIATTI, Paulo Roberto Iotti. *O STF, a homotransfobia e o seu reconhecimento como crime de racismo*. Bauru, SP: Spessotto, 2020.

VECCHIATTI, Paulo Roberto Iotti. O STF e a união estável homoafetiva: análise dos fundamentos da decisão da ADPF nº 132 e da ADIN nº 4.277. *In:* VIEIRA, Tereza Rodrigues (org.). *Minorias sexuais*: direitos e preconceitos. Brasília: Consulex, 2012.

VECCHIATTI, Paulo Roberto Iotti. Os princípios fundantes. *In:* DIAS, Maria Berenice (coord.). *Diversidade sexual e direito homoafetivo*. São Paulo: RT, 2011.

VENOSA, Sílvio de Salvo. *Direito civil*: parte geral. 11. ed. São Paulo: Atlas, 2011. v. I.

VENOSA, Sílvio de Salvo. *Direito civil: responsabilidade civil*. 11. ed. São Paulo: Atlas, 2011. v. IV.

VENOSA, Sílvio de Salvo. *Direito civil*: direito de família. 11. ed. São Paulo: Atlas, 2011. v. VI.

VENTURA, Miriam. Transexualidade: algumas reflexões jurídicas sobre a autonomia corporal e autodeterminação da identidade sexual. *In:* RIOS, Roger Raupp (org.). *Em defesa dos direitos sexuais*. Porto Alegre: Livraria do Advogado, 2007.

VENTURA, Miriam; BUGLIONE, Samantha. O direito à singularidade: a questão da transexualidade. *In:* BUGLIONE, Samantha; VENTURA, Miriam (orgs.). *Direito à reprodução e à sexualidade*: uma questão de ética e justiça. Rio de Janeiro: Lumen Juris, 2010.

VENTURA, Miriam; BUGLIONE, Samantha. *Transexualismo e respeito à autonomia: um estudo bioético dos aspectos jurídicos e de saúde da "terapia da mudança de sexo"*. Dissertação (Mestrado) – Escola Nacional de Saúde Pública Sérgio Arouca, 2007.

VERAS GOMES, Hiago et al. Suicídio e população trans: uma revisão de escopo. *Ciencias Psicológicas*, Montevideo, v. 16, n. 1, 2022.

VIEIRA, Andréa Maria dos Santos Santana; VIEIRA, Pedro Gallo. Monumentos culturais e direitos fundamentais: a síntese dos ideais de um povo a partir de pré-compreensões ideológicas. *Revista de Direito Brasileira*, São Paulo: Conpedi, ano 3, v. 5, maio-ago. 2013.

VIEIRA, Tereza Rodrigues. Adequação de nome e sexo e a vulnerabilidade do transexual. *In:* VIEIRA, Tereza Rodrigues (org.). *Minorias sexuais*: direitos e preconceitos. Brasília: Consulex, 2012.

VIEIRA, Tereza Rodrigues. Aspectos psicológicos, médicos e jurídicos do transexualismo. *Psicólogo inFormação*, São Paulo: Metodista, ano 4, n. 4, jan.-dez. 2000.

VIEIRA, Tereza Rodrigues. *Bioética e sexualidade*. São Paulo: Cultura Jurídica, 2004.

VIEIRA, Tereza Rodrigues. *Mudança de sexo*: aspectos médicos, psicológicos e jurídicos. São Paulo: Santos, 2006.

VIEIRA, Tereza Rodrigues. *Nome e sexo*: mudanças no registro civil. 2. ed. São Paulo: Atlas, 2012.

VIEIRA, Tereza Rodrigues. Transexualidade. *In:* DIAS, Maria Berenice (coord.). *Diversidade sexual e direito homoafetivo*. São Paulo: RT, 2011.

VIEIRA, Tereza Rodrigues; PIRES, Roberta Martins. Responsabilidade penal do cirurgião. *In:* DIAS, Maria Berenice (coord.). *Diversidade sexual e direito homoafetivo*. São Paulo: RT, 2011.

WAISBERG, Tatiana. Asilo político, refúgio e extradição. *Revista de Direito Constitucional e Internacional*, v. 86, p. 381-400, jan.-mar. 2014.

WARDLE, Lynn D. Questões de família: a importância da estrutura familiar e da integridade familiar. *In:* PEREIRA, Rodrigo da Cunha (coord.). *Família e cidadania*: o novo CCB e a *vacatio legis*. Belo Horizonte: IBDFAM/Del Rey, 2002.

WATKINS JR., Clifton Edward; BLAZINA, Christopher. On Fear and Loathing in the Fragile Masculine Self. *International Journal of Men's Health*, v. 9, n. 3, p. 211-220, 2010.

WESTBROOK, Laurel; SCHILT, Kristen. Doing Gender, Determining Gender: Transgender People, Gender Panics, and the Maintenance of the Sex/Gender/Sexuality System. *Gender & Society*, p. 32-57, February 2014.

WOETZEL, Jonathan et al. *The power of parity*: how advancing women's equality can add $ 12 trillion to global growth. MGI, 2015.

WORLD PROFESSIONAL ASSOCIATION FOR TRANSGENDER HEALTH. Standards of Care for the Health of Transsexual, Transgender, and Gender Nonconforming People. Disponível em: https://www.wpath.org/media/cms/Documents/SOC%20v7/SOC%20V7_English.pdf. Acesso em: 22 jan. 2024.

YOSHIOKA, Anara Rebeca Ciscoto; OLIVEIRA, José Sebastião de. Violência obstétrica e a vulnerabilidade dos homens trans diante de seus direitos de personalidade nos serviços de saúde do Brasil. *Observatório de La Economía Latinoamericana*, [S.l.], v. 21, n. 12, p. 26626-26655, 2023.

ZAMBRANO, Elizabeth. Transexuais: identidade e cidadania. *In:* VENTURI, Gustavo; BOKANY, Vilma (coord.). *Diversidade sexual e homofobia no Brasil*. São Paulo: Perseu Abramo, 2011.

ZELUF, Galit et al. Targeted Victimization and Suicidality Among Trans People: A Web-Based Survey. *LGBT Health*, 5(3), Apr. 2018.